纪念《中华人民共和国文物保护法》修订实施五周年

国际文化遗产保护文件选编

主编：联合国教科文组织世界遗产中心
　　　国 际 古 迹 遗 址 理 事 会
　　　国际文物保护与修复研究中心
　　　中 国 国 家 文 物 局

编辑：国际古迹遗址理事会国际保护中心

文物出版社

封面设计　周小玮

责任印制　陈　杰

责任编辑　贾东营

图书在版编目（CIP）数据

国际文化遗产保护文件选编／国家文物局等编 . —北京：
文物出版社，2007. 10（2009.7 重印）

　ISBN 978-7-5010-2320-2

　Ⅰ. 国…　Ⅱ. 国…　Ⅲ. 文化遗产－保护－文件－汇
编－中国　Ⅳ. G269. 2

中国版本图书馆 CIP 数据核字（2007）第 150334 号

国际文化遗产保护文件选编

联合国教科文组织世界遗产中心

国 际 古 迹 遗 址 理 事 会　　主编

国际文物保护与修复研究中心

中 国 国 家 文 物 局

*

文 物 出 版 社 出 版 发 行

（北京市东直门内北小街 2 号楼）

http://www.wenwu.com

E-mail：web@ wenwu.com

新 华 书 店 经 销

北京达利天成印刷公司印刷

787×1092　1/16　印张：25

2007 年 10 月第 1 版　2009 年 7 月第 2 次印刷

ISBN 978-7-5010-2320-2　定价：88. 00 元

目　　录

前言 ·· （1）

1959 年以前

第一届历史纪念物建筑师及技师国际会议《关于历史性纪念物修复的
　　雅典宪章》（1931） ··· （1）

国际现代建筑协会《雅典宪章》（1933） ·· （5）

联合国教科文组织《武装冲突情况下保护文化财产公约（海牙公约）》
　　（1954） ·· （30）

联合国教科文组织《关于适用于考古发掘的国际原则的建议》（1956） ······ （39）

1960—1969 年

联合国教科文组织《关于保护景观和遗址的风貌与特性的建议》（1962） ······ （46）

第二届历史古迹建筑师及技师国际会议《关于古迹遗址保护与修复的
　　国际宪章（威尼斯宪章）》（1964） ··· （52）

联合国教科文组织《关于保护受公共或私人工程危害的文化财产的建议》
　　（1968） ·· （55）

1970—1979 年

联合国教科文组织《关于禁止和防止非法进出口文化财产和非法转让其
　　所有权的方法的公约》（1970） ··· （63）

联合国教科文组织《保护世界文化和自然遗产公约》（1972） ····················· （70）

联合国教科文组织《关于在国家一级保护文化和自然遗产的建议》（1972） ······ （80）

国际古迹遗址理事会《关于历史性小城镇保护的国际研讨会
　　的决议》（1975） ··· （89）

联合国教科文组织《关于历史地区的保护及其当代作用的建议
　　（内罗毕建议）》（1976） ·· （92）

马丘比丘宪章（1977）　………………………………………………………（102）

联合国教科文组织《关于保护可移动文化财产的建议》（1978）　…………（108）

国际古迹遗址理事会章程（1978）　…………………………………………（116）

1980—1989 年

国际古迹遗址理事会—国际历史园林委员会《佛罗伦萨宪章》（1982）　……（124）

国际古迹遗址理事会《保护历史城镇与城区宪章（华盛顿宪章）》
（1987）　…………………………………………………………………（128）

联合国教科文组织《保护传统文化和民俗的建议》（1989）　……………（131）

1990—1999 年

国际古迹遗址理事会《考古遗产保护与管理宪章》（1990）　………………（136）

与世界遗产公约相关的奈良真实性会议《奈良真实性文件》（1994）　………（141）

国际统一私法协会《关于被盗或非法出口文物公约》（1995）　……………（144）

新都市主义协会《新都市主义宪章》（1996）　………………………………（153）

中国—欧洲历史城市市长会议《保护和发展历史城市国际合作苏州宣言》
（1998）　…………………………………………………………………（156）

国际古迹遗址理事会澳大利亚国家委员会《巴拉宪章》（1999）　…………（158）

国际古迹遗址理事会《关于乡土建筑遗产的宪章》（1999）　………………（173）

国际古迹遗址理事会《国际文化旅游宪章（重要文化古迹遗址旅游
管理原则和指南）》（1999）　……………………………………………（176）

国际建筑师协会《北京宪章》（1999）　………………………………………（190）

国际古迹遗址理事会《木结构遗产保护准则》（1999）　……………………（196）

2000—2004 年

中国文化遗产保护与城市发展国际会议《北京共识》（2000）　……………（200）

国际古迹遗址理事会中国国家委员会《中国文物古迹保护准则》（2000）　…（202）

联合国教科文组织《保护水下文化遗产公约》（2001）　……………………（207）

联合国教科文组织《世界文化多样性宣言》（2001）　………………………（222）

联合国教科文组织《关于世界遗产的布达佩斯宣言》（2002）　……………（226）

联合国教科文组织《保护非物质文化遗产公约》（2003）　…………………（228）

联合国教科文组织《关于蓄意破坏文化遗产问题的宣言》（2003）　………（239）

国际古迹遗址理事会《建筑遗产分析、保护和结构修复原则》（2003）　……（243）

国际古迹遗址理事会《壁画保护、修复和保存原则》（2003）……………（247）

国际工业遗产保护联合会《关于工业遗产的下塔吉尔宪章》（2003）………（251）

2005 年至今

联合国教科文组织《实施〈保护世界文化与自然遗产公约〉的

　　操作指南》（2005）……………………………………………………（256）

世界遗产与当代建筑国际会议《维也纳保护具有历史意义的城市

　　景观备忘录》（2005）…………………………………………………（326）

联合国教科文组织《保护具有历史意义的城市景观宣言》（2005）…………（331）

《国际文物保护与修复研究中心章程》（2005）…………………………（334）

联合国教科文组织《会安草案——亚洲最佳保护范例》（2005）…………（340）

国际古迹遗址理事会《西安宣言》（2005）………………………………（374）

第二届文化遗产保护与可持续发展国际会议《绍兴宣言》（2006）………（378）

东亚地区文物建筑保护理念与实践国际研讨会《北京文件》（2007）………（381）

城市文化国际研讨会《城市文化北京宣言》（2007）………………………（386）

编后记…………………………………………………………………………（389）

前　言

　　文化遗产是人类共同的财富，也是人类发展的重要基础。保护好文化遗产，挖掘、阐释它们的内涵，研究其历史、艺术和科学价值，是国际社会的共识和责任。

　　联合国教科文组织是联合国系统保护文化遗产的专门机构，国际古迹遗址理事会是古迹遗址保护和修复领域唯一的国际间非政府组织，国际文物保护和修复研究中心是致力于全球文化遗产保护的政府间国际合作组织。这三个机构是国际社会保护文化遗产的权威机构，代表了国际合作保护文化遗产的最高水平。长期以来，他们制定了大量的文件，《保护世界文化和自然遗产公约》等国际公约成为了解决国际争端和各国立法的重要基础，《关于古迹遗址保护与修复的国际宪章（威尼斯宪章)》等建议性文件成为了传播先进理念和指导各国工作的重要准则。

　　中国是世界著名的文化遗产大国，长期以来中国政府为保护文化遗产作出了不懈努力。近年来，国家文物局高度重视国际合作，充分运用国际经验完善本国立法，提高本国工作水平。国家文物局还积极推动国际合作事业的发展，努力将中国的经验和智慧融入国际文件，服务于全球文化遗产事业的发展。关于古建筑、古遗址和历史区域周边环境保护的《西安宣言》、关于东亚地区文物建筑保护的《北京文件》等，已经成为国际文化遗产保护文献的重要组成部分，被国际社会广泛接受。

　　2007 年 5 月在北京召开"东亚地区文物建筑保护理念与实践国际研讨会"期间，我们认为出版一部中文版的国际文化遗产保护文件选编，有利于国际合作事业的发展，有利于中国文化遗产保护意识的普及。在西安国际古迹遗址理事会国际保护中心的协助下，这部文件选编顺利出版了。这是一项重要成果，我们对此表示祝贺。愿人类共同的文化遗产得到更好保护。

联合国教科文组织世界遗产中心
国际古迹遗址理事会
国际文物保护和修复研究中心
中国国家文物局

1959 年以前

第一届历史纪念物建筑师及技师国际会议《关于历史性纪念物修复的雅典宪章》（1931）

（第一届历史纪念物建筑师及技师国际会议于 1931 年在雅典通过）

在雅典会议上通过了以下七项决议，它被称为"修复宪章"（Carta del Restauro）：

1. 创立纪念物保护修复方面运作和咨询的国际组织；

2. 计划修复的项目应接受有见地的考评，以避免出现有损建筑特性和历史价值的错误；

3. 所有国家都要通过国家立法来解决历史古迹的保存问题；

4. 已发掘的遗址若不是立即修复的话应回填以利于保护；

5. 在修复工程中允许采用现代技术和材料；

6. 考古遗址将实行严格的"监护式"保护（custodial protection）；

7. 应注意对历史古迹周边地区的保护。

雅典会议的概括性结论为：

第一条　学说和普遍原理

会议听取了有关纪念物保护的普遍原理和学说的陈述。

尽管具体案例多种多样，可能也会有不同的解决方案，会议注意到不同国家主流的解决办法都反映出同样的趋势，即应通过创立一个定期、持久的维护体系来有计划地保护建筑，从而摒弃整体重建的做法，以避免出现相应的危险。

当由于坍塌或破坏而必须进行修复时，大会建议，应该尊重过去的历史和艺术作品，不排斥任何一个特定时期的风格。

会议认为建筑物的使用有利于延续建筑的寿命，应继续使用他们，但使用功能必须以尊重建筑的历史和艺术特征为前提。

第二条　保护历史性纪念物的行政和立法措施

会议听取了为保护具有艺术、历史和科学价值的纪念物，不同国家在法律措施方面的建议。

在尊重私有权问题的同时，还要认可某些公共权力的存在，这一基本倾向得到会议的一致认同。

会议意识到不同国家法律措施间存在的差异，是由于在协调公法和私人利益之间存在困难。

因而，会议形成了这样一个共识：在赞同这些措施总体趋向的同时，相关措施应该顺应当地状况和公众意见，以便在实施过程中使阻力最小化。房产所有者为满足全局利益要求所做出的牺牲需得到应有的补偿。

会议建议每个国家的行政当局在面对紧急情况时，能够采取相应的保全措施。

大会热切的希望国际博物馆办事处（IMO）出版一份有关不同国家所施行法律的目录和比较性报表，并将这一信息不断更新。

第三条　提升文物古迹的美学意义

会议认为，在建造过程中，新建筑的选址应尊重城市特征和周边环境，特别是当其邻近文物古迹时，应给予周边环境特别考虑。一些特殊的建筑群和风景如画的眺望景观也需要加以保护。

从保存其历史特征的角度出发，有必要研究某些纪念物或纪念物群合适配置何种装饰性的花木。会议特别强调，在具有艺术和历史价值的纪念物的邻近地区，应杜绝设置任何形式的广告和树立有损景观的电杆，不许建设有噪音污染的工厂和高耸柱状物。

第四条　纪念物的修复

专家们听取了采用现代材料对文物古迹进行加固的各种意见，并赞成谨慎运用所有已掌握的现代技术资源。

专家们强调这样的加固工作应尽可能地隐藏起来，以保证修复后的纪念物其原有外观和特征得以保留。

专家们建议新材料的使用尤其适合于以下情况：当需要保护的部分采用新材料能够避免解体和复原的威胁时。

第五条　文物古迹的老化

会议注意到，在当前条件下，全世界的历史性纪念物都受到越来越严重的空气污染的威胁。

除了经常的预防和当前行之有效的用于保护纪念性雕塑的方法外，由于情况的复杂性和现有技术的局限性，不可能总结出一套普遍适用的法则来。

会议建议：

1. 每个国家的建筑师和纪念物的监管人都应该与物理、化学和自然科学专家合作，以便决定在特定的情况下采取相应措施；

2. 国际博物馆办事处（IMO）应及时被告知每个国家在这方面所取得的最新进展，并将其收入到办事处的出版物中。

关于纪念性雕塑的保护，会议认为原则上不鼓励将艺术品从原有的环境中迁出，会议建议只要这些艺术原作还存在，就必须采取一些防范措施来保护它们，一旦被证实其无法保护，才能采用浇铸的方法。

第六条 保护的技术

令人满意的是，会议在进行各项详细交流之前，在保护原则和技术方面就达成了共识，即：

对废墟遗址要小心谨慎地进行保护，必须尽可能地将找到的原物碎片进行修复，此做法称为原物归位（anastylosis）。为了这一目的所使用的新材料必须是可识别的。在发掘过程中当重见天日的废墟不可能被保护时，会议建议将其回填，并对回填之前的工作过程进行仔细记录。

毫无疑问，与发掘和保护文物古迹相关的技术工作，需要考古学家和建筑师的紧密合作。

至于其他纪念物，专家一致认为，在任何加固或局部修复行为实施之前，必须对其损坏和自然衰败进行全面的分析，他们认为，每个个案都要分别对待。

第七条 纪念物保护和国际协作

（一）技术上和理念上的合作

会议深信，保护具有艺术和考古价值的人类资产，是一个值得所有作为文明载体的国家应该关注的问题。

会议希望各国在《国际联盟公约》（CLN）的精神指导下，以更大的规模和更为具体的方式互相合作，以加强对具有艺术和历史价值的纪念物的保护。

在遵守国际法的前提下，将为那些对保护感兴趣、有资质的机构和组织提供各种机会以保护那些代表了人类文明发展的最高峰或面临毁灭威胁的艺术作品。

为实现国际协作这一共同目标，我们寄希望于国际智力合作组织联盟（ICOLN），同时也寄希望于各国的关注和重视。

国际博物馆办事处（IMO）经过调查，并搜集了相关信息，尤其是来自国家智力合作委员会（NCIC）所关心的问题后，国际智力合作委员会（ICIC）应就拟采取步骤的合理性和每个案例中应遵循的规程表态。

大会成员在商议以及在当地所做的研究考察过程中，参观了大量被发现的遗址和古希腊纪念物，他们一致赞赏希腊政府的作为。多年来希腊政府一直担负着大量的保护工作，并且与来自不同国家的考古学家和专家开展合作。

大会成员在此看到了一个实践典范，它不但能够而且已经为实现智力合作作出了贡献，并在这以过程中使自身的努力得到证实。

（二）教育在保护过程中的作用

大会坚信，保护纪念物和艺术品最可靠的保证是人民大众对它们的珍惜和爱惜；公共当局通过恰当的举措可以在很大程度上提升这一感情。

会议建议教育工作者应劝阻孩子和年轻人做出污损各类纪念物外观的行为，并且教导它们在保护各个文明时期遗留下来的有形见证上，应该投入更大、更广泛的兴趣。

（三）国际文献的价值

大会表达了以下愿望：

为实现这一目标，每个国家或者专门创立的有一定资质的相关机构，应出版一份有关文物古迹的详细清单，并附照片和文字注释；

多国建立的官方档案中应包含本国历史性纪念物的所有文档；

各国都应该在国际博物馆办事处存放有关艺术和历史性纪念物的出版物；

办事处的出版物中应指定一部分篇幅用于详细介绍历史性纪念物保存的总体进展和方法；

办事处将研究出一套最佳方法以使用这些收集来的资料。

附注：1. 原载《理想空间》第 15 期，吴黎梅、张松译，同济大学出版社，2006 年版。2. 译者附记：（1）《关于历史性纪念物修复的雅典宪章》是关于文化遗产保护的第一份重要的国际文献，是后来 ICOMOS 大会采纳的《威尼斯宪章》（1964 年）、《华盛顿宪章》（1987 年）的基础。国内不少研究著述，经常将 1933 年国际建协在雅典通过的《国际建筑协会"雅典宪章"》（简称《雅典宪章》）与该宪章混为一谈，这是需要注意的，也是翻译该《雅典宪章》全文的原因之一。（2）历史性纪念物建筑师及技师国际协会（ICOM）为国际古迹遗址理事会（ICOMOS）的前身；国际智力合作组织联盟（ICOLN）为联合国教科文组织（UNESCO）的前身。（3）为准确表达原文内容，译文中将 monuments 直译为纪念物，将 ancient monuments 译为文物古迹。

国际现代建筑协会《雅典宪章》（1933）

（国际现代建筑协会（CIAM）第四次会议于1933年8月在雅典通过）

一 概 论

城市及其区域

现 象

（1）城市只是构成区域经济、社会、政治复合体中的一个元素。

城市的行政地域很少能与其地理单元保持一致。在它确定之初，就被打上了人工的烙印，并随着后来的不断扩张而与其他城市建成区逐渐连为一体，最终必将吞噬其他镇区。这时候，人为定义的行政界限就开始阻碍人们对新的城市聚合体进行良好的管理。于是，人们任由某些郊区城镇以积极或消极的、不可预知的不同方式发展，如发展成豪华住宅区，或者成为重工业中心，或者把不幸的底层工人阶级挤到一起。在这些例子中，行政边界把城市复合体分割得支离破碎，几近瘫痪。实际上，城市聚合体才是地域的真正核心，地域的边界仅仅取决于另一聚合区块的影响范围。而这种聚合体存在的前提条件，是要确保它与所在区域进行交换和保持联系的路径的畅通。要研究城市规划的问题，我们只需持续关注该地区的组成元素，主要是其地理环境，因为这注定是解决该问题的决定性因素——分水岭的走向和周边的山峰，描绘出自然的轮廓，突显出自然系统在大地上运行的轨迹。我们永远不能脱离整个地区的和谐统一来孤立地看待城市问题，城市规划仅是组成区域规划的诸多元素之一。

（2）与经济、社会和政治价值相提并论的是人的生理和心理本原的价值，它们与人类密不可分，并将个体和群体秩序引入了人们考虑的范畴。只有当个体与群体这两个支配人性的对立原则达到和谐时，社会才能够繁荣发展。

孤立的人会感到缺乏保护的危机感，于是自然而然地加入群体之中。凭个体的能力，一个人最多只能建造起小小的棚屋，过着危险、疲于奔命而又寂寞的生活，而在群体之中，个体虽然会感到社会规则的束缚力，然而作为回报，他也得到一定程度的保护，免受暴力、疾病和饥饿之苦。他可以追求更高质量的居住条件和更深层次的社会需求。一旦个体成为社会的一分子，他必然直接或间接地为不计其数的社会事业做出贡献，而正是这些社会事业为他提供了物质生活的和精神生活的保障。他所做出的努力得到更丰厚的回报，他的自由得到更充分的保护——只有当他的自由威胁到别人的自由时才会受到限制。假如群体能做出明智的决策，那么其中个体的生活质量就会由此得到提升和发展。然而假如懒惰、愚昧和自私占了上风，群体就将变得衰败而混乱，其成员陷入敌对、仇恨的状态，一事无成。良好的规划能在群体内部形成有效的合作关系，同时又给个人自由以最大限度的保障，让个人在公共责任的框架内焕发出最炫目的光彩。

（3）生物和心理上的恒定性会受到地理、地形条件和政治、经济形势等的影响。首先会受地理、地形条件、元素构成、土地和水、自然、土壤、气候的影响。

地理与地形对人类的命运至关重要。太阳主宰一切，所有旨在维护人类利益的事业都必须服从它的法则。平原、丘陵、山脉也是塑造意识、激发精神的媒介。例如，山地居民乐于下到平原去，然而平原居民却很少去攀越山谷、探寻山中隘口。在山脉分水岭的影响下，人类渐渐按照各自的风俗习性分类集聚，形成不同的部落、宗氏，这就形成了"聚类区"。土地与水这两种元素的组成比例，也是人们在自身的行为活动中以及在住宅、村庄和城市等环境中所展现的精神状态的塑造因素之一，无论这一比例来自地表上的河流湖泊与大草原的对比，还是表现为以相对降水量的形式造就了此处的繁茂牧场和彼处的荒地沙漠。太阳高度角决定了季节变化是突然转变还是和缓过渡；而在地球连续的圆形表面，地块与地块之间虽然没有突变，却形成了无数组合，每一块都各具特色。最后，各个种族及其不同的宗教与哲学也大大增强了人类活动的多样性，他们都在演绎着各自对世界的不同理解及其自身存在的理由。

（4）其次，生物和心理的恒定性还受到经济环境、区域资源及与外界自然和人为接触的影响。

无论是富裕还是贫困，经济条件都是决定人类生活进步或衰退的主要推动力之一。它发挥着引擎的作用，其脉动的强弱决定了人们相应地采取粗放或集约的经济方式，保持一个必要的清醒头脑；因此在不同的经济条件下，村庄、城市和国家的历史发展轨迹也各不相同。周边是良田沃野的城市能够自给自足。而资源丰裕有余、能够投入流通领域的城市将变得富裕，特别是当具备便利的交通网络、并能与周边远近地区保持密切联系时就更加富足。尽管部分环境因素是相对稳定的，但经济动力机制的强度还是可能受到一些不可预测的随机作用力的影响，而人类主观能动性在这其中的作用也时强时弱。无论是有待开发的潜在财富，还是个体的能量，都不能起决定性的作用。一切都在变化之中。从长期的过程来看，经济所衡量的只不过是瞬间的价值。

（5）第三，这种恒定性还受到政治形势和行政管理体系的影响。

政治形势是更加敏感易变的现象，是一个国家活力的标志，是一个文明处于巅峰时期还是滑坡阶段的象征。尽管政治本身是不稳定的，然而作为其产物的行政管理体系却具有与生俱来的稳定性，能够持续较长的时间并滤除过于频仍的更替。作为可变政策的外在体现，行政管理体系由于其自身的特质和事物本身的力量而相对稳定。它是一个系统，以一定程度的刚性限制对领土和社会进行管理控制，以统一的法则施加其上，并且通过各种控制杠杆，在整个国家范围内确定一致的行为模式。然而，虽然这种经济和政治框架具有很多优点，但长期的经验也已证实，它会在短时间内受到动摇，无论是其中的某一部分还是其整体。有时，一项科学发明就足以颠覆整个平衡，从而暴露出过时的行政管理体系与当前的紧张现实之间的矛盾。也许不同社群会力图建立自己的独特框架，但它们往往会被国家的整体框架所压垮；随后，一国的结构也无法抵挡世界大潮的冲击。因此，永恒不变的行政体系是不存在的。

（6）纵观人类历史，各种特殊的需要均决定了城市的特征，如军事防御、科技发明、管理制度延续、交流手段的进步，以及水陆空等交通方式的不断发展。

我们可以从城市布局和建筑形式中看出城市的历史。依然存在的城市布局、建筑以及文字和图形记载，能够帮助我们重新发现过去的图景。建造城市的动机是多种多样的。有时它是一处防御性的要塞——往往建在高耸的山颠且环以护城河，这些都见证着曾经山河拱卫的堡垒成长为村落的过程，另一些城市由于地处道路交叉口、桥头堡或是海岸线的凹入之处，交通的便利吸引了最初的居民。城市的形态多为圆形或半圆形，但并无定法。譬如作为殖民地中心的城镇通常是中轴对称、栅栏包围的矩形。所有的形式都遵从比例、等级和便利的需要。马路以城门为起点，蜿蜒伸向远方的目的地。今天，我们从城市的平面图中仍能看出早期集市的雏形、连续的封闭围墙以及分岔的道路。人们聚集在围墙内，根据其文明程度的不同享受着不同的福乐康宁。有些地方有非常人性化的法典，而在另一些地方却是专制、独裁，毫无公平可言。机械时代到来以后，人类前进的步伐大大加快了——如果把古代几乎难以察觉的进化速度比作步行，那么机械时代的速度就好比滚滚向前的车轮。

（7）因此，影响城市发展的根本原因是不断变化的。

人口的增减、城市的兴衰、封闭城墙的打破、交换范围在新交通方式下的扩展、政策抉择积极或消极的影响、机械的出现……所有这些，不过只是运动而已。随着时光的流逝，关于城市、国家或整个人类的某些价值观念被深深地根植于传统之中，而具体的建筑和道路的聚合体则终将归于寂灭。人类的作品与其创造者一样会死去。那么是谁在主宰着永生与灭亡的命运呢？一个城市的精神是长时期形成的，而象征着群体精神的最为简单的建筑往往具有隽永的寓意；它们是传统的灵魂——这种传统决不意味着对未来发展的限制，它只是将气候、地形、区域、种族、习俗等融汇为一体。作为无所不包的文明发祥地，城市包含了具有永恒约束力的各种道德价值观念。

（8）机械时代的到来引发了巨大的混乱，包括人们的行为以及他们在地球表面的聚居方式：在机械化速度的推动下，失控的人流涌入城市，这是前所未有的。因而，现代城市的混乱是机械时代无计划和无秩序的发展造成的。

机器的使用彻底改变了工作环境。它打破了古老的平衡，给手工艺者以致命的打击。它使田野荒芜、城市拥塞，并破坏了长达几个世纪的和谐，扰乱了居住地与工作场所长久以来形成的自然联系。近乎疯狂的生活节奏，伴随着令人沮丧的不确定性，使人们的生活环境变得混乱，妨碍了人们最基本的需求的满足。住所仅能为家庭提供可怜的遮护，损害着居住者的生命健康；对工人物质和精神上的基本需求的漠视导致了疾病、经济衰退、暴乱等一连串恶果。灾难是普遍性的——城市在拥挤中陷入一片混乱；而与此同时，郊区却有大量农田荒草丛生。

二　城市的四大主要活动——审视与解决方式

居　住
现　象

（9）城市历史核心区的人口密度太大了，就像19世纪某些城市外部的工业区一样，达到了1000—1500人/hm²

人口与其占地面积之比称为人口密度。密度可以随建筑高度的变化而完全改变。然而限于今天的技术水平，建筑高度一般在6层左右，对这种类型的建筑而言，可以接受的人口密度大约250–500人/hm²。当许多地区的密度提高到600人/hm²、800人/hm²甚至1000人/hm²时，就形成了贫民窟。它一般有以下特征：

- ·人均居住空间严重不足；
- ·缺乏户外活动空间；
- ·终日不见阳光（由于建筑朝北，或者受街道、院落中的房屋阴影的遮挡）；
- ·腐烂和污浊的环境，成为致命细菌肆虐的温床（如肺结核）；
- ·卫生设施缺乏或数量不足；
- ·住宅内部结构及社区布局不合理，造成邻里环境恶劣和杂乱无章。

因为被防御性城墙包围，旧城中心充斥着封闭的建筑，缺乏开放空间。然而作为补偿，绿地就在城门之外，方便可达，可以对空气质量起到积极的作用。但城市经过数个世纪的不断扩张，砖石吞噬了植被，破坏了绿地环境也就破坏了城市的绿肺。在这种条件下，城市人口的高密度就意味着旷日持久的疾病和低劣的生活质量。

（10）在这些拥挤的地区中，生活环境是很糟糕的。其原因包括缺乏足够的用地来安排住宅和绿地，建筑本身也由于投机开发而疏于维护。居民的微薄收入使得他们的灾难更加深重，他们无力采取自我保护措施，死亡率高达20%。

居住环境的恶劣不仅制造了贫民窟，它的阴霾甚至还通过阴郁逼仄的街道向外延伸，吞噬了城外所有的绿地——氧气的制造者，也是孩童的游戏空间。那些数百年前建造的老房屋，其价值早已折旧殆尽；但其狡黠的主人却仍把它们当作商品来交易。即便这些房子已完全不能满足居住的需求，它们还是为投机取巧的主人带来了可观的收入。一个卖腐肉的屠户会遭到严厉的谴责，而向穷人倾销破烂房屋的行为却得到建筑法规的认可。在少数自私者大发横财的背后，整个社区正经受着骇人听闻的高死亡率和多种疾病的深重灾难。

（11）城市的扩展不断吞噬着风景优美的周边绿色地带。人们离自然越来越远，公众健康进一步遭到威胁。

城市扩张得越大，其中的自然环境就越会被忽视。所谓自然环境（condition of nature），是指一些对生命必不可少的要素，如阳光、空间、草木等。缺乏控制的城市扩张剥夺了人们身心受到滋养的权利，这包括生理和心理两方面的状态。任何个体一旦在城市迷幻般的暂时享乐中与自然隔绝，其身心必将萎缩衰退，付出机体患病、道德堕落等代价。在这点上，所有的底限都在近百年中被超越了。然而造成我们今天的世界如此糟糕的原因还远不止于此。

（12）居住建筑布满整个城市，这与公共健康的需求是背道而驰的。

城市规划的首要责任是满足人类最基本的需要。一个人的健康很大程度上取决于他接触的"自然环境"的情况。太阳主宰着万物生长，应该能照射到每一处居所的内部，没有它，生命必将枯萎。空气应该清新纯净，免受惰性烟尘和有毒气体的影响，这就有赖于绿色植被的作用。最后，空间应该被公平的分配。个体应该拥有足够的空间，因为人们对空间的感受反映了身心的需要，而狭窄街道和逼仄天井所形成的阴郁气氛对身心健康极为不利。在雅典召开的 CIAM 第四次大会正是基于这样的基本假定：阳光、绿地、空间是城市生活的三个基本要素。我们将据此判断现状，并以真正人性化的视角来评价新的主张。

（13）现实中人烟最稠密的地区往往是最不适于居住的地点，如朝向不好的坡地，易受烟雾和工业气体侵害及易遭水灾的地方。

迄今为止，针对现代居住条件还没有任何立法。立法的目的不仅仅是为了保护居住者本身，同时还为其提供不断发展的手段。然而眼下，城市用地、居住区乃至住宅本身的布置根本无章可循，有时甚至是倒行逆施。例如，市政测量员可能会不假思索地添加一条街道，哪怕这会遮挡上千住宅的日照。有些城市官员会认为那些由于多雾、潮湿、蚊蝇肆虐而闲置至今的地块正适合建造工人阶级的居住区；他们也会把朝向不好、无人问津的北坡和烟尘、毒气、噪声为患的工业区用来安置临时打工的流动人口。

（14）条件最优越的地区，却往往只安置着最稀疏的人口，这些富人们在这里享受各种福祉：风和日丽，景色秀美，交通便利而且不受工厂的侵扰。

最好的地块总是被豪华住宅占据，这也证实了人类尽其所能向自然界寻求良好居住环境、渴望提高生活质量的天性。

（15）这种不合理的住宅配置，至今仍然为习惯和名义上公正的城市建筑法规所许可，即分区规划。

分区规划是一种在城市地图上对各种功能及单体进行合理安排的手段。它是在对不同人类活动进行必要划分的基础上，为它们分别指定专门的用地：居住区、工业或商业中心、室内或室外娱乐空间等。然而，尽管环境的差别使豪华住宅和普通住宅有所区分，但没有人有权力规定只有少数人才能享受健康有序的生活。现实生活中有许多情况亟待改善。我们需要刚性的法规来确保每个人都能分享一定的福利条件，而无论其财产多少。我们也需要明确定义城市管理制度，以坚决禁止完全剥夺他人享受阳光、空气和空间的行为。

（16）沿交通线或者围绕交叉口布置的房屋，因为容易遭受灰尘噪声和尾气的侵扰，不宜作为居住房屋之用。

基于这个考虑，我们应该把居住和交通分别安置在相互独立的地块中。住宅不再通过人行道与街道相连，而是坐落在独立安静的环境之中，在那里将享受到充足的阳光、清新的空气和静谧的安宁。交通被划分为慢速步行道路网和快速机动车道路网。这些道路网络承担各自的功能，只有当需要时才偶尔靠近居住区。

（17）沿街道两旁安置房屋的传统方式，只能保证少数房屋有充足的日照。

这种传统方式必然造成以下局面：当街道相交、平行或斜接时，就形成方形、梯形或三角形等不同容量的空地，这些空地一旦用于建设，就成为城市"街区"。街区内部也需要阳光，于是各种不同尺度的内院应运而生。不幸的是，资本家钻了城市建设法规的空子，他们造出来的"内院"小得可怜。结果是令人沮丧的：房屋的北立面终年不见太阳，而其他三个立面在狭窄的街道、庭院的遮挡下，也被剥夺了一半的阳光。分析表明，城市立面中处于阴影之中的占 1/2—3/4，有时甚至更多。

（18）公共建筑也和住宅一样，安排得非常不合理。

住宅为家庭提供遮风蔽日之所，其规划本身就是一项完整的工作。其解决之策在以往的岁月里有时是一项快乐的工作，但今天则总是伴随着不确定因素。然而在住宅之外，家庭还需要一些就近的公共设施，这种公共设施可以视作住宅的延伸。譬如供应中心、医疗服务机构、托儿所、幼儿园、学校和作为日常活动与运动之用的操场等等。这些设施固然会降低部分利润，但它们对于居住区来说是不可或缺的。然而，目前人们在设计时却很少从全局出发，给它们以足够的重视。

（19）尤其是学校，常被设置在交通线上，而且离住宅也太远。

撇开课程及其建筑处理手法不谈，现在城市里的学校大多布置得相当糟糕。它们离住宅太远，孩子们常常要穿过危险的街道去上学。而且学校通常不提供6岁以下和13岁以上的学前、学后教育。目前学校的条件亟待改善，以使儿童和少年上学时免于危险，并为他们提供健全的教育体系，保证他们身心的全面发展。

（20）现代的城市郊区无规划地发展着，与城市之间缺乏正常联系。

现代城市郊区（suburbs）是古代郊区（faubourgs）蜕化的产物，或者说是"畸形的自治镇区"。自治镇原先是防御性围墙内部的一个单元。而这种畸形市镇或者"虚假"的市镇是从墙外开始，是沿着缺乏保护的出城道路向外发展的。这是解决人口过剩的出路。无论愿意与否，人们都不得不适应这种不安全的状态。随着新建的围墙逐渐包围上述市镇及其在城市内部延伸的道路，城市布局的一般法则就遭到了第一次冲击。市郊是机械时代的标志，是城镇漫无管制的延伸，那里垃圾成堆，危险重重，底层的工人阶级就住在工业区近旁——人们总认为这些工业区是临时性的，但许多工业区却惊人地发展起来。市郊是垃圾和危险的象征，像城墙外侧回旋搅动的泡沫。历经19、20世纪，这些泡沫集汇成流，竟成滔滔洪水之势，对城市发展的步伐构成极大威胁。市郊是流浪者悲惨的临时住所的集中地，因而也成为暴乱运动的催生地。而且，市郊的面积往往是城市的十倍、百倍。也有人试图改变这些时空功能陷于瘫痪的市郊，希望把它们变成田园城市，但那只是一个虚幻的天堂，一个全无理性的方案。城市郊区化是一场席卷全球、并在美国达到极至的城市闹剧，它构成了这个世纪最大的灾难之一。

（21）人们做出各种努力，尝试着把市郊纳入行政管理体系之中。

太晚了。现在把城市郊区纳入行政管理体系已经太晚了。在缺乏远见的法规下，整个市郊的财产权已经确定，而法律规定这些财产权是不可侵犯的，政府不可能轻易地把一块已开始建造陋屋或车间的空地从其主人手里征收回来。市郊的人口密度很低，土地基本上处于未开发状态，然而为了市郊的扩张，城市还必须为之配备必要的服务和设施，譬如公路、公共设施、快捷的通讯方式、警务、街道照明和清洁、医疗教育设施等等。这些设施所引起的巨额开支与如此分散的人口所能支付的税金严重失衡。一旦政府插手调整局势，它势必遇到一系列不可逾越的障碍，最终将徒劳无功。要想让城市走上和谐发展的道路，管理者必须在市郊开始扩张以前就担负起城市周边土地管理的职责。

（22）市郊通常只是一些根本不值得维护的破房陋屋的聚集地。

摇摇欲坠的小屋、木板搭盖的棚舍、千奇百怪材料建造的工棚、四处散落的杂乱无章的贫民屋——这就是我们的市郊！它阴郁丑陋的表情是对其所包围的城市的控诉。它要求巨大的开支，却无力支付相应的税费，给城市压上沉重的负担；它是城市肮脏的前庭；它的街巷沿着主要交通干道滋生，严重威胁交通安全；从空中俯视，它呈现出一片混乱的布局，而当你兴致勃勃地乘火车去浏览城市风光时，市郊将是兜头一盆冷水。

要　求

（23）从今以后，我们必须把城市中最佳的土地让给居住区，在其布置中充分利用地形之便，并考虑气候、日照、绿地等多种因素。

目前的城市状况已经严重损害了公众和个人的利益。历史证明，这种状况的形成与发展有其长期的深层原因。而数个世纪以来，城市在扩张的同时，也会在原地不断地进行自我更新。如果贸然改变某些长期形成的条件，势必会使城市陷入一片混乱。我们当前的任务，就是通过规划逐渐改变目前无序的状态，规划会指导我们在一定时期内分阶段完成该任务。居住的问题应当首先受到关注。城市中的最佳地段应当留给居住；如果该地段被侵占，我们就应尽力去恢复它。多种因素可以影响居住的环境。我们应当兼顾良好的景观、有益身心的空气（包括对风和雾的考虑）、最佳的坡向，并对现有的绿地进行充分利用；在没有绿地的地方创造绿地，对被破坏的绿地加以修复。

（24）居住区的选址应充分考虑公众的健康。

众所周知的卫生法已对目前城市的卫生条件提出了严重警告，但它还不足以系统地诊断、甚至找到解决问题的方法；我们需要更加可信的管理机构。为了公众健康，所有的地区都必须进行调整。那些草率投机开发的地区应当彻底清除。其他具有历史、艺术价值的地区可以部分保留。但这还不够，在规划居住区时还应从全局出发，预先对文教体育建筑、各种活动场所等附属设施进行综合考虑。

（25）必须根据地形特征所限定的居住形态，制定合理的人口密度。

管理者必须预先确定城市的人口密度。人口密度取决于城市中居住用地的配额和总人口数，从而形成分散或者紧凑的城市。人口密度的确定是一项影响巨大的工作。自从机械时代以来，城市的扩张完全失控，毫无节制，这要归咎于管理者的疏忽。任何城市的形成与发展都有其特殊的根源，我们在对将来一段时期（譬如50年）进行预测的时候，必须充分考虑这些历史原因。首先必须预测在此50年中的人口总数，然后考虑安置这些人口，包括设想他们的居住地点、他们可能需要的日常服务、所需用地的面积等。一旦确定了人口总数与用地面积，我们就得出了未来的人口密度。

（26）必须保证每套住宅获得最基本的日照时间。

科学研究表明，日照是人类健康不可或缺的因素，但在某些情况下又有害于人的健康。太阳是生命的主宰。医学表明，没有阳光照射的地方将有肺结核病菌滋生，人类应该尽可能地贴近自然环境。即便是日照最少的季节，也应当保证每所住宅都有几个小时的阳光照射。我们的社会决不能再容忍任何家庭被排除在阳光之外而丧失健康的生活，因此在住宅设计中，我们不能再让一户人家完全朝北或终年处于阴影之中。开发商必须出具图表，以证明每套住宅在冬至日能保证最少两小时的日照，否则开发项目不准上马。将阳光引入人们的生活已成为建筑师最重要的新职责。

（27）必须禁止住宅沿交通干道布置。

街道作为目前城市的交通线，同时还担负着过于纷繁复杂的功能。街上除了行人之外，还有公交车、电车等间歇停靠的快速公共交通工具，以及更高速的卡车和私人汽车。现今这种步行道是在骑马及乘坐马车的时代用于防止交通事故的，在今天的机械交通速度面前，它们早已不能胜任，因而使今日的城市充斥着交通事故频发的死亡威胁。今天的城市，向死亡的威胁敞开了无数的大门，任由机动交通产生的噪声、烟尘和有毒尾气的侵入。我们必须对这种状态进行彻底的变革，必须将4.8km/h的步行交通与48－96km/h的机动交通分离开来，为它们分别设置专用的道路，还必须让居住远离机动交通。

（28）我们应该利用现代技术建造高层建筑。

每个时代都有特定的建筑材料，从而产生相应的建造技术。19世纪以前，人们只掌握了用砖、石、木结构建造承重墙，用木梁搭建楼层的建筑技术。19世纪作为一个过渡时期，人们开始运用铁构件，直到20世纪才出现了纯粹的钢结构或钢筋混凝土结构。在这个划时代的建筑革新之前，建筑高度不可能超过6层。然而现在已不可同日而语了，建筑可以高达65层，甚至更高。但依然需要解决的问题是，出于各种特殊理由而建的最佳楼层高度需要认真研究各种城市问题。对于住宅而言，我们主要考虑的是良好的视野、清新的空气和最大程度的日照，还有作为住宅附属物的邻近公共设施，如学校、康乐中心和各种活动用地。只有当建筑达到一定的高度时，才能满足这些合理的要求。

（29）高层建筑必须保证间距，从而为开阔的绿地留出足够的用地。

高层建筑必须保持足够的间距，否则这种高度不仅无助于治疗城市的顽疾，反而会使它进一步恶化，这正是我们的城市曾经犯过的严重错误。城市的建设不能无规划的放任自流，由私人为所欲为。人口必须达到一定的密度，才能支持住宅区公共附属设施的配置。只要确定了人口密度，就可推测居住区所容纳的总人口数，并由此计算出城市剩余的公共空间。城市管理者必须充分考虑用地分配方案，确定建设用地与开放空间、农用地之间的合理比例，划出私人住宅与附属设施必要的用地面积，为城市保留一定时期内不得侵占的土地，并将所有这些作为法规公诸于众。这样，我们的城市从此可以在充分的安全保障下发展，而在法律允许的范围内，个人活动与艺术家的创造也将拥有足够的空间。

休　闲

现　象

（30）总体而言，目前的开放空间尚不能满足需求。

在某些城市中仍然存在着开放空间。那些经受了历史考验幸存下来的环绕华厦的公园、私宅四周的花园和在废弃防御工事遗址上形成的林荫道，在我们的时代简直是个奇迹。近两百年以来，这些城市的“绿肺”不断地被砖石建筑吞噬。曾几何时，少数特权阶级休闲娱乐的需要成了开放空间存在的惟一理由。然而今天的社会观念赋予它们以新的意义，但尚不清晰。开放空间被视作住宅直接或间接的外廷：直接是指环绕住宅本身，间接是指集中分布在一些开阔地带而离住宅有些距离。无论何种情况，它们的宗旨都是为了满足年轻人集体活动的需求，并在闲暇时间提供娱乐、散步和游戏的宜人场所。

（31）即便面积足够大，开放空间也常常由于地点不合适而难以服务于广大居民。

现代城市中少得可怜的一些较大的开放空间往往不是处于郊外，就是位于豪华居住区的中部。前者远离工人阶级的居住区，只有在周末才能服务于城市居民，却无助于改善他们糟糕的日常生活。而后者一般是不向公众开放的，它们没有履行自己作为居住区有益延伸的职责，因而它们的功能也就仅限于装点市容而已。无论何种情况，目前公众健康的严重问题仍然亟待改善。

（32）城市周边偏远的开放空间不能改善城市内部拥挤的生存条件。

我们的城市需要相应的法规来保障居民的生存条件，保障他们的身心健康和生活乐趣。在工作之余，精疲力竭的人们需要充分地休闲放松。在将来的城市中，人们的闲暇时间必然会越来越长，这些时间应该用于回归自然，恢复身心。因此，开放空间的建设和维护就成为保障公众福利的必需内容，并且构成了城市生活最基本的有机组成部分之一，理应引起官方足够的重视。增添适当比例的开放空间是解决居住问题的惟一途径。

（33）为了接近使用者，现有的为数不多的运动设备通常被布置在一些暂时的空地上，这些空地多是将来居住区或工业区的预留地。这说明了这些公共空地时常变动的原因。

一小部分渴望充分利用周末闲暇的体育团体在城市郊外建立了临时活动场所，然而由于他们不是官方团体，这些场所必然无法长期维系。城市休闲活动可以划分为三类：分别以日、周和年为周期。日常休闲活动应该靠近住宅，周末远足可以在城市外围的邻近地区，而一年一度的假期旅行则允许远离城市及其所在地域。因此，我们需要这样三类身心再生场所：1）宅边绿地；2）地区内的开放空间；3）遍及全国的旅游胜地。

（34）周末出游的地点往往不能与城市保持便捷的联系。

一旦选定了一些地点作为临近城市的合适的周末休闲地，我们还必须解决大量的交通问题。从区域规划开始就应该对这个问题给予足够的重视，包括调查各种可能的交通手段，如公路、铁路或水路。

要　求

（35）今后任何居住区都必须包括足够的、合理布置的绿色空间，以满足儿童、青年、成年人游戏和运动的需要。

这个决议必须诉诸于实际立法——借助"土地法令"来保障，否则将毫无作用。该法令将保证各种不同的需求得以满足，例如，对应于不同的功能、区位和气候，各地区的人口密度、开放空间与建筑占地面积之比也会有差异。建筑体量应与其周边的绿色环境充分融合。建成区与绿化区的布局将按照在这两者之间的合理出行时间来确定。无论如何，目前的城市肌理必须改变，人口密集的"沙丁鱼罐头城市"应当转变为绿色城市。这种方式与"田园城市"不同的是，绿色空间并未被分割成私人所有的小块单元，而是用于附属于住宅区的各种公共活动设施的建设。厨房菜园模式（Kitchen gardening）的有效性是田园城市理论的主要依据，但它将我们少量的可利用的土地分成无数孤立的小地块，却忽视了像耕种、灌溉和排水等集中的园艺操作能够减轻劳动负担并增大产出的优势。

（36）有碍健康的建筑街区必须被拆除，并以绿地代之，从而改善邻近居住区的卫生条件。

任何具有卫生与健康基本常识的人都能轻而易举地识别出贫民窟和不卫生的城市街区。这些地方应该铲除，并趁此机会以公园取而代之，这将是提高居民健康条件的第一步，至少会使邻近的居住区受益。当然，有时候这些空出的场地更适于建造城市生活中不可或缺的某些设施，那么明智的规划者将根据区域和城市规划作出最合理有效的安排。

（37）新的绿地应有明确的功能，应当包括与住宅紧密联系的幼儿园、学校、少年宫和其他公共设施。

绿地应积极融入建成区，成为居住区的有机组成部分。绿色空间的作用决不仅仅是装点城市，它们首先必须具有实用的功能。一些公共设施应该与草坪相结合：如日间托儿所、学前和学后教育机构、青年俱乐部、体育和智育中心、阅览室、游戏室、跑道和室外游泳池。这些都是住宅区的拓展部分，就像住宅本身一样，也应由土地法令加以明确规定。

（38）应当创造宜人的周末休闲空间，包括公园、森林、活动场地、露天大型运动场和海滨。

到目前为止，我们还没有或者说实质上没有专门服务于周末休闲的设施。将来，我们会对城市周边的大量空间加以整饬和配备，并提供充分便捷的多种交通方式，以提高其可达性。这些空间不再是房前屋后稀疏点缀着树木的草坪，而是精心维护下的真正的森林、草场、天然或人造的海滨，从而为城市居民创造大量休闲游憩和身心恢复的机会。任何一座城市周边都有足够的用地可以实现这个目的，只要合理地组织交通，它们将具有很好的可达性。

（39）公园、活动场地、体育场和海滨。

各种休闲方式都必须被考虑在内，包括人们在优美的自然景观内的活动：散步或远足、个人或团体；包括所有的运动方式，如网球、篮球、足球、游泳和田径运动；包括各种娱乐形式，音乐会、露天剧场和形式多样的表演赛或锦标赛等等。另外，还应预先考虑必需的设施，合理组织交通，安排旅馆、酒店、露营地等住宿场所，最重要的是，这些区域要确保饮用水与食物的供应。

（40）应对现有的自然资源进行评估：包括河流、森林、山丘、山脉、山谷、湖泊和海域。

机械时代的交通已经相对发达，距离不再是我们考虑的决定性因素。重要的是要选取合适的自然资源，即便必须跨越一定的距离。这样做的意义不仅在于保护未受沾染的自然美景，同时也让遭受破坏的区域得以休养生息。简言之，我们需要动用人类的手段来部分地创造场所或景观，以满足大众需求，这同样也是政府官员的重要职责之一，这关系到辛勤工作一周的劳动者能否得到恢复，关系到日常的休憩是否能真正起到身心恢复的作用，而不是只在街道上溜达而已。赋予闲暇时间以丰富的内容，将大大改善城市居民的身心状况。

工　作

现　象

（41）城市中的工作地点（如工厂、手工车间、商业中心和政府机关等）不再按照理性原则布置。

过去的住宅与工厂总是相距不远，联系密切而且稳定。然而，机械时代始料未及的扩张打破了所有这些和谐的关系；城市的特性在不到一个世纪的时间内彻底改变，具有悠久传统的古老手工业阶级消失了，代之而起的是一支全新的、处于漂流状态的无名者劳动力大军。工业的发展从根本来讲取决于原料供应的方式和产品配送的手段，因此所有的工业都涌向主要交通路线两侧，如19世纪兴起的铁路、因蒸汽船而大大提高运输能力的河道等。为充分利用城市中食品供应和居住的便利条件，工业区被设在城内或城市边缘，全然不顾可能引起的严重后果。居住区被设于其内部的工厂弄得嘈杂而乌烟瘴气；而设在城郊的工厂尽管远寓居住区，但又迫使工人每天远距离跋涉在喧嚣拥挤的交通高峰期之中，无谓地牺牲了部分休闲时间。机械时代对以往工作组织方式的破坏导致了难以形容的混乱，这个难题至今只偶尔得到一些零星皮毛的解决。每天大量的人流，已经成为我们时代的顽疾。

（42）工作地点与居住地点之间距离过远，联系不便。

目前，工作与居住这两大城市功能之间的正常联系已经被破坏。车间与作坊遍布郊外，而大工业在无节制的扩张中也强行进入市郊。由于城市几近饱和，再难容纳更多的居民，因而大量的市郊卫星城迅速发展起来，充塞着大量狭窄的、不舒适的租赁公寓和不必要的住宅开发区。每一个冬夏晨昏，那些与工业并无稳定联系的劳动力大军，在公共交通压抑的浪潮中进行着他们永恒的漂流，所有的时间就这样消逝在混乱的往复转移过程之间。

（43）交通高峰期揭示了事态的严重性。

城郊列车、公共汽车和地铁这些公共交通在一天之中只有四次满负荷运行。但高峰期的骚动却几近疯狂，工人们在工作压力之外还必须忍受数小时的推搡和奔走，并为这样的交通付出昂贵的经济代价。而运作这样的运输系统也是一件艰苦且昂贵的事情，乘客们支付的费用不足以抵偿交通系统的运营费用，因此这些运输系统成为沉重的公众负担。为解决这个问题，有两条路摆在我们面前——是考虑运输业的利益，还是考虑运输系统使用者的利益？前者意味着扩大城市规模，而后者则意味着缩小规模。我们必须作出抉择。

（44）由于缺乏对用地及其他要素的预先规划，城市和工业的发展都处于混乱的状态。

城市内部和周边地区的土地基本上都是私人所有的。掌握工业的私人公司本身处境也不稳定，随时危机四伏。工业的发展根本无章可循；所有的运作都是随机而动，这种模式偶尔会给个人带来好处，然而对于群体而言，它只会加重负担。

（45）城市办公集中在商务区。这些地区占据城市中心最佳的位置，享有最完善的交通系统，自然会成为投机商的掠夺对象。既然这些开发项目都是私人经营的，其自然的发展就缺乏必要的有序性。

工业扩张必然带来商务、私人经营和贸易的繁荣。然而它们都未经缜密的评估和计划。人们要进行买卖活动，要在车间、工厂与供应商、客户之间保持联系，而所有这些事务都需要办公空间。而办公楼需要一些专门的设施，这是使商务办公有效运营不可或缺的前提。如若社会单独为孤立的办公楼配备这些设施，就需要付出昂贵的代价。而为一组办公楼统一配置相关设施，就能起到优化工作条件的良好效果：例如内部交通便捷、与外界联系方便、明亮安静、空气清新，同时还享有制冷制热系统、邮局、电话、无线电台广播等多种便利设施。

要　求

（46）必须将工作与居住之间的距离减到最小。

这就要求我们精心规划，将所有工业用地重新布置。环绕大城市的集中工业带对某些企业来说也许是有利的，然而这种草率布局所导致的混乱恶劣的生活条件是不可容忍的。大量的时间被浪费在居住地与工作地之间的往复交通上。为了更方便地获取原材料，工业被迁移到交通线旁，沿着主干河道，高速公路和铁路分布。交通线是线形元素，因此工业城市也将变成线形布局，而非向心积聚的。

（47）工业区应该独立于居住区，并且它们之间应以绿化带相隔离。

工业城市应当沿着运河、高速路或铁路延伸，当然能三者兼顾更好。一旦工业由环状转变为线状，居住区也就可以发展成平行的带状，并通过绿地与工业建筑隔开。这样，城市住宅就可以拥有宽敞的绿色环境，再也不必忍受噪声和污染之苦，而每天来回的长途跋涉也因近便的距离而不复存在，居住区重又恢复为一种由家庭构成的正常有机体。因此，这种恢复起来的"自然化的生活条件"也有助于减少工作人群的流动性。有三种居住类型可供居民选择：田园城市中的独立住宅、带有小片农场的独立住宅，或是各种便利设施一应俱全的集合住宅。

（48）工业区必须靠近铁路、运河或高速公路。

无论是公路、铁路、河流，还是运河，机械交通带来的全新速度要求开通新的路线，或是对已有的路线进行改造。这就要求对工业区及附属的职工宿舍进行新的配置和协调。

（49）手工业源于城市生活，且与之密不可分，因此必须在城市内部为手工业指定专门的用地。

手工业与现代工业有着本质的不同，应当区别对待。城市生活的日积月累孕育和造就了这些行业——印刷、珠宝、制衣以及时尚设计，并且只有在城市的智力集中区（intellectual concentration）才能提供它们所需要的创作灵感。它们是重要的城市活动，应当被安置在城市最有活力的地方。

（50）各种公共或私人运营的城市商业应与居住区。城市内部或附近的工厂和手工作坊保持良好的联系。

商业是至关重要的，因而商业用地的选址必须慎之又慎。商业中心应位于交通系统的交汇处，以便服务于城市的各个部分，包括居住区，工业区、手工业区、行政区、旅馆和各种交通枢纽（如火车站、汽车站、港口、机场等）。

交　通
现　象

（51）现有的城市街道网络是由主干道衍生出来的一套枝状体系。在欧洲，这些干道的建造年代远比中世纪要早，有时甚至可以回溯到远古时代。

某些出于防御或殖民目的而建的城市，从其萌芽或策划时起就受益于这样的交通系统。人们在大路的端头建造形状规则的防护围墙，禁止过境交通穿越城市，并把城市内部安置得实用而有序。更多的城市发源于两条大路相交之处，或是数条道路交汇的节点处。干道顺应地形，常常蜿蜒曲折。最初的房舍沿路边分布，这就形成了主干道的雏形。随着城市的扩张，越来越多的次级干道分支出来。但主干道总是顺应地势的产物，即便存在矫正取直的情况，它们也仍遵循着基本的法则。

（52）今日城市中的主要交通线，最初都是为徒步与马车而设计的，不再能够满足现代机械化交通方式的需要。

出于安全的考虑，古代的城池总是处于高墙围合之中，因而不能随着人口的增长而向外扩张。人们只能尽量节约使用土地，以获得最大的居住空间，于是产生了尽可能多的、联结各家各户的高密度"宅前道"街巷系统。这种城市组织方式的另一产物是城市街区系统。为了获取阳光，房屋体块与街道成正交之势，同时还留出内院。随着城墙向外推移，街巷也延伸出原先的城市核心，演变为林荫大道，然而城市内核本身却保留了原有的结构。这套建设系统尽管已失去了必要性，但却依然存在，房屋面对着多少显得狭窄的街道和内院。其外围的交通网络在尺度和节点数上都数倍于内部。这种为旧时代而设计的网络系统已无法满足机械时代的交通需求。

（53）道路尺度不当，将严重阻碍未来快速机动交通的运用和城市有序发展的步伐。

小汽车、电车、卡车和公共汽车之类的机动交通速度与人畜自然行进速度之间存在着不可调和的矛盾，问题就出在这里。这两种速度的混杂是造成混乱的根源。步行者永远处于危险之中，而机动交通受到无休无止的干扰，效率低下，同时伤亡事故频发。

（54）道路交叉口之间距离过短。

机动车必须经过启动并逐渐加速的过程才能达到正常的行驶速度，突然的刹车会导致主要部件的磨损，因此必须测算好启动点至减速点之间的合理距离单元。目前的道路交叉口间距平均在 90m、45m、18m 甚至 9m，这对机动车非常不利。道路交叉口间距至少应该保持在 183－366m 的平均水平。

（55）道路宽度不够，要拓宽这些道路需要花费昂贵的代价，却难于收到显著的成效。

道路宽度并不存在统一的标准，而是取决于其所承载机动交通的数量和种类。从城市诞生之时起，古老的大道就顺地势和地形而走，像大树的主干一样，分离出无数的旁枝，承载着巨大的交通压力。这些道路通常都太过狭窄，但要想拓宽它们，恐怕只会是一件费力不讨好的事情。交通的问题需要更加透彻的调查研究。

（56）目前的道路似乎失去了控制，在精确性、适应性、多样性和舒适度方面都很差，无法满足现代机动交通的需要。

现代交通是一个非常复杂的系统。交通系统必须满足多种功能的要求，既要能满足户到户的机动交通和步行交通，又要为公共汽车和电车划定路线，还要保证卡车能从供应中心到达无数的配送点、过境车辆能从城市快速通过。所有这些交通活动都应当有专用的车道，分工明确，互相配合。这就要求我们深入分析问题，认清现状，从而寻找与各种用途相适应的解决途径。

（57）那些气势磅礴的平面图只讲求形式，却严重阻碍了交通。

那些在马车时代备受推崇的形式如今正是困扰人们的混乱之源。一些以大型纪念性公建为标志的大道，其构建本是为了形成一种纪念性场景，然而现在却成为延误时间的交通瓶颈，甚至成为潜在的威胁。这种建筑形制原非为现代机械交通服务设计的，它永远也无法适应这种速度，因此只能被保护起来，免受机动交通的侵扰。交通已成为现代城市生括中最为重要的功能之一。目前交通系统迫切需要缜密的流线和出入口设计，以消除交通堵塞及其所引起的骚乱。

（58）当城市需要扩张时，铁路系统往往成为城市化的障碍。铁路包围了居住区，使之孤立，与城市的其他重要部分失去了必要的联系。

铁路带来了工业大发展，然而随着时间的推移，它们已不再能适应工业时代的需求。这些难以逾越的铁轨从城市中穿过，把整个区域切割得支离破碎，生硬地把原有的居住区和逐渐发展起来的新区分离开来，切断了它们之间不可或缺的联系。

在一些城市中，这种态势已经严重影响到整个经济。现代城市的铁路系统亟待改造和重组，需要重新纳入统一的全盘规划之中。

要　求

（59）为了充分了解交通系统及其承载能力，我们必须基于精确的统计，对整个城市和区域的交通进行严密的分析。

我们应该用图示来描述交通系统的现状，从图上可以一目了然地看到引起问题的决定性因素及其不同程度的影响，从而更容易发现关键症结所在。只有看清现状，我们才可能采取如下两种必要的改进措施：首先，为每条道路分配具体的用途，也就是说道路是为机动交通还是步行交通服务的，是为大型卡车还是过境交通设计的；其次，确定不同用途的道路的具体尺寸和特征，包括道路类型、路面宽度、交叉口或枢纽的类型和位置等细节。

（60）应根据类型对道路进行分级，同时根据它们所服务的车辆种类及其速度进行建设。

古代留下来的单行道是不区分步行和骑马之用的。直到18世纪末，马车的普及才使道路分化出人行道。20世纪，大量的机械交通工具大量涌现——自行车、摩托车、汽车、卡车和电车，它们的速度是前所未有的。在某些地方，譬如纽约，城市的大规模扩张已导致局部大规模的交通拥堵。我们必须采取措施来挽救这种近乎灾难性的局面。这已是刻不容缓。要解决干道拥塞的问题，首先应该把步行交通与机动交通彻底分开；其次是为重型卡车提供单独的交通渠道；再次，必须专门设计大交通量的快速道路，并与较小流量的普通道路分离。

（61）可以采用立交的方式来分散交叉口的交通压力，同时保持交通流的连续性。

过境的车辆没有必要在每个交叉口都减速暂停，而立交正是保证它们行进间连续性的最佳方式。立交枢纽可以把快速干道与本地交通道路联结起来，当然它们的间距需要通过科学计算来确定，以保证最优的通过效率。

（62）人车应该分流。

这将是城市交通模式一次彻底的革命。它将为城市化进程带来最深谋远虑、最富新意和活力的新纪元。关于交通模式的这个原则，应该像居住区拒绝北向住宅一样，不容变更。

（63）不同的道路应有明确的分工：包括居住区道路、步行道、快速路和过境路。

道路功能不能面面俱到，应该根据其不同类型制定相应的规则。居住及相应功能需要宁静平和的环境，因而居住区道路和集体活动场所要符合这种氛围，机动交通应该限制在专门的道路中。除了一些特殊的联结点外，过境交通与本地交通应该避免连接。联结整个区域的大型干道，自然会在交通网络中居于主导。而步道上的各类车辆都应严格限速，以保证行人安全。

（64）作为一项规定，交通干道之间应有绿化隔离带。

公路或快速路与本地道路有着本质的区别，不应让它们靠近公共或私人建筑。应该以密实的绿化带将它们隔离开。

城市的历史文化遗产

（65）有历史价值的古建筑应保留，无论是建筑单体还是城市片区。

城市的布局和建筑结构塑造了城市的个性，孕育了城市的精魂，使城市的生命力得以在数个世纪中延续。它们是城市的光辉历史与沧桑岁月最宝贵的见证者，应该得到尊重。这首先是因为它们凝聚着历史或情感价值；其次，它们传达出一种融会着人类所有智慧结晶的可塑特征。它们是人类遗产的一部分，任何拥有它们的人都有责任、有义务尽其所能地保护它们，保证这些珍贵的遗产完好无损、世代流传。

（66）代表某种历史文化并引起普遍兴趣的建筑应当保留。

永生是不可能的，人类的创造物也不能例外。面对时间的物质痕迹，我们应该判断哪些仍具有真正的活力和价值，而不是把整个过去全盘保留。假如保留一处古迹将与城市的当前利益相冲突，我们就必须寻求一个两全之策。在某种旧式建筑大量存在的情况下，可以有选择地保留作为纪念，而其他建筑可以清除；有时只需保留建筑中真正具有价值的部分，并加以适当修缮；在某些特殊情况下，对极具美学和历史价值却位置不当的名胜，可以考虑整体迁移。

（67）历史建筑的保留不应妨害居民享受健康生活条件的要求。

我们决不能由于因循守旧而忽视社会公平的原则。有些人重视美感胜过社会的整体利益，他们为了保留某处独特的旧区而不顾其可能孳生的贫穷、混乱和疾病，这些人应该对所有这些痼疾负责。对于这样的问题，我们应当深入研究，以获得巧妙的解决方案。无论如何，我们对古迹的珍爱都不能凌驾于居住环境利益之上，这直接关系到个人的福利与身心健康。

（68）不仅要治标，还要治本，譬如应尽量避免干道穿行古建筑区，甚至采取大动作转移某些中心区。

城市的扩张一旦失控，必将陷入危险的僵局，退路已无，似乎只有把某些地方夷为平地才能消除障碍。然而当遇到极具建筑、历史和精神价值的遗产时，我们显然不得不另求良方。我们不能移除建筑以适应交通，但可以令道路转向，有条件的话还可以从地下穿过。还有一种选择，就是将密集的交通中心转移别处，以彻底改变整个区域拥堵的交通状况。为了理清这些千丝万缕的头绪，我们需要综合、充分地利用一切想像力、创造力和技术资源。

(69) 可以清除历史性纪念建筑周边的贫民窟，并将其改建成绿地。

有时候，清除卫生状况较差的房屋和贫民窟可能会破坏古老的氛围，这很可惜，但却是不可避免的。以绿地取代这些旧建筑，将对环境大有裨益。设想，岁月的旧迹被笼罩在全新的、甚至是新奇的氛围之中——这毕竟是一种舒适的氛围，能给邻近的地区带来数不尽的好处。

(70) 借着美学的名义在历史性地区建造旧形制的新建筑，这种做法有百害而无一利，应及时制止。

这样的方式恰是与传承历史的宗旨背道而驰的。时间永是流驶，绝无逆转的可能，而人类也不会再重蹈过去的覆辙。那些古老的杰作表明，每一个时代都有其独特的思维方式、概念和审美观，因此产生了该时代相应的技术，以支持这些特有的想像力。倘若盲目机械地模仿旧形制，必将导致我们误入歧途，发生根本方向上的错误，因为过去的工作条件不可能重现，而用现代技术堆砌出来的旧形制，至多只是一个毫无生气的幻影罢了。这种"假"与"真"的杂糅，不仅不能给人以纯粹风格的整体印象，作为一种矫揉造作的模仿，它还会使人们在面对至真至美时，却无端产生迷茫和困惑。

三　结论：主要原则

(71) 我们可以对前面每章关于城市四大活动的各种分析进行总结：现在大多数城市中的生活情况，未能适合广大居民在生理及心理上最基本的需要。

世界现代建筑师协会借雅典会议之机，对 33 个城市进行了分析，它们是：阿姆斯特丹、雅典、布鲁塞尔、巴尔的摩、万隆、布达佩斯、柏林、巴塞罗那、卡尔斯鲁厄、科隆、科摩、达拉、底特律、德绍、法兰克福、日内瓦、热那亚、海牙、洛杉矶、利特罗、伦敦、马德里、奥斯陆、巴黎、布拉格、罗马、鹿特丹、斯德哥尔摩、乌得勒支、维罗纳、华沙、萨格勒布、苏黎世。这些城市跨越了各种气候与纬度，展示了白人种族的历史。它们无一例外地见证了这种现象：原先自然而然形成的和谐关系如今已被机械时代破坏得一片混乱。这些城市中，人们无时不生活在令人窒息的压抑气氛中，备受困扰，身心健康毫无保障。人类的危机在大城市中扩散，在大陆上各个地区回响，城市的发展已经偏离了它的职能。它已不再能提供适于人类生存的空间。

(72) 这种生活情况是机器时代以来各种私人利益不断膨胀的表现。

城市建设的予夺大权集中在某些私人手中，它们被个人利益和利润诱惑左右着，这正是如今这个可悲局面的根源所在。至今没有任何人对那些破坏负责，也没有一位当权者意识到机械主义运动的本质与意义，并采取任何措施来避免它们。将近一百年的时间里，企业的发展都处于放任自流的状态。人们盖房、建厂、开路、随意截断河流、为铁路平整路基……一夜之间，所有这些都在极端膨胀的个人权力中迅速堆砌而成，根本没有全盘的统筹和规划。时至今日，大错铸成，我们的城市已是冰冷残酷、全无人性可言，少数人贪婪凶残的私欲致使大众陷入了无尽的痛苦。

（73）冷酷的私欲和专权引起灾难性的紊乱，暴露了经济力量的迸发与行政控制的无力和社会凝聚力的软弱之间的不平衡性。

在无孔不入、不断膨胀的私欲驱使下，这个社会中的主人翁责任感和社会凝聚力已日益趋近于崩溃的边缘。林林总总的各方力量冲突不断，弱肉强食，而在这场不公平的斗争中，大获全胜的往往正是个人的私欲。但也有一些时候物极必反，恰恰是物质和伦理上的混乱到了极限，于是新的法规在现代城市中应运而生，并在强有力的行政管理体系支持下重新建立起人类福祉和尊严的保障。

（74）尽管城市处于一种连续的变革过程中，但这种发展是不加控制、放任自流的，并未遵循技术专家们得出的当代城市的发展准则。

在建筑、医学、社会组织等各方面无数技术专家的努力下，现代城市规划的原则正逐步形成，并成为条款、书籍、会议和公众或私人间辩论的主题。然而更重要的是要让掌控城市命运的管理机构接受它们。这些管理机构往往对新思想所蕴含的变革持敌对态度，只有当管理者明白了这些道理并付诸实施，当今社会的危机才能得以挽救。

（75）城市必须同时在精神和物质层面上，确保个体的自由和集体活动的利益。

社会生活往往就是个体自由与集体活动之间斡旋的游戏。任何一项旨在改善人类生存条件的计划都必须兼顾这两个因素，倘若无法同时满足双方经常出现的对立性需求，就必将以失败告终。任何时候，如果没有前瞻、缜密且灵活的统筹规划，要使二者达到和谐，都是一纸空谈。

（76）城市系统中所有元素的尺度都应根据人的比例来设计。

人类自身的尺度应成为城市生活中所有设计的基础，包括用来测量面积和距离的尺度、用来测量人们的自然步距的尺度，以及根据太阳日常运行规律而定的时间尺度。

（77）居住、工作、游憩和交通是城市的四大基本活动。

城市发展是一个时代各方面条件的综合体现。然而迄今为止，我们的城市只抓住了交通这一个问题，热衷于开辟大道和街巷，从而制造出一个个建设地块，用于充满变数的个人投机。这是对城市使命极为狭隘的错误理解。事实上，城市具有四大基本功能。首先，它应当为人们提供舒适健康的居住环境，充分保障空间、新鲜空气和阳光这三个不可或缺的自然条件；其次，城市应当组织好工作环境，让劳动重新成为一种人类自然的活动，而不再是痛苦的差役；再次，城市中应有必要的娱乐设施，使人们在工作之余度过充实、美好、有益身心的闲暇时光；最后，要有合适的交通网络，在分工明确的基础上，建立起这些不同功能之间必要的联系。这四大功能的涵盖面非常广泛，它们是解决城市问题的四大关键所在，因为所谓城市，正是某种思维方式通过技术手段融于公众生活的产物。

（78）应在总体布局中决定这四种功能的组合结构，分别为它们在整体之中确定各自的位置。

自雅典 CIAM 会议以来，人们逐步采取措施，为城市生活的四大功能分别提供专门的保障，以充分提高它们的效率，形成日常生活、工作、文化的秩序和层次。在这个重要前提之下，城市面貌焕然一新，不再墨守成规，从而为新的创作开辟一片广阔的天地。在天气、地形和地方风俗等条件下，四大功能中的每项功能都能相对独立地运作，我们可以把每项功能都视为一个实体，配以专用的土地和建筑，并动用一切卓越的现代技术来组织并装备它们。这种分配方式将个体的根本需求给予充分考虑，而非任何特殊群体的专门利益。我们的城市应当同时保障公民个人的自由和集体活动的利益。

（79）居住、工作、游憩这三大日常功能的运行必须最严格地遵循省时原则。因此，应把注意力集中在居住上，并将其作为每一项与距离有关的措施的着眼点。

"把自然引入城市"，这个理念看起来似乎意味着城市在水平面上的进一步扩张，从而导致过大的距离和时间尺度。实际上恰恰相反，城市规划专家们以居住为中心，依照居住区在城市平面的位置来安排组织各种距离，根据 24 小时的太阳周期来协调各种不同的活动，使人类活动的节奏与之一致，从而保证了各项活动合适的尺度。

（80）机械时代的新速度令整个城市环境陷入混乱之中，危机四伏，交通拥堵，通讯瘫痪，卫生条件恶劣。

机动车本该凭其速度帮助我们节约大量时间，获得更多自由，然而它们在某些地点过度集中，反倒成为交通的障碍和各种危险之源。不仅如此，机动车还给我们的城市生活带来了各种危害健康的因素。它们的尾气对肺有害，它们的噪声令人长期处于紧张、焦躁的状态。目前所能达到的速度已唤起人们逃离机动交通、回归自然的欲望，而那种对不安定性、高速迁移性的无限体验，令人们深陷其中难以自拔，这种生活方式正在悄悄地破坏着我们的家庭，甚至啃啮着我们社会的根基。人们不得不花费大量时间与各种各样的车辆打交道，渐渐地被剥夺了最健康、最自然的活动乐趣——步行。

（81）城市与郊区的交通原则需要重新修订。我们必须对各种速度进行分级，必须重组、协调各种分区功能，必须设计合理的交通干道网络，在这些功能之间建立起自然的联系。

对居住、工作和游憩功能的明确分区将使我们的城市重归整饬。交通作为第四大功能，其惟一宗旨便是在三大功能之间建立起高效率的联系。我们势必要进行一次大刀阔斧的改革，使用现代交通技术为城市及其所属地域配备路网，根据不同的服务目的和功用对各种交通方式进行分门别类，并为不同的车辆提供专用通道。我们要使交通成为一项稳固的功能，而不再是居住与工作的掣肘。

（82）城市建设不是平面化的，它是一项三维的科学。高度因素的引入将为我们赢得开放空间，使现代交通和休闲问题迎刃而解。

居住、工作和游憩场所需要足够的空间、阳光和良好的通风条件。而这些城市功能不仅是两维地分布在大地之上，实际上高度这个第三维度的作用更加突出。只有向高空发展，城市才能重新获得交流与休闲必需的开放空间。固定的功能与交通功能之间有着本质的区别，前者不移动，处于建筑体内，因而高度的影响至关重要；而后者则限于地面活动，只需关注二维平面，只有当需要采用立交来缓解机动交通压力的时候，才偶尔会有小尺度的高度变化。

（83）应当将城市纳入其所在地域的整体影响之中考虑，以区域规划取代简单的行政规划。城市聚合体的界限应由其经济影响范围决定。

城市问题的特殊性使之不仅限于其自身内部，还包括了以城市为中心的整个地区。我们应当探寻城市存在的理由，并将其量化，从中预测将来可能的发展前景。对次级人口中心也要进行同样的研究，以便对全局情况有总体的把握。在此基础上，我们就可以进行分配、限制和补偿工作，令每个城市及其地区都有自己的个性和使命，让它们在全国的大经济环境中准确定位、各司其职，呈现出清晰的地区分界。这将是一个全国性的城市化进程，各个省份都将在其中得到平衡的发展。

（84）一旦城市以功能单元来划分，其各部分间将彼此和谐，并具有足够空间和充分的相互联系，以保证各阶段能平衡发展。

城市的发展计划应有前瞻性，并服从于全盘计划的需要。合理的预测将描绘城市的未来，塑造其特色，预见其扩展的范围，并采取措施预防过度扩张。这个发展计划将统一于地区计划之中，以四大关键活动为主要框架，而不再是无序的投机。城市的成长将不再是一场灾难，而是人类辉煌的成就。城市人口的增长也不会再造成大城市常有的混乱冲突之苦。

（85）目前最急迫的任务是，每个城市制订的规划和法律都应该能够贯彻实施。

偶然性将让位于预测，无序将被规划取代。每一种可能都应当写入区域规划；场地将按照各种不同的活动来测量和分配，并为此制订明确的管理规则。这项工作刻不容缓，应当立即着手进行，而且要长期坚持下去。应当颁布"土地法"，以保障每一项关键功能的最佳自我表达、最佳地理位置，以及与其他功能之间最合适的距离。同时，法律还应关注那些将来可能被占用的地区。法律拥有批准或禁止的权力；因此应在仔细审核的基础上鼓励创造性的活动，但不得与公众利益相悖。

（86）城市规划方案应以专家缜密的分析为基础，充分考虑到时间和空间的不同发展阶段，综合协调场地的自然资源、总体地形、经济状况、社会需求和精神价值。

城市建设不再是土地开发商们拍脑袋想出来的住宅项目，也不再是完全不顾及市郊环境的圈地运动。一个城市的成长应该是各种功能分工明确而又完美配合的、有机的生命创造过程。在对其生长环境充分认识的基础上，使其各种资源得到合理的配置，潜能得以充分发挥。我们首先要确定城市交通流的主导方向，并使各种交通工具明确分工。我们将通过增长曲线来预测城市的经济发展前景。通过制订严格的规则，确保舒适的居住、工作和游憩环境。明晰的规划方案将令城市面貌焕然一新。

（87）对于从事城市规划工作的建筑师来讲，一切工作的衡量准则是以人为本。

在建筑学偃旗息鼓近百年之后的今天，它重又担负起为人类谋福利的重任。它不再夸夸其谈，而是致力于充满人性关怀的建设，致力于提高人类个体的生活质量、减轻生存压力。除了建筑师以外，又有谁能够如此洞察人性，抛弃形式化的设计，并最终运用各种技术手段，谱写出人类史上最辉煌的华章呢？

（88）城市规划应该以一个居住细胞，也就是一栋住宅为基点，并将这些同类的细胞集合起来，以形成一个大小适宜的邻里单位。

假如说细胞是生命体最原始的组成元素，那么住宅作为家庭的避风港，就是组成我们社会的细胞了。一个多世纪以来，住宅的建设流于无序混乱的投机游戏，而今我们必须让它成为一项人性化的事业。住宅乃是城市最原始的组成分子，它为人类提供遮风避雨的温馨港湾，它见证了人们生活中大大小小的喜怒哀乐。它理应是一个阳光充足、空气清新、各项设施十分便利的地方。为了便于向居住区提供食品、教育、医疗、休闲等日常服务，我们应当将住宅以组团形式布置，以形成尺度合宜的邻里单位。

（89）以这个居住单位为出发点，将在住宅、工作地点和游憩场所之间建立起良好的空间关系。

居住，或者说良好的居住条件应是城市规划师工作的首要考虑。然而在居住之外，人们还要工作。要保证舒适的工作环境，我们就必须对目前的实践进行彻底的修正。办公室、车间和工厂设施的配备应该能够保障这一目标的实现。最后，城市的第三个功能——游憩，作为人们身心恢复的重要途径，也是不容忽视的，城市规划者们应充分考虑到这三大功能所需的场地及其他必备条件。

（90）为了完成这一重大而艰巨的任务，我们必须通过各方面专家的合作，利用一切现代技术力量，并且充分发挥时代的创造性和丰富资源，从而支持城市建设艺术。

机械时代的新技术带来了今天城市的混乱和剧变，然而我们也只有靠技术才能解决这些问题。现代结构技术为我们提供了新的手段和工具，使我们的构筑物达到前所未有的尺度，开辟了建筑史上的全新纪元。这种重构不仅是在某一个层面上的，它涵盖的是我们至今无法完全理解的复杂综合体。因此，建筑师在城市建设的各个阶段都必须与各方面的专家通力合作。

（91）城市建设过程会受到政治、社会和经济因素的深层影响。

仅仅意识到土地法规和某些建设原则的重要性还不够，要把理论付诸实践，必须靠以下几个因素的综合作用：首先要有深谋远虑、决心为市民谋求更高生活质量的管理者；其次要有受过良好教育，能够提出需求并理解、接受专家设计意图的大众群体；还要有使房地产项目开发成为可能的良好经济形势。然而有时却是这种情况：当整个局面处于低谷状态，政治、道德和经济都变得不再重要，而合宜的住宅却成为高于一切的需求，这时候居住就将把政治、社会生活和经济高度地统一起来，一起服务于一个共同的目标。

（92）建筑学的任务决不仅限于此。

建筑学决定着城市的命运。它安排居住的结构，掌控着它的健康、欢乐与和谐，而这是城市机体组织中最基本的细胞单元。建筑学对邻里单位的尺度控制至关重要。它预留出开放的空地，并保证未来以协调的比例进行建设；它划定居住区、工作区和游憩区的范围，并设计交通网络将三者联结起来。建筑学关系到城市的福祉与形象，它促使城市产生并发展，选择并以恰当比例分配各种不同元素，从而造就了和谐、稳固的杰作。可以说，建筑学是包罗万象的。

（93）我们面临着这样的矛盾：城市亟待大规模重组，而土地产权却支离破碎。

世界上所有的城市，无论是古代的还是现代的，都表现出同样原因所造成的缺陷。诚然，城市中最重要的部分应当首先处理，但一定要经过缜密的规划，并保证全局统一。城市规划方案分为近期规划和远期规划两部分。我们必须通过协商来征用许多土地，必须看清楚置公众利益于不顾的投机游戏的弊端。这项征收土地、解决土地产权的工作将在整个城市地区内进行。

（94）为解决以上矛盾，我们迫切需要用相关法律来规范土地利用的操作过程，以使个人的基本需求与公众需求之间达到和谐统一。

城市改良运动与维护私人利益的僵化法律之间随时随地都存在着激烈的斗争。国家版图内的所有土地都应该纳入合理的市场体系之中，以便在开发项目之前就对它们进行评估。并合法征用土地以满足公众利益。倘若不能准确估计技术革命的重要作用及其对公众、私人生活的巨大影响，我们就必将付出沉重的代价，城市建设难以有效实施，城市组织和工业设施会陷入一片混乱。我们曾经误解了城市建设的规则，导致田地荒芜、城市拥塞，工业中心分布无序，工人宿舍沦为贫民窟。人类自身的安全和福祉失去保障，灾难性的悲剧在每一个国家上演，这正是近百年来机械化失控发展的苦果。

（95）个人利益应服从集体利益。

单枪匹马的个人将遭遇各种各样的困难，然而过分受到集体的限制，却又将泯灭个性。个体与集体的利益理应相辅相成，并在各个方面求得统一。个体权利（individual rights）与庸俗的个人利益（private interest）有着本质区别，后者把所有的好处都集中在少数人身上，却把社会大众置于中下水平。这种方式应严加限制。个人利益应当服从集体利益，如此方能保障每个个体都能分享生活的乐趣、家居的温馨和城市的美景。

（原载《城市设计手册》，中国建筑工业出版社，2006 年版）

联合国教科文组织《武装冲突情况下保护文化财产公约（海牙公约）》（1954）

（联合国教科文组织于 1954 年 5 月 14 日在海牙通过）

缔约各国：

认识到在最近的武装冲突中文化财产遭受到严重损害，且由于作战技术的发展，其正处在日益增加的毁灭威胁之中；

确信对任何民族文化财产的损害亦即对全人类文化遗产的损害，因为每一民族对世界文化皆有其贡献；

考虑到文化遗产的保存对于世界各地民族具有重大意义，该遗产获得国际保护至为重要；

基于 1899 年和 1907 年海牙公约和 1935 年 4 月 15 日华盛顿条约所确立的关于在武装冲突中保护文化财产的各项原则；

认为除非于和平时期采取国内和国际措施予以组织，否则这种措施不能发挥效力；

决心采取一切可能步骤以保护文化财产；

兹议定如下条款：

第一章　保护总则

第一条　文化财产的定义

为本公约之目的，"文化财产"一词应包括下列各项，而不问其来源或所有权如何：

1. 对每一民族文化遗产具有重大意义的可移动或不可移动的财产，例如建筑、艺术或历史纪念物而不论其为宗教的或非宗教；考古遗址；作为整体具有历史艺术价值的建筑群；艺术作品；具有艺术、历史或考古价值的手稿、书籍及其他物品；以及科学收藏品和书籍或档案的重要藏品或者上述财产的复制品；

2. 其主要和实在目的为保存或陈列（1）项所述可移动文化财产的建筑，例如博物馆、大型图书馆和档案库以及拟于武装冲突情况下保存（1）项所述可移动文化财产的保藏处；

3. 保存有大量（1）和（2）项所述文化财产的中心，称之为"纪念物中心"。

第二条　文化财产的保护

为本公约之目的，文化财产的保护应包括对该财产的保障和尊重。

第三条　文化财产的保障

各缔约国承允采取其认为适当的措施，以于和平时期准备好保障位于其领土内的文化财产免受武装冲突可预见的影响。

第四条　对文化财产的尊重

1. 各缔约国承允不为可能使之在武装冲突情况下遭受毁坏或损害的目的，使用文化财产及紧邻的周围环境或用于保护该项财产的设施以及进行针对该等财产的敌对行为，以尊重位于其领土内以及其他缔约国领土内的该等文化财产。

2. 本条第1款所述义务仅在军事必要所绝对需要的情况下方得予以摒弃。

3. 各缔约国并承允禁止、防止及于必要时制止对文化财产任何形式的盗窃、抢劫或侵占以及任何破坏行为。他们不得征用位于另一缔约国领土内的可移动文化财产。

4. 他们不得对文化财产施以任何报复行为。

5. 任何缔约国不得因另一缔约国未适用第三条所述保护措施而规避其根据本条对该国所承担的义务。

第五条　占领

1. 占领另一缔约国全部或部分领土的任何缔约国应尽可能协助被占领国国家主管当局保护并保存其文化财产。

2. 如证明有必要采取措施以保存位于被占领土内为军事行动所损害的文化财产，而该国主管当局不能采取此项措施时，占领国应尽可能并同该当局密切合作下采取最必要的保存措施。

3. 其政府被抵抗运动成员认作合法政府的任何缔约国如有可能应促请该等成员注意遵守本公约关于尊重文化财产的各项规定的义务。

第六条　文化财产的识别标志

根据第十六条的规定，文化财产可设置识别标志以便识别。

第七条　军事措施

1. 各缔约国承允于和平时期在其军事条例或训示中列有可保证本公约得以遵守的规定，并在其武装部队成员中培养一种尊重各民族文化及文化财产的精神。

2. 各缔约国承允于和平时期在其武装部队内筹划或设置机构或专门人员，其目的在于确保文化财产得到尊重并同负责其保护的民政当局进行合作。

第二章　特别保护

第八条　特别保护的给予

1. 可将一定数量的准备在武装冲突情况下用以掩护可移动文化财产的保藏所、纪念物中心和其他极其重要的不可移动文化财产置于特别保护之下，但须其：

（1）同任何大工业中心或同作为易受攻击地点的任何重要军事目标，如机场、广播电台、用于国防的设施、相当重要的港口或火车站或交通干线间保持适当距离；

（2）不用于军事目的。

2. 可移动文化财产的保藏所，不论其位于何处，如其建造在任何情况下均不致为炸弹所损害，则亦可置于特别保护之下。

3. 纪念物中心如用于军事人员或物资的调运，即便为过境，应视为用于军事目的。如在该中心内进行与军事行动直接相关的活动、驻扎军事人员或生产战争物资，上述规定应予适用。

4. 由经特别授权的武装监管人对第 1 款所述文化财产进行保卫或在此项文化财产附近驻扎通常负责维持公共秩序的警察部队，不应视为用于军事目的。

5. 如果本条第 1 款所述任何文化财产位于该款所规定重要军事目标附近，其仍可被置于特别保护之下，惟请求此项保护的缔约国保证在武装冲突情况下不使用该目标，特别是如为港口、火车站或机场，则保证所有交通改道绕开此处。在此情况下，改道绕行应于和平时期做好准备。

6. 文化财产一经载入"受特别保护的文化财产国际登记册"，即给予特别保护。上述登载只应根据本公约的规定并按照公约实施条例所规定的条件办理。

第九条　受特别保护文化财产的豁免

各缔约国承允保证特别保护文化财产，从其载入国际登记册时起，豁免于任何针对该财产的敌对行为，并除第八条第 5 款规定的情况外，豁免于为军事目的使用此项财产或其周围环境。

第十条　标志和管制

武装冲突期间，受特别保护的文化财产应标以第十六条所述识别标志并应受公约实施条例所规定的国际管制。

第十一条　豁免的撤回

1. 如一缔约国在任何一项受特别保护的文化财产上违反第九条规定的义务。只要该项违反仍在持续，对方缔约国应予解除保证有关财产享有豁免的义务。但是，只要有可能，后一方应首先要求在合理的时间内中止此项违反。

2. 除本条第 1 款所规定情况外，对受特别保护的文化财产只有在无可避免的军事必要的非常情况下并于此项必要存续期间，方得撤回豁免。此项必要只能由指挥相当于师或更大规模部队的军官确定。只要情况许可，应于一合理时间前将撤回豁免的决定通知对方缔约国。

3. 撤回豁免的缔约国应尽速以书面向公约实施条例所规定的文化财产专员官长作此通知，并述明理由。

第三章 文化财产的运输

第十二条 特别保护下的运输

1. 专门从事文化财产转移的运输，不论是在一国领土内或是运往另一国领土，经有关缔约国请求，可根据公约实施条例规定的条件在特别保护下进行。

2. 特别保护下的运输应在前述条例所规定的国际监督之下进行并应展示第十六条所述识别标志。

3. 各缔约国不得对特别保护下的运输作任何敌对行为。

第十三条 紧急情况下的运输

1. 如果一缔约国认为某项文化财产为安全计需要转移，而且情况紧急不能遵照第十二条所规定的程序，尤其是在武装冲突开始时，该运输可展示第十六条所述识别标志，但须未提出第十二条所述豁免申请而遭拒绝者。如有可能，应向对方缔约国发出转移的通知。但向另一国领土运送文化财产的运输，除非已明确给予豁免，不得展示识别标志。

2. 各缔约国应尽可能采取必要防备措施，以避免针对第 1 款所述并展示有识别标志的运输实施敌对行为。

第十四条 扣押、收缴及捕获的豁免

1. 扣押、捕获及收缴的豁免应给予：

（1）享有第十二条或第十三条所规定保护的文化财产；

（2）专门用于转移此等文化财产的运输工具。

2. 本条规定不应限制临时检查和搜查的权利。

第四章 人 员

第十五条 人员

在符合安全利益的情况下，从事文化财产保护的人员应为此等财产的利益而受到尊重，并且如其落入对方手中，只要其所负责的文化财产亦落入对方手中，应准许其继续履行其职务。

第五章　识别标志

第十六条　公约的标志

1. 公约的识别标志应取盾状，下端尖，蓝白色呈 X 形相间（盾的组成为，一纯蓝色正方形，其一角作为盾尖，正方形之上为一纯蓝色三角形，两边的空间各为一白色三角形）。

2. 该标志应单独使用，或在第十七条规定的条件下呈三角形重复三次（下面有一盾）。

第十七条　标志的使用

1. 识别标志重复三次只能用以识别：

（1）受特别保护的不可移动文化财产；

（2）依第十二条和第十三条所规定条件的运输；

（3）依公约实施条例所规定条件的应急保藏所。

2. 识别标志单独使用仅用以识别：

（1）不受特别保护的文化财产；

（2）根据公约实施条例负有管制职责的人；

（3）从事保护文化财产的人员；

（4）公约实施条例所述身份证。

3. 在武装冲突期间，应禁止于本条前两款所述之外的任何情形下使用识别标志，以及为任何目的使用与识别标志相近似的标记。

4. 除非同时展示经缔约国主管当局正式注明日期并予以签字的授权，识别标志不得置于任何不可移动文化财产。

第六章　公约的适用范围

第十八条　公约的适用

1. 除应于和平时期生效的各项规定外，本公约适用于两个或多个缔约国间可能发生的经宣告的战争或任何其他武装冲突，即使其中一方或多方不承认有战争状态。

2. 公约亦适用于一缔约国领土被部分或全部占领的情况，即使该占领未受到武装抵抗。

3. 如果冲突之一方不是本公约缔约国，作为本公约缔约国的冲突各方在其相互关系上应仍受本公约的约束。此外，如一非缔约国冲突方声明接受公约的规定，只要其适用这些规定，各缔约国在对该国关系上亦受公约结束。

第十九条　非国际性冲突

1. 如果一缔约国领土内发生非国际性武装冲突，每一冲突方应至少有义务适用本公约关于尊重文化财产的各项规定。

2. 冲突各方应尽力通过特别协议以实施本公约所有或部分其他条款。

3. 联合国教科文组织可以向冲突各方提供服务。

4. 上述条款的适用不应影响冲突各方的法律地位。

第七章　公约的实施

第二十条　公约实施条例

关于实施本公约的程序在公约实施条例中予以规定，该条例构成公约的组成部分。

第二十一条　保护国

本公约及其实施条例应在负责照管冲突各方利益的各保护国合作下予以适用。

第二十二条　调解程序

1. 各保护国应于其认为对文化财产利益有用时，特别是当冲突各方对于本公约或其实施条例的规定之适用和解释有争议时，进行斡旋。

2. 为此目的，每一保护国可应一方或联合国教科文组织总干事之邀，或主动向冲突各方建议，举行各方代表，特别是负责文化财产保护的当局的会议。如认为适当，在经适当选择的中立领土上举行。冲突各方应有义务实施向其提出的开会建议。保护国应提议一位属于中立国或由联合国教科文组织总干事提出，并征得冲突各方赞同的人选，邀其以主席身份参加上述会议。

第二十三条　联合国教科文组织的协助

1. 各缔约国可以请求联合国教育、科学及文化组织在其文化财产的组织方面，或于适用本公约或其实施条例所产生的任何其他问题上予以技术性协助。该组织应在其规划和资历所定限度内给予协助。

2. 该组织有权就此事宜主动向各缔约国提出建议。

第二十四条　特别协议

1. 各缔约国可以就其认为适合于单独规定的一切事项缔结特别协议。

2. 不得缔结任何减损本公约给予文化财产及从事文化财产保护人员之保护的特别协议。

第二十五条　公约的传播

各缔约国承允于和平时期及武装冲突期间在其各自国家内尽可能广泛地传播本公约及其实施条例的文本。他们特别承允将对公约的研究列入军事教育计划，并如可能也列入国民教育计划，以使公约的各项原则为全体居民，特别是武装部队和从事文化财产保护的人员所知晓。

第二十六条　译文和报告

1. 各缔约国应通过联合国教科文组织总干事彼此交换本公约及其实施条例的正式译文。

2. 此外，各缔约国应至少四年一次向总干事提交一份报告，提供他们所认为适当的关于其各机构为履行本公约及其实施条例而采取、拟订或设想的任何措施的一切情报。

第二十七条　会议

1. 联合国教科文组织总干事经执行委员会同意可以召集各缔约国代表会议。如经至少五分之一缔约国要求，总干事必须召集上述会议。

2. 在不妨碍本公约及其实施条例所授予任何其他职能的情况下，会议的目的将为研究关于适用公约及其实施条例的问题，并就这些问题提出建议。

3. 如经多数缔约国出席，会议还可根据第三十九条的规定对公约或其实施条例进行修改。

第二十八条　制裁

各缔约国承允于其普通刑事管辖权范围内采取必要步骤，以对违反或唆使违反本公约的人，不问其国籍，进行起诉并施以刑事或纪律制裁。

最后条款

第二十九条　语言

1. 本公约以英文、法文、俄文和西班牙文写成，四种文本具有同等效力。

2. 联合国教科文组织应安排将公约译成其大会的其他正式语言。

第三十条　签署

本公约日期应为 1954 年 5 月 14 日，在 1954 年 12 月 31 日前应开发供所有被邀请出席 1954 年 4 月 21 日至 1954 年 5 月 14 日在海牙召开会议的国家签署。

第三十一条　批准

1. 本公约须经各签署国依照其各自宪法程序予以批准。

2. 批准书应交存于联合国教科文组织总干事。

第三十二条　加入

本公约自生效之日起应开放供未签署公约的第三十条所述所有国家以及由联合国教科文组织执行委员会邀请加入的任何其他国家加入。加入应以向联合国教科文组织总干事交存加入文书即为生效。

第三十三条　生效

1. 本公约应于五份批准书交存后三个月生效。

2. 此后，公约应于每一缔约国交存批准或加入书后三个月对其生效。

3. 第十八条和第十九条所述情势应使冲突各方于敌对行动或占领开始以前或其后所交存批准或加入文书立即生效。于此情况下，联合国教科文组织总干事应以最迅速方法转送第三十八条所述通知。

第三十四条　有效适用

1. 公约生效之日为公约当事国者应采取一切必要措施，以保证公约于生效后六个月期间内得以有效适用。

2. 对于公约生效后交存批准或加入文书的任何国家，上述期间应为自批准或加入文书交存之日起六个月。

第三十五条　公约地域适用的扩展

任何缔约国可于批准或加入时或于其后任何时间向联合国教科文组织总干事发出通知，声明本公约应扩展适用于由其负责国际关系的所有或任何领土。上述通知应于收到之日后三个月生效。

第三十六条　同以前公约的关系

1. 在受无论是 1899 年 7 月 29 日或 1907 年 10 月 18 日关于陆战法规与惯例（第四）和关于战时海上轰炸（第九）的海牙各公约约束并为本公约缔约国的各国间关系上，本公约应为对前述第九公约及前述第四公约所附章程的补充，并应于本公约及其实施条例规定使用识别标志的情况下，以本公约第十六条所述标志取代前述第九公约第五条所述标志。

2. 在受 1935 年 4 月 15 日关于保护艺术和科学机构及历史纪念物的华盛顿条约（洛埃里奇条约）约束，并为本公约缔约国的各国间关系上，本公约应为对洛埃里奇条约的补充，并应于本公约及其实施条例规定使用识别标志的情况下，以本公约第十六条所规定标志取代条约第三条所述区别旗帜。

第三十七条　退出

1. 每一缔约国可以用其自身的名义或用由其负责国际关系的任何领土的名义退出本公约。

2. 退出应以书面文书通知，交存于联合国教科文组织总干事。

3. 退出应于收到退出文书后一年生效。但是，如果在该期限届满时，退出方正卷入一武装冲突，则在敌对行动结束前或在文化财产返还活动完成前，以较后者为定，退出不应发生效力。

第三十八条　通知

联合国教科文组织总干事应将第三十一、三十二和三十九条所规定的所有批准、加入和接受文书及第三十五、三十七和三十九条所分别规定的通知和退出文书的交存告知第三十和第三十二条所述国家及联合国。

第三十九条　公约及其实施条例的修改

1. 任何缔约国可以提出对本公约及其实施条例的修正案。任何提出对本公约及其实施条例的修正案。任何提出的修正案案文应递送于联合国教科文组织总干事，由其转送于每一缔约国，要求该缔约国于四个月内答复，说明其是否：

（1）要求召开会议以审议所提出的修正案；

（2）赞成不必召开会议即接受所提出的修正案；或

（3）赞成不必召开会议即拒绝所提出的修正案。

2. 总干事应将依本条第 1 款所收到的各项答复，转送所有缔约国。

3. 如果所有在规定的时间限度内依照本条第 1 款（1）项向联合国教科文组织总干事表明意见的缔约国通知总干事其赞成不必召开会议即接受修正案，其决定应由总干事根据第三十八条的规定予以通知。修正案应于通知之日起九十天期满时对所有缔约国生效。

4. 如经三分之一以上缔约国要求，总干事应召开缔约国会议以审议所提出的修正案。

5. 依前款规定办理的公约或其实施条例的修正案，仅在其经出席会议的缔约国一致通过并为每一缔约国所接受后方应生效。

6. 缔约国对业经第 4 和第 5 款所述会议通过的公约或其实施条例的修正案所作接受应以向联合国教科文组织总干事交存一正式文书为有效。

7. 在本公约或其实施条例的修正案生效后，只有经修正的公约或其实施条例的文本应予继续开放供批准或加入。

第四十条　登记

根据联合国宪章第一百零二条，本公约应经联合国教科文组织总干事的请求，向联合国秘书处登记。

下列签字者经正式授权，谨签字于本公约，以昭信守。

1954 年 5 月 14 日于海牙订于一份正本，该本应保存于联合国教育、科学及文化组织的档案库内，其经核证无误的副本应分送第三十条和第三十二条所述所有国家及联合国。

（原载国家文物局法制处：《国际保护文化遗产法律文件选编》，紫禁城出版社，1993 年版）

联合国教科文组织《关于适用于考古发掘的国际原则的建议》（1956）

（联合国教科文组织第九届会议于 1956 年 12 月 5 日在新德里通过）

联合国教育、科学及文化组织大会于 1956 年 11 月 5 日至 12 月 5 日在新德里举行其第九届会议：

认为保存过去时代纪念物和作品最可靠的保证在于各民族自己对这些纪念物和作品的尊重与热爱之情感；

相信这种情感可以通过由成员国发展科学和国际关系的愿望所激发的适当措施而得到大大加强；

确信对过去时代作品的沉思与研究所激发的感情对于促进各国之间的相互了解大有作为，因此确保关于这些作品的国际合作并尽一切方法促进其社会使命的完成，乃至为需要；

考虑到虽然各个国家更直接关心在其领土上所作考古发现，而国际社会作为整体也因这些发现更为富有；

考虑到人类历史包含着对各不同文明的认识，因此，从总体利益上有必要对一切考古遗存加以研究，并尽可能予以保存和妥善保管；

确信负责保护考古遗产的各国当局应遵循由经验证明并由各国考古机构付诸实践的某些共同原则，乃至为需要；

认为尽管对发掘的管理首先并且主要属各国国内管辖，但该原则应同一种广泛理解并自由接受国际合作的原则相协调；

收到关于适用于考古发掘的国际原则的议案，作为本届会议第 9.4.3 项议程，

第八届会议已决定这些议案应以向成员国建议的方式在国际一级上予以修订。

兹于 1956 年 12 月 5 日通过如下建议：

大会建议，各成员国应采取为在其各自领土范围内实施本建议所规定的原则和规范所可能需要的任何立法或其他步骤，以适用下述各项规定。

大会建议，各成员国应使本建议为与考古发掘和博物馆有关的当局和组织所知晓；

大会建议，各成员国应按待由大会确定的日期和方式向大会报告其为实施本建议所采取的行动。

Ⅰ. 定　义

考古发掘

1. 为本建议之目的，考古发掘系指旨在发现具有考古特征的实物的任何研究，不论这种研究是涉及挖掘土地还是对地面的系统勘探，也不论这种研究是在一成员国内陆地或领海的水底地层上或地层下进行。

受保护的财产

2. 本建议的规定适用于从历史或艺术和建筑观点看对其保护符合公众利益的任何遗存，每一成员国自由制定最适当准则以评价在其领土上所发现实物的公众利益。特别是，本建议的规定应适用于在最广义上具有考古意义的任何纪念物和可移动或不可移动的实物。

3. 为评价考古遗存的公众利益所制定的准则，可能会视其为保存该财产问题还是发掘者或发现者有义务申报其发现的问题而有所不同。

（A）在前一情况下，基于保存源于一定日期前的所有实物的准则应予放弃，而代之以将保护扩展于属于特定时期或达到法律所确定最低年限的所有实物的准则。

（B）在后一种情况下，每一成员国应采取更广泛的准则，责成发掘者或发现者申报其所发现的具有考古特征的任何可移动或不可移动实物。

Ⅱ. 总　则

考古遗产的保护

4. 每一成员国应充分考虑有关发掘引起的问题并遵照本建议的规定以确保对其考古遗产的保护。

5. 每一成员国特别应：

（A）使考古勘探和发掘须经主管当局的事先许可；

（B）使发现考古遗存的任何人负有义务尽早向主管当局申报这些遗存；

（C）对破坏上述规定的行为施以惩罚；

（D）对未申报物品予以没收充公；

（E）确定地下考古层的法律地位并对国家所有权得到确认的上述地下层在其立法中特别提及；

（F）考虑将考古遗产中的珍贵部分列为历史纪念物。

保护机构：考古发掘

6. 尽管传统差异和不平等的资金财力使各成员国不可能在负责发掘的管理机构中采取统一的组织体制，不过某些共同原则仍应适用于所有国家考古机构：

（A）考古机构应尽可能是中央国家部门——或者无论如何应是由法律赋予为执行可能需要的任何紧急措施所必需的手段的组织。除考古工作的一般管理外，该机构还应该同研究所及大学在发掘人员技术培训方面进行合作。该机构还应编制可移动或不可移动纪念物的包括地图在内的总文献目录，并为各个重要博物馆或陶瓷或肖像收藏等，编制附加文献目录。

（B）应采取步骤以特别保证资金的正常供给，以便：（1）以令人满意的方式管理这些机构；（2）执行同本国考古资源相称的工作计划，包括科学出版；（3）对偶然发现实行控制；（4）对发掘遗址和纪念物予以维修。

7. 每一成员国应对所发现考古遗存及实物的修复，进行仔细监管。

8. 迁移任何须就地保存的纪念物，应取得主管当局的事先批准。

9. 每一成员国应考虑对不同时期的一定数量考古遗址部分或整体地维持不动，以便可以利用改进的技术和更先进的考古知识进行发掘。在每个正在发掘的较大遗址，只要土地性质允许，可以保留几处明确界定的"见证"区不进行发掘，以供最终证实遗址的地层和考古结构。

中央和地区收藏的创设

10. 鉴于考古学是一门比较科学，在建立和组织博物馆和储备藏品时，应尽可能考虑到促进比较工作的需要。为此目的，可以创设中央和地区收藏，或在特殊情况下创设关于特别重要的考古遗址——优先于小型零星收藏的地方收藏，对少数人开放。这些机构应有为确保展品之保存所必需的固定管理设施和科学人员。

11. 在重要的考古遗址上，应建立具有教育性质的小型展览——可能的话建立博物馆——以向参观者宣传该考古遗存的意义。

公众教育

12. 主管当局应提出教育措施以便通过历史教学、学生参加某些发掘、在报刊上发表由知名专家所提供的考古情报、组织导游、展览和关于发掘方法及所取得成果的讲演、清楚展示经勘探的考古遗址及发现的纪念物、出版价廉而简明的书面专题材料和指南，来唤起和推动对于过去时代遗存的尊重和热爱。为了鼓励公众参观这些遗址，各成员国应作出一切必要安排以便于接近这些遗址。

Ⅲ. 关于发掘和国际合作的规则

授予外国人的发掘权

13. 在其领土上进行发掘的每一成员国应制定关于授予发掘特许权的一般规则、发掘者所应遵守的条件、特别是关于国家当局所行监督、特许权的期限及特许权得以撤销的理由、工作的中止或特许权从经授权的发掘者向国家考古机构转移等总的规则。

14. 对外国发掘者所加的条件应为适用于本国人者。因此，特许权证书应省略非绝对必要的特别规定。

国际合作

15. 为了考古学和国际合作的更高利益，各成员国应以一种开明政策以鼓励发掘。他们可以允许有资格的个人或学术团体，不论其国籍如何，在平等基础上申请发掘特许权。各成员国应鼓励由其本国科学家和来自外国研究所的考古学家的联合团组进行或由国际团组进行发掘。

16. 当特许权授予外国团组时，授予国代表——如果有此委派——应尽可能也是能够帮助该团组并同其合作的考古学家。

17. 缺乏在外国组织考古发掘必要资源的成员国，经发掘主持者同意，应获得派考古学家到其他国家正在发掘的遗址的便利。

18. 技术或其他资源不足以科学地进行发掘的成员国应能够召请外国专家参加发掘或召请外国团组承担发掘。

相互保证

19. 进行发掘的许可应只授予能提供无可挑剔的科学、道德、财经保证的拥有合格考古学家的机构或人员，以确保任何发掘按特许权证书中的条件在规定期限内完成之。

20. 另一方面，当进行发掘的特许权授予外国考古学家时，该许可应保证他们有足够的工作期限，及足以促进其工作并在其比如为公认有效的原因而被迫中断工作一段时间的情况下保护他们免于被无故取消许可权的各项安全条件。

考古遗存的保存

21. 特许权证书应规定发掘者在工作过程中及工作完成时的义务。该证书应特别规定对遗址的保卫、维持和修复及在工作过程中和完成工作时对出土实物和纪念物的保全。特许权证书还应说明，如果发掘者的义务经证明为过于繁重的话，发掘者在履行其义务过程中可能期望从特许权授予国得到某种可能的帮助。

发掘遗址的进入

22. 在工作报告发表以前，如经发掘主持人同意，甚至在发掘过程中，应允许任何国籍的有资格的专家参观遗址。这种特权在任何情况下均不应危害发掘者对其发掘物的科学权利。

发掘物的分配

23. （A）每一成员国应明确规定在其领土上有效的关于处置发掘所获物的原则。

（B）掘获物应首先用于在发掘地所在国博物馆中建立代表该国文明、历史、艺术及建筑的整套收藏。

（C）以通过分配原始材料来促进考古研究作为主要目的，特许权授予当局在科学报告发表后可以考虑分配给经授权的发掘者以一定数量的其发掘所获物，包括复件或更一般意义上所指由于与出自同一发掘的其他物品相似而能够出让的物品或成套物品。发掘所获之物返还发掘者应永远以这些物品在规定时间内分配给向公众开放的科学中心为条件，但如果这些条件未付诸实施或不再被执行，已出让之物将返还给特许权授予当局。

（D）如果在授予国对这些发掘物进行研究由于缺乏文献或科学设施而成为不可能，或有碍于方法上的困难，经公共或私人性质科学机构要求，应准予发掘物之暂时出口，但极易损坏和具有国家意义者除外。

（E）各成员国应考虑将本国收藏中不需要的物品让与或存放于外国博物馆或用以同外国博物馆交换。

科学权利；发掘者的权利与义务

24. （A）特许权授予国应保证发掘者在合理的期限内对其掘获物的科学权利。

（B）授予国应要求发掘者在特许权证书规定的期限内，如未作此规定，则在适当的期限内，发表其工作成果。初步报告的这一期限不应超过两年。发现后五年期限内，未经发掘者书面同意，主管考古当局应承允不为详细研究的目的公布发掘物的整套收藏，或公布有关科学文献。遵照同样条件，上述当局还应防止对尚未发表的考古资料进行照相复制或其他形式的复制。为了能在双方国家同时发表初步报告，如确有此需要，发掘者应按照要求向上述当局提交其报告副本。

（C）以非广泛使用语言发表的关于考古研究的科学出版物应有译成较广泛使用语言的内容概要，如有可能，也应有目录和插图说明。

发掘的文献

25. 遵照第 24 段所作规定，国家考古机构应尽可能备妥关于考古资料的文献及保存收藏品，以供发掘者及有资格专家，特别是被授予某一特定遗址特许权，或希望获得一项特许权者检查和研究。

区域性会议和科学讨论

26. 为了便于研究共同关心的问题，各成员国可以不时地召集由有关国家考古机构代表参加的区域性会议。同样，每一成员国也可以鼓励在其陆地上工作的发掘者举行科学讨论会。

Ⅳ. 古物贸易

27. 为了共同考古遗产的更高利益，每一成员国应考虑通过管理古物贸易的规章，以确保古物贸易不致鼓励考古资料走私或对遗址保护及为公开展览的古物资料收藏产生不利影响。

28. 为实现其科学和教育目的，外国博物馆应能够获得按源地国有效法律而解除任何限制的物品。

Ⅴ. 制止私自发掘和考古发掘物非法出口

保护考古遗址免于私自发掘和损害

29. 每一成员国应采取一切必要措施以防止私自发掘和对上述第 2 和第 3 段所规定纪念物的损害，并防止由此获得的物品的出口。

制止措施方面的国际合作

30. 应采取一切必要措施，以便接受考古实物的博物馆确保无任何理由相信这些实物是以私自发掘、盗窃或源地国主管当局视为非法的任何其他方法而取得的。任何可疑的出让物及与此有关的一切细节应提请有关机构注意。当考古实物已经为博物馆所取得时，应尽速公布，使之能够得以鉴别并表明其取得方式的充分细节。

实物返还源地国

31. 发掘机构和博物馆应互相协助，以确保或便于返还由私自发掘或盗窃所获实物及一切违反源地国立法而出口的实物。希望每一成员国应采取必要步骤以保证此种返还。在第 23 段（C）、（D）和（E）项所述暂时出口情况下，如果实物未在规定期限内返还，上述原则应予适用。

Ⅵ. 被占领土内的发掘

32. 在武装冲突情况下，占领另一国领土的任何成员国不应在被占领土上进行考古发掘。遇有偶然发现，特别是军事工程中的偶然发现，占领国应采取一切可能措施保护这些发现物。这些发现物应于敌对行动结束时，连同与此有关的一切文献一并移交给此前所占领土的主管当局。

Ⅶ. 双边协议

33. 一俟有必要或需要，各成员国应缔结双边协议，以处理适用本建议所产生的共同关心事项。

前文系联合国教育、科学及文化组织大会在新德里举行的，于 1956 年 12 月 5 日宣布闭幕的第九届会议正式通过的建议之作准文本。

特此于 1956 年 12 月 5 日签字，以昭信守。

（原载国家文物局法制处：《国际保护文化遗产法律文件选编》，紫禁城出版社，1993 年版）

1960—1969 年

联合国教科文组织《关于保护景观和遗址的风貌与特性的建议》（1962）

（联合国教科文组织第十二届会议于 1962 年 12 月 11 日在巴黎通过）

联合国教育、科学及文化组织大会于 1962 年 11 月 9 日至 12 月 12 日在巴黎召开了第十二届会议：

考虑到人类在各个时期不时使构成其自然环境的组成部分的景观和遗址的风貌与特征遭到损坏，从而使得全世界各个地区的文化、艺术甚至极重要的遗产濒于枯竭；

考虑到因原始土地的开发，城市中心盲目的发展以及工商业与装备的巨大工程和庞大规划的实施，使现代文明加速了这种趋势，尽管其进程到上个世纪已相对减弱；

考虑到这种现象影响到不论其为自然的或人工的景观和遗址的艺术价值以及野生生物的文化和科学价值；

考虑到由于景观和遗址的风貌与特征，保护景观和遗址正如本建议所述，对人类生活必不可少，对人类而言，它们代表了一种有力的物质、道德和精神的再生影响，同时正如无数众所周知的事例所证明的也有利于人类文化和艺术生活；

进一步考虑到景观和遗址是许多国家经济和社会生活中的一个重要因素，而且大大有助于保障其居民的健康；

然而，也认识到应适当考虑社会生活及其演变以及技术进步的迅速发展之需要；

因此，考虑到只要尚有可能这样做，为保护各地的景观和遗址的风貌与特征，亟需紧急考虑和采取必要的措施；

已收到关于保护景观和遗址的风貌与特征的建议，该问题作为本届会议的第 17.4.2 项议程；

第十一届会议已决定此项建议应以向成员国建议的形式作为国际性文件的议题，于 1962 年 12 月 11 日通过本建议。

大会建议各成员国应通过国家法律或其他方式制定使本建议所体现的准则和原则在其所管辖的领土上生效的措施，以适用以下规定。

大会建议各成员国应将本建议提请与保护景观和遗址以及区域发展有关的部门和机构的注意，也提请受委托保护自然和发展旅游业的机构以及青年组织的注意。

大会建议各成员国应按待定的日期和形式向大会提交有关本建议执行情况的报告。

一 定 义

1. 为本建议之目的，保护景观和遗址的风貌与特征系指保存并在可能的情况下修复无论是自然的或人工的，具有文化或艺术价值，或构成典型自然环境的自然、乡村及城市景观和遗址的任何部分。

2. 本建议的规定也拟作为保护自然的补充措施。

二 总 则

3. 为保护景观和遗址所进行的研究和采取的措施应适用于一国之全部领土范围，并不应局限于某些选定的景观和遗址。

4. 在选择将采取的措施时，应适当考虑有关景观与遗址的相关意义。这些措施可根据景观与遗址的特征、大小、位置以及它们所面临威胁的性质而有所区别。

5. 保护不应只局限于自然景观与遗址，而应扩展到那些全部或部分由人工形成的景观与遗址。因此，应制定特别规定确保对那些通常受威胁最大、特别是因建筑施工和土地买卖而受到威胁的某些城市中的景观和遗址进行保护。对进入古迹应采取特别保护措施。

6. 为保护景观和遗址所采取的措施应既是预防性的，又是矫正性的。

7. 预防性措施应旨在保护遗址免受可能威胁它们的危险。这些措施尤其应包括对可能损坏景观和遗址的工程和活动进行监督，例如：

（1）建各种公私建筑，其设计应符合建筑本身的某些艺术要求，并且在避免简单模仿某些传统的和独特的形式的同时，应与它将保护的一般环境相协调；

（2）修建道路；

（3）高、低压电线、电力生产和输送工厂和设施、飞机场、广播电台和电视台等；

（4）加油站；

（5）广告招牌以及灯光招牌；

（6）砍伐森林，包括破坏构成景观风貌的树木，尤其是主干道或林荫道两旁成行的树木；

 （7）空气和水的污染；

 （8）采矿、采石及其废弃物的处理；

 （9）喷泉管道、灌溉工程、水坝、隧道、沟渠、治理河流工程等；

 （10）宿营地；

 （11）废弃物和垃圾以及家庭、商业和工业废物的倾倒。

8. 在保护景观和遗址的风貌与特征时，也应考虑到因某些工作和现代生活的某些活动而引起的噪音所造成的危害。

9. 对可能损坏以其他方式列入保护目录或受到保护的地区内的景观和遗址的活动应施以制裁，除非为公共或社会利益所迫切需要。

10. 矫正性措施应旨在修缮对景观和遗址所造成的损坏，并尽可能使其恢复至原状。

11. 为促进各国负责保护景观和遗址的各种公共服务机构的工作，应建立科学研究机构，以便与主管当局合作，收集和编纂适用于这方面的法律和规定。这些规定和研究机构所从事的工作成果应定期及时刊登于单独的行政刊物上。

三　保护措施

12. 景观和遗址的保护应通过使用以下方法予以确保：

（1）由主管当局进行全面监督；

（2）将责任列入城市发展规划以及区域、乡村和城市的各级规划；

（3）"通过划区"列出大面积景观区保护目录；

（4）列出零散的遗址保护目录；

（5）建立和维护自然保护区与国家公园；

（6）由社区获得遗址。

全面监督

13. 对全国范围内可能损坏景观和遗址的工程和活动，应实行全面监督

城市规划与乡村规划方案

14. 城市规划与乡村规划方案应包括明确那些应强制执行、以确保位于所涉及地区内的甚至未列入保护目录的景观和遗址的保护义务的规定。

15. 城市和乡村规划方案应根据轻重缓急和顺序予以制定，特别是对处在迅速发展过程中的城市或地区，为保护该城市或地区的艺术或优美特征制定此种方案是正确的。

"通过划区"列出大面积景观区保护目录

16. 大面积景观区"通过划区"列入保护目录。

17. 在一个已列入保护目录的区域内，当艺术特征为头等重要时，列入保护目录应包括：控制土地，遵循美学要求——包括材料的使用、颜色以及高度标准，采取预防措施以消除因筑坝和采石所造成的动土影响，制定管理树木砍伐的法规等。

18. "通过划区"列出的目录应予以公布，并应制订和公布为保护已列入目录的景观所应遵守的一般规则。

19. 一般来说，"通过划区"列出保护目录，不应涉及赔偿费的支付。

列出零散遗址保护目录

20. 对无论位于自然中还是位于城市内的零散小遗址，连同一具有特殊意义的景观的各个部分，均应列出保护目录。对景色优美的地区，以及著名古迹周围的地区和建筑物，也应列出保护目录。凡列入保护目录的每一个遗址、地区和建筑物都须经特别行政决定并应及时通知其所有者。

21. 列入保护目录应意味着未经保护遗址的主管当局许可，禁止其所有者毁坏遗址，或改变其状况或外观。

22. 当得到此种许可，应同时附有保护遗址所需的一切条件。但对于正常的农业活动以及建筑物的正常维修无需此种许可。

23. 有关当局的征用以及在一列入保护目录的遗址内进行公共工程应征得负责该遗址保护的主管当局的同意。按规定，在列入保护目录的遗址内任何人不应获得可能改变该遗址特征或外观的权利。未经主管当局的同意，该遗址所有者不应通过签订协议授权他人。

24. 制定保护目录应包括禁止一切形式的对地面、空气或水的污染，同样，采矿也须经过特别许可。

25. 在列入保护目录的地区内及其邻近地带应禁止张贴任何广告，或者仅限于负责保护遗址的主管当局所指定的特定区域。

26. 在列入保护目录的遗址内宿营原则上应予以回绝，或者仅限于负责主管当局所确定的地区，并应接受其检查。

27. 遗址列入保护目录可以使遗址所有者有权对由此而造成的直接的和确切的损失要求赔偿。

自然保护区和国家公园

28. 条例适宜时，各成员国应将用于公共教育和娱乐的国家公园，或严格控制的或特定的自然保护区纳入受保护的区域和遗址之中。这类自然保护区和国家公园应构成一组还将用于研究景观的形成与修复以及自然保护的试验区。

由社区获得遗址

29. 各成员国应鼓励社区获得那些需要保护的构成景观或遗址组成部分的地区。必要时，应能够通过征用来实现这种获得。

四　保护措施的实施

30. 各成员国保护景观和遗址的基本标准和原则应具有法律效力，其实施措施应在法律所赋予的权限范围内委托给负责的主管当局。

31. 各成员国应设立具有管理或咨询性质的专门机构。

32. 管理机构应是受委托实施保护措施的中央或地方的专门部门。因此，这些部门应有能力研究保护和制定保护目录的问题，开展实地考察，准备即将采取的决定并监督其实施。这些部门同样应受委托对旨在减少某些工程进行中或对由此种工程造成的损坏进行修复中可能涉及的危险提出建议措施。

33. 咨询机构应由国家、地区或地方各级委员组成，并被授予研究有关保护问题以及就这些问题向中央或地区主管当局或有关地方社区提出意见的任务。在任何情况下，特别是在大规模公益工程，诸如修建公路、安装水利技术或新型工业设施等规划的初期，应及时征求这些委员会的意见。

34. 各成员国应促进国家和地方非政府机构的设立及其运转，这些机构的职责之一是与第31、32和33条中所述机构合作，特别是通过这样一种方式合作，即把威胁景观和遗址的危险告知公众，并告诫有关部门。

35. 如违反保护景观和遗址的有关规定，应对损坏予以赔偿，或承担将该遗址尽可能修复至原状的义务。

36. 对故意损坏景观和遗址的行为，应给予行政或刑事处罚。

五　公共教育

37. 教育活动应在校内、外进行，以激发与培养公众对景观和遗址的尊重，宣传为确保对名胜和古迹的保护所制订的规章。

38. 受委托承担这项任务的学校教员应在中、高等院校接受专门课程的特殊培训。

39. 各成员国也应促进现有博物馆的工作，以加强它们为此业已开展的教育活动，并应考虑建立专门博物馆，或在现有博物馆内设立专门部门的可能性，以便研究和展示特定地区的自然和文化风貌。

40. 校外公共教育应是新闻界、保护景观和遗址或保护自然的私人组织、有关旅游机构以及青年或大众教育组织的任务。

41. 各成员国应促进公共教育，并通过提供物资援助和通过让从事教育任务的学会、机构和组织以及普通教育工作者利用适当宣传媒介，例如：电影、广播和电视节目，永久性、临时性或流动性展览材料，以及适合于广泛传播并专为教育界设计的手册和书籍，促进它们的工作，还可以通过报刊、杂志以及地方期刊进行广泛宣传。

42. 各种国内、国际"节日"、竞赛和类似活动应专门用于鼓励对自然或人工景观和遗址的鉴赏，从而引导民众注意这样一个事实：保护景观和遗址的风貌与特征对社区而言至关重要。

以上乃联合国教科文组织大会在巴黎召开的，于 1962 年 12 月 12 日宣布闭幕的第十二届会议正式通过的建议之作准文本。

我们已于 1962 年 12 月 18 日签字，以昭信守。

（原载国家文物局法制处：《国际保护文化遗产法律文件选编》，紫禁城出版社，1993 年版）

第二届历史古迹建筑师及技师
国际会议《关于古迹遗址保护与修复
的国际宪章（威尼斯宪章）》（1964）

（第二届历史古迹建筑师及技师国际会议于
1964 年 5 月 25 日至 31 日在威尼斯通过）

　　世世代代人民的历史古迹，饱含着过去岁月的信息留存至今，成为人们古老的活的见证。人们越来越意识到人类价值的统一性，并把古代遗迹看作共同的遗产，认识到为后代保护这些古迹的共同责任。将它们真实地、完整地传下去是我们的职责。

　　古代建筑的保护与修复指导原则应在国际上得到公认并作出规定，这一点至关重要。各国在各自的文化和传统范畴内负责实施这一规划。

　　1931 年的雅典宪章第一次规定了这些基本原则，为一个国际运动的广泛发展作出了贡献，这一运动所采取的具体形式体现在各国的文件之中，体现在国际博物馆协会和联合国教育、科学及文化组织的工作之中，以及在由后者建立的国际文物保护与修复研究中心之中。一些已经并在继续变得更为复杂和多样化的问题已越来越受到注意，并展开了紧急研究。现在，重新审阅宪章的时候已经来临，以便对其所含原则进行彻底研究，并在一份新文件中扩大其范围。

　　为此，1964 年 5 月 25 日至 31 日在威尼斯召开了第二届历史古迹建筑师及技师国际会议，通过了以下文本：

定　义

　　第一条　历史古迹的要领不仅包括单个建筑物，而且包括能从中找出一种独特的文明、一种有意义的发展或一个历史事件见证的城市或乡村环境。这不仅适用于伟大的艺术作品，而且亦适用于随时光流逝而获得文化意义的过去一些较为朴实的艺术品。

　　第二条　古迹的保护与修复必须求助于对研究和保护考古遗产有利的一切科学

技术。

宗　旨

第三条　保护与修复古迹的目的旨在把它们既作为历史见证，又作为艺术品予以保护。

保　护

第四条　古迹的保护至关重要的一点在于日常的维护。

第五条　为社会公用之目的使用古迹永远有利于古迹的保护。因此，这种使用合乎需要，但决不能改变该建筑的布局或装饰。只有在此限度内才可考虑或允许因功能改变而需做的改动。

第六条　古迹的保护包含着对一定规模环境的保护。凡传统环境存在的地方必须予以保存，决不允许任何导致改变主体和颜色关系的新建、拆除或改动。

第七条　古迹不能与其所见证的历史和其产生的环境分离。除非出于保护古迹之需要，或因国家或国际之极为重要利益而证明有其必要，否则不得全部或局部搬迁该古迹。

第八条　作为构成古迹整体一部分的雕塑、绘画或装饰品，只有在非移动而不能确保其保存的唯一办法时方可进行移动。

修　复

第九条　修复过程是一个高度专业性的工作，其目的旨在保存和展示古迹的美学与历史价值，并以尊重原始材料和确凿文献为依据。一旦出现臆测，必须立即予以停止。此外，即使如此，任何不可避免的添加都必须与该建筑的构成有所区别，并且必须要有现代标记。无论在什么情况下，修复之前及之后必须对古迹进行考古及历史研究。

第十条　当传统技术被证明为不适用时，可采用任何经科学数据和经验证明为有效的现代建筑及保护技术来加固古迹。

第十一条　各个时代为一古迹之建筑物所做的正当贡献必须予以尊重，因为修复的目的不是追求风格的统一。当一座建筑物含有不同时期的重叠作品时，揭示底层只有在特殊情况下，在被去掉的东西价值甚微，而被显示的东西具有很高的历史、考古或美学价值，并且保存完好足以说明这么做的理由时才能证明其具有正当理由。评估由此涉及的各部分的重要性以及决定毁掉什么内容不能仅仅依赖于负责此项工作的个人。

第十二条　缺失部分的修补必须与整体保持和谐，但同时须区别于原作，以使修复不歪曲其艺术或历史见证。

第十三条　任何添加均不允许，除非它们不至于贬低该建筑物的有趣部分、传统环境、布局平衡及其与周围环境的关系。

第十四条　古迹遗址必须成为专门照管对象，以保护其完整性，并确保用恰当的方式进行清理和开放。在这类地点开展的保护与修复工作应得到上述条款所规定之原则的鼓励。

发　掘

第十五条　发掘应按照科学标准和联合国教科文组织 1956 年通过的适用于考古发掘国际原则的建议予以进行。

遗址必须予以保存，并且必须采取必要措施，永久地保存和保护建筑风貌及其所发现的物品。此外，必须采取一切方法促进对古迹的了解，使它得以再现而不曲解其意。

然而对任何重建都应事先予以制止，只允许重修，也就是说，把现存但已解体的部分重新组合。所用粘结材料应永远可以辨别，并应尽量少用，只需确保古迹的保护和其形状的恢复之用便可。

出　版

第十六条　一切保护、修复或发掘工作永远应有用配以插图和照片的分析及评论报告这一形式所做的准确的记录。

清理、加固、重新整理与组合的每一阶段，以及工作过程中所确认的技术及形态特征均应包括在内。这一记录应存放于一公共机构的档案馆内，使研究人员都能查到。该记录应建议出版。

（原载国家文物局法制处：《国际保护文化遗产法律文件选编》，紫禁城出版社，1993 年版）

联合国教科文组织《关于保护受公共或私人工程危害的文化财产的建议》（1968）

（联合国教科文组织第十五届会议于 1968 年 11 月 19 日在巴黎通过）

联合国教科文组织大会于 1968 年 10 月 15 日至 11 月 20 日在巴黎举行第十五届会议：

考虑到当代文明及未来之发展除了有赖于其他因素外，还有赖于全世界人民的文化传统、创造力以及社会与经济的发展；

考虑到文化财产是昔日不同传统和精神成就的产物和见证，因此，它是全世界人民民族特征的重要组成部分；

考虑到根据文化财产的历史和艺术价值尽量予以保护的必要性，以使有关文化财产的意义和信息成为人们据此可以了解自己本身的价值的精神生活的一部分；

考虑到根据联合国教育、科学及文化组织 1966 年 11 月 4 日第十四次会议通过的《国际文化合作原则宣言》的精神保护文化遗产并对人们开放，构成鼓励各国人民互相了解的方法，从而有利于和平事业；

考虑到各国人民的兴盛特别有赖于一个有利的、起促进作用的环境，而对历史上各个时期的文化财产的保护则直接有利于这一环境；

另一方面，认识到世界文明的趋向——工业化在人类发展及其精神的和民族的完善方面发挥作用；

但也考虑到由于工业的发展和城市化的趋势，那些远古的、史前的及历史的古迹遗址以及诸多具有艺术、历史或科学价值的现代建筑正日益受到公共和私人工程的威胁；

考虑到各国政府有责任象促进社会和经济发展那样，尽力确保人类文化遗产的保护和保存；

考虑到协调文化遗产的保护和社会经济的发展所带来的变化刻不容缓，因此，应努力以宽厚的理解精神并根据可靠的规划来满足这两方面的要求；

同样也考虑到适当保护并对人们开放文化财产非常有利于拥有这些人类宝藏的

国家和地区通过发展民族和国际旅游业促进其社会和经济的发展；

最后考虑到保护文化财产的最可靠的保障在于人类本身对它们的尊重和感情，并且相信通过各成员国采取适当的措施可极大地加强这种感情。

已收到关于保护受到公共或私人工程危害的文化财产的议案，作为本届会议第十六项议程。

第十三届会议已决定此项议案应以向各成员国建议的形式形成一国际文件。

兹于 1968 年 11 月 19 日通过本建议。

大会建议各国成员应采取为在其各自领土内实施本建议所规定的原则和规范所可能需要的任何立法或其他步骤，以适用下述各项规定。

大会建议各成员国应把本建议提请负责公共或私人工程的当局或行政部门以及负责保存与保护古迹和历史、艺术、考古和科学遗址的机构的注意和重视。

大会也建议应同样把此建议通知制定教育和旅游发展规划的机构。

大会建议各成员国应接待由大会确定的日期和方式向大会报告它们为实施本建议所采取的行动。

一　定　义

1. 为本建议之目的，"文化财产"一词适用于：

（1）不可移动之物体，无论宗教的或世俗的，诸如考古、历史或科学遗址、建筑或其他具有历史、科学、艺术或建筑价值的特征，包括传统建筑群、城乡建筑区内的历史住宅区以及仍以有效形式存在的早期文化的民族建筑。它既适用于地下发现的考古或历史遗存，又适用于地上现存的不可移动的遗址。文化财产一词也包括此类财产周围的环境。

（2）具有文化价值的可移动财产，包括存在于或发掘于不可移动财产中的物品，以及埋藏于地下、可能会在考古或历史遗址或其他地方发现的物品。

2. "文化财产"一词不仅包括已经确定的和列入目录的建筑、考古及历史遗址和建筑，而且也包括未列入目录的或尚未分类的古代遗迹，以及具有艺术或历史价值的近代遗址和建筑。

二　总　则

3. 保护文化财产的措施应广泛用于一个成员国的全部领土，而不应只局限于某些古迹和遗址。

4. 无论是已列入目录或尚未列入目录的重要的文化财产的保护清单均应予以保留。若无此种清单，应优先在文化财产受到公共或私人工程威胁的地区，对此类财产进行全面调查，以建立此种清单。

5. 根据以下要求协定采取措施时，要充分考虑有关文化财产的相对意义：

（1）保护整个遗址、建筑或其他形式的不可移动文化财产免受私人或公共工程的影响；

（2）如果发现有文化财产的地区将由于公共或私人工程而遭到改变，并且所涉及的全部或部分文化财产将予以保存或搬迁，则应对该文化财产进行抢救或拯救。

6. 抢救措施应根据文化财产的特点、大小和位置以及它所受到的危害的性质而有所不同。

7. 保护或抢救文化财产的措施应具有预防性和矫正性。

8. 预防性和矫正性措施应旨在保护或抢救可能受公共或私人工程损坏或毁坏的文化财产，如：

（1）城市扩建和更新工程；尽管这些工程也许会保留列入目录的古迹，但是有时会迁移一些不甚重要的建筑，结果却破坏了历史关系和历史居住区的环境；

（2）在一些地区所进行的类似工程；该地区的传统建筑群作为一个整体具有文化价值，但由于缺乏一个已列入目录的古迹而有被毁坏的危险；

（3）对单个历史建筑物的不适当的修改和修缮；

（4）修建或改建对遗址、具有历史意义的重要建筑物或建筑群构成特别威胁的高速公路；

（5）修建灌溉、水力发电站或防洪大坝；

（6）铺设管道以及动力线和输电线；

（7）农田耕作，包括深耕、排水和灌溉，土地的清理和平整以及植树造林；

（8）因工业的发展以及工业化社会的技术进步所需的工程，如机场、采矿和采石以及河道和港口的疏浚和拓展。

9. 为保持历史的联系和延续性，各成员国应对受到公共和私人工程危害的文化遗产"就地保护"所需的措施给予适当的优先考虑。当经济或社会形势需要必须迁移、放弃或毁掉文化财产时，抢救或拯救行动总应包括对所涉及的文化遗产进行仔细研究并准备详细记录。

10. 为相关的抢救行动——尤其在不可移动文化财产的全部或大部分已被放弃或毁掉时——所进行的具有科学或历史价值的研究结果，应予以公布，或以其他方式提供给人们，供今后研究之用。

11. 为了免遭公共或私人工程毁坏而迁移的重要建筑和其他古迹，应安置在与其原来的位置、自然、历史或艺术相联系的及相似的地点或环境中。

12. 重要的可移动文化财产，包括从考古发掘中发现的、从抢救行动中获得的具有代表性的样品，应为研究之目的而予以保存，或放在诸如博物馆（包括遗址博物馆）或大学等机构中展览。

三　保护和抢救措施

13. 对受到公共或私人工程威胁的文化财产的保护或抢救应通过采取以下措施得到保障，具体的措施将由成员国的立法和组织机构来决定：

（1）立法；

（2）财政；

（3）行政措施；

（4）保护和抢救文化财产的程序；

（5）处罚；

（6）修缮；

（7）奖励；

（8）咨询；

（9）教育计划。

四　立　法

14. 各成员国应根据本建议所述准则和原则，制定或维护确保受到公共或私人工程危害的文化财产的保护或抢救所需的国家和地方立法措施。

五　财　政

15. 各成员国应保证有足够的预算用于保护或抢救受到公共或私人工程危害的文化财产。尽管法律制度和传统的差异以及财力的不同有碍于采取统一措施，但以下各点应予以考虑：

（1）负责保护文化财产的国家或地方当局应有足够的预算对受到公共或私人工程危害文化财产进行保护或抢救；或者

（2）保护或抢救受到公共或私人工程危害的文化财产的费用，包括初步的考古研究费用，应作为建设预算的一部分；或者

（3）应提供结合上述第（1）款和第（2）款所述两种方法的可行性。

16. 如果由于所需工程巨大并且复杂而引起的特殊开支，应有可能通过立法、特别补助、国家古迹资金或其他适当途径得到额外资金。负责保护文化财产的行政部门，应被授权管理或使用保护或抢救受到公共或私人工程危害的文化财产所需的这笔预算外捐款。

17. 各成员国应鼓励重要的历史或艺术建筑（包括构成传统建筑群一部分的建筑）所有者，或城乡建筑区内具有历史意义的街区的居民，通过以下方法保护其文化财产特征及其美学特点，否则它们将受到公共或私人工程的危害：

（1）优惠的税率；或者

（2）通过适当的立法编制一项预算，以赠款、贷款或其他方式帮助地方当局、团体和具有艺术、考古、科学或历史重要性建筑（包括传统建筑群）的私人所有者维护这些建筑或使之适应当代社会所需的作用；

（3）提供结合上述第（1）款和第（2）款所述两种方法的可能性；

18. 如果文化财产尚未被列入目录或相反已得到保护，其所有者应有可能向有关当局要求此种帮助。

19. 国家或地方当局以及私人所有者在为保护受到公共或私人工程危害的文化财产编制预算时，应考虑到文化财产的内在价值及其因对游客的吸引力而可能产生的经济收益。

六　行政措施

20. 保护或抢救受到公共或私人工程危害的文化财产的责任应委托给适当的官方机构。只要已经存在保护文化财产的官方机构或行政部门，就应赋予它们保护文化财产免受公共或私人工程危害的责任。如果不存在这种行政部门，就应该设立特别机构或行政部门以保护受公共或私人工程危害的文化财产。尽管宪法规定和传统的差异有碍于采取统一体系，但某些共同的原则，应予以采纳：

（1）应设立一个协调或咨询机构，由负责保护文化财产、负责公共和私人工程、负责城市规划部门的代表以及研究和教育机构的代表组成。这些代表应能就保护受到公共或私人工程危害的文化财产、特别是就公共或私人工程的需求与保护抢救文化财产之间的利益冲突方面提出建议；

（2）省、市或其他形式的地方政府也应设有负责保护或抢救受到公共或私人工程危害的文化财产的行政部门。这些行政部门应能根据自己的职能和需要，请求国家行政部门或其他有关机构的帮助；

（3）负责保护文化财产的行政部门应配备足够的保护或抢救受到公共或私人工程危害的文化财产所需的专家，如建筑师、城市规划师、考古学家、历史学家、督导员以及其他专家和技师；

（4）应采取行政措施，对负责保护文化财产的各个行政部门和其他负责公共和私人工程的行政部门以及凡其职责涉及保护或抢救受到公共或私人工程危害的文化财产之问题的任何其他机构或行政部门之间的工作进行协调；

（5）应采取行政措施，在需要保护免受公共或私人工程危害的、已列入或未列入目录的历史居住区、遗址和古迹的所有社区内设立一个负责城市发展规划的主管部门或委员会。

21. 凡涉及在认为具有文化价值或可能存在重要考古和历史物品的地区进行的建设项目，在其初步勘查阶段，应准备几个地区或市一级的不同的工程方案，然后再做决定。应在全面比较分析的基础上对这些方案进行选择，以便能够采取既经济又能保护或抢救文化财产的最佳解决方案。

保护和抢救文化财产的程序

22. 早在进行任何可能危及文化财产安全的公共或私人工程之前，应进行充分的勘察，以确定：

（1）就地保护重要文化财产所要采取的措施；

（2）抢救行动可能需要的工作量，如选择需要发掘的考古遗址、需要迁移的建筑以及需要抢救的可移动文化财产等。

23. 保护或抢救文化财产的措施应早在公共或私人工程之前采取。重要的考古或文化地区，如历史城镇、村庄、遗址或街区，都应根据各国的立法进行保护，在这些地区开始新工程应以进行初步考古发掘为先决条件。如有必要，工程应予以推延，以确保采取充分的保护或抢救有关文化财产的措施。

24. 可能受到公共或私人工程危害的重要考古遗址、特别是难以确认的史前遗址、城乡地区的历史居住区、传统建筑群、早期文化的民族建筑以及其他不可移动的文化财产，应通过划分区域或列入目录予以保护；

（1）应划定考古保留区并将其列入目录，如有必要，买下不可移动的财产，以便能够对遗址内的遗物进行全面发掘或保护。

（2）应划定城乡中心的历史居住区和传统建筑群，并制定适当的规章以保护其环境及其特性，比如：对重要历史或艺术建筑能够翻修的程度以及新建筑可以采用的式样和设计实行控制。保护古迹应是对任何设计良好的城市再发展规划的绝对要求，特别是在历史城镇或地区。类似规章应包括列入目录的古迹或遗址的周围地区及其环境，以保持其联系性和特征。对适用于新建项目的一般规定应允许进行适当修改。当新建筑被引入一历史区域时，这些规定应予以中止。用招贴画和灯光告示做一般性商业广告应予以禁止，但是可允许商业性机构通过适当的显示标志表明其存在。

25. 各成员国应规定，公共或私人工程中发现考古遗存者有义务尽快向主管行政部门申报，该行政部门应进行认真检查，如果遗址非常重要，应延迟施工以便能够进行全面发掘。对于因此而招致的延误，应给予适当的补贴或赔偿。

26. 各成员国应制定由国家或地方政府和其他有关机构通过购买获得受公共或私人工程危害的重要文化财产的规定。必要时应能通过征用的方式获得这些文化财产。

处罚

27. 各成员国应采取步骤，以确保根据各自刑法典严厉惩罚那些对受公共或私人工程危害的文化财产的故意或过失犯罪。这些刑法应包括罚款、监禁或二者兼有。此外，还可以采取以下措施：

（1）如有可能，由对损坏遗址或建筑负有责任者出资进行修复；

（2）如属偶然考古发现的情况下，当不可移动文化财产遭到损害、毁坏或忽视，应向国家交纳损害赔偿费；当一件可移动物品被藏匿时，应无偿予以没收。

修缮

28. 如果财产本身性质允许，各成员国应采取必要措施以确保对受到公共或私人工程危害的文化财产的修缮、修复或重建。各成员国也应预见，要求地方当局和重要文化财产的私人所有者进行修缮或修复的可能性，如有必要，可给予技术和财政援助。

奖励

29. 各成员国应鼓励个人、协会及市政当局，参加保护或抢救受到公共或私人工程危害的文化财产的计划。为此采取的措施可包括：

（1）对举报或交出藏匿的考古发现物的个人给予优厚的报酬；

（2）对为保护或抢救受公共或私人工程危害的文化财产作出突出贡献的个人——即使他们隶属政府行政部门、协会、社会机构或市政当局——授予证书、奖章或其他形式的奖励。

咨询

30. 各成员国应向缺乏必要经验和工作人员的个人、协会和市政当局提供技术咨询或监督，以便维持保护或抢救受到公共或私人工程威胁的文化财产的适当标准。

教育计划

31. 各成员国应本着国际合作的精神，采取措施激励和培养其国民对本国昔日文化遗产和其他传统的兴趣和尊重，以便保护或抢救受到公共或私人工程威胁的文化财产。

32. 专门出版物、报刊文章、广播和电视应该宣传由于不当的公共或私人工程给文化财产带来的危险性以及保护和抢救文化财产的成功实例。

33. 教育机构、历史和文化协会、与旅游业有关的公共团体以及公共教育学会应制订计划，宣传因为目光短浅的公共或私人工程对文化财产所带来的危险，并强调这样一个事实：保护文化财产的项目有助于国际间相互了解。

34. 博物馆、教育机构和其他有关组织应就不加控制的公共或私人工程对文化财产所带来的危害以及为保护或抢救已受到危害的文化财产所采取的措施筹办展览。

前文系联合国教科文组织大会在巴黎举行的，于 1968 年 11 月 20 日宣布闭幕的第十五届会议正式通过的建议之正式文本。

我们已于 1968 年 11 月 22 日签字，以昭信守。

（原载国家文物局法制处：《国际保护文化遗产法律文件选编》，紫禁城出版社，1993 年版）

1970—1979 年

联合国教科文组织《关于禁止和防止非法进出口文化财产和非法转让其所有权的方法的公约》（1970）

（联合国教科文组织第十六届会议于 1970 年 11 月 14 日在巴黎通过）

联合国教育、科学及文化组织于 1970 年 10 月 12 日至 11 月 14 日在巴黎召开第十六届大会：

忆及其第十四届大会通过的《国际文化合作原则宣言》所载规定的重要性；

考虑到各国间为科学、文化及教育目的而进行的文化财产交流增进了对人类文明的认识、丰富了各国人民的文化生活并激发了各国之间的相互尊重和了解；

考虑到文化财产实为构成文明和民族文化的一大基本要素，只有尽可能充分掌握有关其起源、历史和传统背景的知识，才能理解其真正价值；

考虑到各国有责任保护其领土上的文化财产免受偷盗、秘密发掘和非法出口的危险；

考虑到为避免这些危险，各国必须日益认识到其尊重本国及其他所有国家的文化遗产的道义责任；

考虑到博物馆、图书馆和档案馆作为文化机构应保证根据普遍公认的道义原则汇集其收藏品；

考虑到非法进出口文化财产和非法转让其所有权阻碍了各国之间的谅解，教科文组织的一部分职责就是通过向有关国家推荐这方面的各项国际公约以促进这一谅解；

考虑到只有各国在国家和国际范围上进行组织，密切合作，才能有效保护文化遗产；

考虑到教科文组织大会在 1964 年就此通过了一项建议；

已收到关于禁止和防止非法进出口文化财产和非法转让其所有权的方法的各项进一步建议，这一问题业已作为第十九项议程项目列入本届会议议程，

第十五届会议已决定就这一问题制订一项国际公约，

在 1970 年 11 月 14 日通过本公约。

第一条　为了本公约的目的，"文化财产"一词系指每个国家，根据宗教的或世俗的理由，明确指定为具有重要考古、史前史、历史、文学、艺术或科学价值的财产并属于下列各类者：

1. 动物群落、植物群落、矿物和解剖以及具有古生物学意义的物品的稀有收集品和标本；

2. 有关历史，包括科学、技术、军事及社会史、有关国家领袖、思想家、科学家、艺术家之生平以及有关国家重大事件的财产；

3. 考古发掘（包括正常的和秘密的）或考古发现的成果；

4. 业已肢解的艺术或历史古迹或考古遗址之构成部分；

5. 一百年以前的古物，如铭文、钱币和印章；

6. 具有人种学意义的文物；

7. 有艺术价值的财产，如：

（1）全部是手工完成的图画、绘画和绘图，不论其装帧框座如何，也不论所用的是何种材料（不包括工业设计图及手工装饰的工业产品）；

（2）用任何材料制成的雕塑艺术和雕刻的原作；

（3）版画、印片和平版画的原件；

（4）用任何材料组集或拼集的艺术品原件；

8. 稀有手稿和古版书籍，有特殊意义的（历史、艺术、科学、文学等）古书、文件和出版物，不论是单本的或整套的；

9. 邮票、印花税票及类似的票证，不论是单张的或成套的；

10. 档案，包括有声、照相和电影档案；

11. 一百年以前的家具物品和古乐器。

第二条

1. 本公约缔约国承认文化财产非法进出口和所有权非法转让是造成这类财产的原主国文化遗产枯竭的主要原因之一，并承认国际合作是保护各国文化财产免遭由此产生的各种危险的最有效方法之一。

2. 为此目的，缔约国承担利用现有手段，特别是通过消除其根源、制止现有做法和帮助给予必要的补偿来反对这种做法。

第三条　本公约缔约国违反本公约所列的规定而造成的文化财产之进出口或所有权转让均属非法。

第四条　本公约缔约国承认，为了本公约的宗旨，凡属以下各类财产均为每个缔约国的文化遗产的一部分：

1. 有关国家的国民的个人或集体天才所创造的文化财产和居住在该国领土境内的外国国民或无国籍人在该国领土内创造的对有关国家具有重要意义的文化财产；

2. 在国家领土内发现的文化财产；

3. 经此类财产原主国主管当局的同意，由考古学、人种学或自然科学团体所获得的文化财产；

4. 经由自由达成协议实行交流的文化财产；

5. 经此类财产原主国主管当局的同意，作为赠送品而接收的或合法购置的文化财产。

第五条　为确保保护文化财产免于非法进出口和所有权的非法转让，本公约缔约国承担若尚未设立保护文化遗产的国家机构，可根据本国的情况，在其领土之内建立一个或一个以上的国家机构，配备足够人数的合格工作人员，以有效地行使下述职责：

1. 协助制订旨在切实保护文化遗产特别是防止重要文化财产的非法进出口和非法转让的法律和规章草案；

2. 根据全国受保护财产清册，制订并不断更新一份其出口将造成文化遗产的严重枯竭的重要的公共及私有文化财产的清单；

3. 促进发展或成立为保证文化财产的保存和展出所需之科学及技术机构（博物馆、图书馆、档案馆、实验室、工作室……）；

4. 组织对考古发掘的监督，确保在原地保存某些文化财产，并保护某些地区，供今后考古研究之用；

5. 为有关各方面（博物馆长、收藏家、古董商等）的利益，制订符合于本公约所规定道德原则的规章；并采取措施保证遵守这些规章；

6. 采取教育措施，鼓励并提高对各国文化遗产的尊重，并传播关于本公约规定的知识；

7. 注意对任何种类的文化财产的失踪进行适当宣传。

第六条　本公约缔约国承担：

1. 发放适当证件，出口国将在该证件中说明有关文化财产的出口已经过批准。根据规定出口的各种文化财产，均须附有此种证件；

2. 除非附有上述出口证件，禁止文化财产从本国领土出口；

3. 通过适当方法宣传这种禁止，特别要在可能出口或进口文化财产的人们中间进行宣传。

第七条　本公约缔约国承担：

1. 采取与本国立法相一致的必要措施防止本国领土内的博物馆及类似机构获取来源于另一缔约国并于本公约在有关国家生效后非法出口的文化财产。本公约对两国均已生效后，尽可能随时把自两国中的原主缔约国非法运出文化财产的建议通知该原主缔约国。

2.

（1）本公约对有关国家生效后，禁止进口从本公约另一缔约国的博物馆或宗教的或世俗的公共纪念馆或类似机构中窃取的文化财产，如果该项财产业已用文件形式列入该机构的财产清册；

（2）本公约对有关两个国家生效后，根据两国中的原主缔约国的要求，采取适当措施收回并归还进口的此类文化财产，但要求国须向不知情的买主或对该财产具有合法权利者给予公平的赔偿。要求收回和归还失物必须通过外交部门进行，提出要求一方应提供使确定其收回或归还失物的要求的必要文件及其他证据，费用自理。各方不得对遵照本条规定而归还的文化财产征收关税或其他费用。归还和运送文化财产过程中所需的一切费用均由提出要求一方负担。

第八条　本公约缔约国承担对触犯上述第六条（2）和第七条（2）所列的禁止规定负有责任者予以惩处或行政制裁。

第九条　本公约的任一缔约国在其文化遗产由于考古或人种学的材料遭受掠夺而处境危殆时得向蒙受影响的其他缔约国发出呼吁。在此情况下，本公约缔约国承担参与协调一致的国际努力，以确定并实施必要的具体措施，包括对有关的特定物资的进出口及国际贸易实行管制。在尚未达成协议之前，有关各国应在可能范围内采取临时性措施，以便制止对提出要求的国家的文化遗产造成不可弥补的损失。

第十条　本公约缔约国承担：

1. 通过教育、情报和防范手段，限制非法从本公约缔约国运出的文化财产的移动，并视各国情况，责成古董商保持一份记录，载明每项文化财产的来源、提供者的姓名与住址以及每项售出的物品的名称与价格，并须把此类财产可能禁止出口的情况告知该项文化财产的购买人，违者须受刑事或行政制裁。

2. 努力通过教育手段，使公众心目中认识到，并进一步理解文化财产的价值和偷盗、秘密发掘与非法出口对文化财产造成的威胁。

第十一条　一个国家直接或间接地由于被他国占领而被迫出口文化财产或转让其所有权应被视为非法。

第十二条　本公约缔约国应尊重由其负责国际关系的领土内的文化财产，并应采取一切适当措施禁止并防止在这些领土内非法进出口文化财产和非法转让其所有权。

第十三条 本公约缔约国还应在符合其本国法律的情况下承担：

1. 通过一切适当手段防止可能引起文化财产的非法进出口的这一类财产的所有权转让；

2. 保证本国的主管机关进行合作，使非法出口的文化财产尽早归还其合法所有者；

3. 受理合法所有者或其代表提出的关于找回失落的或失窃的文化财产的诉讼；

4. 承认本公约缔约国有不可取消的权利规定并宣布某些文化财产是不能让与的，因而据此也不能出口，若此类财产已经出口务须促使这类财产归还给有关国家。

第十四条 为防止非法出口、履行本公约所规定的义务，本公约各缔约国应在可能范围内为其负责保护文化遗产的国家机关提供足够的预算并在必要时为此目的设立一项基金。

第十五条 在本公约对有关国家生效前，本公约之任何规定不应妨碍缔约国之间自行缔结有关归还从其原主国领土上不论以何种理由搬走之文化财产的特别协定，或制止它们继续执行业已缔结的有关协定。

第十六条 本公约缔约国应在向联合国教科文组织大会提交的定期报告中，提供它们已经通过的立法和行政规定和它们为实施本公约所采取的其他行动以及在此领域内取得的详尽经验的资料，报告的日期及方式由大会决定。

第十七条

1. 本公约缔约国可以向联合国教科文组织请求给予技术援助，特别是有关：

（1）情报和教育；

（2）咨询和专家建议；

（3）协调和斡旋。

2. 联合国教科文组织可以主动进行有关非法转移文化财产问题的研究并出版研究报告。

3. 为此，联合国教科文组织可以请求任何非政府的主管组织予以合作。

4. 联合国教科文组织可以主动向本公约缔约国提出有关本公约的实施的建议。

5. 经对本公约的实施有争议的两个以上的本公约缔约国的请求，联合国教科文组织得进行斡旋，使它们之间的争端得到解决。

第十八条 本公约以英文、法文、俄文和西班牙文制定，四种文本具有同等效力。

第十九条

1. 本公约须经联合国教科文组织会员国按各国宪法程序批准或接受。

2. 批准书或接受书，应交存联合国教科文组织总干事。

第二十条

1. 本公约应开放给非联合国教科文组织成员但经本组织执行局邀请加入本公约的所有国家加入。

2. 加入书交存联合国教科文组织总干事后，加入即行生效。

第二十一条 本公约在收到第三份批准书、接受书或加入书后的三个月开始生效，但这只对那些在该日或该日之前业已交存其各自的批准书、接受书或加入书的国家生效。对于任何其他国家，本公约则在其批准书、接受书或加入书交存后三个月开始生效。

第二十二条 本公约缔约国承认，本公约不仅适用于其本国领土，而且也适用于在国际关系上由其负责的一切领土；如有必要，缔约国须在批准、接受或加入之时或以前与这些领土的政府或其他主管当局进行磋商，以便保证本公约在这些领土的适用，并将本公约适用的领土通知联合国教科文组织总干事，该通知在收到之日起三个月生效。

第二十三条

1. 本公约之每一缔约国可以代表本国或代表由其负责国际关系的任何领土退出本公约。

2. 退约须以书面文件通知，该退约书交存联合国教科文组织总干事处。

3. 退约在收到退约通知书后十二个月生效。

第二十四条 联合国教科文组织总干事须将第十九条和二十条中规定的有关批准书、接受书和加入书的交存情况以及第二十二条和第二十三条分别规定的通知和退约告知本组织会员国、第二十条中所述的非本组织会员的国家以及联合国。

第二十五条

1. 本公约可经联合国教科文组织大会予以修正。任何这样的修正只对修正公约的缔约国具有约束力。

2. 如大会通过一项全面或部分地修订本公约的新公约，则除非新公约另有规定，本公约在新的修订公约生效之日起停止一切批准、接受或加入。

第二十六条 经联合国教科文组织总干事的要求，本公约应按照《联合国宪章》第一百零二条的规定在联合国秘书处登记。

1970 年 11 月 17 日订于巴黎。两个正式文本均有大会第十六届会议主席和联合国教科文组织总干事的签名，将交存于联合国教科文组织的档案库中。验证无误之副本将分送第十九条到第二十条所述之所有国家和联合国。

以上乃 1970 年 11 月 14 日在巴黎召开的联合国教科文组织大会第六届会议正

式通过之公约的作准文本。

我们于 1970 年 11 月 17 日签字，以昭信守。

（1989 年 9 月 25 日中华人民共和国国务院批复接受联合国教科文组织于 1970
年 11 月 14 日在巴黎通过的《关于禁止和防止非法进出口文化财产和非法转让其所
有权的方法的公约》）

（原载国家文物局法制处：《国际保护文化遗产法律文件选编》，紫禁城出版
社，1993 年版）

联合国教科文组织
《保护世界文化和自然遗产公约》（1972）

（联合国教科文组织大会第十七届会议于 1972 年 11 月 16 日在巴黎通过）

联合国教科文组织大会于 1972 年 10 月 17 日至 11 月 21 日在巴黎举行的第十七届会议：

注意到文化遗产和自然遗产越来越受到破坏的威胁，一方面因年久腐变所致，同时变化中的社会和经济条件使情况恶化，造成更加难以对付的损害或破坏现象；

考虑到任何文化或自然遗产的坏变或丢失都有使全世界遗产枯竭的有害影响；

考虑到国家一级保护这类遗产的工作往往不很完善，原因在于这项工作需要大量手段而列为保护对象的财产的所在国却不具备充足的经济、科学和技术力量；

回顾本组织《组织法》规定，本组织将通过保存和维护世界遗产和建议有关国家订立必要的国际公约来维护、增进和传播知识；

考虑到现有关于文化和自然财产的国际公约、建议和决议表明，保护不论属于哪国人民的这类罕见且无法替代的财产，对全世界人民都很重要；

考虑到部分文化或自然遗产具有突出的重要性，因而需作为全人类世界遗产的一部分加以保护；

考虑到鉴于威胁这类遗产的新危险的规模和严重性，整个国际社会有责任通过提供集体性援助来参与保护具有突出的普遍价值的文化和自然遗产；这种援助尽管不能代替有关国家采取的行动，但将成为它的有效补充；

考虑到为此有必要通过采用公约形式的新规定，以便为集体保护具有突出的普遍价值的文化和自然遗产建立一个根据现代科学方法制定的永久性的有效制度，

在大会第十六届会议上，曾决定应就此问题制订一项国际公约。

于 1972 年 11 月 16 日通过本公约。

I 文化和自然遗产的定义

第一条 在本公约中，以下各项为"文化遗产"：

文物：从历史、艺术或科学角度看具有突出的普遍价值的建筑物、碑雕和碑画、具有考古性质成分或结构、铭文、窟洞以及联合体；

建筑群：从历史、艺术或科学角度看，在建筑式样、分布均匀或与环境景色结合方面，具有突出的普遍价值的单立或连接的建筑群；

遗址：从历史、审美、人种学或人类学角度看具有突出的普遍价值的人类工程或自然与人联合工程以及考古地址等地方。

第二条　在本公约中，以下各项为"自然遗产"：

从审美或科学角度看具有突出的普遍价值的由物质和生物结构或这类结构群组成的自然面貌；

从科学或保护角度看具有突出的普遍价值的地质和自然地理结构以及明确划为受威胁的动物和植物生境区；

从科学、保护或自然美角度看具有突出的普遍价值的天然名胜或明确划分的自然区域。

第三条　本公约缔约国均可自行确定和划分上面第一条和第二条中提及的、本国领土内的文化和自然财产。

Ⅱ　文化和自然遗产的国家保护和国际保护

第四条　本公约缔约国均承认，保证第一条和第二条中提及的、本国领土内的文化和自然遗产的确定、保护、保存、展出和遗传后代，主要是有关国家的责任。该国将为此目的竭尽全力，最大限度地利用本国资源，必要时利用所能获得的国际援助和合作，特别是财政、艺术、科学及技术方面的援助和合作。

第五条　为保证、保护、保存和展出本国领土内的文化和自然遗产采取积极有效的措施，本公约各缔约国应视本国具体情况尽力做到以下几点：

1. 通过一项旨在使文化和自然遗产在社会生活中起一定作用并把遗产保护工作纳入全面规划计划的总政策；

2. 如本国内尚未建立负责文化和自然遗产的保护、保存和展出的机构，则建立一个或几个此类机构，配备适当的工作人员和为履行其职能所需的手段；

3. 发展科学和技术研究，并制订出能够抵抗威胁本国文化或自然遗产的危险的实际方法；

4. 采取为确定、保护、保存、展出和恢复这类遗产所需的适当的法律、科学、技术、行政和财政措施；

5. 促进建立或发展有关保护、保存和展出文化和自然遗产的国家或地区培训中心，并鼓励这方面的科学研究。

第六条

1. 本公约缔约国，在充分尊重第一条和第二条中提及的文化和自然遗产的所在国的主权，并不使国家立法规定的财产权受到损害的同时，承认这类遗产是世界遗产的一部分，因此，整个国际社会有责任合作予以保护。

2. 缔约国根据本公约的规定，应有关国家的要求，帮助该国确定、保护、保存和展出第十一条第二和四段中提及的文化和自然遗产。

3. 本公约各缔约国不得故意采取任何可能直接或间接损害本公约其他缔约国领土内的、第一条和第二条中提及的文化和自然遗产的措施。

第七条　在本公约中，世界文化和自然遗产的国际保护应被理解为建立一个旨在支持本公约缔约国保存和确定这类遗产的努力的国际合作和援助系统。

Ⅲ　保护世界文化和自然遗产政府间委员会

第八条

1. 在联合国教科文组织内，现建立一个保护具有突出的普遍价值的文化和自然遗产政府间委员会，称为"世界遗产委员会"。委员会由联合国教科文组织大会常会期间召集的本公约缔约国大会选出的 15 个缔约国组成。委员会成员国的数目将在至少 40 个缔约国实施本公约之后的大会常会之日起增至 21 个。

2. 委员会委员的选举须保证均衡地代表世界的不同地区和不同文化。

3. 国际文物保护与修复研究中心（罗马中心）的一名代表、国际古迹遗址理事会的一名代表以及国际自然及自然资源保护联盟的一名代表可以咨询者身份出席委员会的会议，此外，应联合国教科文组织大会常会期间举行大会的本公约缔约国提出的要求，其他具有类似目标的政府间或非政府组织的代表亦可以咨询者身份出席委员会的会议。

第九条

1. 世界遗产委员会成员国的任期自当选之应届大会常会结束时起至应届大会后第三次常会闭幕时止。

2. 但是，第一次选举时指定的委员中，有三分之一的委员的任期应于当选之应届大会后第一次常会闭幕时截止；同时指定的委员中，另有三分之一的委员的任期应于当选之应届大会后第二次常会闭幕时截止。这些委员由联合国教科文组织大会主席在第一次选举后抽签决定。

3. 委员会成员国应选派在文化或自然遗产方面有资历的人员担任代表。

第十条

1. 世界遗产委员会应通过其议事规则。

2. 委员会可随时邀请公共或私立组织或个人参加其会议，以就具体问题进行磋商。

3. 委员会可设立它认为为履行其职能所需的咨询机构。

第十一条

1. 本公约各缔约国应尽力向世界遗产委员会递交一份关于本国领土内适于列入本条第 2 段所述《世界遗产目录》的、组成文化和自然遗产的财产的清单。这份清单不应当看作是齐全的，它应包括有关财产的所在地及其意义的文献资料。

2. 根据缔约国按照第 1 段规定递交的清单，委员会应制订、更新和出版一份《世界遗产目录》，其中所列的均为本公约第一条和第二条确定的文化遗产和自然遗产的组成部分，也是委员会按照自己制订的标准认为是具有突出的普遍价值的财产。一份最新目录应至少每两年分发一次。

3. 把一项财产列入《世界遗产目录》需征得有关国家同意。当几个国家对某一领土的主权或管辖权均提出要求时，将该领土内的一项财产列入《目录》不得损害争端各方的权利。

4. 委员会应在必要时制订、更新和出版一份《处于危险的世界遗产目录》，其中所列财产均为载于《世界遗产目录》之中，需要采取重大活动加以保护并为根据本公约要求给予援助的财产。《处于危险的世界遗产目录》应载有这类活动的费用概算，并只可包括文化和自然遗产中受到下述严重的特殊危险威胁的财产，这些危险是：蜕变加剧、大规模公共或私人工程、城市或旅游业迅速发展计划造成的消失威胁；土地的使用变动或易主造成的破坏；未知原因造成的重大变化；随意摈弃；武装冲突的爆发或威胁；灾害和灾变；严重火灾、地震、山崩；火山爆发；水位变动；洪水和海啸等。委员会在紧急需要时可随时在《处于危险的世界遗产目录》中增列新的条目并立即予以发表。

5. 委员会应确定属于文化或自然遗产的财产可被列入本条第 2 和 4 段中提及的目录所依据的标准。

6. 委员会在拒绝一项要求列入本条第 2 和 4 段中提及的目录之一的申请之前，应与有关文化或自然财产所在缔约国磋商。

7. 委员会经与有关国家商定，应协调和鼓励为拟订本条第 2 和 4 段中提及的目录所需进行的研究。

第十二条　未被列入第十一条第 2 和 4 段提及的两个目录的属于文化或自然遗产的财产，决非意味着在列入这些目录的目的之外的其他领域不具有突出的普遍价值。

第十三条

1. 世界遗产委员会应接收并研究本公约缔约国就已经列入或可能适于列入第十一条第 2 和 4 段中提及的目录的本国领土内成为文化或自然遗产的财产要求国际援助而递交的申请。这种申请的目的可能是保证这类财产得到保护、保存、展出或恢复。

2. 本条第 1 段中提及的国际援助申请还可能涉及鉴定哪些财产属于第一和二条所确定的文化或自然遗产，当初步调查表明此项调查值得进行下去。

3. 委员会应就对这些申请所需采取的行动作出决定，必要时应确定其援助的性质和程度，并授权以它的名义与有关政府作出必要的安排。

4. 委员会应制订其活动的优先顺序并在进行这项工作时应考虑到需予保护的财产对世界文化和自然遗产各具的重要性、对最能代表一种自然环境或世界各国人民的才华和历史的财产给予国际援助的必要性、所需开展工作的迫切性、拥有受到威胁的财产的国家现有的资源、特别是这些国家利用本国资源保护这类财产的能力大小。

5. 委员会应制订、更新和发表已给予国际援助的财产目录。

6. 委员会应就本公约第十五条下设立的基金的资金使用问题作出决定。委员会应设法增加这类资金，并为此目的采取一切有益的措施。

7. 委员会应与拥有与本公约目标相似的目标的国际和国家级政府组织和非政府组织合作。委员会为实施其计划和项目，可约请这类组织，特别是国际文物保护与修复研究中心（罗马中心）、国际古迹遗址理事会和国际自然及自然资源保护联盟并可约请公共和私立机构及个人。

8. 委员会的决定应经出席及参加表决的委员的三分之二多数通过。委员会委员的多数构成法定人数。

第十四条

1. 世界遗产委员会应由联合国教科文组织总干事任命组成的一个秘书处协助工作。

2. 联合国教科文组织总干事应尽可能充分利用国际文物保护与修复研究中心（罗马中心）、国际古迹遗址理事会和国际自然及自然资源保护联盟在各自职权范围内提供的服务，以为委员会准备文件资料，制订委员会会议议程，并负责执行委员会的决定。

Ⅳ　保护世界文化和自然遗产基金

第十五条

1. 现设立一项保护具有突出的普遍价值的世界文化和自然遗产基金，称为

"世界遗产基金"。

2. 根据联合国教科文组织《财务条例》的规定，此项基金应构成一项信托基金。

3. 基金的资金来源应包括：

（1）本公约缔约国义务捐款和自愿捐款；

（2）下列方面可能提供的捐款、赠款或遗赠：

（i）其他国家；

（ii）联合国教科文组织、联合国系统的其他组织（特别是联合国开发计划署）或其他政府间组织；

（iii）公共或私立机构或个人；

（3）基金款项所得利息；

（4）募捐的资金和为本基金组织的活动的所得收入；

（5）世界遗产委员会拟订的基金条例所认可的所有其他资金。

4. 对基金的捐款和向委员会提供的其他形式的援助只能用于委员会限定的目的。委员会可接受仅用于某个计划或项目的捐款，但以委员会业已决定实施该计划或项目为条件。对基金的捐款不得带有政治条件。

第十六条

1. 在不影响任何自愿补充捐款的情况下，本公约缔约国每两年定期向世界遗产基金纳款，本公约缔约国大会应在联合国教科文组织大会届会期间开会确定适用于所有缔约国的一个统一的纳款额百分比，缔约国大会关于此问题的决定，需由未作本条第2段中所述声明的、出席及参加表决的缔约国的多数通过。本公约缔约国的义务纳款在任何情况下都不得超过对联合国教科文组织正常预算纳款的百分之一。

2. 然而，本公约第三十一条或第三十二条中提及的国家均可在交存批准书、接受书或加入书时声明不受本条第1段规定的约束。

3. 已作本条第2段中所述声明的本公约缔约国可随时通过通知联合国教育、科学及文化组织总干事收回所作声明。然而，收回声明之举在紧接的一届本公约缔约国大会之日以前不得影响该国的义务纳款。

4. 为使委员会得以有效地规划其活动，已作本条第2段中所述声明的本公约缔约国应至少每两年定期纳款，纳款不得少于它们如受本条第1段规定约束所须交纳的款额。

5. 凡拖延交付当年和前一日历年的义务纳款或自愿捐款的本公约缔约国不能当选为世界遗产委员会成员，但此项规定不适用于第一次选举。属于上述情况但已当选委员会成员的缔约国的任期应在本公约第八条第1段规定的选举之时截止。

　　第十七条　本公约缔约国应考虑或鼓励设立旨在为保护本公约第1和2条中所确定的文化和自然遗产募捐的国家、公共及私立基金会或协会。

　　第十八条　本公约缔约国应对在联合国教育、科学及文化组织赞助下为世界遗产基金所组织的国际募款运动给予援助。它们应为第十五条第3段中提及的机构为此目的所进行的募款活动提供便利。

V　国际援助的条件和安排

　　第十九条　凡本公约缔约国均可要求对本国领土内组成具有突出的普遍价值的文化或自然遗产之财产给予国际援助。它在递交申请时还应按照第二十一条规定所拥有的有助于委员会作出决定的文件资料。

　　第二十条　除第十三条第2段、第二十二条（3）分段和第二十三条所述情况外，本公约规定提供的国际援助仅限于世界遗产委员会业已决定或可能决定列入第十一条第2和4段中所述目录的文化和自然遗产的财产。

　　第二十一条

　　1. 世界遗产委员会应制订对向它提交的国际援助申请的审议程序，并应确定申请应包括的内容，即打算开展的活动、必要的工程、工程的预计费用和紧急程度以及申请国的资源不能满足所有开支的原因所在。这类申请须尽可能附有专家报告。

　　2. 对因遭受灾难或自然灾害而提出的申请，由于可能需要开展紧急工作，委员会应立即给予优先审议，委员会应掌握一笔应急储备金。

　　3. 委员会在作出决定之前，应进行它认为必要的研究和磋商。

　　第二十二条　世界遗产委员会提供的援助可采取下述形式：

　　1. 研究在保护、保存、展出和恢复本公约第十一条第2和4段所确定的文化和自然遗产方面所产生的艺术、科学和技术性问题；

　　2. 提供专家、技术人员和熟练工人，以保证正确地进行已批准的工作；

　　3. 在各级培训文化和自然遗产的鉴定、保护、保存、展出和恢复方面的工作人员和专家；

　　4. 提供有关国家不具备或无法获得的设备；

　　5. 提供可长期偿还的低息或无息贷款；

　　6. 在例外和特殊情况下提供无偿补助金。

　　第二十三条　世界遗产委员会还可向培训文化和自然遗产的鉴定、保护、保存、展出和恢复方面的各级工作人员和专家的国家或地区中心提供国际援助。

　　第二十四条　在提供大规模的国际援助之前，应先进行周密的科学、经济和技术研究。这些研究应考虑采用保护、保存、展出和恢复自然和文化遗产方面最先进的技术，并应与本公约的目标相一致。这些研究还应探讨合理利用有关国家现有资源的手段。

第二十五条 原则上，国际社会只担负必要工程的部分费用。除非本国资源不许可，受益于国际援助的国家承担的费用应构成用于各项计划或项目的资金的主要份额。

第二十六条 世界遗产委员会和受援国应在他们签订的协定中确定享有根据本公约规定提供的国际援助的计划或项目的实施条件。应由接受这类国际援助的国家负责按照协定制订的条件对如此卫护的财产继续加以保护、保存和展出。

Ⅵ 教育计划

第二十七条

1. 本公约缔约国应通过一切适当手段，特别是教育和宣传计划，努力增强本国人民对本公约第一和二条中确定的文化和自然遗产的赞赏和尊重。

2. 缔约国应使公众广泛了解对这类遗产造成威胁的危险和根据本公约进行的活动。

第二十八条 接受根据本公约提供的国际援助的缔约国应采取适当措施，使人们了解接受援助的财产的重要性和国际援助所发挥的作用。

Ⅶ 报 告

第二十九条

1. 本公约缔约国在按照联合国教科文组织大会确定的日期和方式向该组织大会递交的报告中，应提供有关它们为实行本公约所通过的法律和行政规定和采取的其他行动的情况，并详述在这方面获得的经验。

2. 应提请世界遗产委员会注意这些报告。

3. 委员会应在联合国教科文组织大会的每届常会上递交一份关于其活动的报告。

Ⅷ 最后条款

第三十条 本公约以阿拉伯文、英文、法文、俄文和西班牙文拟订，五种文本同一作准。

第三十一条

1. 本公约应由联合国教科文组织会员国根据各自的宪法程序予以批准或接受。

2. 批准书或接受书应交存联合国教科文组织总干事。

第三十二条

1. 所有非联合国教科文组织会员的国家，经该组织大会邀请均可加入本公约。

2. 向联合国教科文组织总干事交存一份加入书后，加入方才有效。

第三十三条 本公约须在第二十份批准书、接受书或加入书交存之日的三个月之后生效，但这仅涉及在该日或之前交存各自批准书、接受书或加入书的国家。就任何其他国家而言，本公约应在这些国家交存其批准书、接受书或加入书的三个月之后生效。

第三十四条 下述规定须应用于拥有联邦制或非单一立宪制的本公约缔约国：

1. 关于在联邦或中央立法机构的法律管辖下实施的本公约规定，联邦或中央政府的义务应与非联邦国家的缔约国的义务相同；

2. 关于在无须按照联邦立宪制采取立法措施的联邦各个国家、地区、省或州法律管辖下实施的本公约规定，联邦政府应将这些规定连同其关于予以通过的建议一并通告各个国家、地区、省或州的主管当局。

第三十五条

1. 本公约缔约国均可通告废除本公约，

2. 废约通告应以一份书面文件交存联合国教科文组织的总干事。

3. 公约的废除应在接到废约通告书一年后生效，废约在生效日之前不得影响退约国承担的财政义务。

第三十六条 联合国教科文组织总干事应将第三十一和三十二条规定交存的所有批准书、接受书或加入书和第三十五条规定的废约等事通告本组织会员国、第三十二条中提及的非本组织会员的国家以及联合国。

第三十七条

1. 本公约可由联合国教科文组织的大会修订。但任何修订只对将成为修订的公约缔约国具有约束力。

2. 如大会通过一项全部或部分修订本公约的新公约，除非新公约另有规定，本公约应从新的修订公约生效之日起停止批准、接受或加入。

第三十八条 按照《联合国宪章》第102条，本公约须应联合国教科文组织总干事的要求在联合国秘书处登记。

1972年11月23日订于巴黎，两个正式文本均有大会第十七届会议主席和联合国教科文组织总干事的签字，由联合国教科文组织存档，并将验明无误之副本发送第31条和第32条述之所有国家以及联合国。

前文系联合国教科文组织大会在巴黎举行的，于1972年11月21日宣布闭幕的第十七届会议通过的《公约》正式文本。

1972 年 11 月 23 日签字，以昭信守。

（1985 年 11 月 22 日第六届全国人民代表大会常务委员会第十三次会议决定：批准联合国教科文组织大会第十七届会议于 1972 年 11 月 16 日在巴黎通过的《保护世界文化和自然遗产公约》）

（原载国家文物局法制处：《国际保护文化遗产法律文件选编》，紫禁城出版社，1993 年版）

联合国教科文组织《关于在国家一级保护文化和自然遗产的建议》（1972）

（联合国教科文组织大会第十七届会议于 1972 年 11 月 16 日在巴黎通过）

联合国教科文组织大会于 1972 年 10 月 17 日至 11 月 21 日在巴黎举行第十七届会议：

考虑到在一个生活条件加速变化的社会里，就人类平衡和发展而言至关重要的是为人类保存一个合适的生活环境，以便人类在此环境中与自然及其前辈留下的文明痕迹保持联系。为此，应该使文化和自然遗产在社会生活中发挥积极的作用，并把当代成就、昔日价值和自然之美纳入一个整体政策；

考虑到这种与社会和经济生活的结合必定是地区发展和国家各级规划的一个基本方面；

考虑到我们这个时代特有的新现象所带来的异常严重的危险正威胁着文化和自然遗产，而这些遗产构成了人类遗产的一个基本特征，以及丰富和协调发展当代与未来文明的一种源泉；

考虑到每一项文化和自然遗产都是独一无二的，任何一项文化和自然遗产的消失都构成绝对的损失，并造成该遗产的不可逆转的枯竭；

考虑到在其领土上有文化和自然遗产组成部分的任何一个国家，有责任保护这一部分人类遗产并确保将它传给后代；

考虑到研究、认识及保护世界各国的文化遗产和自然遗产有利于人民之间的相互理解；

考虑到文化和自然遗产构成一个和谐的整体，其组成部分是不可分割；

考虑到经共同考虑和制定的保护文化和自然遗产的政策可能使成员国之间继续产生相互影响，并对联合国教科文组织在这一领域的活动产生决定性的影响；

考虑到大会已经通过了保护文化和自然遗产的国际文件，如：《关于适用于考古发掘的国际原则的建议》（1956）、《关于保护景观和遗址的风貌与特征的建议》（1962）以及《关于保护受到公共或私人工程危害的文化财产的建议》（1968）；

希望补充并扩大这类建议中所规定的标准和原则的适用范围;

收到有关保护文化遗产和自然遗产的建议,该问题作为第二十三项议案列入本届会议议程;

第十六届会议上决定:该问题应向成员国建议的形式制定为国际规章;

于 1972 年 11 月 16 日,通过本建议。

一　文化和自然遗产的定义

1. 为本建议之目的,以下各项应被视为"文化遗产":

(1) 古迹:建筑物、不朽的雕刻和绘画作品,包括穴居和题记以及在考古、历史、艺术或科学方面具有特殊价值的组成部分或结构;

(2) 建筑群:因其建筑、谐调或在风景中的位置而具有特殊历史、艺术或科学价值的单独或相连建筑群;

(3) 遗址:因风景秀丽或在考古、历史、人种或人类学方面的重要性而具有特殊价值的地形区,该地形区是人类与自然的共同产物。

2. 为本建议之目的,以下各项应被视为"自然遗产":

在美学或科学方面具有特殊价值的、由物理和生物结构(群)所组成的自然风貌;

在科学或保护方面具有特殊价值的,或正面临威胁的构成动物和植物物种的栖息地或产地的地理和地文结构,以及准确划定的区域;

在科学、保护或自然风貌方面、或在其与人类和自然的共同产物的关系方面具有特殊价值的自然遗址或准确划定的自然地区。

二　国家政策

3. 各国应根据其司法和立法需要,尽可能制定、发展并应用一项其主要目的应在于协调和利用一切可能得到的科学、技术、文化和其他资源的政策,以确保有效地保护、保存和展示文化和自然遗产。

三　总　则

4. 文化遗产和自然遗产代表着财富。凡领土上有这些遗产的国家都有责任对其国民和整个国际社会保护、保存和展示这些遗产;成员国应采取履行该义务所需的相应行动。

5. 文化和自然遗产应被视为一个同种性质的整体,它不仅由具有巨大内在价值的作品组成,而且还包括随着时间流逝而具有文化或自然价值的较为一般的物品。

6. 任何一件作品和物品按一般原则都不应与其环境相分离。

7. 由于保护、保存和展示文化和自然遗产的最终目的是为了人类的发展，因此，各成员国应尽可能以不再把文化和自然遗产视为国家发展的障碍，而应视为决定因素这样一种方法来指导该领域的工作。

8. 应将保护、保存并有效地展示文化和自然遗产视为地区发展计划以及国家、地区和地方总体规划的重要方面之一。

9. 应制订一项保存文化和自然遗产并在社会生活中给其一席之地的积极政策。各成员国应安排公共和私人的一切有关部门采取行动，以制订并应用此政策。有关文化和自然遗产的预防和矫正措施应通过其他方面得到补充，其意图旨在使该遗产的每一组成部分都按照其文化或自然特性而发挥作用，从而成为现在和未来国家社会、经济、科学和文化生活的一部分。保护文化和自然遗产的行动应利用保护、保存和展示文化遗产或自然遗产所涉及的各个研究领域所取得的科学和技术进步。

10. 公共当局应尽可能为保护和展示文化和自然遗产提供日益增长的财政资源。

11. 将要采取的保护和保存措施，应与该地区的公众联系起来，并呼吁他们提出建议或给予帮助——特别是在对待和监督文化和自然遗产方面。也可以考虑从私人部门得到财政支持的可能性。

四　行政组织

12. 尽管由于行政组织的多样性使得各成员国无法采取一个统一的组织形式，然而还是应该遵循某些共同的标准。

专门的公共行政部门

13. 各成员国应根据各国的适当条件，在其尚无此类组织的领土上设立一个或多个专门的公共行政部门，负责有效地执行以下各项职能：

（1）制订和实施各种旨在保护、保存和展示本国文化和自然遗产并使其成为社会生活的一个积极因素的措施，并且先编纂一份文化和自然遗产的清单，建立相关的档案资料服务机构；

（2）培训并招聘所需的科学、技术和行政人员，由其负责文化和自然遗产的鉴定、保护、保存和其他综合计划，并指导其实施；

（3）组织各学科专家的紧密合作，研究文化和自然遗产的保护技术问题；

（4）利用或建立实验室，研究有关文化和自然遗产保护方面所涉及的各学科问题；

（5）确保遗产所有人或承租人进行必要的维修，并保持建筑物的最佳艺术和技术状况。

咨询机构

14. 专门的行政部门应与负责在准备文化和自然遗产有关措施方面提供咨询的专家机构合作。这类机构应包括专家、主要保护学会的代表以及有关行政部门的代表。

各机构间的合作

15. 从事保护、保存和展示文化和自然遗产的专门的行政部门应与其他公共行政部门一起在平等的基础上开展工作，特别是那些负责地区发展规划、主要公共工程、环境及经济和社会规划的部门。涉及文化和自然遗产的旅游发展计划的制订应审慎进行，以便不影响该遗产的内在特征和重要性，并应采取步骤在有关部门间建立适当的联系。

16. 凡涉及大型项目时，应组织专门的行政部门之间的、各种层次的不断合作并作好适当的协调安排，以便采取顾及有关各方利益的一致决定。从研究之初就应制订合作计划的规定，并确定解决冲突的机制。

中央、联邦地区和地方机构的权限

17. 考虑到保护、保存和展示文化和自然文化遗产所涉及的问题难以处理这一事实，有时需要专门知识，有时涉及艰难的抉择，并且也考虑到该领域不能得到足够的专业人员，因此，应根据各成员国的适当情况，在审慎平衡的基础上划分中央或联邦以及地区或地方当局之间有关制订和执行一般保护措施的一切职责。

五 保护措施

18. 各成员国应尽可能采取一切必要的科学、技术、行政、法律和财政措施，确保其领土上的文化和自然遗产得到保护。这些措施应根据各成员国的立法和组织而定。

科学和技术措施

19. 各成员国应经常对其文化和自然遗产进行精心维护，以避免因其退化而不得不进行的耗资巨大的项目。为此，各成员国应通过定期检查对其遗产的各部分经常进行监督。它们还应该依据现有科学、技术和财政手段精心制订能逐渐包括所有文化和自然遗产的保护和展示的计划项目。

20. 任何所需进行的工作应根据其重要性，都事先并同时进行彻底的研究。这种研究应同各有关领域的专家一起进行，或由有关领域的专家单独进行。

21. 各成员国应寻找有效的办法，对受到极为严重危险威胁的文化和自然遗产的组成部分给予更多的保护。此办法应考虑所涉及的且相互关联的科学、技术和艺术问题并能制订出适用的治理对策。

22. 另外在适当情况下，这些文化和自然遗产的组成部分应恢复其原有用途或赋予新的和更加恰当的用途，只要其文化价值并没有因此而受到贬损。

23. 对文化遗产所进行的任何工程都应旨在保护其传统原貌，并保护它免遭可能破坏它与周围环境之间总体或色彩关系的重建或改建。

24. 古迹与其周围环境之间由时间和人类所建立起来的和谐极为重要，通常不应受到干扰和毁坏，不应允许通过破坏其周围环境而孤立该古迹；也不应试图将古迹迁移，除非作为处理问题的一个例外方法，并证明这么做的理由是出于紧迫的考虑。

25. 各成员国应采取措施，保护文化和自然遗产免受标志现代文明的技术进步可能带来的有害影响。这些措施应旨在对付由机器和车辆所引起的震动和震颤的影响。还应采取措施防止污染和自然灾害和灾难，并对文化和自然遗产所受到的损坏进行修缮。

26. 由于建筑群的修复情况并非到处千篇一律，因此各成员国应在适当情况下进行社会科学调查，以便准确地确定有关建筑群所在的社区有何社会需要和文化需要。任何修复工程都应特别注意使人类能在已修复的环境中工作、发展并取得成就。

27. 各成员国应对各项自然遗产，如公园、野生物、难民区或娱乐区或其他类似保护区进行地质和生态研究，以正确评估其科学价值，确定观众使用带来的影响，并观察各种相互关系，避免对遗产造成严重损害，并为动物和植物的管理提供足够的背景资料。

28. 各成员国应在运输、通讯、视听技术、数据自动处理和其他先进技术以及文化、娱乐发展趋势方面做到齐头并进，以便为科学研究和适合于各地而又不破坏自然资源的公共娱乐提供尽可能好的设备和服务。

行政措施

29. 各成员国应尽快制订出其文化和自然遗产的保护清单，其中包括那些虽不是至关重要但却与其环境不可分割并构成其特征的项目。

30. 通过对文化和自然遗产的这种勘查所获得的信息资料应以适当的形式予以收集，并定期更新。

31. 为了确保在各级规划中都能有效地确认文化和自然遗产，各成员国应准备涉及有关文化和自然财产的地图和尽可能详尽的资料。

32. 各成员国应考虑为不再用作原来用途的历史建筑群寻找合适的用途。

33. 应该为保护、保存、展示和修复具有历史和艺术价值的建筑群制订计划。它应包括边缘保护地带、规定土地使用条件并说明需要保护的建筑物及其保护条件。该计划应纳入有关地区的城镇和乡村整体规划的政策。

34. 修复计划应说明历史建筑物将作何用途以及修复地区与城市周围发展之间有何联系。在考虑指定一个修复区时，应同该地区的地方当局及居民代表进行磋商。

35. 任何可能导致改变保护区建筑物现状的工程须由城镇和乡村规划部门在听取负责文化和自然遗产保护的专门行政部门的意见并予以批准后方可进行。

36. 如果出于居住者生活的需要，并且只有在不会极大地改变古代寓所真实特性的条件下，才应允许对建筑群的内部进行改动以及安装现代化设施。

37. 各成员国应根据其自然遗产的清单，制订短期和长期计划以形成一套符合本国需要的保护系统。

38. 各成员国应就符合土地有效使用的国家保护政策提供咨询服务以指导民间组织及土地所有者。

39. 各成员国应为恢复因工业而遭废弃或人类活动而遭破坏的自然区域制定政策和计划。

法律措施

40. 文化和自然遗产的组成部分，应根据其本身的重要性，由与各国的权限和法律程序相一致的立法或法规单独地或集体地予以保护。

41. 通过制订新规定应对保护措施作必要的补充，以促进文化和自然遗产的保护，并有利于展示其组成部分。为此，保护措施的实施，应适用于拥有文化和自然遗产组成部分的个人或公共当局。

42. 未经专门行政部门批准，一律不准兴建新建筑物，也不准对位于保护区或附近的财产予以拆除、改造、修改或砍伐其树木。

43. 允许工业发展或公共和私人工程的规划之立法应考虑现有的有关保护的立法。负责保护文化和自然遗产的有关当局可以采取步骤，通过以下方法加快必要的保护工程，即或者向遗产所有者提供财政援助，或者代理所有者并行使其权力使工程竣工。有关当局有可能获得所有者通常原本应付的那部分费用的补偿。

44. 在出于保护财产之需要的情况下，可根据国内立法的规定赋予公共当局征用受保护的建筑物或自然遗址的权力。

45. 各成员国应制订法规，控制招贴画、霓虹灯和其他各类广告、商业招牌、野营、电线杆、高塔、电线或电话线、电视天线、各种交通运输停车场、路标和街头设施等，总之与装备或占据文化和自然遗产某一组成部分有关的一切事宜。

46. 无论所有权是否变更，为保护文化和自然遗产的任何组成部分所采取的措施应继续有效。如果一个受保护的建筑物或自然遗址被出售，应告诉买者它在被保护之列。

47. 对蓄意破坏、损害或毁坏被保护的古迹、建筑物群或遗址、或具有考古、历史、或艺术价值的遗产的人，应根据各国宪法、法律和权限予以惩罚或行政处罚。此外，对非法挖掘设备应予以没收。

48. 对其他任何破坏保护、保存和展示受保护的文化或自然遗产组成部分的行为负有责任者应给予惩罚和行政处罚。它应包括根据已有的科技标准将受影响的遗址修复至原状的规定。

财政措施

49. 中央和地方当局应根据构成文化和自然遗产组成部分的被保护财产的重要性，尽可能在预算中拨出一定比例的资金，以便维护、保护和展示其所拥有的被保护财产，并从财产上资助对公共或私人所有的其他被保护财产所进行的类似工程。

50. 因保护、保存和展示私人所有的文化和自然遗产所造成的开支应尽可能地由所有者或使用者负担。

51. 此类开支的减税或赠款或优惠贷款可以提供给被保护财产的私人所有者，条件是他们根据所同意的标准进行保护、保存、展示和修复其财产的工程。

52. 如有必要，应考虑向文化和自然遗产保护区所有者赔偿因保护计划而可能招致的损失。

53. 在适当情况下，给予私人所有者的财政优惠应取决于他们是否遵守为公共利益而规定的某些条件，如：允许人们进入公园、花园和遗址，游览部分或全部自然遗址及古迹和建筑群，允许拍照等。

54. 在公共部门的预算中，应为保护受大规模公共或私人工程的危害的文化和自然遗产划拨专项资金。

55. 为了增加可能得到的财政资源，各成员国可以设立一个或多个"文化和自然遗产基金会"，它们如同合法设立的公共机构一样，有权接受私人馈赠、捐赠和遗赠，特别是来自工业和商业公司的捐款。

56. 对那些征集、修复或维护文化和自然遗产的特定组成部分的馈赠、捐赠或遗赠者应给予税务减让。

57. 为了有利于自然和文化遗产修复工程的进行，各成员国可以做出特别安排，特别是通过为更新和修复工程贷款的方式；各成员国也可以制定必要的法规，以避免由于不动产的投机而带来的物价上涨。

58. 为了避免因修缮给不得不搬出建筑物或建筑群的贫困居民带来的艰辛，可以考虑给予租金上涨的补偿，以使他们能够保留住宅。这种补偿应该是暂时性的，并应根据有关人员的收入而定，以使他们能够偿付由于进行工程而造成的不断增加的费用。

59. 各成员国可以为有利于文化和自然遗产各项工程的融资提供便利，即通过建立由公共机构和私人信贷部门支持的"信贷基金"，负责向所有者提供低息长期贷款。

六　教育和文化行动

60. 大学、各级教育机构及永久性教育机构应就艺术史、建筑、环境和城镇规划定期组织讲课、讲座、讨论会等。

61. 各成员国应开展教育运动以唤起公众对文化和自然遗产的广泛兴趣和尊重，还应继续努力以告知公众为保护文化和自然遗产现在正在做些什么，以及可做些什么，并谆谆教诲他们理解和尊重其所含价值。为此，应动用一切所需之信息媒介。

62. 在不忽视文化和自然遗产的巨大经济和社会价值的情况下，应采取措施促进和增强该遗产的明显的文化和教育价值以服务于保护、保存和展示该遗产的基本目的。

63. 为文化和自然遗产组成部分所做的一切努力，都应考虑其代表一种环境，一种与人类及其地位相适应的建筑或城镇设计形式而自身蕴藏的内在的文化价值和教育价值。

64. 应建立志愿者机构以鼓励国家和地方当局充分利用其保护权力并向它们提供帮助及必要时替它们筹措资金。这些机构应该同地方历史学会、友好促进会、地方发展委员会以及旅游机构等保持联系，还可以组织其成员参观和游览文化和自然遗产的不同项目。

65. 为了说明已列入计划、正在进行的文化和自然遗产组成部分的修复工程，可设立信息中心、博物馆或举办展览。

七　国际合作

66. 各成员国应就文化和自然遗产的保护、保存和展示进行合作，在必要情况下，从政府间和非政府间的国际组织寻求援助。这种多边或双边合作应认真予以协调，并采取以下形式的措施：

（1）交流信息及交换科技出版物；

（2）组织专题讨论会或工作小组；

（3）提供学习和旅游奖学金，提供科技行政人员与设备；

（4）通过让年轻研究人员和技术人员参加建筑项目、考古发掘和自然遗址的保护提供国外科技培训的便利；

（5）在一些成员国之间就保护、发掘、修复和修缮工程的大型项目进行协作，以推广所取得的经验。

以上乃联合国教科文组织大会在巴黎举行的、于1972年11月21日宣布闭幕的第十七届会议正式通过的建议之作准文本。

我们已于1972年11月23日签字，以昭信守。

（原载国家文物局法制处：《国际保护文化遗产法律文件选编》，紫禁城出版社，1993年版）

国际古迹遗址理事会《关于历史性小城镇保护的国际研讨会的决议》（1975）

（国际古迹遗址理事会第四届全体大会于
1975 年 5 月 29 日至 30 日在罗登堡通过）

1. 在《布鲁日决议》中提出的总原则或多或少可普遍应用于历史性小城镇的保护中；但是在执行该决议的过程中必须考虑到世界上不同地区的不同社会、经济和政治等因素。

历史性小城镇可按照其普遍性、大小、文化背景和经济功能的不同划分为很多类型。在修复和翻新这些城镇的过程中，必须尊重当地居民的权利、习俗和期望，必须对公共目的和目标负责。因此，至于政策和策略，必须根据自身特点具体情况具体分析。

2. 在工业化国家中，历史性小城镇过去通常是以前一个重要中心，没有被 19 世纪工业化和城市发展浪潮波及。通常，此类城镇的经济角色是能使其具有区别于其他大城市的鲜明特征的农业地区中心：

· 城镇并没有超出其历史核心区（仍有可视优势）进行扩张，有时还能保留城墙；

· 城镇的历史核心仍标志着社会生活和工业中心，包含大面积住宅区；

· 周围景观大部分仍未被破坏，是城镇形象的一个主要部分；

· 根据人口和就业，在很多情况下仍有一个稳定多样的社区结构：极少数古城镇的经济单一结构取决于大规模生产过程。

3. 此类历史性小城镇常遭受各种危险：

· 它们可能因为缺乏经济活动而导致居民迁移至较大的城市，从而造成废弃和衰落；

· 即使人口数量稳定时，由于对居民的交通和其他不便利，也还可能倾向于迁到城镇边缘的现代住处，从而导致历史城镇中心的遗弃；

· 另一方面，太多经济活动可能导致原有结构的瓦解和打破城市环境和谐的新元素介入；

·使城镇适应现代活动和利用的措施可能有相似效果。例如，旅游，这是经济复兴的合理方式，却也对城镇外观和结构有负面影响；

·社会基础单位如学校和医院等不断扩大规模将会破坏城镇的范围并降低其服务水平。

4. 在发展中国家，人口迅速膨胀和加速涌进城镇会破坏现有的居住结构。如果允许仅存的历史关联萎缩的话，这些国家的民族和文化特性将会不可挽回地丧失殆尽。根据居住结构、住宅形式、建筑技术和本地材料使用，这些关联中没有一个比适应当地自然和气候条件并已发展数世纪的本土建筑环境更重要。

政府应该意识到需要努力维持当地市区和原始环境的正面特质，提供对此负责的规划机构和保护古城镇免受过分扩张和工业化压力的机构。

5. 为了消除威胁历史性小城镇的危险，需要各种级别的策略和措施：

（ⅰ）区域性政策必须考虑到历史小城镇的特殊需要，必须通过确定其与特殊结构相应的地位来确保它们得到保护：首先，小城镇的经济功能应是可选择的，从而使得既不瓦解也不抛弃历史遗物和结构；

（ⅱ）为了达到这个目的，必须协调所有影响城镇内含的公共机构政策的规划步骤，例如工业选址、运输网和其他区域设施；

（ⅲ）对当地级而言，规划也必须认识到保持和提高城镇价值的需要，应计划：

a）遵守城镇在所有新的发展中的现有范围，注重其特点、主体建筑和景观联系，

b）保持市内空间、街道和广场的明确的有形特性不仅体现在孤立的"传统岛"，而且还体现在城镇的结构中，从而至少提供与主要兴趣点相连的连续网，

c）避免破坏历史元素，其乍一看似乎不太重要，但是其累积的损失将会是不可挽回的，

d）为空闲建筑寻找合适的新的利用形式，否则将面临衰败的威胁。

（ⅳ）调查、评估和保护历史性小城镇特性的方法作为保护的前提必须得到发展。应充分考虑技术、法律和财政问题。经验交流是一个很重要的援助形式。联合国教科文组织和国际古迹遗址理事会文献中心可承担收集相关信息并进行处理的任务；

（ⅴ）最后，作为保护政策存在长期良效的基本条件，激励小城镇居民及其行政代表以所在历史环境为荣的意识和维护的责任感是很必要的。

6. 在很多地方，小城镇保护在很大程度上是当地发起的结果，此类有益的行动必须得到鼓励和支持。可是，城市保护问题对个人行为和单纯本地行动来说正变得

过于复杂。将来必须寻找更强更广泛的国家和地区立法来鼓励历史性小城镇的保护，保护它们免受房产炒卖的威胁。

罗登堡，1975 年 5 月 29 日至 30 日。

联合国教科文组织
《关于历史地区的保护及其当代
作用的建议（内罗毕建议）》（1976）

（联合国教科文组织大会第十九届会议于 1976 年 11 月 26 日在内罗毕通过）

联合国教科文组织大会于 1976 年 10 月 26 日至 11 月 30 日在内罗毕举行第十九届会议：

考虑到历史地区是各地人类日常环境的组成部分，它们代表着形成其过去的生动见证，提供了与社会多样化相对应所需的生活背景的多样化，并且基于以上各点，它们获得了自身的价值，又得到了人性的一面；

考虑到自古以来，历史地区为文化、宗教及社会活动的多样化和财富提供了最确切的见证，保护历史地区并使它们与现代社会生活相结合是城市规划和土地开发的基本因素；

考虑到面对因循守旧和非个性化的危险，这些昔日的生动见证对于人类和对那些从中找到其生活方式缩影及其某一基本特征的民族，是至关重要的；

注意到整个世界在扩展或现代化的借口之下，拆毁（却不知道拆毁的是什么）和不合理不适当重建工程正给这一历史遗产带来严重的损害；

考虑到历史地区是不可移动的遗产，其损坏即使不会导致经济损失，也常常会带来社会动乱；

考虑到这种情况使每个公民承担责任，并赋予公共当局只有他们才能履行的义务；

考虑到为了使这些不可替代的财产免受它们所面临的退化甚至全部毁坏的危险，各成员国当务之急是采取全面而有力的政策，把保护和复原历史地区及其周围环境作为国家、地区或地方规划的组成部分；

注意到在许多情况下缺乏一套有关建筑遗产及其与城市规划、领土、地区或地方规划相互联系的相当有效而灵活的立法；

注意到大会已通过了保护文化和自然遗产的国际文件，如：《关于适用于考古发掘的国际原则的建议》（1956）、《关于保护景观和遗址的风貌与特征的建议》（1962）、《关于保护受到公共或私人工程威胁的文化财产的建议》（1972）；

希望补充并扩大这些国际文件所确定的标准和原则的适用范围；

收到关于历史地区的保护及其当代作用的建议，该问题作为本届会议第 27 项议程；

第十八次会议决定该问题应采取向各成员国的建议的形式。

于 1976 年 11 月 26 日通过本建议。

大会建议各成员国应通过国家法律或其他方式制订使本建议所规定的原则和准则在其所管辖的领土上生效的措施，以适用以上规定。

大会建议各成员国应将本建议提请与保护历史地区及其周围环境有关的国家、地区和地方当局、事业单位、行政部门或机构以及各种协会的注意。

大会建议各成员国应按大会决定的日期和形式向大会提交有关本建议执行情况的报告。

一　定　义

1. 为本建议之目的：

（1）"历史和建筑（包括本地的）地区"系指包含考古和古生物遗址的任何建筑群、结构和空旷地，它们构成城乡环境中的人类居住地，从考古、建筑、史前史、历史、艺术和社会文化的角度看，其凝聚力和价值已得到认可。在这些性质各异的地区中，可特别划分为以下各类：史前遗址、历史城镇、老城区、老村庄、老村落以及相似的古迹群。不言而喻，后者通常应予以精心保存，维持不变。

（2）"环境"系指影响观察这些地区的动态、静态方法的、自然或人工的环境。

（3）"保护"系指对历史或传统地区及其环境的鉴定、保护、修复、修缮、维修和复原。

二　总　则

2. 历史地区及其环境应被视为不可替代的世界遗产的组成部分。其所在国政府和公民应把保护该遗产并使之与我们时代的社会生活融为一体作为自己的义务。国家、地区或地方当局应根据各成员国关于权限划分的情况，为全体公民和国际社会的利益，负责履行这一义务。

3. 每一历史地区及其周围环境应从整体上视为一个相互联系的统一体，其协调及特性取决于它的各组成部分的联合，这些组成部分包括人类活动、建筑物、空间结构及周围环境。因此一切有效的组成部分，包括人类活动，无论多么微不足道，都对整体具有不可忽视的意义。

4. 历史地区及其周围环境应得到积极保护，使之免受各种损坏，特别是由于不适当的利用、不必要的添建和诸如将会损坏其真实性的错误的或愚蠢的改变而带来的损害，以及由于各种形式的污染而带来的损害。任何修复工程的进行应以科学原则为基础。同样，也应十分注意组成建筑群并赋予各建筑群以自身特征的各个部分之间的联系与对比所产生的和谐与美感。

5. 在导致建筑物的规模和密度大量增加的现代城市化的情况下，历史地区除了遭受直接破坏的危险外，还存在一个真正的危险：新开发的地区会毁坏临近的历史地区的环境和特征。建筑师和城市规划者应谨慎从事，以确保古迹和历史地区的景色不致遭到破坏，并确保历史地区与当代生活和谐一致。

6. 当存在建筑技术和建筑形式的日益普遍化可能造成整个世界的环境单一化的危险时，保护历史地区能对维护和发展每个国家的文化和社会价值作出突出贡献。这也有助于从建筑上丰富世界文化遗产。

三　国家、地区和地方政策

7. 各成员国应根据各国关于权限划分的情况制定国家、地区和地方政策，以便使国家、地区和地方当局能够采取法律、技术、经济和社会措施，保护历史地区及其周围环境，并使之适应于现代生活的需要。由此制定的政策应对国家、地区或地方各级的规划产生影响，并为各级城市规划，以及地区和农村发展规划，为由此而产生的共构成制订目标和计划重要组成部分的活动、责任分配以及实施行为提供指导。在执行保护政策时，应寻求个人和私人协会的合作。

四　保护措施

8. 历史地区及其周围环境应按照上述原则和以下措施予以保护，具体措施应根据各国立法和宪法权限以及各国组织和经济结构来决定。

立法及行政措施

9. 保护历史地区及其周围环境的总政策之适用应基于对各国整体有效的原则。各成员国应修改现有规定，或必要时，制定新的法律和规章以便参照本章及下列章节所述之规定，确保对历史地区及其周围环境的保护。它们应鼓励修改或采取地区或地方措施以确保此种保护。有关城镇和地区规划以及住宅政策的法律应予以审议，以便使它们与有关保护建筑遗产的法律相协调、相结合。

10. 关于保护历史地区的制度的规定应确立关于制订必要的计划和文件的一般

原则，特别是：适用于保护地区及其周围环境的一般条件和限制；

关于为保护和提供公共服务而制定的计划和行动说明；

将要进行的维护工作并为此指派负责人；

适用于城市规划，再开发以及农村土地管理的区域；

指派负责审批任何在保护范围内的修复、改动、新建或拆除的机构；

保护计划得到资金并得以实施的方式。

11. 保护计划和文件应确定：

被保护的区域和项目

对其适用的具体条件和限制；

在维护、修复和改进工作中所应遵守的标准；

关于建立城市或农村生活所需的服务和供应系统的一般条件；

关于新建项目的条件。

12. 原则上，这些法律也应包括旨在防止违反保护法的规定，以及防止在保护地区内财产价值的投机性上涨的规定，这一上涨可能危及为整个社会利益而计划的保护和维修。这些规定可以包括提供影响建筑用地价格之方法的城市规划措施，例如：设立邻里区或制定较小型的开发计划，授予公共机构优先购买权、在所有人不采取行动的情况下，为了保护、修复或自动干预之目的实行强制购买。这些规定可以确定有效的惩罚，如：暂停活动、强制修复和适当的罚款。

13. 个人和公共当局有义务遵守保护措施。然而，也应对武断的或不公正的决定提供上诉的机制。

14. 有关建立公共和私人机构以及公共和私人工程项目的规定应与保护历史地区及其周围环境的规定相适应。

15. 有关贫民区的房产和街区以及有补贴住宅之建设的规定，尤其应本着符合并有助于保护政策的目的予以制订或修改。因此，应拟定并调整已付补贴的计划，以便专门通过修复古建筑推动有补贴的住宅建筑和公共建设的发展。在任何情况下，一切拆除应仅限于没有历史或建筑价值的建筑物，并对所涉及的补贴应谨慎予以控制。另外，应将专用于补贴住宅建设的基金拨出一部分，用于旧建筑的修复。

16. 有关建筑物和土地的保护措施的法律后果应予以公开并由主管官方机构作出记录。

17. 考虑到各国的具体条件以及各个国家、地区和地方当局的责任划分，下列原则应构成保护机制运行的基础：

（1）应设有一个负责确保长期协调一切有关部门，如国家、地区和地方公共部门或私人团体的权力机构；

（2）跨学科小组一旦完成了事先一切必要的科学研究后，应立即制订保护计划和文件，这些跨学科小组特别应由以下人员组成：

保护和修复专家，包括艺术史学家；

建筑师和城市规划师；

社会学家和经济学家；

生态学家和风景建筑师；

公共卫生和社会福利的专家；

并且更广泛地说，所有涉及历史地区保护和发展学科方面的专家；

（3）这些机构应在传播有关民众的意见和组织他们积极参与方面起带头作用；

（4）保护计划和文件应由法定机构批准；

（5）负责实施保护规定和规划的国家、地区和地方各级公共当局应配有必要的工作人员和充分的技术、行政管理和财政来源。

技术、经济和社会措施

18. 应在国家、地区或地方一级制订保护历史地区及其周围环境的清单。该清单应确定重点，以使可用于保护的有限资源能够得到合理的分配。需要采取的任何紧急保护措施，不论其性质如何，均不应等到制订保护计划和文件后再采取。

19. 应对整个地区进行一次全面的研究，其中包括对其空间演变的分析。它还应包括考古、历史、建筑、技术和经济方面的数据。应制订一份分析性文件，以便确定哪些建筑物或建筑群应予以精心保护、哪些应在某种条件下予以保存，哪些应在极例外的情况下经全面记录后予以拆毁。这将能使有关当局下令停止任何与本建议不相符合的工程。此外，出于同样目的，还应制订一份公共或私人开阔地及其植被情况的清单。

20. 除了这种建筑方面的研究外，也有必要对社会、经济、文化和技术数据与结构以及更广泛的城市或地区联系进行全面的研究。如有可能，研究应包括人口统计数据以及对经济、社会和文化活动的分析、生活方式和社会关系、土地使用问题、城市基础设施、道路系统、通讯网络以及保护区域与其周围地区的相互联系。有关当局应高度重视这些研究并应牢记没有这些研究，就不可能制订出有效的保护计划。

21. 在完成上述研究之后，并在保护计划和详细说明制订之前，原则上应有一个实施计划，其中既要考虑城市规划、建筑、经济和社会问题，又要考虑城乡机构吸收与其具体特点相适应的功能的能力。实施计划应在使居住密度达到理想水平，并应规定分期进行的工作及其进行中所需的临时住宅，以及为那些无法重返先前住所的居民提供永久性的住房。该实施计划应由有关的社区和人民团体密切参与制订。由于历史地区及其周围环境的社会、经济及自然状态方面会随时间流逝而不断变化，因此，对其研究和分析应是一个连续不断的过程。所以，至关重要的是在能够进行研究的基础上制订保护计划并加以实施，而不是由于推敲计划过程而予以拖延。

22. 一旦制订出保护计划和详细说明并获得有关公共当局批准，最好由制订者本人或在其指导下予以实施。

23. 在具有几个不同时期特征的历史地区，保护应考虑到所有这些时期的表现形式。

24. 在有保护计划的情况下，只有根据该计划方可批准涉及拆除既无建筑价值和历史价值且结构又极不稳固、无法保存的建筑物的城市发展或贫民区治理计划，以及拆除无价值的延伸部分或附加楼层，乃至拆除有时破坏历史地区整体感的新建筑。

25. 保护计划未涉及地区的城市发展或贫民区治理计划应尊重具有建筑或历史价值的建筑物和其他组成部分及其附属建筑物。如果这类组成部分可能受到该计划的不利影响，应在拆除之前制订上述保护计划。

26. 为确保这些计划的实施不致有利于牟取暴利或与计划的目标相悖，有必要经常进行监督。

27. 任何影响历史地区的城市发展或贫民区治理计划应遵守适用于防止火灾和自然灾害的通用安全标准，只要这与适用于保护文化遗产的标准相符。如果确实出现了不符的情况，各有关部门应通力合作找出特别的解决方法，以便在不损坏文化遗产的同时，提供最大的安全保障。

28. 应特别注意对新建筑物制定规章并加以控制，以确保该建筑能与历史建筑群的空间结构和环境协调一致。为此，在任何新建项目之前，应对城市的来龙去脉进行分析，其目的不仅在于确定该建筑群的一般特征，而且在于分析其主要特征，如：高度、色彩、材料及造型之间的和谐、建筑物正面和屋顶建造方式的衡量、建筑面积与空间体积之间的关系及其平均比例和位置。特别应注意基址的面积，因为存在着这样一个危险，即基址的任何改动都可能带来整体的变化，均对整体的和谐不利。

29. 除非在极个别情况下并出于不可避免的原因，一般不应批准破坏古迹周围环境而使其处于孤立状态，也不应将其迁移他处。

30. 历史地区及其周围环境应得到保护，避免因架设电杆、高塔、电线或电话线、安置电视天线及大型广告牌而带来的外观损坏。在已经设置这些装置的地方，应采取适当措施予以拆除。张贴广告、霓虹灯和其他各种广告、商业招牌及人行道与各种街道设备应精心规划并加以控制，以使它们与整体相协调。应特别注意防止各种形式的破坏活动。

31. 各成员国及有关团体应通过禁止在历史地区附近建立有害工业，并通过采取预防措施消除由机器和车辆所带来的噪音、振动和颤动的破坏性影响，保护历史地区及其周围环境免受由于某种技术发展，特别是各种形式的污染所造成的日益严重的环境损害。另外还应作出规定，采取措施消除因旅游业的过分开发而造成的危害。

32. 各成员国应鼓励并帮助地方当局寻求解决大多数历史建筑群中所存在的一方面机动交通另一方面建筑规模以及建筑质量之间的矛盾的方法。为了解决这一矛盾并鼓励步行，应特别重视设置和开放既便于步行、服务通行又便于公共交通的外围乃至中央停车场和道路系统。许多诸如在地下铺设电线和其他电缆的修复工程，如果单独实施耗资过大，可以简单而经济地与道路系统的发展相结合。

33. 保护和修复工作应与振兴活动齐头并进。因此，适当保持现有的适当作用，特别是贸易和手工艺，并增加新的作用是非常重要的，这些新作用从长远来看，如果具有生命力，应与其所在的城镇、地区或国家的经济和社会状态相符合。保护工作的费用不仅应根据建筑物的文化价值而且应根据其经使用获得的价值进行估算。只有参照了这两方面的价值尺度，才能正确看待保护的社会问题。这些作用应满足居民的社会、文化和经济需要，而又不损坏有关地区的具体特征。文化振兴政策应使历史地区成为文化活动的中心并使其在周围社区的文化发展中发挥中心作用。

34. 在农村地区，所有引起干扰的工程和经济、社会结构的所有变化应严加控制，以使具有历史意义的农村社区保持其在自然环境中的完整性。

35. 保护活动应把公共当局的贡献同个人或集体所有者、居民和使用者单独或共同作出的贡献联系起来，应鼓励他们提出建议并充分发挥其积极作用。因此，特别应通过以下方法在社区和个人之间建立各种层次的经常性的合作：适合于某类人的信息资料，适合于有关人员的综合研究，建立附属于计划小组的顾问团体；所有者、居民和使用者在对公共企业机构发挥咨询作用方面的代表性。这些机构负责有关保护计划的决策、管理和组织实施的机构或负责创建参与实施计划。

36. 应鼓励建立自愿保护团体和非营利性协会以及设立荣誉或物质奖励，以使保护领域中各方面卓有成效的工作能得到认可。

37. 应通过中央、地区和地方当局足够的预算拨款，确保得到保护历史地区及其环境计划中所规定的用于公共投资的必要资金。所有这些资金应由受委托协调国家、地区或地方各级一切形式的财政援助、并根据全面行动计划发放资金的公共、私人或半公半私的机构集中管理。

38. 下述形式的公共援助应基于这样的原则：在适当和必要的情况下，有关当局采取的措施，应考虑到修复中的额外开支，即与建筑物新的市场价格或租金相比，强加给所有者的附加开支。

39. 一般来说，这类公共资金应主要用于保护现有建筑，特别包括低租金的住宅建筑，而不应划拨给新建筑的建设，除非后者不损害现有建筑物的使用和作用。

40. 赠款、补贴、低息贷款或税收减免应提供给按保护计划所规定的标准进行保护计划所规定的工程的私人所有者和使用者。这些税收减免、赠款和贷款可首先提供给拥有住房和商业财产的所有者或使用者团体，因为联合施工比单独行动更加节省。给予私人所有者和使用者的财政特许权，在适当情况下，应取决于要求遵守为公共利益而规定的某些条件的契约，并确保建筑物的完整，例如：允许参观建筑物、允许进入公园、花园或遗址，允许拍照等。

41. 应在公共或私人团体的预算中，拨出一笔特别资金，用于保护受到大规模公共工程和污染危害的历史建筑群。公共当局也应拨出专款，用于修复由于自然灾害所造成的损坏。

42. 另外，一切活跃于公共工程领域的政府部门和机构应通过既符合自己目的，又符合保护计划目标的融资，安排其计划与预算，以便为历史建筑群的修复作出贡献。

43. 为了增加可资利用的财政资源，各成员国应鼓励建立保护历史地区及其周围环境的公共和/或私人金融机构。这些机构应有法人地位，并有权接受来自个人、基金会以及有关工业和商业方面的赠款。对捐赠人可给予特别的税收减免。

44. 通过建立借贷机构为保护历史地区及其周围环境所进行的各种工程的融资工作，可由公共机构和私人信贷机构提供便利，这些机构将负责向所有者提供低息长期贷款。

45. 各成员国和其他有关各级政府部门可促进非赢利组织的建立。这些组织负责以周转资金购买，或如果合适在修复后出售建筑物。这笔资金是为了使那些希望保护历史建筑物、维护其特色的所有人能够在其中继续居住而专门设立的。

46. 保护措施不应导致社会结构的崩溃，这一点尤为重要。为了避免因翻修给不得不从建筑物或建筑群迁出的最贫穷的居民所带来的艰辛，补偿上涨的租金能使他们得以维持家庭住房、商业用房、作坊以及他们传统的生活方式和职业，特别是农村手工业、小型农业、渔业等。这项与收入挂钩的补偿，将会帮助有关人员偿付由于进行工程而导致的租金上涨。

五　研究、教育和信息

47. 为了提高所需技术工人和手工艺者的工作水平，并鼓励全体民众认识到保护的必要性并参与保护工作，各成员国应根据其立法和宪法权限，采取以下措施。

48. 各成员国和有关团体应鼓励系统地学习和研究：

城市规划中有关历史地区及其环境方面；

各级保护和规划之间的相互联系；

适用于历史地区的保护方法；

材料的改变；

现代技术在保护工作中的运用；

与保护不可分割的工艺技术。

49. 应采用并与上述问题有关的并包括实习培训期的专门教育。另外，至关重要的是鼓励培养专门从事保护历史地区，包括其周围的空间地带的专业技术工人和手工艺者。此外，还有必要振兴受工业化进程破坏的工艺本身。在这方面有关机构有必要与专门的国际机构进行合作，如在罗马的文化财产保护与修复研究中心、国际古迹遗址理事会和国际博物馆协会。

50. 对地方在历史地区保护方面发展中所需行政人员的教育，应根据实际需要，按照长远计划由有关当局提供资金并进行指导。

51. 应通过校外和大学教育，以及通过诸如书籍、报刊、电视、广播、电影和巡回展览等信息媒介增强对保护工作必要性的认识。还应提供不仅有关美学而且有关社会和经济得益于进展良好的保护历史地区及其周围环境的政策方面的、全面明确的信息。这种信息应在私人和政府专门机构以及一般民众中广为传播，以使他们知道为什么以及怎样才能按此方法改善他们的环境。

52. 对历史地区的研究应包括在各级教育之中，特别是在历史教学中，以便反复向青年人灌输理解和尊重昔日成就，并说明这些遗产在现代生活中的作用。这种教育应广泛利用视听媒介及参观历史建筑群的方法。

53. 为了帮助那些想了解历史地区的青年人和成年人，应加强教师和导游的进修课程以及对教师的培训。

六 国际合作

54. 各成员国应在历史地区及其周围环境的保护方面进行合作，如有必要，寻求政府间的和非政府间的国际组织的援助，特别是联合国教科文组织——国际博物馆协会——国际古迹遗址理事会文献中心的援助。此种多边或双边合作应认真予以协调，并应采取诸如下列形式的措施：

（1）交流各种形式的信息及科技出版物；

（2）组织专题研讨会或工作会；

（3）提供研究或旅行基金，派遣科技和行政工作人员并发送有关设备；

（4）采取共同行动以对付各种污染；

（5）实施大规模保护、修复与复原历史地区的项目，并公布已取得的经验。在边境地区，如果发展和保护历史地区及其周围的环境导致影响边境两边的成员国的共同问题，双方应协调其政策和行动，以确保文化遗产以尽可能的最佳方法得到利用和保护；

（6）邻国之间在保护共同感兴趣并具有本地区历史和文化发展特点的地区方面应互相协助。

55. 根据本建议的精神和原则，一成员国不应采取任何行动拆除或改变其所占领土之上的历史区段、城镇和遗址的特征。

以上乃 1976 年 11 月 30 日在内罗毕召开的联合国教科文组织大会第十九届会议正式通过之公约的作准文本。

特此签字，以昭信守。

（原载国家文物局法制处：《国际保护文化遗产法律文件选编》，紫禁城出版社，1993 年版）

马丘比丘宪章（1977）

（1977 年 12 月 12 日在马丘比丘山通过）

城市与区域

雅典宪章认识到城市及其周围区域之间存在着基本的统一性。由于社会不认识城市增长和社会经济变化所带来的后果，还迫切需要毫不含糊地具体地对这条原则予以重新肯定。

今天由于城市化过程正在席卷世界各地，已经刻不容缓地要求我们更有效地使用现有人力和自然资源。城市规划既然要为分析需要、问题和机会提供必需的系统方法，一切与人类居住点有关的政府部门的基本责任就是要在现有资源限制之内对城市的增长与开发制定指导方针。

规划必须在不断发展的城市化过程中反映出城市与其周围区域之间基本的动态的统一性，并且要明确邻里与邻里之间，地区与地区之间以及其他城市结构单元之间的功能关系。

规划的专业和技术必须应用于各级人类居住点上——邻里、乡镇、城市、都市地区、区域、州和国家——以便指导建设的定点、进程和性质。

一般的讲，规划过程包括经济计划、城市规划、城市设计和建筑设计，必须对人类的各种需求作出解释和反应。它应该按照可能的经济条件和文化意义提供与人民要求相适应的城市服务设施和城市形态。为达到这些目的，城市规划必须建立在各专业设计人、城市居民以及公众和政治领导人之间的系统的不断的互相协作配合的基础上。

宏观经济计划与实际的城市发展规划之间的普遍脱节已经浪费掉为数不多的资源并降低了两者的效用。城市用地范围内往往受到了以笼统的、相对抽象的经济政策为基础的各种决定所带来的副作用。国家和区域一级的经济决策很少直接考虑到城市建设的优先地位和城市问题的解决以及一般经济政策和城市发展规划之间的功能联系。结果系统的规划与建筑设计的潜在效益往往不能有利于大多数人民。

城市增长

自从雅典宪章问世以来，世界人口已经翻了一番，正在三个重要方面造成严重的危机，即生态学、能源和粮食供应。由于城市增长率大大超过了世界人口的自然增加，城市衰退已经变得特别严重；住房缺乏，公共服务设施和运输以及生活质量的普遍恶化已成了不可否认的后果。

雅典宪章对城市规划的探讨并没有反映最近出现的农村人口大量外流而加速城市增长的现象。

可以看到城市的混乱发展有两种基本形式：

第一种是工业化社会的特色，就是私人汽车的增长，较为富裕的居民都向郊区迁移。而迁到市中心区的新来户以及留在那里的老户缺乏支持城市结构和公共服务设施的能力。

第二种形式是发展中国家的特色，在那里大批农村住户向城市迁移，大家都挤在城市边缘，既无公共服务设施又无市政工程设施。要处理这种情况远远超出了现行城市规划程序所可能做到的范畴。目前能做到的不过是对这些自发的居住点提供一些最起码的公共服务，公共卫生和住房方面的努力恰恰反而加剧了问题本身，更加鼓励了向城市迁移的势头。

因此不论是那一种形式，不可避免的结论是，当人口增加，生活质量就下降。

分区概念

雅典宪章设想，城市规划的目的是综合四项基本的社会功能——生活、工作、休憩和交通——而规划就是为了解决它们之间的相互关系和发展。这就引出了城市划分为各种分区或组成部分的做法，于是为了追求分区清楚却牺牲了城市的有机构成。这一错误的后果在许多新城市中都可看到。这些新城市没有考虑到城市居民人与人之间的关系，结果使城市生活患了贫血症，在那些城市里建筑物成了孤立的单元，否认了人类的活动要求流动的、连续的空间这一事实。

规划、建筑和设计，在今天，不应当把城市当作一系列的组成部分拼在一起来考虑，而必须努力去创造一个综合的，多功能的环境。

住房问题

与雅典宪章相反，我们深信人的相互作用与交往是城市存在的基本根据。城市规划与住房设计必须反映这一现实。同样重要的目标是要争取获得生活的基本质量以及与自然环境的协调。

住房不能再当作一种实用商品来看待了，必须要把它看成为促进社会发展一种强有力的工具。住房设计必须具有灵活性以便于适应社会要求的变化，并鼓励建筑使用者创造性地参与设计和施工。还需要研制低成本的建筑构件供需要建房的人们使用。

在人的交往中，宽容和谅解的精神是城市生活的首要因素，这一点应作为为不同社会阶层选择居住区位置和设计的指针，而没有有损人类尊严的强加于人的差别。

城市运输

公共交通是城市发展规划和城市增长的基本要素。城市必须规划并维护好公共运输系统，在城市建设要求与能源衰竭之间取得平衡。交通运输系统的更换必须估算它的社会费用，并在城市的未来发展规划中适当地予以考虑。

雅典宪章很显然把交通看成为城市基本功能之一，而这意味着交通首先是利用汽车作为个人运输工具。44 年来的经验证明，道路分类、增加车行道和设计各种交叉口方案等方面根本不存在最理想的解决方法。所以将来城区交通的政策显然应当是使私人汽车从属于公共运输系统的发展。

城市规划师与政策制定人必须把城市看作为在连续发展与变化的过程中的一个结构体系，它的最后形式是很难事先看到或确定下来的。运输系统是联系市内外空间的一系列的相互连接的网络。其设计应当允许随着增长、变化及城市形式作经常的试验。

城市土地使用

雅典宪章坚持建立一个立法纲领以便在满足社会用地要求时，可以有秩序地并有效地使用城市土地，并设想私人利益应当服从公共利益。

自从 1933 年以来，尽管多方面的努力，城市土地有限仍然是实现有计划的城市建设的根本阻碍。所以，对这一问题今天仍迫切要求拟订有效的公平的立法，以便在不久的将来能够找到确有很大改进的解决城市土地的办法。

自然资源与环境污染

当前最严重问题之一是我们的环境污染迅速加剧到了空前的具有潜在的灾难性的程度。这是无计划的爆炸性的城市化和地球自然资源滥加开发的直接后果。

世界上城市化地区内的居民被迫生活在日趋恶化的环境条件下，与人类卫生和福利的传统概念和标准远远不相适应，这些不可容忍的条件包括在城市居民所用的空气、水和食品中含有大量有毒物质以及有损身心健康的噪音。

控制城市发展的当局必须采取紧急措施，防止环境继续恶化，并按整理的公共卫生与福利标准恢复环境的固有的完整性。

在经济和城市规划方面，在建筑设计、工程标准和规范以及在规划与开发政策方面，也必须采取类似的措施。

文物和历史遗产的保存和保护

城市的个性和特性取决于城市的体型结构和社会特征。因此不仅要保存和维护好城市的历史遗址和古迹，而且还要继承一般的文化传统。一切有价值的说明社会和民族特性的文物必须保护起来。

保护、恢复和重新使用现有历史遗址和古建筑必须同城市建设过程结合起来，以保证这些文物具有经济意义并继续具有生命力。

在考虑再生和更新历史地区的过程中，应把优秀设计质量的当代建筑物包括在内。

工业技术

雅典宪章在讨论工业活动对城市所产生的影响时，略微提到了工业技术的作用。

在过去44年内，世界经历了空前的工业技术发展，技术惊人地影响着我们的城市以及城市规划和建筑的实践。

在世界的某些地区，工业技术的发展是爆炸性的，技术的扩散与有效应用是我们时代的重大问题之一。

今天科学与技术的进步，以及各国人民之间交往改进，应当可以使人类社会克服地区的局限性和提供充分资源（注：应理解为资料资源）去解决建筑和规划问题。然而对这些资源不加批判地使用，往往为了追求新颖或者由于文化依靠性的恶果，造成了材料、技术和形式的应用不当。

因此由于技术发展的冲击，结果是出现了依赖人工气候与照明的建筑环境。这样做法对于某些特殊问题是可以的，但建筑设计应当是在自然条件下创造适合功能要求的空间与环境的过程。

应当清楚地了解，技术是手段并不是目的。技术的应用应当是在政府适当支持下，认真研究和试验的实事求是的结果。

在有些地区，要求高度工业化的生产过程或施工设备是难以获得和推广的。这不应当因此而在技术上要求不严或者在解决当前的问题上就可以不讲究建筑设计要在可能的范围内找出解决问题的方案，这对建筑与规划也是一种挑战。

施工技术应当努力采用经济合理的方法，做到设备能重复使用，利用资源丰富的材料生产结构构件。

设计与实施

建筑师、规划师与有关当局要努力宣传使群众与政府都了解，区域与城市规划是个动态过程，不仅要包括规划的制定而且也要包括规划的实施。这一过程应当能适应城市这个有机体的物质和文化的不断变化。

此外，为了要与自然环境，现有资源和形式特征相适应，每一特定城市与区域应当制定合适的标准和开发方针。这样做可以防止照搬照抄来自不同条件和不同文化的解决方案。

城市与建筑设计

雅典宪章本身对建筑设计不感兴趣。宪章制定人并不认为有此必要，因为他们认为"建筑是在光照下的体量的巧妙组合和壮丽表演"。

勒·柯布西耶的"太阳城"就是由这样的"体量"组成的。他的建筑语言是与立体派艺术相联系的，也是与把城市按功能分隔成不同的元素那种思想一致的。

在我们的时代，近代建筑的主要问题已不再是纯体积的视觉表演而是创造人们能生活的空间。要强调的已不再是外壳而是内容，不再是孤立的建筑，不管它有多美、多讲究，而是城市组织结构的连续性。

在1933年，主导思想是把城市和城市的建筑分成若干组成部分。在1977年，目标应当是把那些失掉了它们的相互依赖性和相互联系性，并已经失去其活力和含义的组成部分重新统一起来。

建筑与规划的这一再统一不应当理解为古典主义的"先验地统一"（注：或者简单地说复古），应当明确指出，最近有人想恢复巴黎美院传统，这是荒唐地违反历史潮流，是不值得一谈的。用建筑语言来说，这种倾向是衰亡的症象，我们必须警惕走19世纪玩世不恭的拆中主义道路，相反我们要走向现代运动新的成熟时期。

30年代，在制定雅典宪章时，有一些发现和成就今天仍然有效，那就是：

a. 建筑内容与功能的分析。

b. 不协调的原则。

C. 反透视的时空观。

d. 传统盒子式建筑的解体。

e. 结构工程与建筑的再统一。

建筑语言中的常数或"不变数"还需加上：

f. 空间的连续性。

g. 建筑、城市与园林绿化的再统一。

空间连续性是弗兰克·劳埃德·赖特的重大贡献，相当于动态立体派的时空概念，尽管他把它应用于社会准则如同应用于空间方面一样。

建筑——城市——园林绿他的再统一是城乡统一的结果。要坚持现在是建筑师认识现代运动历史的时候了，要停止搞那些由纪念碑式盒子组成的过了时的城市建筑设计，不管是垂直的、水平的、不透明的、透明的或反光的建筑。

新的城市化追求的是建成环境的连续性，意即每一座建筑物不再是孤立的，而是一个连续统一体中的一个单元而已，它需要同其他单元进行对话，从而是完整其自身的形象。

这种形象待续的原则（就是说，本身形象的完整性有待与其他建筑联系起来相辅而完成）并不是新的。意大利文艺复兴派大师发现了这一原则，由米开朗基罗发扬光大。不过在我们时代，这不仅仅是一条视觉原则，而且更根本是一条社会原则。近几十年来，音乐和造型艺术领域内的经验证明艺术家现在不再创造一个完整的作品。他们在创作过程中往往只进行到创作的四分之三的地方就中止了，这样使观众不再是艺术品的消极的旁观者，而是多价信息（Polyvalent message）中的积极参与者。

在建筑领域中，用户的参与更为重要，更为具体。人们必须参与设计的全过程，要使用户成为建筑师工作整体中约一个部分。

强调"不完整"或"待续"并不降低建筑师或规划师的威信。相对论和测不准原理并未削弱科学家的威信。相反恰好提高了威信，因为一位不信奉教条的科学家比那些过时的"万能之神"更受人尊敬。如果群众能被组织到设计过程中来，建筑师的联系面会增长，建筑上的创造发明才能也将会丰富和加强。一旦建筑师从学院戒律和绝对概念中解放出来，他们的想象力会受到人民建筑的巨大遗产的影响而激发出来——所谓人民建筑是没有建筑师的建筑，近几十年来人们曾对此做了大量研究。

可是，我们谨慎从事。应当认识到虽然地方色彩的建筑物对建筑设计想象是有很大贡献的，但不应当模仿。模仿在今天虽然很时髦，却像复制派提隆神庙（注：Parthenon，古希腊建筑的杰作）一样的无聊。问题是和模仿截然不同的，很清楚，只有当一个建筑设计能与人民的习惯、风格自然地融合在一起的时候，这个建筑才能对文化产生最大的影响。要做到这样的融合必须摆脱一切老框框，诸如威特鲁威柱式或巴黎美院传统以及勒柯尔比西埃的五条设计原理。

结束语

古代秘鲁的农业梯田受到全世界的赞赏，是由于它的尺度和宏伟，也由于它明显地表现出对自然环境的尊重。它那外表的和精神的表现形式是一座对生活的不可磨灭的纪念碑，在同样的思想鼓舞下，我们纯朴的提出这份宪章。

（陈占祥译）

联合国教科文组织《关于
保护可移动文化财产的建议》（1978）

（联合国教科文组织大会第二十届会议于 1978 年 11 月 28 日在巴黎通过）

联合国教科文组织大会，于 1978 年 10 月 24 日至 11 月 28 日在巴黎举行其第二十届会议：

注意到对于文化财产的兴趣正在世界范围内表现为众多博物馆及类似机构的创建、展览数目日益增多、旅游者持续不断地日益涌向收藏品、纪念物和考古遗址以及文化交流的加强；

考虑到此为非常积极的发展，应受到鼓励，特别是通过适用 1976 年大会于其第十九届会议上通过的关于文化财产国际交流的建议中所提出的各项措施；

考虑到公众要求了解、欣赏任何源地文化遗产财富的日益增长的愿望，却加剧了文化财产由于特别易于接触或保护不当、运输中的风险及在一些国家重新兴起的私自发掘、盗窃、非法贩运及野蛮破坏行为所正经受的各种风险；

注意到因为风险的这种加剧，而且由于市场上文化物品价值的增长，在没有适当政府担保制度的国家，综合保险费用超出大多数博物馆能力所及，并且是组织国际展览及不同国家间其他交流的明确障碍；

考虑到代表不同文化的可移动文化财产构成人类共同遗产的一部分，因而每一国家在保护这些文化财产上对国际社会整体负有道义责任；

考虑到各国应相应的加强并普遍实施确保对可移动文化财产有效保护的风险预防和控制措施，并与此同时降低对所产生风险进行保险的费用；

希望补充并扩展大会在这方面所确定规范和原则的适用范围，特别是《武装冲突情况下保护文化财产公约》（1954 年）、《关于适用于考古发掘的国际原则的建议》（1956 年）、《关于使博物馆向所有人开放最有效方法的建议》（1960 年）、《关于禁止和防止非法进出口文化财产和非法转让其所有权的方法的建议》（1964 年）、《关于禁止和防止非法进出口文化财产和非法转让其所有权的方法的公约》（1970 年）、《关于在国家一级保护文化和自然遗产的建议》（1972 年）、《保护世界文化和自然遗产公约》（1972 年）及《关于文化财产国际交流的建议》（1976）中所确定者；

收到关于保护可移动文化财产的建议；

其第十九届会议已决定就此问题形成对各成员国的建议；

兹于 1978 年 11 月 28 日通过本建议。

大会建议各成员国按照每一国家的宪法制度或惯例，采取为在其各自领土内实施本建议所述原则与规范所必需的任何立法或其他步骤，以适用下述规定。

大会建议各成员国提请适当当局及机构注意本建议。

大会建议各成员国按照待由大会决定的日期和格式向大会递交关于其依本建议所采取行动的报告。

一　定　义

1. 为本建议的目的：

（1）"可移动文化财产"应被认为指作为人类创造或自然进化的表现和明证并具有考古、历史、艺术、科学或技术价值和意义的一切可移动物品，包括下列各类中的物品：

（Ⅰ）于陆地和水下所进行考古勘探和发掘的收获；

（Ⅱ）古物，如工具、陶器、铭文、钱币、印章、珍宝、武器及墓葬遗物，包括木乃伊；

（Ⅲ）历史纪念物肢解的块片；

（Ⅳ）具有人类学和人种学意义的资料；

（Ⅴ）有关历史，包括科学与技术历史和军事及社会历史、有关人民及国家领导人、思想家、科学家及艺术家生活及有关国家重大事件的物品；

（Ⅵ）具有艺术意义的物品，如：用手工于任何载体和以任何材料做成的绘画与绘图（不包括工业设计图及用手工装饰的工业产品），作为原始创造力媒体的原版、招贴、照片；用任何材料组集或拼集的艺术品原件，任何材料的雕塑艺术品和雕刻品，玻璃、陶瓷、金属、木材等质地的实用艺术品；

（Ⅶ）具有特殊意义的手稿和古版本书、古籍抄本、书籍、文件或出版物；

（Ⅷ）具有集币章（徽章和钱币）和集邮意义的物品；

（Ⅸ）档案，包括文字记录、地图及其他制图材料、照片、摄影电影胶片、录音及机读记录；

（Ⅹ）家具、挂毡、地毡、服饰及乐器物品；

（Ⅺ）动物、植物及地质的标本。

（2）"保护"应被认为指如下所述风险的预防和保险：

（Ⅰ）"风险的预防"系指为在一综合保护体系内护卫可移动文化财产免受该等财产所可能遭受的每一风险，包括起因玩于武装冲突、骚乱或其他公共秩序混乱的风险所需的一切措施；

（Ⅱ）"风险的保险"系指在由于任何风险、包括产生自武装冲突、骚乱或其他公共秩序混乱的风险而造成的可移动文化财产的损坏、退化、变形或丢失情况下的赔偿担保，而不问此种保险的实现系通过政府担保与赔偿制度，或是通过由国家以可减或超额损失的安排部分承担风险，或是通过商业或国家保险，或是通过相互保险安排。

2. 每一成员国应制订其认为最合适的标准，以确定其领土内由于其考古、历史、艺术、科学或技术价值而应给予本建议所述保护的可移动文化财产项目。

二　总　则

3. 上述定义之可移动文化财产包括属于国家或公共机构的或者属于私人机构或个人的物品。由于所有这些财产均构成各有关国家文化遗产的要素，对于诸如损坏、退化和丢失的各种风险的预防和保险，虽然采取的解决方法可能各不相同，但应被视为一个整体。

4. 威胁可移动文化遗产日益增长的危险应促使所有对保护该遗产负有责任者：负责保护文化遗产的国家和地方机构的职员、博物馆馆长及类似机构的首长、私人物主及宗教建筑物的负责人、艺术品和古董商人、保安专家、负责制止犯罪的人员、海关官员及有关的其他公共当局，尽其所能，发挥作用。

5. 公众的合作对于实现真正有效的保护至为重要。负责信息情报和教学的公共与私人机构应努力灌输对文化遗产重要性、其遭受危险及保护该遗产的必要性的一般认识。

6. 文化财产由于不良的存放、展览、运输及环境（不利的光线、温度、湿度、空气污染）条件而易退化，长此以往，可能具有比意外损坏或偶然破坏行为更为严重的后果。因此应保持适宜的环境条件以便确保文化财产的物质安全。负有责任的专家应在目录中列入物品物理状况的资料及关于必要环境条件的建议。

7. 风险的预防还要求发展保护技术和修复工厂及在博物馆和收藏有可移动文化财产的其他机构内安装有效保护系统。每一成员国应努力确保根据当地情况采取最适合的措施。

8. 有关艺术品和其他文化财产的犯罪在一些国家正日益增加，最为常见的是同跨境欺诈性转移相联系。盗窃和抢劫是经系统组织的并且是大规模的。野蛮破坏行为也在日益增加。为了同这些形式的犯罪活动作斗争，不论其为有组织的或是个人的行动，需要有严格的管制措施。由于赝品能够用于真品的盗窃或假冒调换，亦必须采取措施以防止其流通。

9. 保护及风险预防比发生损坏或丢失时的赔偿更为重要，因为根本的目的为保护文化遗产而不是用一笔钱款来取代不可替代的物品。

10. 因为在运输和临时展览中由于环境变化、操作不当、包装不正确或其他不利条件而产生的风险有相当增加，对损坏或丢失予以适当保险是重要的。风险保险的费用应通过博物馆和其他类似机构对保险合同的合理管理或借助于全部或部分政府担保而予降低。

三　建议之措施

11. 根据上面所规定原则与规范，各成员国应按照其立法和宪法制度采取一切必要步骤，以有效地保护可移动文化财产，并特别是在运输的情况下，应确保适用必要的谨慎和保护措施并对所产生风险予以保险。

（一）风险预防措施
博物馆和其他类似机构

12. 各成员国应采取一切必要措施以确保对博物馆和其他类似机构中的文化财产的适当保护。特别是，他们应：

（1）鼓励按照专门为此目的制定的方法（标准卡片、照片——并且如可能还有彩色照片——及可能的微缩胶卷）尽可能详细地对文化财产系统编目和分类。这样的目录在需要确定文化财产损坏和退化时是有用的。借助于这样的文献，可以在采取一切应有预防措施的情况下向负责对付盗窃、非法贸易及赝品流通的国家和国际机构提供必要的情报；

（2）视情鼓励利用当代技术提供的谨慎方法对文化财产进行标准化鉴定；

（3）敦促博物馆及类似机构通过包括切实可行安全措施和技术设施的综合系统加强风险预防，并确保所有文化财产的保存、展览、运输以保护其免受可能致使其损坏或毁坏的所有因素，特别是包括热度、亮度、湿度、污染、各种化学和生物药剂、振荡和震动影响的方式进行；

（4）向其所负责的博物馆及类似机构提供必要的为执行上述第（3）项所规定措施所必需的资金；

（5）采取必要措施以确保与保护可移动文化财产相联系的所有任务都按照最适合于特定文化财产的传统工艺和最先进的科学方法和技术而予执行；为此目的，应建立专业资格培训与审查的适当制度，以便保证所有关涉人员均具备所要求的能力。这方面的设施应加强，或如需要应予建立。如若适当，为节俭起见，建议设立地区性保护和修复中心；

（6）对辅助人员（包括保安人员）予以适当培训并拟订此等人员的行动守则，规定其履行其职责的准则；

（7）鼓励对保护、保存及保安人员的正规培训；

（8）确保博物馆和类似机构的工作人员亦接受必要培训，以使其能够于发生灾祸时在由主管公共机构所实施营救活动中予以有效合作；

（9）鼓励向负有责任者公布并传播关于可移动文化财产的保护、保存及保安各方面的最新科学与技术情报，如有必要，则以保密形式；

（10）颁发博物馆及公共和私人收藏保安设备操作标准并鼓励其适用。

13. 应竭尽全力避免屈就于勒索要求，以阻止为此目的进行的对可移动文化财产的盗窃或非法侵占。有关人员或机构应研究将该政策公之于众的方式和方法。

私人收藏

14. 各成员国还应根据其立法和宪法制度通过下述各项促进对属于私人机构或个人的收藏的保护：

（1）邀请物主编制其收藏的目录，向负责保护文化遗产的官方机构递送目录并视情况需要向主管的官方博物馆研究员、技术人员开放以便于就保护措施进行研究并提出建议；

（2）如若适当，向物主提供激励措施，如协助保护列于目录中的物品或适当的财政措施；

（3）研究对向博物馆或类似机构捐献或遗赠文化财产者给以财政惠益的可能性；

（4）委托一官方机构（负责博物馆或警察的部门）组织，就包括防火的保安设施和其他保护措施，向私人物主提供咨询服务。

位于宗教建筑物和考古遗址内的可移动文化财产

15. 为确保位于宗教建筑物和考古遗址内的可移动财产得到适当保存和保护以免遭盗窃和劫掠，各成员国应鼓励建造储藏设施并适用专门保安措施。这些措施应同财产的价值及其所受风险的程度相称。如若适当，各政府应为此提供技术和资金援助。鉴于位于宗教建筑物内可移动文化财产的特殊意义，各成员国及主管当局应于财产所在地方对此等财产提供适当保护和介绍。

国际交流

16. 可移动文化财产在运输和临时展览期间，特别易遭受因操作不当、包装不正确、临时存放中的不良条件或气候变化以及接待安排不适当所产生的损坏风险，需要有特别保护措施。在国际交流的情况下，各成员国应：

（1）采取必要措施以确保对运输和展览期间的适当保护与爱护条件及适当的风险保险作出规定并在有关各方间就此达成协议。文化财产经由其领土转运的国家的政府，如经请求，应提供协助；

（2）鼓励有关机构：

（Ⅰ）确保文化财产按照最高的标准予以运输、包装及操作。为此而采取的措施可能包括由专家确定最适合的包装方式及运输方法和运输时间；建议如若适当，出借文化财产的博物馆主管研究员于运输期间护送这些财产并检查其状况；负责物品运输和包装的机构应附上一份述明物件物理形状的清单；接受机构应根据清单核对物品；

（Ⅱ）采取适当措施以防止由于展览场所的临时或长期拥挤而可能产生的任何直接或间接损坏；

（Ⅲ）视需要同意拟用于测量、记录和调整湿度的方法，以将相对湿度保持在规定限度内，并同意为保护易受光照影响的物品而采取的措施（日光曝晒、所用电灯类型、以勒克斯计算的照明度最高标准、用以测量并控制该标准的方法）；

（3）简化关于文化财产合法流动的行政手续，并安排对装载文化财产板条箱及其他包装形式的适当识别；

（4）采取步骤以保护运输途中或为文化交流目的临时进口的文化财产，特别是便于在合适的地点迅速结关。该地点应靠近并如可能在有关机构的地点，并确保结关在采取一切所需预防措施情况下进行；

（5）必要时，向其外交和领事代表发出指示，使其代表能够采取有效行动以加快海关手续并确保对运输中文化财产的保护。

教育和信息情报

17. 为确保全体人民认识到文化财产的价值和保护文化财产的必要，特别是为了保存其文化特征，各成员国应鼓励各主管当局于国家、地区或地方一级：

（1）向儿童、青年及成年人提供了解并尊重可移动文化财产的手段，为此目的利用一切可以利用的教育和信息情报办法；

（2）通过一切可能手段提请广大公众注意：

（Ⅰ）文化财产的意义和重要性，但不强调该财产的纯商业价值；

（Ⅱ）其可以利用的参与由主管机构为保护该等财产所承担活动的机会。

（二）控制措施

18. 为同盗窃、非法发掘、野蛮破坏行为及利用赝品行为作斗争，各成员国应视情势的要求，建立或加强专门负责防止和制止这些犯罪的机构。

19. 如情况有此要求，各成员国应采取措施以：

（1）根据刑法或民法或行政的或其他措施，规定适用于对可移动文化财产的盗窃、抢劫、收受或非法侵占和故意对此等财产予以损坏的制裁或任何其他措施；这些制裁或措施应考虑到犯罪的严重性；

（2）确保从事防止关于可移动文化财产的犯罪的所有机构和部门间的更好协调，并在诸如博物馆研究员和艺术及古董商的有关官方机构和各个部门间建立关于这类犯罪的情报、包括关于赝品的情报的快速传递系统；

（3）确保保护可移动文化财产的适当条件，采取步骤以对付财产所经常遭受并致使其退化的疏忽大意和放任不管。

20. 成员国也应鼓励个人收藏者和艺术及古董商将所有关于赝品的情报传递给第 19 条（2）中所述的官方机构。

（三）改进风险保险的资金来源的措施

政府担保

21. 各成员国应：

（1）特别注意对可移动文化财产于运输和临时展览期间所遭受的风险予以适当保险的问题；

（2）特别是考虑通过立法、规章或其他形式设立一种像一些国家已存在的政府担保制度，或一种由国家或任何有关团体以支付可减让保险免赔额或超额损失而部分承担风险的制度；

（3）在上述制度的范围内并以上述形式，规定于为在博物馆或类似机构展览的目的出借的文化物品发生损坏、退化、变形或丢失时对出借者的赔偿。设立上述制度的规定应述明支付上述赔偿所遵循的条件和程序。

22. 关于政府担保的规定不应适用于作为商业交易对象的文化财产。

（四）博物馆及类似机构一级的措施

23. 各成员国还应敦促博物馆及类似机构适用风险管理的原则，包括各种风险的确定、分类、评估、控制及资金提供。

24. 已投保的所有机构的风险管理计划应包括程序手册的内部起草、对风险种类及可能最大损失的定期审查、合同及利率分析、市场研究和竞争投标程序。应专门委托一个人或机构负责风险管理。

四　国际合作

25. 各成员国应：

（1）同在风险预防和保险方面具有资格能力的政府间组织和非政府组织协作；

（2）在国际一级加强负责制止文化财产的盗窃和非法贸易及揭露赝品的各官方机构间的合作，并且特别是敦促这些机构通过为此所规定的机制在其中间迅速传递关于非法活动的一切有用情报；

（3）如有必要，为法律协助和防止犯罪方面的合作缔结国际协议；

（4）参与组织保护与修复可移动文化财产及风险管理方面的国际培训课程，并确保这些课程为其专职人员所经常参加；

（5）会同专门国际组织制订本建议所涉领域的道德与技术准则，并鼓励特别是有关保护和保存可移动文化财产的发明创造的科学技术情报交流。

前文系联合国教科文组织大会在巴黎举行的，于 1978 年 11 月 28 日宣布闭幕的第 20 届会议正式通过的建议作准文本。

特此签字，以昭信守。

（原载国家文物局法制处：《国际保护文化遗产法律文件选编》，紫禁城出版社，1993 年版）

国际古迹遗址理事会章程（1978）

（国际古迹遗址理事会第五届全体大会
于 1978 年 5 月 22 日在莫斯科通过）

一 名称与总部

第一条 一个定名为"国际古迹遗址理事会"的机构在此成立，以下规定其缩写名为"ICOMOS"。

第二条 国际古迹遗址理事会总部设在巴黎，它可根据全体大会决定做出更改。

二 定 义

第三条

1. "古迹"一词应包括在历史、艺术、建筑、科学或人类学方面具有价值的一切建筑物（及其环境和有关固定陈设与内部所有之物）。这一定义应包括古迹的雕刻与绘画、具有考古性质的物品或建筑物、题记、洞窟以及其有类似特征的一切综合物。

2. "建筑群"一词应包括无论是城市还是乡村单个的或是相连的一切建筑及其环境，这些建筑在环境中由于其建筑风格、同种类型或所处位置的原因而具有历史、艺术、科学、社会或人类学方面的价值。

3. "遗址"一词应包括一切地貌的风景和地区，人工制品或自然与人工的合制品，包括在考古、历史、美学、人类学或人种学方面具有价值的历史公园与园林。

4. "古迹"、"遗址"及"建筑群"等词不应包括：

（1）存放在古迹内的博物馆藏品；

（2）博物馆保存的，或考古、历史遗址博物馆展出的考古藏品；

（3）露天博物馆。

三 宗旨与活动

第四条 国际古迹遗址理事会应是国际一级有关促进古迹、建筑群及遗址的保存、保护、修缮和加固的国际组织。

（1）个人会员资格应面向作为国家、地区或当地古迹、美术或古物服务机构的一位科学、技术或行政人员而从事保护古迹、建筑群及遗址（如第二章第三条所规定）的任何个人，从事古迹、建筑群及遗址保护、修复、修缮和加固的决策者或专家，包括有关建筑师、市镇规划员、历史学家、考古学家、人类学家及档案员。个人会员资格在特殊情况下可授予支持国际古迹遗址理事会宗旨及目的的其他个人。根据第十条规定，只有个人会员才有资格在国际古迹遗址理事会任职。

（2）团体会员资格应面向无论任何性质的、从事历史古迹、建筑群及遗址（如第三条所规定）的保存、保护、修复、修缮、加固或恢复其生机的任何机构，拥有或负责历史古迹、建筑群及遗址的机构，以及全部或部分从事有关古迹、建筑群或遗址的上述一项或多项目的的活动的机构。

（3）赞助会员资格，应面向愿意支持国际古迹遗址理事会宗旨及活动的、或愿意在文化遗产保护方面作出贡献的任何个人或团体。

（4）名誉会员资格，应根据国家委员会提议，由全体大会授予在保护、修复和加固历史古迹、遗址及建筑群方面作出卓越贡献的个人。

2. 各国的国际古迹遗址理事会会员应根据第十三条之规定成为国家委员会会员。国际古迹遗址理事会会员资格申请在有国家委员会的地方应递交给这类国家委员会。

国际古迹遗址理事会国家委员会的全体会员均应有权出席并参加国际古迹遗址理事会全体大会。但是任何一个国家委员会在全体大会上不应超过十八票。

根据第十三条第六款正式任命的任何表决会员可将代理权授予其国家委员会的另一位会员，但是任何会员除其本身的票数以外被授以的票数不应超过五票。

3. 在不存在国家委员会的国家，会员资格申请应递交给国际古迹遗址理事会秘书处，由国际古迹遗址理事会执行局批准。这类国家的国际古迹遗址理事会会员除了在全体大会不具有表决权以外，应享有与国家委员会会员同等的权力。

4. 赞助会员及名誉会员应有权出席并参加全体大会，但不具有表决权。

5. 国际古迹遗址理事会的个人、团体及赞助会员应于每年五月一日或之前缴纳由国际古迹遗址理事会执行委员会按其各自类别当年所规定的会费或期刊预定费。会费数额的任何更改应经国际古迹遗址理事会全体大会批准。作为缴纳会费的交换，每位会员应得到一张国际古迹遗址理事会会员证，国际古迹遗址理事会期刊以及执行委员会不时决定的其他类似优惠。他应有权出席全体大会，并向国际古迹遗址理事会档案中心提出咨询。名誉会员不必缴纳会费。

第五条 国际古迹遗址理事会应：

1. 为公共当局、团体及个人提供保护古迹、建筑群及遗址的联系途径，确保在国际组织中有其代表；

2. 收集、研究并传播有关古迹、建筑群及遗址的保存、保护、修缮和加固的原则、技术与方针；

3. 开展国家一级的及国际一级的合作，创建并发展有关古迹、建筑群及遗址的保存与保护、传统建筑技术的研究与实践的档案中心。

4. 鼓励通过并实施古迹、建筑群及遗址的国际建议；

5. 开展古迹、建筑群及遗址保存、保护和加固专家培训计划的前期准备之合作；

6. 与联合国教育、科学及文化组织、罗马国际文物保护与修复研究中心、联合国教育、科学及文化组织所赞助的地区性保护中心，以及其他追求同样目标的国际或地区性机构及组织建立并保持密切合作；

7. 鼓励并提倡与本章程相符的其他活动。

四 会 员

第六条 国际古迹遗址理事会应由四类会员组成：个人会员、团体会员、赞助会员及名誉会员。

第七条 一位国际古迹遗址理事会会员应停止作为会员

1. 如果他确实在三个月以前以书面形式通知了国家委员会并缴纳了当年会费后应当于公历年年底辞职。

2. 如果他因未缴纳会费或因任何其他原因而应当被全体大会正式取消其注册。

五 行政机构

第八条

1. 国际古迹遗址理事会行政机构的组成应是：

（1）全体大会

（2）执行委员会及局

（3）咨询委员会及局

（4）国家委员会

（5）国际专业委员会

（6）秘书处

2. 这些机构应根据其工作方式通过各自的程序规则，包括按照国际古迹遗址理事会的章程选举其官员。

第九条　全体大会应是国际古迹遗址理事会的最高机构。它应组成自己的机构，并选举自己的主席、三位副主席及一位报告员，他们的任期应与会议期限等同。它应通过其自身的程序规则。它应从挑选出来确保代表不同专业的有名望的个人会员中选举国际古迹遗址理事会的会长、五位副会长、秘书长、司库及十二位执行委员会的成员。它应决定国际古迹遗址理事会总部所在地，通过对国际古迹遗址理事会章程的修改，确定国际古迹遗址理事会的规划，批准秘书长及司库的报告和下一阶段的预算方针，并监督国际古迹遗址理事会宗旨的实现。它应批准国际古迹遗址理事会会费的更改，并应根据国际古迹遗址理事会—国家委员会的提议授予荣誉会员称号。

全体大会面向国际古迹遗址理事会的全体会员。它应由执行委员会选择日期与地点，每三年召开一次常规会议，或者根据执行委员会多数成员或国际古迹遗址理事会三分之一会员的要求召开非常规会议。必要的法定人数应是以第六条第二款计算的全部表决会员的三分之一。如果达不到这一法定人数，全体大会应于二十四小时之后在同一地点再次开会，届时商定之事无论表决会员与会人数多少均应生效。

第十条

1. 执行委员会是国际古迹遗址理事会的执行机构，它应由以下二十六位会员组成：

   a. 国际古迹遗址理事会会长

   b. 五位副会长

   c. 咨询委员会主席

   d. 秘书长

   e. 司库

   f. 全体大会选举的十二位成员

   g. 五位增选成员

   执行委员会的一切成员应是根据其专业水平挑选的国际古迹遗址理事会个人会员。他们应积极工作。一部分成员应由全体大会选举（见第九条），一部分由执行委员会增选。他们应以公平的方式代表世界不同的地区。任何国家在执行委员会内不应由一名以上成员作为代表（会长所属国家除外）。执行委员会会议应由国际古迹遗址理事会会长主持，或在其缺席时由一位副会长主持。秘书处主任应以顾问身份出席执行委员会的一切会议。

2. 执行委员会应被授权代表国际古迹遗址理事会接受、筹借、掌握并使用为实现本章程规定的宗旨所需的经费，并接受馈赠及遗赠。它应准备规划及预算草案，并应监督其实施。在全体大会休会期间，执行委员会应代表全体大会行事。执行委员会应批准国际古迹遗址理事会司库的报告及年度预算。它应规定会员的会费数额。它应注意到国家委员会的成立，批准其机构组成，确认其章程与国际古迹遗址理事会章程相符，并且批准修改现有国家委员会的章程。它应根据第十四条批准国际委员会会员的任命。

3. 国际古迹遗址理事会前会长鉴于其职务应保留作为执行委员会无表决权的成员。

4. 执行委员会的成员通常应由全体大会以保密的无记名投票方式进行选举，任期三年，并可连任随后两个三年的期限。

在每次法定选举中，或在三年期限后，执行委员会三分之一的成员应退职，即将退职的成员在三年任期届满以前不可再次选入执行委员会。执行委员会成员可允许的最长连续供职期限为九年。这一规定应同样适用于由咨询委员会任命的咨询委员会主席。

当选为会长、秘书长或司库一职的执行委员会成员应排除在这一规定之外，但是这类成员任何一职的任期不应超过连续三个三年的期限，其全部供职期限决不应超过连续的十八年。

如果在执行委员会任期届满之前不召开全体大会，则应根据第六条第二款之规定，由国际古迹遗址理事会全体表决会员通过无记名信函投票方式选举新的一届委员会。

如果出现一空缺席位，执行委员会应从国际古迹遗址理事会个人会员中选举一接替人，以便与前任职位的期限平衡。

5. 执行委员会应至少每年由国际古迹遗址理事会会长召集一次常规会议，并且根据委员会三分之一成员的要求召集非常规会议。在全体大会召开之年，执行委员会应于大会召开之前及之后召开会议，由与会会员或其代表多数表决通过决议。

执行局由会长、副会长、秘书长及司库组成。执行局应由会长在执行委员会会议休会期间召集会议，并应代表后者行事，其决议经简单多数通过。

执行委员会可从本身成员中任命一位秘书长助理及一位司库助理，并可征求有关专家意见。

第十一条

1. 国际古迹遗址理事会会长应召集全体大会，并召集与主持执行委员会及局的会议，提出会议日程。他鉴于其职务应作为顾问委员会成员。应通过授权代表国际古迹遗址理事会，并可为任何目的授权代其签名。

2. 副会长应协助或代理会长。他们应协助他代表国际古迹遗址理事会，并推动其在全世界的活动。就此而言，会长可授予他们权力。

3. 秘书长根据全体大会及咨询委员会规定的主要指导方针和执行委员会及局

的决议承担秘书处的指导工作。

4. 司库负责国际古迹遗址理事会的财政事务。他应准备每年1月1日至12月31日的财政报告及预算草案，根据执行局的指示批准支出并予以付款。

第十二条

1. 咨询委员会应由国家委员会主席及国际专业委员会主席组成。国际古迹遗址理事会会长鉴于其职务应作为一名成员。咨询委员会应按其自身的程序规则予以管理。它应选举自己的主席，并亦可任命一位或多位副主席协助主席或代理主席。它应根据执行委员会选定的日期及地点由其主席每年召集一次会议。

2. 咨询委员会应就重点方针及项目等事宜向国际古迹遗址理事会全体大会及执行委员会提出意见和建议。它应审核国家委员会提出的议案，并附上其建议，转呈执行委员会实施。它应注意到国家委员会及国际委员会的活动，并应推荐有关活动。

3. 咨询委员会应在全体大会任何常规会议召开前一年内拟定一份执行委员会候选人名单，包括所收到的国家委员会的全部提名及其本身应建议的更进一步的提名。此份名单应至少于全体大会开会日期前一百八十天送交国际古迹遗址理事会全体会员，他们可根据全体大会的程序规则提出更进一步的候选人名单。

第十三条

1. 在任何一个联合国教科文组织成员国的国家内，可根据本国有关法律组织国际古迹遗址理事会的国家委员会。一个国家委员会内的个人会员名额不应少于五位。根据第九条第二款，国家委员会的成立须经国际古迹遗址理事会执行委员会下一届会议同意。

2. 根据第六条之规定，国家委员会应由一个国家内的国际古迹遗址理事会会员组成，包括个人会员、团体会员、赞助会员及名誉会员。国家委员会应接收并接纳会员申请，并应将所接纳的全部新会员姓名通知国际古迹遗址理事会秘书处。

3. 国家委员会应通过其自身的程序规则，并应根据国际古迹遗址理事会宗旨制定与实施国家规划。

4. 它们应贯彻全体大会的决议以及咨询委员会和执行委员会提出的规划。

5. 总之，它们应作为讨论与交流国内及国际上有关保护、修复、修缮并加固古迹、遗址及建筑群的方针、技术、法规和管理信息的场所。

6. 国家委员会应根据第六条第二款规定的数额限制，并根据其本身章程分配自己在全体大会的表决权。任何国家委员会具有表决权的会员中多数应是个人会员。这些被授以大会表决权的会员姓名应至少于全体大会召开前一个月通知国际古迹遗址理事会秘书处。团体会员的代表应由其有关机构正式委派。

7. 国家委员会应至少每年由其主席召集一次常规会议，审核将递交给国际古迹遗址理事会的年度报告。

第十四条

1. 国际委员会是国际古迹遗址理事会的技术机构，它们应在各自领域内，开展国际古迹遗址理事会所关心的专业问题的特别研究。

2. 执行委员会可建立并解散国际委员会，并任命其第一任主席。国际委员会的任命应由有关委员会提议，经执行委员会批准。

3. 国际委员会应通过其自身的程序规则，并须经向其递交年度报告的执行委员会之批准（见第十条第二款），制定并实施自己的规划。它们可在内部组织类似分委员会或协会的工作机构。

第十五条 秘书处应在执行局的指导下实施与协调全体大会制定的规划。秘书处应在秘书长及司库的指导下，在全体大会及执行委员会决议范围内根据主席规定的方针政策负责国际古迹遗址理事会的日常工作。秘书处主任应由执行局提议，经执行委员会事先批准后由会长任命。

第十六条 联合国教科文组织、国际文物保护与修复研究中心及其他有关国际组织可应邀派观察员参加国际古迹遗址理事会的一切会议。

第十七条 国际古迹遗址理事会经费应来自于：

a. 期刊预订费或会费

b. 馈赠及遗赠

c. 补助

d. 根据第五条签订的研究合同与提供服务的合同

e. 经执行局批准并由执行委员会核准的其他适当的活动。

六 法律地位

第十八条 执行委员会可采取适当措施在开展活动的国家内为国际古迹遗址理事会获得法律地位。

面对第三方时应由会长、或一位副会长或秘书长代表国际古迹遗址理事会。

七 修 改

第十九条 修改本章程应仅授权于全体大会，由三分之二多数投票通过，并至少已于全体大会开幕前四个月将修改议案通知全体会员。

八 解 散

第二十条 唯有全体大会经三分之二多数投票通过方可作出解散国际古迹遗址

理事会的决定。万一解散国际古迹遗址理事会，其资产应转交由联合国教科文组织提名的一个组织。

九　语　言

第二十一条　英语、法语、俄语及西班牙语为国际古迹遗址理事会的正式语言，工作语言应为英语和法语。

十　生　效

第二十二条　本章程由 1978 年 5 月 22 日于莫斯科召开的第五届全体大会通过。它应于全体大会闭幕后立即生效。

（原载国家文物局法制处：《国际保护文化遗产法律文件选编》，紫禁城出版社，1993 年版）

1980—1989 年

国际古迹遗址理事会—国际历史园林委员会《佛罗伦萨宪章》(1982)

（国际古迹遗址理事会于 1982 年 12 月 15 日登记）

国际古迹遗址理事会与国际历史园林委员会于 1981 年 5 月 21 日在佛罗伦萨召开会议，决定起草一份以该城市命名的历史园林保护宪章。本宪章即由该委员会起草，并由国际古迹遗址理事会于 1982 年 12 月 15 日登记作为涉及有关具体领域的《威尼斯宪章》的附件。

定义与目标

第一条 "历史园林指从历史或艺术角度而言民众所感兴趣的建筑和园艺构造"。鉴此，它应被看做是一古迹。

第二条 "历史园林是一主要由植物组成的建筑构造，因此它是具有生命力的，即指有死有生"。因此，其面貌反映着季节循环、自然生死与园林艺人，希望将其保持永恒不变的愿望之间的永久平衡。

第三条 作为古迹，历史园林必须根据威尼斯宪章的精神予以保存。然而，既然它是一个活的古迹，其保存必须根据特定的规则进行，此乃本宪章之议题。

第四条 历史园林的建筑构造包括：

a. 其平面和地形；

b. 其植物，包括品种、面积、配色、间隔以及各自高度；

c. 其结构和装饰特征；

d. 其映照天空的水面，死水或活水。

第五条 这种园林作为文明与自然直接关系的表现，作为适合于思考和休息的娱乐场所，因而具有理想世界的巨大意义，用词源学的术语来表达就是"天堂"，并且也是一种文化、一种风格、一个时代的见证，而且常常还是具有创造力的艺术家的独创性的见证。

第六条 "历史园林"这一术语同样适用于不论是正规的，还是风景的小园林和大公园。

第七条 历史园林不论是否与某一建筑物相联系——在此情况下它是其不可分割的一部分——它不能隔绝于其本身的特定环境，不论是城市的还是农村的，亦不论是自然的还是人工的。

第八条 一历史遗址是与一值得纪念的历史事件相联系的特定风景区，例如：一主要历史事件、一著名神话、一场具有历史意义的战斗或一幅名画的背景。

第九条 历史园林的保存取决于对其鉴别和编目情况。对它们需要采取几种行动，即维护、保护和修复。

维护、保护、修复、重建

第十条 在对历史园林或其中任何一部分的维护、保护、修复和重建工作中，必须同时处理其所有的构成特征。把各种处理孤立开来将会损坏其整体性。

维护与保护

第十一条 对历史园林不断进行维护至为重要。既然主要物质是植物，在没有变化的情况下，保存园林既要求根据需要予以及时更换，也要求有一个长远的定期更换计划（彻底地砍伐并重播成熟品种）。

第十二条 定期更换的树木、灌木、植物和花草的种类必须根据各个植物和园艺地区所确定和确认的实践经验加以选择，目的在于确定那些已长成雏形的品种并将它们保存下来。

第十三条 构成历史园林整体组成部分的永久性的或可移动的建筑、雕塑或装饰特征，只有在其保护或修复之必要范围内方可予以移动或替代。任何具有这种危险性质的替代和修复必须根据威尼斯宪章的原则予以实施，并且必须说明任何全部替代的日期。

第十四条 历史园林必须保存在适当的环境之中，任何危及生态平衡的自然环境变化必须加以禁止。所有这些适用于基础设施的任何方面（排水系统、灌溉系统、道路、停车场、栅栏、看守设施以及游客舒畅的环境等）。

修复与重建

第十五条 在未经彻底研究，以确保此项工作能科学地实施，并对该园林以及类似园林进行相关的发掘和资料收集等所有一切事宜之前，不得对某一历史园林进行修复，特别是不得进行重建。在任何实际工作开展之前，任何项目必须根据上述研究进行准备，并须将其提交一专家组予以联合审查和批准。

第十六条 修复必须尊重有关园林发展演变的各个相继阶段。原则上说，对任何时期均不应厚此薄彼，除非在例外情况下，由于损坏或破坏的程度影响到园林的某些部分，以致决定根据尚存的遗迹或根据确凿的文献证据对其进行重建。为了在设计中体现其重要意义，这种重建工作尤其可在园林内最靠近该建筑物的某些部分进行。

第十七条　在一园林彻底消失或致多只存在其相继阶段的推测证据的情况下，重建物不能被认为是一历史园林。

利　用

第十八条　虽然任何历史园林都是为观光或散步而设计的，但是其接待量必须限制在其容量所能承受的范围，以便其自然构造物和文化信息得以保存。

第十九条　由于历史园林的性质和目的，历史园林是一个有助于人类的交往、宁静和了解自然的安宁之地。它的日常利用概念必须与它在节日时偶尔所起的作用形成反差。因此，为了能使任何这种节日本身用来提高该园林的视觉影响，而不是对其进行滥用或损坏。这种偶尔利用一历史园林的情况必须予以明确规定。

第二十条　虽然历史园林适合于一些娴静的日常游戏，但也应毗连历史园林划出适合于生动活泼的游戏和运动的单独地区，以便可以满足民众在这方面的需要，不损害园林和风景的保护。

第二十一条　根据季节而确定时间的维护和保护工作，以及为了恢复该园林真实性的主要工作应优先于民众利用的需要。对参观历史园林的所有安排必须加以规定，以确保该地区的精神能得以保存。

第二十二条　如果一历史园林修有围墙，在对可能导致其气氛变化和影响其保存的各种可能后果进行检查之前，其围墙不得予以拆除。

法律和行政保护

第二十三条　根据具有资格的专家的建议，采取适当的法律和行政措施对历史园林进行鉴别、编目和保护是有关负责当局的任务。这类园林的保护必须规定在土地利用计划的基本框架之中，并且这类规定必须在有关地区性的或当地规划的文件中正式指出。根据具有资格的专家的建议，采取有助于维护、保护和修复以及在必要情况下重建历史园林的财政措施，亦是有关负责当局的任务。

第二十四条　历史园林是遗产特征之一，鉴于其性质，它的生存需要受过培训的专家长期不断的精心护理。因此，应该为这种人才，不论是历史学家、建筑学家、环境美化专家、园艺学家还是植物学家提供适当的培训课程。还应注意确保维护或恢复所需之各种植物的定期培植。

第二十五条　应通过各种活动激发对历史园林的兴趣。这种活动能够强调历史园林作为遗产一部分的真正价值，并且能够有助于提高对它们的了解和欣赏，即促进科学研究、信息资料的国际交流和传播、出版（包括为一般民众设计的作品）、鼓励民众在适当控制下接近园林以及利用宣传媒介树立对自然和历史遗产需要给予应有的尊重之意识。应建议将最杰出的历史园林列入世界遗产清单。

注　释

以上建议适用于世界上所有历史园林。

适用于特定类型的园林的附加条款可以附于本宪章之后，并对所述类型加以简要描述。

（原载国家文物局法制处：《国际保护文化遗产法律文件选编》，紫禁城出版社，1993 年版）

国际古迹遗址理事会《保护历史城镇与城区宪章（华盛顿宪章）》（1987）

（国际古迹遗址理事会第八届全体大会于 1987 年 10 月在华盛顿通过）

序言与定义

一、所有城市社区，不论是长期逐渐发展起来的，还是有意创建的，都是历史上各种各样的社会的表现。

二、本宪章涉及历史城区，不论大小，其中包括城市、城镇以及历史中心或居住区，也包括其自然的和人造的环境。除了它们的历史文献作用之外，这些地区体现着传统的城市文化的价值。今天，由于社会到处实行工业化而导致城镇发展的结果，许多这类地区正面临着威胁，遭到物理退化、破坏甚至毁灭。

三、面对这种经常导致不可改变的文化、社会甚至经济损失的惹人注目的状况，国际古迹遗址理事会认为有必要为历史城镇和城区起草一国际宪章，作为《国际古迹保护与修复宪章》（通常称之为《威尼斯宪章》）的补充。这个新文本规定了保护历史城镇和城区的原则、目标和方法。它也寻求促进这一地区私人生活和社会生活的协调方法，并鼓励对这些文化财产的保护。这些文化财产无论其等级多低，均构成人类的记忆。

四、正如联合国教科文组织 1976 年华沙——内罗毕会议《关于历史地区保护及其当代作用的建议》以及其他一些文件所规定的，"保护历史城镇与城区"意味着这种城镇和城区的保护、保存和修复及其发展并和谐地适应现代生活所需的各种步骤。

原则和目标

一、为了更加卓有成效，对历史城镇和其他历史城区的保护应成为经济与社会发展政策的完整组成部分，并应当列入各级城市和地区规划。

二、所要保存的特性包括历史城镇和城区的特征以及表明这种特征的一切物质的和精神的组成部分，特别是：

（一）用地段和街道说明的城市的形制；

（二）建筑物与绿地和空地的关系；

（三）用规模、大小、风格、建筑、材料、色彩以及装饰说明的建筑物的外貌，包括内部的和外部的；

（四）该城镇和城区与周围环境的关系，包括自然的和人工的；

（五）长期以来该城镇和城区所获得的各种作用。任何危及上述特性的威胁，都将损害历史城镇和城区的真实性。

三、居民的参与对保护计划的成功起着重大的作用，应加以鼓励。历史城镇和城区的保护首先涉及它们周围的居民。

四、历史城镇和城区的保护需要认真、谨慎以及系统的方法和学科，必须避免僵化，因为，个别情况会产生特定问题。

方法和手段

五、在作出保护历史城镇和城区规划之前必须进行多学科的研究。保护规划必须反映所有相关因素，包括考古学、历史学、建筑学、工艺学、社会学以及经济学。

保护规划的主要目标应该明确说明达到上述目标所需的法律、行政和财政手段。

保护规划的目的应旨在确保历史城镇和城区作为一个整体的和谐关系。

保护规划应该决定哪些建筑物必须保存，哪些在一定条件下应该保存以及哪些在极其例外的情况下可以拆毁。在进行任何治理之前，应对该地区的现状作出全面的记录。

保护规划应得到该历史地区居民的支持。

六、在采纳任何保护规划之前，应根据本宪章和威尼斯宪章的原则和目的开展必要的保护活动。

七、日常维护对有效地保护历史城镇和城区至关重要。

八、新的作用和活动应该与历史城镇和城区的特征相适应。使这些地区适应现代生活需要认真仔细地安装或改进公共服务设施。

九、房屋的改进应是保存的基本目标之一。

十、当需要修建新建筑物或对现有建筑物改建时，应该尊重现有的空间布局，特别是在规模和地段大小方面。与周围环境和谐的现代因素的引入不应受到打击，因为，这些特征能为这一地区增添光彩。

十一、通过考古调查和适当展出考古发掘物，应使一历史城镇和城区的历史知识得到拓展。

十二、历史城镇和城区内的交通必须加以控制，必须划定停车场，以免损坏其历史建筑物及其环境。

十三、城市或区域规划中作出修建主要公路的规定时，这些公路不得穿过历史城镇或城区，但应改进接近它们的交通。

十四、为了保护这一遗产并为了居民的安全与安居乐业，应保护历史城镇免受自然灾害、污染和噪音的危害。不管影响历史城镇或城区的灾害的性质如何，必须针对有关财产的具体特性采取预防和维修措施。

十五、为了鼓励全体居民参与保护，应为他们制定一项普通信息计划，从学龄儿童开始。与遗产保护相关的行为亦应得到鼓励，并应采取有利于保护和修复的财政措施。

十六、对一切与保护有关的专业应提供专门培训。

（原载国家文物局法制处：《国际保护文化遗产法律文件选编》，紫禁城出版社，1993 年版）

联合国教科文组织《保护传统文化和民俗的建议》（1989）

（联合国教科文组织大会第二十五届会议于 1989 年 11 月 15 日在巴黎通过）

联合国教科文组织大会于 1989 年 10 月 17 日至 11 月 16 日在巴黎召开第 25 届会议：

考虑到民俗是构成人类遗产的一部分，是将不同人和社会团体聚到一起并标明其文化身份的一个强有力的手段；

注意到其社会、经济、文化和政治重要性，在人类历史中的角色，及其在当代文化中的地位；

强调民俗作为文化遗产和生活文化的一个主要部分的特性和重要性；

认识到民俗的传统形式，特别是那些与口头传统有关的方面具有的极度脆弱性和可能遗失的危险；

着重强调在所有国家认识民俗地位的需要和面临来自多种因素的危险；

认为政府在保护民俗中应扮演一个决定性的角色，并尽快采取行动；

在第 24 届会议上决定，根据章程第四条第四款的内涵，应就民俗保护向成员国提出建议，

于 1989 年 11 月 15 日通过本建议。

大会建议成员国应依照各国宪法实际采取法律措施或其他方法来应用以下民俗保护规定，使本建议中规定的原则和标准在本国内发挥效力。

大会建议成员国将本建议传达给对民俗保护问题负责的机构、部门或团体，传达给关心民俗的各种组织或机构，以引起他们的注意。同时鼓励其与涉及民俗保护的相关国际组织联系。

大会建议成员国应在此时以此种方式服从关于使该建议生效的行动的组织报告。

一 民俗的定义

本建议的目的：民俗（或传统的大众文化）是文化团体基于传统创造的全部，

通过群体或个人表达出来，被认为是就文化和社会特性反映团体期望的方式；其标准和价值是通过模仿或其他方式口头流传的。其中，其形式包括语言、文学作品、音乐、舞蹈、游戏、神话、仪式、习俗、手工艺品、建筑及其他艺术。

二　民俗的鉴别

民俗作为文化表现的一种形式，必须通过并为能标明其身份的群体（家庭、职业者、国家、地区、宗教、种族等）加以保护。到最后，成员国应根据下列目的鼓励关于国家、地区和国际级的适当的调查研究：

（1）考虑到民俗机构的地区和全球纪录，发展民俗相关机构的国家清单；

（2）考虑到不同机构所使用的分类系统的整合需要，创立鉴别和记录系统（收集、目录、抄本）或发展那些已经以手册、收集指南、目录模版等方式存在的系统；

（3）激励通过以下方式创立民俗分类标准：

（ⅰ）供全球使用的民俗总框架；

（ⅱ）全面的民俗记录；

（ⅲ）民俗地区分类，特别是现场试验计划。

三　民俗的维护

维护关系到与民俗传统相关文件。如果此类传统不被利用或已改进，保护目标是为研究者和传统承担者提供能使他们理解传统改变过程的数据。当具有发展特性的生活民俗不能总是直接被保护，以有形的形式确定下来的民俗应得到有效保护。

到最后，成员国应：

（1）建立所收集的民俗得以适当保存和利用的国家档案；

（2）为服务目的建立中央国家档案功能（中央目录、民俗材料信息和包括保护在内的民俗工作标准的传播）；

（3）创建博物馆或在现有博物馆中开辟民俗区，从而使传统通俗文化得以展示；

（4）优先考虑强调文化现在和过去方面的体现传统和通俗文化的方式（显示其环境、生活和工作方式及其已创造的技能和技术）；

（5）协调收集和存档方法；

（6）从物理保护到分析工作，培训民俗保护方面的收集者、案卷保管人、文献资料工作者和其他专家；

（7）为所有民俗材料提供安全保障和工作备份的方法，为地区机构提供备份，以此保障文化团体获得材料。

四　民俗的保存

保存与民间传统保护及其传承者有关，考虑到每人对自己文化所持有的权利和其相关文化常常受到大众传媒形成的工业文化影响侵蚀的事实。必须采取措施保证在创造它们的团体内外民间传统的地位和经济支持。到最后，成员国应：

（1）在正式和校外课程中设计和介绍民俗的教学和研究，以适当的方式特别强调增强民俗的意识，不仅考虑乡村和其他原始文化，而且还考虑那些由不同社会群体、专业人士、机构等在城市区域创造的文化，以此促进对文化多样性和世界不同理念的更好理解，特别是那些不在主体文化中体现的文化；

（2）通过支持他们在文献、档案、研究等领域的工作以及传统实践来保证不同文化团体得到自己民俗资料的权利，

（3）建立在多学科基础上的国家民俗委员会或类似团体应体现出不同的兴趣组；

（4）为个人和机构提供精神和经济支持来研究、传达、培养或持有民俗；

（5）促进民俗保存的相关科学研究。

五　民俗的传播

人们应注意到民俗作为文化标志因素的重要性。该条款对文化遗产的广泛传播是必要的，使民俗的价值和保护需要得以认识。但是，应避免传播中的曲解，从而使传统的完整性得到保护。为了促进更好地传播，成员国应：

（1）鼓励组织国家、地区和国际活动，例如交易会、节日、影片、展览会、研讨会、座谈会、讨论会、培训班、大会等等，同时支持传播和出版材料、论文和其他成果；

（2）鼓励民俗材料广泛覆盖于国家和地区新闻、出版物、电视、广播和其他媒体中。例如通过准予，通过为民俗工作者创造工作，通过确保大众传媒所收集到的这些民俗材料的适当存档和传播，通过那些组织中民俗部门的建立；

（3）鼓励与民俗相关的地区、市政当局、协会和其他团体为民俗工作者建立全职工作来激励和配合当地的民俗工作；

（4）为教育材料产品提供现有成果和新成果的创造物，例如录像影片基于现在的现场工作，鼓励在学校、民俗博物馆、国家和国际民俗节和展览会中的使用；

（5）通过文件中心、图书馆、博物馆、档案馆和特殊民俗报告及年鉴保证民俗充足信息的可利用性；

（6）根据双边文化协定，推动与民俗有关的个人、团体和机构间的国家和国际性会议和交流；

（7）鼓励国际科学团体采用道德准则来保证传统文化的适当方式。

六　民俗的保护

至于智力创造的民俗机构是否是个人的还是集体的，都值得以经过授意的方式进行保护，为智慧产物提供保护。此类民俗保护已经成为国内外不损害相关合法利益，提升进一步发展、维护和传播手段的不可缺少之物。

暂且不谈民俗表现保护的"智力财产方面"，已有多种已得到保护的权利种类，应继续在今后的民俗文件中心和档案馆受到保护。到最后，成员国应：

（1）考虑到"智力财产"方面：引起相关机构注意到联合国教科文组织和世界知识产权组织与智力财产相关的重要工作，当认识到该工作仅关系到民俗保护的一个方面，在区域范围内保护民俗的独立行动需要是紧急的；

（2）考虑到的其他权利包括：

（ⅰ）作为传统的传承者来保护信息（保护隐秘和机密性）；

（ⅱ）通过保证所收集的材料在档案馆中被保护于良好的状态和合理的方式方法来保护收集者的兴趣；

（ⅲ）采取必要措施保护所收集的材料，以避免有意或无意的误用；

（ⅳ）认识到档案的责任性，从而监测所收集材料的使用。

七　国际合作

考虑到加强文化合作和交流的需要，特别是为了开展民俗发展和复兴项目，以及一成员国专家在另一成员国领土上的研究，通过人类和材料资源，成员国应：

（1）与涉及民俗的国际和地区协会、机构及组织合作；

（2）在民俗的认识、传播和保护领域合作，特别是通过：

（ⅰ）各种信息交流，科学和技术出版交流；

（ⅱ）为专家培训提供旅费补助，派遣科学技术人员和设备；

（ⅲ）促进当代民俗文献领域的单边或多边项目；

（ⅳ）组织特殊项目，特别是民俗数据和表现分类，以及研究中的现代方法和技术中的专家会议、研究课题和工作组；

（3）考虑到民俗传播，进行密切合作，以确保不同兴趣组织（团体或普通或合法人）享有缘于调查、创造、组织、表演的经济、精神和所谓类似权利的国际性；

（4）保证本土研究已经开展的成员国有权获得相关成员国的文献、记录、影像、电影及其他材料的副本；

（5）制约可能损害民俗材料，或降低其价值，或阻止传播或使用的行为，不论这些材料是否在本国或他国形成；

（6）采取必要措施保护民俗，阻止其暴露在所有人类和自然灾害中，包括来自军事冲突、军队占领或其他类型公共混乱的危机。

1990—1999 年

国际古迹遗址理事会
《考古遗产保护与管理宪章》（1990）

（国际古迹遗址理事会第九届全体大会于 1990 年 10 月在洛桑通过）

导　言

众所周知，认识和了解人类社会的起源与发展对人类鉴别其文化和社会根源有着极其重要的作用。

考古遗产构成记载人类过去活动的基本材料，因此，对其保护和合理的管理能对考古学家和其他学者代表人类当前和今后的利益对其进行研究和解释起到巨大的作用。

对这种遗产的保护不能仅仅依靠适用考古学方法，它需要较广泛的专业和科学知识与技能基础。有些考古遗产的构成是建筑结构的组成部分，在这种情况下，就必须根据 1966 年保护和修复古迹遗址的威尼斯宪章所规定的这类结构的保护标准进行保护，考古遗产的其他构成是当地人民生活习惯的组成部分，对于这类遗址和古迹，当地文化团体参与其保护和保存具有重要意义。

由于这些原因以及其他一些原因，考古遗产的保护必须依靠各学科专家的有效合作，它需要政府当局、学术研究人员、公私企业以及一般民众的合作。因此，本宪章规定了有关考古遗产管理不同方面的原则，其中包括公共当局和立法者的责任，有关遗产的勘察、勘测、发掘、档案记录、研究、维护、保护、保存、重建、信息资料、展览以及对外开放与公众利用等的专业操作程序规则以及考古遗产保护所涉及的专家之资格等。

本宪章受到了作为学者、专家以及政府的政策与实践思想的源泉与准则的威尼斯宪章的成功之鼓舞。

本宪章必须反映具有全球效力的基本原则和准则。鉴此，宪章不能考虑地区性的和国家的具体问题和可能性。因而，本宪章必须为此需要根据将来的原则与准则，在地区性和国家范围内加以补充。

第一条　定义与介绍

"考古遗产"是根据考古方法提供主要资料实物遗产部分,它包括人类生存的各种遗存,它是由与人类活动各种表现有关的地点、被遗弃的结构、各种各样的遗迹(包括地下和水下的遗址)以及与上述有关的各种可移动的文化资料所组成。

第二条　整体保护政策

考古遗产是一种容易损坏、不能再生的文化资源。因此,土地利用必须加以控制并合理开发,以便把对考古遗产的破坏减小到最低限度。

考古遗产的保护政策应该构成有关土地利用、开发和计划以及文化环境和教育政策的整体组成部分。考古遗产的保护政策必须不断予以检查,以便跟上时代的发展,考古保护区的划定亦构成此种政策的一部分。

考古遗产的保护必须纳入国际的、国家的、区域的以及地方一级的规划政策。

一般民众的积极参与必须构成考古遗产保护政策的组成部分。涉及当地人民遗产时这点显得更加重要。参与必须以得到作出决定所需知识之机会为基础。因此,向一般民众提供信息资料是整体保护的重要组成部分。

第三条　立法和经济

考古遗产的保护应看做是全人类的道德义务,它是民众的一项集体责任。此项义务必须通过相应的立法以及支持遗产有效管理计划的足够资金的规定加以确认。

考古遗产为全人类社会所共有,因此,每个国家应有义务保证拨出足够的资金用于考古遗产的保护。

立法应该为适合于每个国家和地区的需要、历史和传统的考古遗产提供保护,提供就地保护和研究的法律需要。

立法应该以考古遗产是全人类和人类群体的遗产这个概念为基础,而不局限于某一个人或国家。

立法应该禁止在没有得到有关考古当局的同意而通过改变考古遗址或古迹或其环境对其进行毁坏、损坏和改变。

在批准毁掉考古遗产的情况下,原则上,立法应要求对其进行全面的考古研究和档案记录。

立法应要求并规定对考古遗产进行适当的维护、管理和保护。

对违反考古遗产法律的行为应制定适当的法律制裁措施。

如果立法仅仅只对那些登记在选择法定财产清单中的考古遗产的某些部分提供保护,对没有受到保护或新近发现的古迹和遗址必须制定暂时保护规定,直至对其作出考古评估。

开发项目构成对考古遗产的最大威胁之一。开发者有责任保证在开发计划实施之前对考古遗产影响进行研究，因此，该项责任应体现在适当的立法中，并规定此种研究经费应包括在项目经费之中。立法中还应该建立这样的原则，即：开放项目的设计应该将其对考古遗产的影响减小到最低限度。

第四条　勘察

对考古遗产的保护必须以对其范围和性质尽可能的全面了解为基础。因此，对考古资源进行全面的勘察是考古遗产保护与管理的一项基本义务。

同时，考古财产清单构成科学研究主要数据库，因此，编制考古财产清单应被认为是一个不断变化的过程。其结果是：考古财产清单应该包括各个重要和可靠阶段的资料，因为即使是表面的知识也能构成保护措施的起点。

第五条　调查研究

考古知识主要基于对考古遗产的科学调查研究。此种调查研究包括广泛的方法，从非破坏性的取样技术到全面发掘。

收集考古遗产的资料不应更多地毁坏为保护或科学研究目的所需的考古证据，这是一项最重要的原则。因此，与全面发掘相比，非破坏性技术、空中的地面勘测、取样等方法应在尽可能的范围内加以鼓励。

由于发掘总是意味着需要以失去其他资料甚至可能以毁坏整个遗址为代价来选择将要记录和保存的证据，因此只有在经过深思熟虑之后方可作出发掘的决定。

发掘应该在遭受发展规划、土地用途改变、掠夺和自然蜕化的威胁的古迹和遗址上进行。

作为例外情况，为了阐明研究问题或为了向民众展览而更有效地阐述古迹遗址，也可以对没有遭受威胁的遗址进行发掘。在这种情况下，发掘之前必须首先对遗址的重要性进行全面的科学评估。发掘应该是部分的，留一部分不受干扰，以便今后研究。

在发掘工作完成后的一段合理期间内，应该向科学团体提交一份符合既定标准的报告，报告应包括相应的考古财产清单。发掘工作应根据 1956 年联合国教科文组织关于适用于考古发掘的国际原则的建议所规定的原则以及既定的国际国内专业标准予以进行。

第六条　维护与保护

考古遗产管理的总体目标应是就地保存古迹和遗址，包括对一切相关的记录和藏品等进行适当的长期保护与保管。将遗产的任何组成部分转移至新的地点的任何行为即构成违反就地保存遗产的原则。这项原则强调适当维护、保护和管理的需要。它也坚持如果发掘考古遗产的适当维护和管理之规定得不到保障，则不应通过发掘或在发掘后暴露考古遗产的原则。

作为促进维护考古遗产的一种方法，应该积极寻求和鼓励当地承担义务及其参与。这一原则在处理当地人民和地方文化团体的遗产时特别重要。在某些情况下，把保护和管理古迹和遗址的责任委托给当地人民也许是适当的。

由于所能得到的资源难免有限，积极的维护不得不在有选择的基础上进行。因此，它应该在各种古迹遗址的重要性和代表性的科学评估基础上适用于其中的一个范例，而不应局限于那些比较著名并引人注目的遗址。

在考古遗产的维护和保护方面应适用 1956 年联合国教科文组织的建议所规定的相应原则。

第七条 展出、信息资料、重建

向民众展出考古遗产是促进了解现代社会起源和发展的至关重要的方法。同时，它也是促进了解对其进行保护需要的最重要的方法。

展出和信息资料应被看做是对当前知识状况的通俗解释，因此，必须经常予以修改。它应考虑到了解过去的其他多种方法。

重建起到两方面的作用：试验性的研究和解释。然而，重建应该非常细心谨慎，以免影响任何幸存的考古证据，并且，为了达到真实可靠，应该考虑所有来源的证据。在可能和适当的情况下，重建不应直接建在考古遗址之上，并应能够辨别出为重建物。

第八条 专业资格

在各个不同学科拥有至高学术水平对考古遗产的管理极为重要。因此，在相应的专业领域培养足够数量的合格专业人员是每个国家教育政策的重要目标。发展某些高尖端专业领域的技能之需要，要求进行国际合作。必须建立和维持专业培训和专业指导的标准。

考古学术培训的目标应该考虑到保护政策从发掘到就地保存的转变。它还应该考虑到这样的事实，即：在保存和了解考古遗产方面，研究当地人民的历史与研究著名的古迹和遗址同样重要。

考古遗产的保护是一个不断变化发展的过程。因此，应该使从事这方面工作的专业人员有时间更新他们的知识，应该制定专门侧重于考古遗产保护和管理的研究生培训计划。

第九条 国际合作

考古遗产是全人类共同遗产，因此，国际合作在制定和维持其管理标准方面极为重要。

为从事考古遗产管理的专业人员交流信息和经验，急需创建国际机构。它要求组织地区性和全球性的大会、研讨会、专题讨论会等，并建立地区性的研究生研究中心。国际古迹遗址理事会应通过其专业团体，在其中长期计划中促进这方面的工作。

　　作为提高考古遗产管理水平的一种方法，还应该发展专业人员的国际交流。在国际古迹遗址理事会的领导下，应制定出考古遗产管理方面的技术援助计划。

　　（原载国家文物局法制处：《国际保护文化遗产法律文件选编》，紫禁城出版社，1993 年版）

与世界遗产公约相关的奈良真实性会议
《奈良真实性文件》（1994）

（与世界遗产公约相关的奈良真实性会议于
1994 年 11 月 1 日至 6 日在奈良通过）

序　言

1. 作为奈良（日本）会议全体专家，我等兹在此感谢日本当局的慷慨精神与学术勇气，为我们适时提供了此论坛，使我们得以挑战遗产保护领域的传统思想，并就拓展视野的方式与手段展开辩论，以使得我们在遗产保护实践中赋予文化与遗产多样性更多的尊重。

2. 我们也希望，借此对世界遗产委员会所提出的讨论框架的价值表示认可。该框架旨在以全面尊重所有社会的社会与文化价值的方式来验证真实性，并检验被列入《世界遗产名录》的文化资产的普遍性价值。

3. 《奈良真实性文件》乃是孕育于 1964 年《威尼斯宪章》的精神，并以此为基础加以了延伸，以响应当代世界文化遗产关注与利益范围的不断拓展。

4. 在一个日益受到全球化以及同质化力量影响的世界，在一个时有借由侵略性民族主义与压制少数民族的文化以获取文化认同的世界，在保护实践中纳入真实性考虑具有重要的作用，可厘清并阐明人类的集体记忆。

文化多样性与遗产多样性

5. 整个世界的文化与遗产多样性对所有人类而言都是一项无可替代的丰富的精神与知识源泉。我们必须积极推动世界文化与遗产多样性的保护和强化，将其作为人类发展不可或缺的一部分。

6. 文化遗产的多样性存在于时间与空间之中，需要对其他文化及其信仰系统的各个方面予以尊重。在文化价值出现冲突的情况下，对文化多样性的尊重则意味着需要认可所有各方的文化价值的合理性。

7. 所有的文化与社会都是根植于以有形与无形手段表现出来的特殊形式和方法，这些形式和方法构成了他们的遗产，应该受到尊重。

8. 其中至关重要的是强调任何一种文化遗产都是所有人类的共同遗产这一联合国教科文组织的基本原则。对文化遗产的责任和管理首先应该是归属于其所产生的文化社区，接着是照看这一遗产的文化社区。然而，除这些责任之外，在决定相关原则与责任时，还应该遵守为文化遗产保护而制订的国际公约与宪章。所有社区都需要尽量在不损伤其基本文化价值的情况下，在自身的要求与其他文化社区的要求之间达成平衡。

价值与真实性

1. 对文化遗产的所有形式与历史时期加以保护是遗产价值的根本。我们了解这些价值的能力部分取决于这些价值的信息来源是否真实可靠。对这些与文化遗产的最初与后续特征有关的信息来源及其意义的认识与了解是全面评估真实性的必备基础。

2. 《威尼斯宪章》所探讨及认可的真实性是有关价值的基本要素。对于真实性的了解在所有有关文化遗产的科学研究、保护与修复规划以及《世界遗产公约》与其他遗产名单收录程序中都起着至关重要的基本作用。

3. 一切有关文化项目价值以及相关信息来源可信度的判断都可能存在文化差异，即使在相同的文化背景内，也可能出现不同。因此不可能基于固定的标准来进行价值性和真实性评判。反之，出于对所有文化的尊重，必须在相关文化背景之下来对遗产项目加以考虑和评判。

4. 因此，在每一种文化内部就其遗产价值的具体性质以及相关信息来源的真实性和可靠性达成共识就变得极其重要和迫切。

5. 取决于文化遗产的性质、文化语境、时间演进，真实性评判可能会与很多信息来源的价值有关。这些来源可包括很多方面，譬如形式与设计、材料与物质、用途与功能、传统与技术、地点与背景、精神与感情以及其他内在或外在因素。使用这些来源可对文化遗产的特定艺术、历史、社会和科学维度加以详尽考察。

附录一

后续建议（由 H. Stovel 提议）

1. 对文化与遗产多样性的尊重需要有意识的努力，避免在试图界定或判断特定纪念物或历史场所的真实性时套用机械化的公式或标准化的程序。

2. 以尊重文化与遗产多样性的态度来判断真实性需要采取一定的方法，鼓励不同文化针对其性质和需求制订出特定的分析过程与工具。这些方法可能会有以下共同点：

·努力确保在真实性评估中纳入跨学科合作，恰当利用所有可用的专业技术和知识；

·努力确保相关价值真正代表了一个文化与其兴趣的多样性，尤其是纪念物与历史场所；

·努力清晰记录有关纪念物与历史场所的真实性的特殊性质，作为未来开展处理与监控的实用性指南；

·努力根据不断变化的价值和环境对真实性评估加以更新；

3. 尤其重要的是努力确保相关价值受到尊重，且尽量在决策中形成与这些价值有关的跨学科及社区统一意见。

4. 这些方法还应该建立在有志于文化遗产保护的所有各方的国际合作基础上，并进一步推动这一合作，以促进全世界对每一种文化的多样化表达和价值的尊重与了解。

5. 将此对话延伸并拓展到全世界不同区域与文化是提升人类共同遗产保护的真实性的实用价值的必要前提。

6. 增进公众对遗产的了解对于获得保护历史痕迹的切实措施很有必要。这意味着在增进对这些文化资产自身价值的了解的同时，也要尊重这些纪念物与历史场所在当代社会所扮演的角色。

附录二

定 义

保护：是指所有旨在了解一项遗产，掌握其历史和意义，确保其自然形态，并在必要时进行修复和增强的行为。（文化遗产包括《世界遗产公约》第一条所定义的具有文化价值的纪念物、建筑群与历史场所）。

信息来源：可使人了解文化遗产的性质、规范、意义与历史的所有物质的、书面的、口述的与图像的来源。

附注：1.《奈良真实性文件》是在日本政府文化事务部的邀请下，于 1994 年 11 月 1 至 6 日出席在奈良举办的"与世界遗产公约相关的奈良真实性会议"的 45 名代表起草。此次会议是由日本政府文化事务部与联合国教科文组织、国际文物保护与修复研究中心（ICCROM）及国际古迹遗址理事会（ICOMOS）共同举办。2.《奈良文件》的最终版本由奈良会议总协调人 Raymond Lemaire 先生和 Herb Stovel 先生编辑。

国际统一私法协会
《关于被盗或非法出口文物公约》（1995）

（国际统一私法协会于 1995 年 6 月 24 日在罗马通过）

本公约当事国：

聚集在罗马，应意大利政府的邀请于 1995 年 6 月 7 日至 24 日参加有关"国际统一私法协会通过关于国际范围内归还被盗或者非法出口文物公约草案"的外交大会。

确信保护文物遗产和文化交流对促进人民之间的理解的特殊重要性，以及传播文化对人类福祉和增进文明的特殊重要性。

深切关注在文物方面的非法交易以及由此引起的经常发生的无可挽回的损害，这些情况不仅对于这些物品本身及对于民族、部落、土著居民或者其他社会团体的文化遗产，并且对于人类遗产造成了无可挽回的损害；更为关注由于对考古遗址的掠夺和由此而产生的无法弥补的考古学、历史学及科学资料的损失；

决定为了在有效地打击文物的非法交易方面做出贡献，应在缔约国之间采取重要措施，即在文物的返还和归还方面建立共同的、最低限度的法律规范，以期促进为所有各方的利益而保存和保护文物；

强调本公约旨在便利文物的返还和归还，并强调任何补救规定，如一些国家为进行有效的返还和归还所必需的补偿等规定，并不意味着应当适用于其他国家；

确认本公约各项规定的通过，将决不是授权对发生在本公约生效前的任何性质的非法转移表示同意或者认可其合法性；

意识到本公约并非通过自身对于因非法将近易而产生的问题提供一项解决办法，而是由此启动一种促进国际文化合作、维护合法交易以及国家间的文化交流协议之适当作用的进程；

认识到实施本公约应当辅之以其他有效的措施，如逐步建立和使用注册登记制度、切实保护考古遗址和技术合作等，以保护文物；

承认各个机构为保护文化财产所做的工作，特别是 1970 年联合国教科文组织

关于非法转让的公约以及在私人领域所形成的行为守则，

兹达成如下协议：

第一章 适用范围和定义

第一条 本公约适用于如下国际性请求：

（一）返归被盗文物；

（二）归还因违反缔约国为保护其文化遗产之目的制定的文物出口法律而被移出该国领土的文物（以下简称"非法出口文物"）。

第二条 为本公约之目的，文物系指因宗教或者世俗的原因，具有考古、史前史、历史、文学、艺术或者科学方面重要性，并属于本公约附件所列分类之一的物品。

第二章 被盗文物的返还

第三条

（一）被盗文物的拥有者应当归还该被盗物。

（二）为本公约之目的，凡非法发掘或者合法发掘但非法持有的文物，应当视为被盗，只要符合发掘发生地国家的法律。

（三）任何关于返还被盗文物的请求，应自请求者知道该文物的所在地及该文物拥有者的身份之时起，在三年期限内提出；并在任何情况下自被盗时起五十年以内提出。

（四）但是，关于返还某一特定纪念地或者考古遗址组成部分的文物，或者属于公共收藏的文物的请求，则不受请求者应自知道该文物的所在地及该文物的拥有者身份之时起三年以内提出请求的时效限制。

（五）尽管有前款的规定，任何缔约国可以声明一项请求应受七十五年的时效限制，或者受到该国法律所规定的更长时效的限制。在另一缔约国境内对从作出上述声明的缔约国纪念地、考古遗址或者公共收藏品中移走的文物提出返还请求，也应受上述时效的限制。

（六）前款所述声明应在签署、批准、接受、核准或者加入时作出。

（七）为本公约之目的，"公共收藏品"是由经过登记注册或者其他方式证明的文物组成，并且其所有者是下列之一：

（1）缔约国；

（2）缔约国的一个区域或者地方当局

（3）缔约国的一个宗教机构

（4）为文化、教育或者科学之基本目的而在缔约国内建立的旨在服务于公共利益的机构。

（八）此外，对一缔约国境内属于一部落或者土著人社区所有的或者使用的、作为该社区传统或者祭祀用品的一部分的宗教文物或对该社区具有重要意义的文物提出返还要求，则应当受适用于公共收藏品的时效限制。

第四条

（一）被要求归还被盗文物的拥有者只要不知道、也理应不知道该物品是被盗的，并且能证明自已在获得该物品时是慎重的，则在返还该文物时有权得到公正合理的补偿。

（二）在不损害前款所述拥有者的补偿权利的情况下，只要符合提起请求的所在国法律，应当做出合理的努力，促使向拥有者移交文物的人或者任何此前的移交人支付此种补偿。

（三）在要求补偿时，请求人向拥有者支付补偿不应损害该请求人向任何其他人重新获得此种补偿的权利。

（四）在确定拥有者是否慎重时，应当注意到获得物品的所有情况，包括当事各方的性质、支付的价格、拥有者是否向通常可以接触到的被盗文物的登记机关进行咨询、他通常可以获得的其他有关信息和文件、拥有者是否向可以接触到机关进行咨询，或者采取一个正常人在此情况下应当采取的其他措施。

（五）拥有者若以继承或者其他无偿方式从某人处获得文物，则不应享有优于此人的地位。

第三章　非法出口文物的归还

第五条

（一）缔约国可以请求另一缔约国法院或者其他主管机关命令归还从请求国领土上非法出口的文物。

（二）为展览、研究或者修复等目的，根据请求国为保护其文化遗产之目的制定的文物出口法律而颁布的许可证，从请求国暂时出口却没有依照许可证条件予以归还的文物，应认定为已经非法出口。

（三）如果请求国证实从其境内移出的文物严重地损害了下列各项或者其中一项利益，或者证实该文物对于请求国具有特殊的文化方面的重要性，被请求国的法院或者其他主管机关应当命令归还非法出口的这一物品。上述利益系指：

（1）有关该物品或者其内容的物质保存；

（2）有关组合物品的完整性；

（3）有关诸如科学性或者历史性资料的保存；

（4）有关一部落或者土著人社区对传统或者宗教物品的使用。

（四）根据本条第一款作出的请求，应包括或者附有关于事实或者法律一类的资料，以有助于被请求国法院或者其他主管机关确定该请求是否符合第一款至第三款的要求。

（五）归还请求应当在请求国知道文物所在地和拥有者身份时起的三年之内提出；任何情况下，应自出口之日或者自根据本条第二款所述许可证规定该物品应被归还之日起五十年以内提出。

第六条

（一）在文物非法出口后获得该物品的拥有者，如果在获得该物品时不知道或者理应不知道这一物品是非法出口的，有权在归还该物时得到请求国公证、合理的补偿。

（二）在确定拥有者是否已知道或者通常理应知道其文物属非法出口时，应考虑到获得物品的情况，包括缺少请求国法律所要求的出口许可证的情况。

（三）被要求归还文物的拥有者经与请求国协商一致，可决定以下列方式之一代替补偿：

（1）保留对该物品的所有权；

（2）有偿或者无偿地将所有权转让给他所选择的居住在请求国境内并提供了必要担保的人。

（四）根据本条归还文物的费用应由请求国承担，但不妨碍该国向其他人重新获取此种费用的权利。

（五）拥有者若以继承或者其他无偿方式从某人处获得文物，则不应享有优于此人的地位。

第七条

（一）本章的规定不适用于下列情况：

（1）在要求归还文物时，该物品的出口已不再是非法的；

（2）物品的在其创作者生前出口的，或者是在该创作者死后五十年以内出口的；

（二）尽管有前款第（2）项的规定，本章的规定仍应适用于由部落或者土著人社区的成员为该社区的传统或者宗教之用而制作的文化物品，这种物品将要归还该社区。

第四章　一般规定

第八条

（一）第二章规定的要求和第三章规定的请求可以向文物所在地的缔约国法院

或者其他主管机关提出，也可向根据其现行法律拥有管辖权的缔约国法院或者其他主管机关提出。

（二）当事人可以同意将争议提交任何法院或者其他主管机关，或者提交仲裁。

（三）即使当返还的要求或者归还的请求是向另一个缔约国法院或者其他主管机关提出的，物品所在地缔约国法律许可的、包括保护性措施在内的任何临时性措施仍可付诸实施。

第九条

（一）本公约不妨碍缔约国适用在被盗或者非法出口文物的返还或者归还方面比本公约更为有利的规定。

（二）本条不得解释为创设了承认或者执行另一缔约国法院或者其他主管机关作出的违反本公约规定的裁决的义务。

第十条

（一）第二章的规定应仅适用于本公约对一国家生效后在该国提出索还请求的被盗文物，只要（1）该物品是在本公约对缔约国生效后从该国领土内被盗的；或者

（2）该物品在本公约对缔约国生效后位于该国。

（二）第三章的规定应仅适用于本公约对请求国生效后以及对某一国生效后在其境内提出索还请求的非法出口的文物。

（三）本公约不以任何方式证明发生在本公约生效以前的、或者根据本条第（一）款、第（二）款而被排除在外的任何性质的非法移交是合法的，也不限制国家或者其他人根据本公约框架外可援用的救济措施，对于本公约生效前被盗或者非法出口的文物提出返还或者归还请求的权利。

第五章　最后条款

第十一条

（一）本公约在国际统一私法协会通过关于国际范围内归还被盗或者非法出口文物公约的外交大会闭幕会议上开放签署，并且至一九九六年六月三十日之前在罗马继续向所有国家开放签字。

（二）本公约须经签署国批准、接受、或者核准；

（三）本公约对所有自该公约开放签署之日起未能签署的国家开放加入；

（四）批准、接受、核准或者加入，须就此向保存国交存一份正式的文件。

第十二条

（一）本公约应自第五份批准、接受、核准或者加入的文件交存之日后第六个

月的第一天生效；

（二）在第五份批准、接受、核准或者加入的文件交存后，对于每一批准、接受、核准或者加入本公约的国家，本公约应自该国交存其批准、接受、核准或者加入的文件之日后第六个月的第一天起对其生效。

第十三条

（一）本公约不影响缔约国在法律上受其约束的、并且载有本公约所调整事项的规定的国际文书，但该国对这种国际文书作出相反声明的情况除外。

（二）缔约国可以与一个或者多个缔约国达成协议，以期在其相互关系中促进适用本公约。已经缔结这种协议的国家应向保存国送交一份协议文本。

（三）作为经济一体化组织或者区域性机构成员的缔约国，可以声明在其相互关系中将适用该组织或者机构的内部规定，因而在这些国家之间将不适用本公约中与前述规定的适用范围相同的规定。

第十四条

（一）如果缔约国拥有两个或者更多的领土单位，无论这些领土单位对本公约所处理的事项是否适用不同的法律体系，该国可以在签署或者交存其批准、接受、核准或加入的文件时，声明本公约扩展适用于其所有领土，或者仅适用于其中的一个或多个领土单位，并且可随时以另一声明取代此项声明。

（二）应向保存国通知这些声明，并且明确陈述本公约所适用的领土单位。

（三）如果本公约因根据本条所作的声明扩展适用于缔约国的一个或国多个领土单位，但不是其所有领土单位，则：

（1）第一条中所提及的缔约的缔约国领土，应解释为系指该国的一个领土单位的区域；

（2）缔约国或者接受请求国家的法院或者其他主管机关，应解释为系指该国的一个领土单位的法院或者其他主管机关；

（3）第八条第（一）款中提及的文物所在地的缔约国，应解释为系指该国内物品所在地的领土单位；

（4）第八条第（三）款中所提及的文物所在地的缔约国法律，应解释为系指该国的物品所在地的领土单位的法律；

（5）第九条中所提及的缔约国，应解释为系指该国的一个领土单位；

（四）如果缔约国未根据本条第（一）款作出声明，则本公约适用于该国的全部领土单位。

第十五条

（一）在签署时根据本公约规定作出的声明，应在批准、接受或者加入时予以确认。

（二）声明和确认声明应以书面方式正式通知保存国。

（三）声明应在本公约对有关国家生效的同时产生效力。但是，保存国在公约对有关国家生效后收到正式声明的，则此项声明应在向保存国交存之日后第六个月的第一天起生效。

（四）根据本公约规定作出声明的国家，可以在任何时候以书面方式向保存国正式通知撤销此项声明。此种撤销应在交存通知之日后第六个月的第一天起生效。

第十六条

（一）每一缔约国在签署、批准、接受、核准或者加入时，应当声明一个国家根据第八条提出对文物返还或者归还的请求，可以按照下列一种或者数种程序向其提出：

（1）直接向作出声明国家的法院或者其他主管机关提出；

（2）通过该国指定的机关接受这种主张或者请求，并且将其转交该国的法院或者主管机关；

（3）通过外交或者领事途径。

（二）每一缔约国还可以指定根据第二章和第三章有权命令返还或者归还文物的法院或者其他机关。

（三）根据本条第（一）款、第（二）款作出的声明，可以在任何时候以一项新的声明予以修正；

（四）本条第（一）款至第（三）款的规定不影响缔约国之间可能存在的双边或者多边的有关民事和商事司法协助的协定。

第十七条 每一缔约国应在不迟于其交存批准、接受、核准或者加入文件之日后的六个月内，以本公约使用的一种正式语言向保存国提供该国有关文物出口的法律的书面资料。这种资料应在适当的时候经常予以更新。

第十八条 除本公约有明确授权之外，不允许作出保留。

第十九条

（一）本公约对当事国生效后，该国可以随时向保存国提交退出本公约的文件。

（二）退出应在向保存国交存退出文件之日后第六个月的第一天起发生效力。当退出文件中对退出的效力规定了更长的时间时，则应自向保存国交存后至这一更长时间结束时发生效力。

（三）即使已经退出本公约，本公约仍应适用于在退出发生效力之日前提出的将文物返还的请求或者是归还文物的请求。

第二十条 国际统一私法协会主席根据五个缔约国的请求，可以定期或者随时召开特别委员会，以便审查本公约的实际运作情况。

第二十一条

（一）本公约应交意大利共和国政府保存。

（二）意大利共和国政府应当：

（1）向所有签署或者加入本公约的国家和国际统一私法协会的主席通知下列事项：

1）每一项新的签署或者交存的批准、接受、核准或者加入的文件，并随附这些文件的日期；

2）根据本公约作出的每一项声明；

3）对声明的撤销；

4）本公约生效的日期；

5）第十三条所述协定；

6）交存的退出本公约的文件以及此项交存的日期和退出发生效力的日期；

（2）向所有签署、加入本公约的国家和国际统一私法协会的主席转交经审核无误的本公约文本；

（3）履行通常由保存国承担的其他职能。

下列全权代表经正式授权签署本公约，以昭信守。

本公约于 1995 年 6 月 24 日订于罗马，共一份，用英文和法文写成；两种文本同等作准。

附件：

1. 动物群落、植物群落、矿物和解剖以及具有古生物学意义的物品的稀有收集品和标本；

2. 有关历史，包括科学、技术、军事及社会史、有关国家领袖、思想家、科学家、艺术家之生平以及有关国家重大事件的财产；

3. 考古发掘（包括正常的和秘密的）或考古发现的成果；

4. 业已肢解的艺术或历史古迹或考古遗址之构成部分；

5. 一百年以前的古物，如铭文、钱币和印章；

6. 具有人种学意义的文物；

7. 有艺术价值的财产，如：

（1）全部是手工完成的图画、绘画和绘图，不论其装帧框座如何，也不论所用的是何种材料（不包括工业设计图及手工装饰的工业产品）；

（2）用任何材料制成的雕塑艺术和雕刻的原作；

（3）版画、印片和平版画的原件；

（4）用任何材料组集或拼集的艺术品原件；

8. 稀有手稿和古版书籍，有特殊意义的（历史、艺术、科学、文学等）古书、文件和出版物，不论是单本的或整套的；

9. 邮标、印花税票及类似的票证，不论是单张的或成套的；

10. 档案，包括有声、照相和电影档案；

11. 一百年以前的家具物品和古乐器。

（1997 年 3 月 7 日中华人民共和国国务院批复加入国际统一私法协会于 1995 年 6 月 24 日在罗马通过的《关于被盗或非法出口文物公约》）

新都市主义协会
《新都市主义宪章》（1996）

（新都市主义协会第四次会议于1996年通过）

　　新都市主义协会将以下几方面视为一系列相互关联的、攸关社区建设的挑战：内城投资的缩减，郊区化扩张的无序蔓延，不断增长的种族隔离和贫富差距，环境的恶化，日益减少的耕地与生态环境，以及被逐渐侵蚀的社会建筑遗产。

　　我们拥护在大都市范围内重建现有的城市中心和城镇；赞同重构不断蔓延的郊区，将其纳入邻里与分区的范畴中；支持对自然环境的保护和对人类建筑遗产的承存。

　　我们意识到，仅靠物质手段本身，不能解决社会和经济问题；但如果缺乏相应的物质基础，保持经济活力、社会稳定和环境健康也就成为一纸空谈。

　　我们赞同对政府政策和开发项目进行调整，以支持下述理念：邻里的功能和人口构成应是多样化的；社区设计应该将行人、公共交通视为与私人汽车同等重要；城市与城镇应具有实体的边界，而且其公共空间和社区会所应该通达无碍；都市地区的建筑及景观设计，应彰显当地的历史、气候、生态和建筑经验。

　　我们由政府、民间团体领导、社会活动家和各界专业人士组成，具有广泛的群众基础。通过让公众参与规划与设计，我们致力于重塑建筑艺术与社区建设的关系。

　　我们将为重建我们的家园、地块、街道、公园、邻里、街区、城镇、地区和环境而奋斗。

区域：大都会、城市和城镇

　　1. 大都会区域是当代社会的基础经济单元，政府运作、政策、科学的规划和经济战略必须反映这一新的现实。

　　2. 大都会区域通常由地理边界限定，比如地势、水域、海岸、耕地、地区公园、江河流域等，其通常由多个中心组成，分别是城市、市镇和村庄，它们都有自己可辨认的中心和边界。

3. 大都会区域与农耕田地及自然景观之间保持着必需和脆弱的联系；农场和自然对大都会的重要性就像花园对于住宅一样。

4. 规划的模式不能模糊不清，也不应消除城市的边界；在改造边缘和废弃区域的同时，在现有地区中进行填充式开发可以保护环境资源、经济投资和社会结构；大都会区域应制定各种发展战略以鼓励填充式的开发，而不是外向型的扩展。

5. 恰当的做法是，都市郊区应该以邻里和地区的形式进行开发，并且与现有的都市模式整合。不相邻的建设项目应该以城镇和村庄的形式进行开发，并具有其自己明确的边界，而且还应考虑工作与住宅的平衡，而不仅仅是作为郊外卧城。

6. 城镇和城市的发展和重建应该尊重历史的形式、典例和边界。

7. 城市和城镇应该更广泛地符合公众和私人的利益，来支持使各个收入阶层收益的区域经济。平价住宅应该分布在城区的各个部分方便就业和避免低收入人群集中。

8. 区域的规划应该由一个可选性的交通框架来支持。当人们减少对汽车的依赖时，在区域各处都应该最大限度地建立公共汽车、步行和自行车系统。

9. 为避免由税收引起的恶性竞争和促进交通、娱乐、公共服务、住房和社区机构的协调，税收和资源应该在区域范围内在自治市镇和城市中心之间更合理地共享。

邻里、街区与廊道

10. 邻里、街区与廊道是大都会发展与再发展的基本要素，它们构成可认知的区域，应鼓励人们负责它们的维护与发展。

11. 邻里应当是紧凑，适宜步行和混合使用的。一般而言，街区强调某一特定用途，并应当尽可能遵循邻里设计原则。廊道连接邻里和街区，从林荫道、铁路线到河流、林荫大道，都属于廊道的范畴。

12. 很多日常行为都应当发生在步行距离之内，以确保那些不会开车的人，尤其是老人和青少年，能具有生活独立性。相互连接的道路网络设计应当利于步行，并力求减少汽车出行次数及行程，从而节省能源。

13. 在邻里街区内，多种类型的住宅和价格层次有利于不同年龄、种族与收入的人群进行日常交往，从而加强一个真正社区所需要的个体及公众的联系。

14. 在适当规划和协调的情况下，交通廊道有助于组织大都市的框架并重新激发城市中心的活力。相反，高速公路廊道不能挪用拨给现有中心区的那部分投资。

15. 适宜的建筑密度和土地使用应在步行可到达公交车车站范围之内，从而使公共交通切实可行地成为可替代私家车的交通工具。

16. 公众性、公务性和商业性活动应集中分布于邻里与街区之间，而不应安排在偏远的单一使用型综合建筑内。学校的规模与选址应当保证儿童可以步行或骑自行车到达。

17. 图解的城市设计规范，对变化做前瞻性指导思想，可以使邻里、街区的经济得到健康和协调的发展。

18. 各种公园，从儿童游戏场、大草坪到野营地、社区花园，应分布于邻里各处。保护区和开放空间应该用来限定和联系不同的邻里与街区。

街块、街道和建筑

19. 城市建筑和景观设计的主要工作便是限定出多用途的街道和公共空间。

20. 单体建筑与其所处环境应该紧密结合，这一点比风格更重要。

21. 城区的再生有赖于安全；街道和建筑的设计应加强环境安全设计，但并不是说要牺牲其易接近性和开放性。

22. 现代城市中，项目开发都必须考虑汽车，但同时也应尊重行人的权利和公共空间的形式。

23. 对行人来讲，街道和广场应该是安全、舒适和有趣的地方；如果环境适宜，人们会更多的选择步行，邻居们会很容易相互认识并保护他们的社区。

24. 建筑和景园设计应以当地气候、地形、历史和建筑习惯做法为出发点。

25. 市政建筑和公共聚集场所应位于重要地段，以加强社区的可识别性和民主文化的发展；它们应有杰出的形式，因为其不同于其他构成城市基底的建筑和场所。

26. 建筑应为其居民提供的方位、天气和时间清晰感受，以自然的方式采暖和冷却都会比人工方式能更为有效地利用资源。

27. 有历史意义的建筑、街区、景观的保护应注意城市的延续和进化。

（原载［美］新都市主义协会编：《新都市主义宪章》，天津科学技术出版社，2004 年版）

中国—欧洲历史城市市长会议《保护和发展历史城市国际合作苏州宣言》（1998）

（中国—欧洲历史城市市长会议于 1998 年 4 月 9 日在苏州通过）

考虑到保护历史城市的重要性和根据《世界遗产公约》，各国和国际社会所应履行职责，以及传播信息的必要性，参加"中国—欧洲历史城市市长会议"的代表着重强调，应根据社会和经济发展的需要，加强对历史城市的保护，并按照可持续发展的原则，为未来寻求保护的途径和方法。

来自中国 15 个和欧盟 9 个历史城市的市长或其代表于 1998 年 4 月 7 日至 9 日相聚在中国苏州。

代表们重申了各自国家的政府对《保护世界文化和自然遗产公约》、《世界遗产公约》所作的承诺，并回顾了《关于在国家一级保护文化和自然遗产的建议》，二者均是 1972 年 11 月 16 日由联合国教科文组织大会通过的；同时，还回顾了 1976 年 11 月 26 日和 1968 年 11 月 19 日联合国教科文组织大会通过的《关于历史地区保护及其当代作用的建议》以及《关于保护受到公共或私人工程危害的文化财产的建议》。

代表们进一步回顾了 1992 年里约热内卢"全球首脑会议"通过的《二十一世纪议程》和 1996 年伊斯坦布尔"城市最高级会议—人居会议"通过的《人居议程》并注意到 1998 年 4 月 2 日联合国教科文组织在斯德哥尔摩召开的"政府间文化政策促进发展会议"所通过的《文化政策促进发展行动计划》。

代表们还认识到市长和地方当局在实施以上国际条约和文件的作用正在日益加强，因此，于 1998 年 4 月 9 日重申：

在全球化和城市迅速转变的年代，城市本身的特征应集中体现在历史地区及其文化之中，城市发展的一个基本因素是历史地区的保护和延续。由此，市长及其代表们将致力于：

1. 按照联合国教科文组织 1972 年通过的《保护世界文化与自然遗产公约》中

第四、第五条款的精神和内容，采取行动；

2. 制定有效的保护政策，特别是通过城市规划措施，保护和修复历史城镇地区，尊重其真实性，一方面，是因为历史城镇地区集中保存着对不同文化的记忆；另一方面，这类城区能够使居民体验到文明由过去向未来的延续，可持续发展就是建立在这个基础上的；

3. 为繁荣丰富多彩的文化提供资源和基础设施，从而推动不同文化背景、自然环境和发展阶段的历史城镇和地区的可持续发展；

4. 制定法律保护和规划框架体系，不仅通过立法，而且也通过为居民提供资金和技术手段，鼓励采用传统建筑材料，尊重文化的多样性来开展保护和修复工作，以实现保护和加强历史城镇地区价值的目标；

5. 制定与历史城镇形态相协调的历史地区公共服务设施和社会住房政策，为此，在可能的情况下，重新调整现存建筑物的功用，以及需要有一个与这些周边地区环境相联系的公共交通政策；而且重点应该发展步行街；

6. 通过采取适当的技术、法规、经济和财务措施，防止对环境的污染；

7. 积极支持能够保证历史地区在发展中发挥关键作用的社会和经济政策；

8. 保证旅游能尊重文化、环境和当地居民的生活方式，并且保证由此而创造收入的合理部分能用于保护遗产，加强文化发展；

9. 保护并促进作为实体环境不可分割组成部分的无形文化遗产；

10. 充分发挥这些政策的有效性，并通过促进公共和私人的合作关系，落实这些政策；

11. 制定提高公众认识和教育的计划，以便在遗产保护中能够征得当地居民的意见，并能使其充分参与这项工作；

12. 制定执行这些政策的合作计划，为此与联合国教科文组织、欧洲联盟及其他机构一起，共同寻求各自国家和区域当局，以及其他机构的支持，开发中国和欧盟地方当局之间的合作项目，同时，提高邀请其他中国和欧盟历史城市，乃至世界各国城市的参与，扩大此《宣言》的影响范围。

国际古迹遗址理事会澳大利亚
国家委员会《巴拉宪章》（1999）

（国际古迹遗址理事会澳大利亚国家委员会于
1979 年 8 月 19 日在巴拉通过，1999 年 11 月 26 日进行修订）

序　言

《巴拉宪章》是由国际古迹遗址理事会（ICOMOS）澳大利亚国家委员会在参考《国际古迹遗址保护和修复宪章》（1964 年，威尼斯）及 ICOMOS 第 5 届大会决议（1978 年，莫斯科）的基础上，于 1979 年 8 月 19 日在澳大利亚南部城市巴拉批准实施的。澳大利亚 ICOMOS 分别于于 1981 年 2 月 23 日、1988 年 4 月 23 日和 1999 年 11 月 26 日对宪章进行了修订。

《巴拉宪章》（以下简称《宪章》）凝聚了澳大利亚 ICOMOS 成员的学识和经验，为具有文化重要性的场所（文化遗产地）的保护管理提供了指导

保护是文化遗产管理的有机组成，是一项长期而持续的任务。

《宪章》的适用对象

《宪章》为从事文化遗产地工作或与之相关的顾问、决策者以及遗产地的所有者、管理者和保管着制定了工作标准。

如何使用《宪章》

应当从整体上把握《宪章》。其中的许多条款是相互关联的。例如，"保护准则"部分的条款在"保护过程"和"保护规范"部分中也有进一步的诠释。各部分的标题意在方便读者阅读，而不是将《宪章》刻意划分为几个部分。

《宪章》本身为一份完整独立的文件，但是其实施和运用会在澳大利亚 ICO-MOS 的一些其他文件中得到进一步的诠释，这些文件包括：

·《巴拉宪章》指南：文化价值；

·《巴拉宪章》指南：保护方针；

·《巴拉宪章》指南：科研及报告的程序；

·遗产地保护中的共存规范。

《宪章》的适用领域

《宪章》适用于所有类型的文化遗产地，包括具有文化价值的自然遗产地、原住民遗址和历史古迹等。

其他组织制定的准则规范也有参考价值，包括《澳大利亚自然遗产宪章》及《原住民及托雷斯海峡岛民文化遗产地的保护、管理与使用指南草案》。

为什么需要保护

具有文化重要性的场所丰富了人类的生活，在社会和景观、过去与现实体验之间建立了深刻而富有灵感的联系。它们是历史的记录，是澳大利亚存在与发展的有形见证，具有重要的意义。具有文化重要性的场所反映了社会的多样性，反映了我们的现在，以及塑造出我们自身及澳大利亚景观的历史。因此，这些场所具有不可替代的珍贵性。

我们必须为现在及未来世代的人们保护这些具有文化重要性的场所。

《巴拉宪章》提倡慎微的改造：尽全力保护并利用这些场所，同时尽可能不对其做出任何改造，以保存其文化重要性。

第一条	定 义	注 释
	在本《宪章》中：	注释不属于《宪章》的一部分，可由澳大利亚 ICOMOS 予以添加
1.1	"场所"指地点、区域、土地、景观、建筑或建筑群，也可以包括组成要素、内容、空间和风景。	场所是一个广义的概念。条款 1.1 中描述的组成要素包括：古迹、树木、花园、公园、历史事件发生地、城区、城镇、工业区、考古遗址和宗教场所。
1.2	"文化重要性"指对过去、现在及将来的人们具有美学、历史、科学、社会和精神价值。文化重要性包含于遗产地本身、遗产地的构造、环境、用途、关联、含义、记录、相关场所及物体之中。遗产地对不同个体或团体而言，具有不同的价值。	"文化重要性"一词与"遗产意义"和"文化遗产价值"具有相同的含义。遗产地的文化重要性随历史发展而变化。对文化重要性的认识也可随信息的更新而改变。

1.3	"构造"是指遗产场所的所有自然物质，包括组成成分、固定结构、内容和实体。	构造包括建筑物内部和表面遗迹，以及从遗迹中发掘出来的材料。 构造可界定空间范围，这可能是判断场所重要性的重要元素。
1.4	"保护"是指保护某一场所以保存其文化重要性的一切过程。	
1.5	"维护"是指对某遗产地的构造环境所采取的持续保护措施。维护要与维修相区别。维修包括修复和重建。	以屋顶的沟檐为例，两者的区别在于： ·维护仅涉及沟檐的常规视察和清洁； ·腐朽性维修则意味着将沉积的沟槽重新装回原位； ·重建性维修则意味着更换已经腐朽的沟槽。
1.6	"保存"是指维护某遗产地的现存构造状态并延缓其退化。	我们已经发现，所有遗产地及其组成部分都在以不同的速度随着时间的推移而发生改变。
1.7	"修复"是指通过去除增添物，或不利用新材料而将现有组成部分进行重新组装，将某一场所的现有构造恢复到已知的某一历史状态。	
1.8	"重建"是指将某遗产地恢复到已知的某一历史状态。重建和修复的区别在于它在遗产地的构造中应用了新的材料。	新材料可包括从其他场所抢救出来的回收材料。这一方法不应对任何具有文化重要性的场所造成损害。
1.9	"改造"是指对某一场所进行调整，以使其适合现有或提议用途。	
1.10	"用途"是指一处场所的功能，以及可在这一场所开展的活动或实践行为。	

1.11	"相容用途"是指对某一场所的文化重要性给予充分尊重的用途。这类用途对此场所的文化重要性没有或者只有极小的影响。	
1.12	"环境"是指某遗产地周围的区域，可包括视力所及的范围。	
1.13	"相关场所"是指促成另一场所文化重要性形成的场所。	
1.14	"相关物体"是指促成另一场所文化重要性形成但却不位于该场所的物体。	
1.15	"相关性"是指人与场所之间的特殊关联。	相关性可以包括某一场所的社会或精神价值及社会对该场所的文化责任。
1.16	"意义"是指某一场所代表、象征、唤起或表达的意义。	意义通常与无形要素相关，例如象征性和纪念性
1.17	"诠释"是指展示某遗产地文化价值的所有方式。	诠释可以是对构造的各种处理（譬如，维护、修复、重建）；某一场所的用途及活动；遗迹说明性材料的利用。
	保护准则	
第二条	保护与管理	
2.1	具有文化重要性的场所应该得到保护。	
2.2	保护的目标是保护该场所的文化重要性。	
2.3	保护是妥善管理具有文化重要性的场所的有机组成部分。	
2.4	具有文化重要性的场所应受到安全保护，不得被置于危险或脆弱的状态。	
第三条	采取审慎措施	

3.1	保护应基于对现存构造、用途、相关性和意义的尊重；对遗产地进行的改变需慎之又慎，少之又少。	对某一场所的构造进行的添加、改变和处理痕迹是其历史和用途的证据，也是其重要性的一部分。保护行动应该有助于而不是妨碍对这一部分信息的了解。
3.2	对遗产地进行的改变不应破坏其物理结构和其他特征，也不要基于想当然的推测。	
第四条	知识、技巧和技术	
4.1	遗产地保护应当充分利用一切有助于其研究和保护的知识、技能和方法。	
4.2	在进行重要构造的保护时，倾向于使用传统的技术和材料。在某些情况下，则可能更适合使用能提供重大保护效果的现代技术和材料。	现代材料和技术的应用必须得到牢固的科学证据或富有经验的机构的支持。
第五条	价值	
5.1	对遗产地的保护应认识并考虑到各方面的文化和自然价值，而不能毫无根据地强调一种价值，牺牲其他价值。	自然遗产地的保护在《澳大利亚自然遗产宪章》中有所阐释。本《宪章》定义的自然重要性意指生态系统、生物多样性、地质多样性对其存在价值或对当前和未来的人们的科学、社会、艺术与生活价值的重要性。
5.2	可依据某一场所的文化重要性的相对程度决定不同的保护措施。	必须谨慎对待采取的措施，因为对遗产地文化重要性的理解会发生改变。本条款不得被用于为损害文化重要性行为做出任何辩解。
第六条	《巴拉宪章》执行程序	

6.1	在进行决策之前，最好通过一系列信息收集与分析，了解场所的文化重要性及可能影响其未来的其他事务。首先要理解文化重要性，然后是制订开发方针，最后是依据方针对遗产地加以管理。	附录中以插图讲解了《巴拉宪章》执行程序，或者说是研究、决策和行动顺序。
6.2	遗产地的管理方针必须建立在理解其文化重要性的基础上。	
6.3	方针制订应考虑到影响遗产地未来发展的其他因素，例如遗产地所有者的需求、资源、外部限制条件及其自身的物理条件。	
第七条	用途	
7.1	若场所的用途具有文化重要性，则应该对其加以保存。	
7.2	应该为遗产地创造相容用途。	针对应甄别出遗产地的一种或多种用途或旨在保存其文化重要性的使用局限。遗产地的新用途应将重要构造和用途改变减至最少；应尊重遗产地的相关性和意义；在条件允许的情况下，应继续保持为其赋予文化重要性的实践活动。
第八条	环境	
	遗产地保护应该保留恰当的视觉环境及赋予其文化重要性的其他关系。 一切可能对环境或其他关系起负面作用的新建设、破坏、干扰或其他变化都是不恰当的。	视觉环境可包括用途、位置、数量、形态、体量、特征、颜色、质地和原材料。 其他关系（譬如历史脉络）可有助于我们诠释、理解、欣赏或体验遗产地。
第九条	地点	

9.1	遗产地的地理位置是其文化重要性的组成部分。 遗产地中的建筑，人工作品及其他组成要素都应保存在其原有位置。 除非必须更换位置才能保证遗产地的存在，否则不能改变遗产地的位置。	
9.2	遗产地中某些建筑、人工作品和其他组成要素在设计上是可移动的或者在历史上已被更换位置。 如果这样的建筑、作品和组成要素与遗产地当前所处位置没有重要联系，则移动可被视为合理的。	
9.3	在需要移动的情况下，需要建筑、人工作品和组成要素移动到合理的位置，并加以合理利用。类似措施不应对任何文化遗产地造成损害。	
第十条	内容	
	构成遗产地文化重要性的内容、设备和物体都应得到保存。只有在以下情况下，方可进行移动：这是确保其安全和保存的唯一途径；临时性处理或展览；文化原因；健康和安全原因；或出于保护场所本身的目的。在条件允许以及具有文化合理性的情况下，应将上述内容、设备和物体归还原处。	
第十一条	相关场所和物体	

	应当保留相关场所和相关物体对文化重要性的贡献。	
第十二条	公众参与	
	在遗产地保护、诠释和管理中，应当纳入那些与遗产地有特殊关联或对其有特殊意义的公众，或是对遗产地富有社会、精神或其他文化责任的人士的参与。	
第十三条	多种文化价值的共存	
	应当认识、尊重并鼓励多种文化价值的共存，尤其是在这些价值处于冲突的情况下。 在某些遗产地，相互冲突的文化价值可能会影响方针制定和管理决策。本条款中的文化价值指对文化群体具有重要意义的信仰，包括但不限于政治、宗教、精神和道德信仰。与遗产地文化重要性方面的价值比较，这里价值的概念比文化重要性中的价值概念外延更广。	
第十四条	保护程序	
	根据具体情况，保护可包括以下程序：保留或重新推出某一用途；保留相关性和意义；维护、保存、修复、重建、改造和诠释；一般来说可能包括一个以上的上述活动。	在有些情况下，对遗产地的保护不需要采取任何措施。
第十五条	改变	

15.1	为了保留文化重要性，有时或许需要进行必要的改变，然而如果可能削弱文化重要性，则不提倡这么做。 遗产地的改变程度应取决于遗产地的文化重要性及其合理诠释。	若要改造遗产地，必须将文化重要性削弱减至最小为标准，从众多方案中作出选择。
15.2	可能削弱文化重要性的改变措施都应该是可逆的，在条件允许的情况下，可将其恢复到改变前的状态。	可逆性改变应被视为临时性措施。只有在迫不得已的情况下，才能采取不可逆的改变，且该措施不得阻碍未来的保护行动。
15.3	一般不允许对遗产地的重要构造造成破坏。但是在某些情况下，微弱的破坏作为保护措施的一部分也是可以接受的。在条件允许的情况下，应该将移动过的重要构造复原。	
15.4	应尊重遗产地各方面的文化重要性。如果某个遗产地包括不同时期的构造、用途、关联或意义，只有在准备忽略、移除或弱化的某一历史阶段或部分仅具有极小文化重要性，以及所要强调或诠释的某一阶段或部分具有远为重大的文化重要性的情况下，方能牺牲前者，强调或诠释后者。	
第十六条	维护	
	维护是保护的基础。当遗产地的构造具有文化重要性，且这一重要性必须通过维护来加以保持时，就应当对其加以维护。	
第十七条	保存	

	保存适合于以下场所：现有构造或状况构成了遗产地的文化重要性，或没有足够的证据以执行其他保护程序。	对遗产地构造的保存不会掩盖其建筑和使用情况。保存程序适用于： ·构造迹象及其重要，不得加以修改； ·调查不足，不足以依据第 26 至 28 条进行方针决策； 如果新任务（譬如加固）的目的是对构造加以物理保护，且与第 22 条一致，则可开展与保存有关的活动。
第十八条	修复和重建	
	修复和重建应当揭示遗产地的文化重要性的各方面。	
第十九条	修复	
	只有当我们对遗产地构造的早期状态有充分了解时，才能对其进行修复。	
第二十条	重建	
20.1	只有当遗产地因破坏或改造已残缺不全，以及对复制到早期构造有充分把握时，才能进行重建。在个别情况下，重建也可用作保留遗产地文化重要性的用途使用和实践的一部分。	
20.2	重建应当与详细的审查结果或附加的诠释相一致。	
第二十一条	改造必须仅限于依据第 6 条和第 7 条所判断的对遗产地的用途具有必要性的情况。	
21.1	只有对遗产地的文化重要性影响极小时，才能对遗产地进行改造。	

21.2	在改造时应尽量将对重要构造的影响最小化，且必须在对多种方案加以权衡之后才能予以执行。	
第二十二条	新建筑	
22.1	新建筑（例如添加物）只有在以下情况下方可接受：不歪曲或掩盖遗产地的文化重要性；不减损对遗产地的诠释和欣赏。	新建筑的环境、体积、外形、规模、特点、颜色、质地和材料可与遗产地现存构造相似，但应避免仿造。
22.2	新建筑应与本体保持和谐一致	
第二十三条	保护性利用	
	延续性、调整性和修复性利用是合理且理想的保护方式。	这些利用方式可能会改变重要构造，但应将改变降至最低。在某些情况下，延续性利用和实践活动可能涉及大型新建筑。
第二十四条	保存相关性和意义	
24.1	应当尊重、保存、而不是抹杀人类和遗产地之间的重要关联。应当探寻并利用各种机会以诠释、纪念并颂扬这种关联。	对很多遗产地来说，相关性可能与用途有关。
24.2	应当尊重包括精神价值在内的遗产地的重要意义。应当探寻并利用机会以延续或复兴遗产地的意义。	
第二十五条	诠释	
	很多遗产地的文化重要性并不明晰，因此应对其进行诠释。诠释应当提高公众对遗产地的认识和体验乐趣，同时应具有合理的文化内涵。	

第二十六条	《巴拉宪章》的应用流程	
26.1	在开展遗产地工作之前，应首先开展一系列旨在了解遗产地的研究工作，包括对物理、文献、口头及其他证据的分析，吸收恰当的知识、技能和准则。	研究结果应随时进行更新，在必要的情况下还应定期加以审查和修订。
26.2	在关于遗产地文化重要性和方针的书面声明中，应通过有力的证据证明该声明的合理性。重要性和方针声明应作为遗产地管理计划的一部分。	如有必要，定期审查和修订文化重要性方针，以随时保持更新。管理计划可包含与遗产地管理相关的其他问题。
26.3	应当为遗产地及其管理相关的集体或个人提供机会，参与并协助了解遗产地的文化重要性。在适当的情况下，应给予他们参与遗产地保护与管理的机会。	
第二十七条	改变管理	
27.1	应当根据遗产地文化重要性和管理方针声明对所提议的改变措施对遗产地文化重要性的影响加以修订，以更好地保护文化重要性。	
27.2	在对遗产地进行任何改变之前，应当详细记录现存的构造、用途、相关性和意义	
第二十八条	对构造的干扰	

	应当将处于研究或获取证据的目的而对重要构造造成的干扰降至最低。只有能够为遗产地的保护决策提供重要资料或处于获取即将遗失或难以获得的资料证据的目的，才能从事对构造加以干扰的研究，包括考古发掘。 除决策所需的研究之外，任何可能对构造构成干扰的研究都必须遵守遗产地的工作方针。类似研究必须基于可能极大地增加知识，且无法通过其他方式予以解答的研究课题，并应当将对重要构造的干扰减至最低。	
第二十九条	决策责任	
	应指定负责管理决策的个人或机构并且明确他们对每项决策的职责。	
第三十条	指导、监督和执行	
	在所有阶段都应保持强有力的指导和监督；任何改变都必须由具有恰当知识和技能的人员予以执行。	
第三十一条	资料记录和决策	
	所有最新证据和额外决策都应予以记录。	
第三十二条	档案记录	

32.1	与遗产地保护相关的资料应永久性存档，在符合安全和保密要求及具有文化合理性的前提下，可以将资料公开。	
32.2	应当保护与遗产地的历史相关的资料；在符合安全和保密要求及具有文化合理性的前提下，可以将资料公开。	
第三十三条	被移除的构造	
	被移除的重要构造，包括内容、设备、实体，都应被列入目录，并依据其文化重要性加以保护。在条件允许及具有文化合理性情况下，应当将移除的重要构造，如内容、设备和实体就地保存。	
第三十四条	资源	
	应当为遗产地保护提供充足的资源。	最好的保护模式应该既节约工作量又节约成本。

```
┌─────────────────────────────────────┐
│         确认遗产地和相关物           │
│           保障其安全                 │
└─────────────────────────────────────┘
                 ▼
┌─────────────────────────────────────┐
│    搜集并记录与遗产地有关的信息      │
│         以了解其重要性               │
│       书面、口头、物理               │
└─────────────────────────────────────┘
                 ▼
┌─────────────────────────────────────┐
│           重要性评估                 │
└─────────────────────────────────────┘
                 ▼
┌─────────────────────────────────────┐
│          准备重要性声明              │
└─────────────────────────────────────┘

┌─────────────────────────────────────┐
│     明确与重要性有关的责任义务       │
└─────────────────────────────────────┘
                 ▼
┌─────────────────────────────────────┐
│   搜集可能对遗产地未来产生影响的     │
│         其他因素的信息               │
│   遗产地所有者 / 管理人的需求和资源  │
│     外部因素        物理条件         │
└─────────────────────────────────────┘
                 ▼
┌─────────────────────────────────────┐
│           制订保护方针               │
│           明确多种方案               │
│  衡量每种方案，测试其对重要性的影响  │
└─────────────────────────────────────┘
                 ▼
┌─────────────────────────────────────┐
│          起草保护方针声明            │
└─────────────────────────────────────┘
                 ▼
┌─────────────────────────────────────┐
│      根据保护方针管理遗产地          │
│           制订策略                   │
│       通过管理计划执行策略           │
│      在变更前全面记录遗产地情况      │
└─────────────────────────────────────┘
                 ▼
┌─────────────────────────────────────┐
│           检测和审核                 │
└─────────────────────────────────────┘
```

了解重要性

制订保护方针

管理

整个过程均可彼此重叠，部分流程甚至需要重复，必要情况下还可开展进一步研究和调查

国际古迹遗址理事会
《关于乡土建筑遗产的宪章》（1999）

（国际古迹遗址理事会第十二届全体大会于
1999 年 10 月 17 日～24 日在墨西哥通过）

前 言

乡土建筑遗产在人类的情感和自豪中占有重要的地位。它已经被公认为是有特征的和有魅力的社会产物。它看起来是不拘于形式的，但却是有秩序的。它是有实用价值的，同时又是美丽和有趣味的。它是那个时代生活的聚焦点，同时又是社会史的记录。它是人类的作品，也是时代的创造物。如果不重视保存这些组成人类自身生活核心的传统性和谐，将无法体现人类遗产的价值。

乡土建筑遗产是重要的；它是一个社会文化的基本表现，是社会与其所处地区关系的基本表现，同时也是世界文化多样性的表现。

乡土建筑是社区自己建造房屋的一种传统和自然方式。为了对社会和环境的约束做出反应，乡土建筑包含必要的变化和不断适应的连续过程。这种传统的幸存物在世界范围内遭受着经济、文化和建筑同一化力量的威胁。如何抵制这些威胁是社区、政府、规划师、建筑师、保护工作者以及多学科专家团体必须熟悉的基本问题。

由于文化和全球社会经济转型的同一化，面对忽视、内部失衡和解体等严重问题，全世界的乡土建筑都非常脆弱。

因此，有必要建立管理和保护乡土建筑遗产的原则，以补充《威尼斯宪章》。

一般性问题

1. 乡土性可以由下列各项确认：

某一社区共有的一种建造方式；

一种可识别的、与环境适应的地方或区域特征；

风格、形式和外观一致，或者使用传统上建立的建筑型制；

非正式流传下来的用于设计和施工的传统专业技术；

一种对功能、社会和环境约束的有效回应；

一种对传统的建造体系和工艺的有效应用。

2. 正确地评价和成功地保护乡土建筑遗产要依靠社区的参与和支持，依靠持续不断地使用和维护。

3. 政府和主管机关必须确认所有的社区有保持其生活传统的权利，通过一切可利用的法律、行政和经济手段来保护生活传统并将其传给后代。

保护原则

传统建筑的保护必须在认识变化和发展的必然性和认识尊重社区已建立的文化特色的必要性时，借由多学科的专门知识来实行。

当今对乡土建筑、建筑群和村落所做的工作应该尊重其文化价值和传统特色。

乡土性几乎不可能通过单体建筑来表现，最好是各个地区经由维持和保存有典型特征的建筑群和村落来保护乡土性。

乡土性建筑遗产是文化景观的组成部分，这种关系在保护方法的发展过程中必须予以考虑。

乡土性不仅在于建筑物、构筑物和空间的实体构成形态，也在于使用它们和理解它们的方法，以及附着在它们身上的传统和无形的联想。

实践中的指导方针

1. 研究和文献编辑工作

任何对乡土建筑进行的实际工作都应该谨慎，并且事先要对其形态和结构做充分的分析。这种文件应该存放于公众可以使用的档案里。

2. 场所、景观和建筑群

对乡土建筑进行干预时，应该尊重和维护场所的完整性、维护它与物质景观和文化景观的联系以及建筑和建筑之间的关系。

3. 传统建筑体系

与乡土性有关的传统建筑体系和工艺技术对乡土性的表现至为重要，也是修复和复原这些建筑物的关键。这些技术应该被保留、记录，并在教育和训练中传授给下一代的工匠和建造者。

4. 材料和部件的更换

为适应目前需要而做的合理的改变应该考虑到所引入的材料能保持整个建筑的

表情、外观、质地和形式的一贯，以及建筑物材料的一致。

5. 改造

为了与可接受的生活水平相协调而改造和再利用乡土建筑时，应该尊重建筑的结构、性格和形式的完整性。在乡土形式不间断地连续使用的地方，存在于社会中的道德准则可以作为干预的手段。

6. 变化和定期修复

随着时间流逝而发生的一些变化，应作为乡土建筑的重要方面得到人们的欣赏和理解。乡土建筑工作的目标，并不是把一幢建筑的所有部分修复得像同一时期的产物。

7. 培训

为了保护乡土建筑所表达的文化价值，政府、主管机关、各种团体和机构必须在如下方面给予重视：

（1）按照乡土性原则实施对保护工作者的教育计划；

（2）帮助社区制定维护传统建造体系、材料和工艺技能方面的培训计划；

（3）通过信息传播，提高公众特别是年青一代的乡土建筑意识；

（4）用于交换专业知识和经验的有关乡土建筑的区域性工作网络。

（原载赵巍译：《时代建筑》，2000 年第 3 期）

国际古迹遗址理事会
《国际文化旅游宪章（重要文化古迹遗址旅游管理原则和指南）》（1999）

（国际古迹遗址理事会第十二届全体大会于 1999 年 10 月在墨西哥通过）

介　绍

　　国际文化旅游宪章于 1999 年 10 月在墨西哥被国际古迹遗址理事会（ICOMOS）大会通过。宪章为国际古迹遗址理事会（ICOMOS）国际科学委员会就文化旅游方面内容准备的。它取代了 1976 版的文化旅游宪章。

　　国际古迹遗址理事会（ICOMOS）是为在文化遗产保护领域工作的人员和机构设立的国际性代表组织。

宪章的目的

　　新的宪章提供了一个关于原则方面的保护性宣言，为旅游和著名古迹遗址或收藏之间的动态关系提供指南。它可以提供一个对话的基础和管理这些关系时可以遵循的一套共同原则。

　　由于宪章是在由国际古迹遗址理事会（ICOMOS）确立的国际保护的框架内准备的，它强调了东道主社区的文化个性和文化遗迹与国内外游客的兴趣、期望和行为之间的关系。它推广了文化景观和历史城镇，特别是遗产地的社区参与，包括涉及旅游规划和管理方方面面的原住民和传统监护人。

　　在确认需要保护有形和无形的文化遗产巨大的广度、多样性和重要性的同时，新的宪章宣传了下列两大概念：

　　开展任何形式保护的一个主要原因是希望通过良好的管理方式让来访者和东道主社区对文化遗产所在地的重要性有所了解。

　　处于对历史文化遗迹共同的尊重和对此项资源脆弱性的担忧，保护组织和旅游业必须以合作的态度一起工作，来保护和展现世界文化和自然遗产。

修改过的宪章采用了一种合作的方式，来协调保护组织和旅游业的关系，避免传统上保护工作中可能发生的紧张局面。它确认，对保护工作者而言，积极的对话可以使保护工作获得更大进展，而不是将旅游简单地视为被迫容忍的业务。

宪章被设计成一个文件，被保护组织和旅游业广泛地用来协助管理与国内国际旅游的关系。因此，其语言和覆盖面被刻意设计成具有广泛性和包容性，而不是特别针对任何一个国家或情景。它鼓励感兴趣的各方可以继续发展宪章的具体运用。

宪章主要概念

对遗产场所、无形遗产和收藏进行保护和管理的一个主要原因是使它们有形的和/或理性的重要性可以被东道主社区和旅游者所接受。除非对文化遗产有公共意识和公共支持，整个保护工作将始终被排挤，不会争取到它得以生存所需要的足够资金或公共的以及政治上的支持。

对文化发展和文化遗产合理良好的管理是人权也是特权。它使来访者承担起尊重的义务。在使文化遗产尽量可以为人们理解的过程中，讲解或展示扮演了重要角色。

文化遗产被视为日常生活、社会进步和变化的一个生动的参照点。它是社会资产的一个主要来源，并且是对多样性和社区特征的阐述。

国内和国际旅游是文化交流最重要的途径之一，能获得沧桑世事和不同社会当代生活的体验。他同时可以捕捉到由文化资源带来的经济效益，如果成功管理，是经济发展的一个重要动力。

旅游应该为东道主社区带来利益，并通过计划可以使文化遗产的真实性和有形表现免受不利的影响。管理不善或过度的旅游安排可以对东道主社区和当地的文化特征造成负面的影响。

宪章并不仅仅局限于按照传统概念下的古迹或世界遗产保护场所来安排旅游，他已经被扩展到包括和旅游相关的所有形式的文化遗产场所、收藏和东道主社区生活的方方面面。

宪章可以被运用在众多的地点。它刻意避免描述有限数量的场所的文化遗产特征，而是使用了广义的"具有遗产价值"的概念。特定场所或社区的遗产特征应该被识别，使宪章被具体运用到特定的场景上。

宪章的精神

从最广泛的程度上来说，自然和文化遗产属于所有人。我们每个人都有权利和责任理解、欣赏和保护其普遍价值。

　　遗产是一个很宽泛的概念，包括自然和文化的环境。它包括景观、历史遗址、场地和环境，还有生物多样性、收藏、过去和正在进行的文化活动、知识和生活经历。它记录和表达了历史发展的漫长过程，是构成不同国家、地区、民族和当地特征的本质，并且是现代生活的一个必要组成部分。它是生动的社会参照点和发展变化的积极手段。每一社区或场所特别的遗产和集体的记忆是不可取代的，是现在和将来发展的一个重要基础。

　　在全球化进程日益加剧的时代，对文化遗产和任何一个特殊地区或场所的文化多样性进行保护、讲解和展示，对任何地方的人来说，都是一个重要的挑战。但是，在国际认可的框架内和恰当地使用标准下管理遗产通常是特别社区或监护团体的责任。

　　管理文化遗产的一个主要目标是使文化遗产的重要性和保护它的必要性在东道主社区和旅游者中广为传播。合理妥善管理有形的、知识的或感情的通往文化遗产和文化发展的通道是权利也是荣幸。它带来对遗产价值、今天遗产所在社区的利益和公正待遇、历史财产的原住民监护方或拥有者以及诞生遗产的景观和文化进行尊重的义务。

旅游和文化遗产之间的作用

　　国内和国际旅游继续作为文化交流最重要的工具之一，也提供了历经沧桑的人生经历和不同社会当代生活的体验。它正日益成为自然和文化保护的积极力量。旅游可以为文化遗产创造经济利益，并通过创造资金、教育社区和影响政策来实现以保护为目的的管理。它是许多国家和地区经济的主要部分，如果成功管理，可以成为发展中的一个重要因素。

　　旅游本身已经成为一个日益复杂的现象，纵横政治、经济、生物—物理、生态和美学的各个领域。旅游者的期望和东道主社区的期望之间可能会产生冲突，要实现两者之间有价值的相互影响，面临许多挑战，也会产生许多机遇。

　　自然和文化遗产、多样性和生活文化是主要的旅游吸引力。过度的或没有妥善管理的旅游和与旅游相关的发展可以威胁到它们的有形本质、真实性和重要特征。东道主社区的生态、文化和生活方式以及旅游者在其地的经历也可能被降格。

　　旅游应该为东道主社区带来经济效益，为他们提供一个重要的途径和动力，来重视保护他们的遗产和文化活动。当地原住民社区代表、古迹保护积极分子、旅游业经营者、资产主人、制定政策方、国家发展计划制定者和场地管理者之间的合作非常必要，以实现可持续发展的旅游业，为子孙后代促进遗产资源的保护。

　　ICOMOS，即国际古迹遗址理事会，作为此宪章的起草者，和其他国际组织以及旅游业一起，将全力以赴投身挑战。

宪章的目标

国际文化旅游宪章的目标是：

促进和鼓励参与文化遗产保护和管理的工作，使这些遗产的重要性为东道主社区和旅游者充分理解。

促进和鼓励旅游业，以尊重和改善文化遗产及东道主社区生活文化的方式来推广和管理旅游业。

促进和鼓励保护文物各方和旅游业之间的对话，讨论遗迹场所、收藏和生活文化的重要性和脆弱的本质，包括将来它们可持续发展的需要。

鼓励计划和政策的制定者在保护和修缮文物的宗旨下发展具体的可衡量的有关文物场所和文化活动展示和揭示的目标和策略。

另外，宪章支持国际古迹遗址理事会、其他国际组织和旅游业更广泛的积极努力，来维护遗产管理和保护的完整性。

宪章鼓励所有相关的或时有冲突的利益、责任和义务各方来参与实现这些目标。

宪章鼓励感兴趣的各方制定具体的指南，促进原则在特殊场合的实施，或满足特殊组织和社区的要求。

宪章的原则

原则一：鼓励公众意识

由于国内和国际旅游是文化交流最重要的途径之一，对话应该为东道主社区成员和旅游者提供负责任的和管理良好的机会，使他们可以通过第一手经历来了解社区的遗产和文化。

1.1 自然和文化遗产是一个物质和精神的资源，提供了对历史发展的叙述。它在现代生活中是一个重要的角色，并应该在有形的、知识的或感情的各方面向公众开放。我们应该建立保护这些遗产的计划，方便东道主社区和游客以平等和可承担的方式，去理解和领略遗产的重要性。这些计划应宣传保护这些遗产有形的品质、无形的方面、当代文化表现和广泛的应用环境。

1.2 自然和文化遗产的各个方面有不同程度的重要性，有一些具有普遍价值，其他的一些在国家、地区或地方层面有价值。阐释计划应该将重要性以一种相关和可及的方法，通过适当的、启发性的当代教育形式、媒体、科技和个人对历史、环境和文化信息的解释，向东道主社区和旅游者展现。

1.3　阐释和演示的计划应该促进和鼓励高度的公众意识，支持自然和文化遗产长期生存的必要条件。

1.4　阐释的计划应该在过去的经历和现在该地区和东道主社区的多样性中展现古迹、传统和文化活动的重要性，包括一些少数民族的文化或语言群体。我们应该始终告知游客不同的文化价值，这些文化价值可以被归类为某种特殊的遗产资源。

原则二：管理动态的关系

古迹遗址和旅游业之间的关系是瞬息万变的，随时可能包含有冲突的价值。我们应该以一种可持续发展的方式来理顺这些关系，为我们也为后人造福。

2.1　具有文化遗产重要性的处所，作为一个文化多样化和社会发展的重要基础，其存在对所有人都有一个内在的价值。对生活文化、历史遗迹、收藏、它们形态和生态的完整及其环境背景的长期保护和修缮，应该是社会、经济、政治、法律、文化和旅游发展政策的一个重要组成部分。

2.2　文化遗产资源或价值和旅游业之间的交流是充满活力和瞬息万变的，机会和挑战同时产生，还有潜在的冲突。旅游项目、活动和发展应该实现积极的结果，最大限度减少对遗产和东道主社区生活方式的不良影响，同时响应旅游者的需要和期望。

2.3　计划应该建立在对细致的、但通常也是复杂或互相冲突的遗产各个方面的综合理解上。持续的研究和咨询对深入理解和领略文化遗产的重要性是重要的。

2.4　保留历史遗迹和收藏的真实性是重要的。它是体现文化意义的一个重要元素，其真实性可以通过有形的物质、记忆和从过去一直流传下来的无形传统来表现。宣传计划应该体现和解释场所和文化经历的真实性，提高对文化遗产的欣赏和理解程度。

2.5　旅游发展和基建项目应该考虑到美学、社会和文化各方面、自然和文化的景观、生态多样性的特征和遗产场所更广泛的视觉背景。应该优先考虑使用当地材料，考虑当地的建筑风格或当地语言传统。

2.6　在古迹场所被推广或发展来满足日益增长的旅游需要之前，管理计划应该评估估计资源的自然和文化价值。它们应该为可接受的变化确立恰当的限度，特别是和访问人数对其有形特征、完整性、生态多样性、当地交通系统和社区的社会、经济和文化稳定发展的影响有关的方面。如果变化的可能程度是不可接受的，发展计划应该予以改进。

2.7　应该有持续的计划来评估旅游活动和发展对特别场所或社区循序渐进的影响。

原则三：确保带给游客一段有价值的经历

古迹保护和旅游规划应该确保带给游客一段有价值的、满意的和愉悦的经历。

3.1 古迹保护和旅游的计划应该提供游客高质量的信息，以确保游客最清楚地了解遗产的重要特征和保护其需要，使他们能够以恰当的方式享受在当地的旅游。

3.2 旅游者应该能够以他们自己希望的速度和方式游览古迹遗址。可能需要安排特殊的交通路线来尽量减少对估计的完整性、实际构造、自然和文化特点的影响。

3.3 尊重有精神意义的古迹、活动和传统的神圣性对古迹管理者、旅游者、政策制定者、规划者和旅游活动经营者来说是一个需要重点考虑的方面。应该鼓励游客成为受当地欢迎的游客，并尊重东道主社区的价值和生活方式，抵制任何潜在的对文化财产的盗窃或非法交易，这样可以使其在下一次访问时仍然受到欢迎。

3.4 旅游活动的规划应该在不破坏古迹的显著特征或生态特点的基础上，提供恰当的设施，可以保障游客的舒适和安全，并提高旅游的享受程度。

原则四：让东道主和原住民社区一起参与

东道主社区和原住民应该参与到保护古迹和旅游的规划中。

4.1 旅游区的地方权利和利益、古迹财产拥有者和相关的、对土地和重要遗址拥有权利和义务的原住民，应该得到尊重。在旅游背景下，他们应该参与到为遗产资源、文化活动和当代文化表达制定目标、策略、政策和条约的工作中。

4.2 任何特殊场所或地区的古迹可以有个通用的范围界限，应该尊重一些社区或原住民要限制或管理通向一些文化活动、知识、信仰、活动、人造物或场所的通道的需要和愿望。

原则五：为东道主社区提供利益

旅游和保护活动应该使东道主社区受益。

5.1 政策制定者应该推广在国家或地区公正分配旅游业利润的方法，提高社会经济发展的水平，并为减少贫困作贡献。

5.2 通过教育、培训和创立全职就业机会，古迹保护管理和旅游活动应该为东道主或当地社区各个层次提供公正的经济、社会和文化利益。

5.3 从旅游计划中获得收入的一大部分应该被用于古迹场所的保护、修缮和展示工作，包括它们的自然和文化环境。可能的话，应该告知游客这些收入的分配情况。

5.4 旅游计划应该鼓励培训和雇佣来自东道主社区的导游和古迹地址讲解员，来提高当地人们展示和解释其文化价值的技巧。

5.5　在东道主社区中展开文化遗产的阐释和教育计划应该鼓励当地的讲解员积极参与。计划应该鼓励对文化遗产的了解和尊重，鼓励当地人们对保护文化遗产产生直接的兴趣。

5.6　维护管理和旅游计划应该包括为政策制定者、规划师、研究者、设计者、建筑师、讲解员、维护者和旅游经营者提供教育和就业机会。我们应该鼓励参与者主动地理解相关事宜、机遇，并帮助解决一些同时遭遇到的问题。

原则六：负责任的推广计划

旅游推广计划应该保护和改善自然和文化遗产的特征。

6.1　旅游推广计划应该创造现实的期望，负责任地告知游客关于东道主社区内特定的文化遗产的特点，鼓励他们做出恰当的举动。

6.2　重要的古迹和收藏应该以保护其真实性和改善旅游者经历的方法来推广和管理，可以通过尽量减少到达旅游点游客量的波动和避免同一时刻过多游客的到访来提高旅游质量。

6.3　旅游推广计划应该提供更广泛的利益分配，减轻一些热点旅游场所的压力，鼓励游客感受更多方面的当地文化和自然遗产。

6.4　当地手工艺品和其他产品的推广、分配和销售应该为东道主社区提供一个合理的社会和经济效益，同时确保其文化的完整性不被破坏。

宪章的执行

一个始终如一的评估方法

可以通过一些途径确保国际文化旅游宪章的执行，改善旅游活动和保护古迹之间的关系。

可以使用宪章的原则和指南，以一致的和可比较的方式，对古迹区的旅游进行评估。不论古迹和旅游活动的规模、特点如何，运用始终如一的评估方法可以使不同的地址以一种有价值的和有效的方式进行比较。

古迹地址管理者以及旅游计划和古迹项目的设计者或执行者将能够从其他古迹的管理经验中受益匪浅。他们也将拥有一套基础扎实的方法来评估和监督这些古迹的状况，从而能够改进古迹保护和旅游管理政策和计划。

研究者将能够使用一套始终如一的方法来评估古迹旅游的动态特性和旅游活动对古迹重要性的影响。

在了解旅游管理拥有一个有力的基础后，古迹保护者将能够自信地将他们的工作向公众展示。

赞同的权威机构将能够遵照一套被广泛确认的始终如一的原则和指南评估古迹

地址上的旅游发展方案。这样对发展的承诺将更稳固地建立在成熟的标准上。

古迹旅游项目的资助者，不管是出于慷慨还是投资的原因，都将有一套标准来评估资助、投资或无偿赞助的申请。此宪章宣传的古迹遗址的长期可持续性发展将给这些项目的投资者和支持者提供更多的保障。

以国家、地区和古迹地址为基础的旅游推广计划将包括那些将计划中历史遗址的重要性进行沟通的活动。推广古迹地点的独特特征是成功的旅游宣传的一个主要组成部分。

评估问题

收集关于古迹地点的信息

在对古迹地点进行任何比较评估以前，重要的是建立基本的描述性的信息。这些信息需要被清晰地和准确地记载。

本质
- 位置、物理性质、大小、组成部分、财产定义
- 地点和背景的地理和生态描述
- 所有权和管理的结构
- 法律背景
- 东道主或监护社区的本质
- 和附近人口中心的联系
- 通道和交通、场地基建
- 地点的物理条件和它的位置
- 地点和东道主社区的经济背景
- 股东

重要性
- 古迹或收藏的历史、生态和文化的重要性，以及它的真实性
- 有形和无形的特征
- 比较价值和特征
- 对重要性的不同观点

古迹保护的背景
- 保护活动的责任
- 保护活动的资源和管理结构
- 保护的目标和标准
- 现在和过去的保护活动的本质

- 运营和保护费用
- 生态、政治和经济的压力以及威胁
- 安全和保护措施

旅游背景

- 和地区相连的广泛的旅游背景
- 当地、国内和国际游客
- 他们如何旅行到古迹地点
- 旅游基础设施如：机场、道路、铁路、海路、住宿
- 旅游运营者交通、住宿、信息和展示
- 团体旅游和个人旅游
- 古迹场所的旅游收入

旅游和保护之间的关系

- 此地点是新的还是已建立的旅游景点
- 观察历史古迹旅游的情况：旅游是在增长还是下降？
- 在地区内旅游和保护之间广泛的动力
- 旅游对古迹和东道主社区已经造成的影响
- 旅游者如何在古迹地点活动，有没有导游和讲解员陪同

宪章的运用

原则一：鼓励公众意识

由于国内和国际的旅游是文化交流最重要的途径之一，古迹保护应该为东道主社区和游客提供负责任的管理良好的机会，使他们可以亲身经历和了解该社区的古迹和文化。

1. 可以通过哪些有形的、知识的和感情的通道，了解古迹的重要性，这些重要性是怎样向游客展现的？

2. 这些通道方式对东道主社区和游客来说是否是公正的和可负担的？

3. 使用什么形式和技术来阐释这些重要性？它们是否鼓励对在东道主社区内古迹重要性的高度公众意识？

4. 游客是否被告知属于该古迹地点的不同的文化价值？

原则二：管理动态的关系

古迹遗址和旅游业之间的关系是瞬息万变的，随时可能包含有冲突的价值。我们应该以一种可持续发展的方式来理顺这些关系，为我们也为后人造福。

1. 旅游项目和活动是如何对东道主社区的自然和文化遗产以及生活方式产生

影响的？

2. 现在或已完成的计划是建立在对某一古迹地点的特殊重要性的综合理解的基础上吗？

3. 计划和项目是否考虑到它们和美学、社会、文化各方面、自然和文化的景观、生态多样化的特征以及古迹更广泛的视觉背景的关系？

4. 旅游项目是否优先选用当地材料和建筑风格或当地传统？

5. 是否有持续的计划来评估旅游活动和发展对特别场所或社区的循序渐进的影响？

原则三：确保带给游客一段有价值的经历

保护和旅游和规划应该确保带给游客一段有价值的、满意的和愉快的经历。

1. 展示的信息是否能使游客最清楚地了解古迹并鼓励他们尊重古迹？

2. 是否有为游客准备的特殊的路线？如果可以选择，游客是否可以以他们自己的速度在当地旅游？

3. 游客是否被鼓励尊重东道主社区的价值和生活方式？

4. 游客是否被鼓励拒绝可能的对文化财产的盗窃或非法买卖？

5. 是否有为保证游客的安全、舒适和健康而设立的适当的设施，包括合理的为残疾人士设置的通道？

6. 是否有可以供游客享受的合适的食物、饮料和其它零售服务，同时不对古迹的显著特征或生态特点造成不良影响？

7. 游客是否直接参与到保护古迹的活动中去，即使是以很小的方式？

原则四：让东道主和土著社区一起参与

东道主社区和土著居民应该参与到对保护古迹和旅游的规划中。

1. 东道主社区、财产拥有方或相关的土著居民是否参与对古迹的保护和旅游的规划？

2. 规划、保护和旅游活动是否恰当地尊重了东道主社区、财产拥有方和相关的土著居民的权利和利益？

3. 相关的人员是否参与到为辨别、管理和保护古迹计划制定目标、策略、政策和条约的工作中？

4. 如果合适，是否尊重了东道主社区或相关的土著居民要限制或管理通往一些文化活动、知识、信仰、人造物或地点的通道的愿望？

原则五：为当地社区提供利益

旅游和保护活动应该使东道主社区受益。

1. 旅游所得的经济和其它效益是否以公正的方式流入当地社区？

2. 旅游收入的一大部分是否被用于文化古迹的保护、修缮和展示？

3. 是否有计划来培训和雇佣来自东道主社区的导游和古迹讲解员？

4. 当地居民是否被鼓励直接关心对他们古迹遗产的保护？

原则六：负责任的推广计划

旅游推广计划应该保护和改善自善和文化遗产的特征。

1. 旅游推广计划是否设立了比较现实的期望值，并负责任地通知了可能到访的游客？

2. 推广和管理计划是否尽量努力减少游客人数的波动？

3. 旅游推广计划是否鼓励游客经历该地区更多方面的自然和文化遗产特色？

4. 当地艺术品和其他产品的宣传、分配和销售是否为东道主社区提供了合理的社会和经济回报？

5. 是否确保对当地工艺品的宣传和销售不会造成对其文化价值的贬低？

词汇表

此词汇表是为那些需要以一套始终如一的词汇来使用和执行国际文化旅游宪章的人们制作的。

可以帮助了解古迹的重要特征和价值的通道，包括所有形式的通道：自然的通道，可以使游客亲身游览古迹；知识的通道，可以仪游客或其他人在没有亲自游览的情况下就能了解古迹；以及感情的通道，可以使人们在没有亲身游览的情况下拥有亲临现场的感觉。

真实性描述地点、物品或活动在和其原型比较后的相对完整性。在生活文化活动的背景下，真实性的背景和传统活动的演变相呼应。真实性可以包括一个有历史意义的地点或物品重新恢复到其早期状态的准确程度或改造广度。

生物多样性描述生命形式的多样性、不同植物、动物和微生物，以及他们包含的基因和它们形成的生态系统。

保护活动描述照顾一个古迹地点、文化景观、遗产收藏或无形遗产的所有过程，以保持它的文化的、本土的或自然的遗产重要性。在一些说英语的国家里，Preservation 这个词被用来作为 Conservation 的同义词。

保护组织包括所有参与保护、管理和展示世界文化和自然遗产工作的个人和团体。

文化的定义是一整套精神、物质、智力和感情的鲜明特征，可以表现社区、社会或社会团体的特色。它不仅包括艺术和文学，也包括生活模式、人类的基本权利、价值体系、传统和信仰。文化包含一个社区的生活的或现代的、以及从过去流传下来的特征和价值。

文化交流描述一个人或一群人亲身经历另一个人或另一群人的文化、生活方式和传统的过程。

文化遗产是在一个社区内发展起来的对生活方式的一种表达，经过世代流传下来，它包括习俗、惯例、场所、物品、艺术表现和价值。文化遗产经常表现为无形的或有形的文化遗产。

文化遗产的重要性的意思是是一个地点、物品或习俗为我们和后代创造的美学的、历史的、研究的、社会的、精神的或其它的特点。

文化景观描述受人类居住影响的地点和景观。它们包括农业系统、改造过的地形、定居区的模式和人类活动、以及生产、交通和联络的基础设施。文化景观的概念对理解工业系统、防护地块和城镇本质的模式是有用的。

文化资源包括一个社区的所有有形的和无形的遗产以及生活文化元素。

文化旅游主要指将重点放在文化和文化环境上的旅游，文化环境包括目的地的景观、价值和生活方式、遗产、视觉和表演艺术、工业、传统和当地居民或东道主社区的休闲活动。它可以包括出席文化活动、参观博物馆和古迹遗址并与当地人民融洽交流。它不应该被视为可以在广泛的旅游活动范围内被定义，但包括所有游客在该地点经历的在他们本身生活环境中不曾经历过的感受。

国内旅游一般指人们为了娱乐、商务、学习、度假、或走亲访友的目的而在自己国家或地区旅游。它包括人们访问生活大环境中的另一个地方，常常是日常生活以外的地方。

生态系统是指一个充满活力的存在于环境中的生命体系，与环境互相作用构成功能单位。

地理多样性是指一系列土地特征，包括地质的、地貌的、古生物学的、土壤的、水文的和大气的特征、系统和土地变化过程。

遗产是一个广泛的概念，它包括我们的自然的、本土的和历史的或文化的继承。

遗产收藏包括所有和一个地点、一项活动、一个过程或一个特定的历史事件相关的可以移动的物品。他们也包括收藏进博物馆、艺术馆、科学博物馆、档案和图书馆的公共和私人的收藏品。

遗产场所描述一个有遗产价值的地点或地区，其中包含一些建筑和结构、文化景观、纪念碑、楼宇或其它结构、历史上的人类定居点、连同相关的内容、周围环境或庭院。遗产场所包括可能被埋葬的或水下的地址。

遗产重要性确认自然的和文化的重要性，或地点和人的重要价值和特点。

东道主社区是一个普通概念，包括所有居住在被定义的地理实体，从一个大陆、一个国家、一个地区、一个城镇到历史地址上的人们。东道主社区成员的责任包括管理该地点，并被认为已经或将继续定义它的特定文化个性、生活方式和多样性。他们对保护文化遗产做出贡献，并与游客沟通交流。

土著文化遗产是充满活力的。它包括将世世代代土著居民紧密联系在一起的有性和无形的文化表现。土著居民经常通过"人"来表达他们的文化遗产，以及他们和国家、人民、信仰、知识、法律、语言、象征、生活方式、海洋、土地和所有由土著精神产生的物体的关系。土著文化遗产主要通过此遗产的传统监护人来定义并表现。

无形的文化遗产可以被定义成包含所有传统的或流行的民间文化形式，在特定社区中产生的以传统为基础的集体成果。这些创造通过口头或手势被传播，经过岁月的修炼和一个集体再创造的过程。它们包括口头传统、习俗、语言、音乐、舞蹈、宗教仪式、节日、传统医药和药典、流行体育项目、饮食艺术，以及所有和文化的物质方面相关的特殊技能，比如工具和生活环境。

国际旅游一般指人们为了娱乐、商务、学习、度假、或走亲访友的目的而在另一个国家或地区旅游。

阐释的意思是向游客或东道主社区解释并展示东道主社区历史遗址、物品、收藏或活动的有形的和无形的价值和特点，包括研究丁作。

可接受的变化的限度是指确立一个地点的主要的价值观和特点的过程，和他们可以改变的程度，以不使这些地点的重要性降低到不可接受的程度。旅游和其他活动接着可以被监督或评估，来确定这些价值受到威胁的程度。

自然遗产包括生态系统、生物多样性和地理多样性，根据它们的科学、社会、美学和生命支持价值末考虑，被认为对我们和后代的存在价值有重要意义。

自然遗产的重要性的意思是生态系统、生物多样性和地理多样性的重要性，根据它们的科学、社会、美学和生命支持价值来考虑，被认为对我们和后代的存在价值具有重要意义。

可持续发展的将来是指在开展可以提供现在或将来经济和社会富足的活动时不会破坏自然变化过程的连续性，或破坏自然或文化环境的长期完整性。

可持续发展的旅游是指旅游活动的一个水准，可以被长期维持，因为它可以为它所在的地区带来社会、经济、自然和文化环境的净利益。

有形的文化遗产包括大量的人类创造的作品，包括人们居住的地点、村落、城镇、建筑、结构、艺术品、文件、手工艺品、乐器、家具、衣服和个人装饰品、宗教、仪式和安葬物品、工具、机器和设备以及工业系统。

旅游业包括所有在国内和国际旅游活动中工作、提供支持、提供物资和服务的行业。

旅游项目包括促成或改善对目的地的访问的所有内容，包括相关基础设施和设备的提供和更新。

传统监护人是那些传统或习俗上负责保护、修缮、维持古迹地点或文化价值的重要性的人。他们包括本土居民和来自宗教部落的人们或其他意义的团体，和一种特定的文化或自然遗产已建立了牢固的关系。

国际建筑师协会《北京宪章》（1999）

（国际建筑师协会第二十次大会于 1999 年 6 月在北京通过）

在新世纪的前夜，我们来自全球不同国家和地区的建筑师，聚首东方古都北京，举行国际建协成立 50 年来的第 20 次大会。未来始于足下，现在从历史中走来，我们回首过去，剖析现在，以期在 21 世纪里能更自觉地营建美好、宜人的人类家园。

世界的空间距离在缩短，地区发展的差距却在加大，时代赋予我们建筑师共同的历史使命，需要我们认识时代，正视问题，整体思考，协调行动。

一　认识时代

1.1　20 世纪的"大发展"和"大破坏"

20 世纪既是伟大而进步的时代，又是患难与迷惘的时代。20 世纪以其独特的方式载入了建筑的史册：大规模的工业技术和艺术创新造就了丰富的建筑设计作品；建筑师医治战争创伤，造福大众，成就卓越，意义深远。

然而，当今的许多建筑环境仍不尽人意，人类对自然和文化遗产的破坏正危及自身的生存。在发达地区，"建设性的破坏"始料未及，屡见不鲜，而在贫困地区，褴褛众生正垒筑自己的城市，以求安居。

近百年来，建筑学发生了翻天覆地的变化，但有一点是相同的，即建筑学又走到了新的十字路口。

1.2　21 世纪的"大转折"

时光轮转，众说纷纭，而永恒的变化则是共识。在 20 世纪，政治、经济、技术、社会等方面的变化发展、思想文化之活跃令人瞩目。在下一个世纪里，变化的进程将会更快，也更加难以捉摸。

在新的世纪里，全球化与多元化的矛盾、冲突将愈加尖锐。一方面，新的联系方式将使不同文化传统之间的关系日益紧密，产品、资金、技术的全球整合仍然是影响决策的决定性因素；另一方面，贫富之间的差距也在加大，地区冲突与经济动荡为人居环境建设蒙上一层阴影。

建筑师有自己的专业领域，但置奔腾汹涌的社会、文化浪潮于不顾，无异于逃避时代的责任。我们需要激情、力量和勇气，自觉思考21世纪建筑学的未来。

二　直面新的挑战

2.1　盘根错节的问题

大自然的报复

工业革命后，人类利用自然、改造自然，取得了骄人的成就，也付出了高昂的代价：人口爆炸，农田被吞噬，空气、水与土地资源日见退化，环境祸患正威胁人类。

人类尚未揭开地球生态系统的谜底，生态危机却到了千钧一发的关头。用历史的眼光看，我们并不拥有自身所居住的世界，仅仅是从子孙处借得，暂为保管罢了。我们将把怎样的城市和乡村交给他们？建筑师将如何通过人居环境建设为人类文明作出自身的贡献？

混乱的城市化

人类为了生活得更加美好，聚居于城市，弘扬了科学文化，提高了生产力。在20世纪，大都市的光彩璀璨夺目；在下一世纪，城市居民的数量将首次超过农民，"城市时代"名副其实。

然而，旧工业城市的贫民窟清理未毕，底层社会的住区又业已形成。贫富分离、交通堵塞、污染频生等城市问题日益恶化。城市社区分化解体，因循守旧，难以为继。我们的城市还能否存在下去？城镇由我们所构建，可是当我们试图作些改变时，为何又显得如此无能为力？在城市住区影响我们的同时，我们怎样才能应对城市问题？传统的建筑观念还能否适应城市发展的大趋势？

技术"双刃剑"

经数千年的积累，科学技术在近百年来释放了空前的能量。新材料、新结构和新设备的应用，创造了20世纪特有的建筑形式。凭借现代交通和通讯，纷繁的文化传统更加息息相关，紧密相连。

技术的建设力和破坏力同时增加，然而我们还不能够对其能量和潜力驾轻就熟。技术改变了人类生活，改变了人与自然的关系，进而向固有的价值观念发起挑战。我们如何才能趋其利而避其害？

建筑魂的失色

文化是历史的积淀，它存留于建筑间，融汇在生活里，对城市的营造和市民的行为起着潜移默化的影响，是城市和建筑的灵魂。

但是，技术和生产方式的全球化愈来愈使人与传统的地域空间相分离，地域文化的特色渐趋衰微；标准化的商品生产致使建筑环境趋同，建筑文化的多样性遭到扼杀。如何追寻在过去的岁月里曾为人们所珍爱的城镇之魂？

2.2　共同的选择，共同的未来

我们所面临的挑战是复杂的社会、政治、经济、文化过程在由地方到全球的各个层次上的反映，其来势迅猛，涉及方方面面。我们要真正解决问题，就不能头痛医头，脚痛医脚，而要对影响建筑环境的种种因素有一个综合而辩证的考察，从而获致一个行之有效的解决办法。

如今，可持续发展的观念正逐渐成为人类社会的共识，其真谛在于综合考虑政治、经济、社会、技术、文化、美学各个方面，提出整合的解决办法。走可持续发展之路必将带来新的建筑运动，促进建筑科学的进步和建筑艺术的创造。为此，有必要在未来建筑学的体系建构上予以体现。

三　从传统建筑学走向广义建筑学

近百年来，世界建筑师聚首讨论了许多课题，深化了对建筑学的理解。如今，重新回顾这些讨论，并对建筑学的范围、内涵及其学科和专业体系重新定义，当大有裨益。

3.1　基本前提

建筑学的内容和建筑师的业务从来随着时代而横向拓展，纵向深化。旧方法一旦不合时宜，新方法就会取而代之。每一次革新都使建筑学更广大，也更精彩，20世纪建筑的发展就充分证明了这一点。

建筑学的广阔而纵深的拓展赋予20世纪的建筑师前所未有的用武之地。然而，学科的扩大与专门化也难免让从事活动的个人觉得建筑学如盲人摸象，一时不能把握全局。学科知识的总体在扩张，设计师个人的视野却在趋向狭窄和破碎，专门的设计知识和技术仅仅依靠投资和开发组织来维系，学科自身缺乏完整的知识框架，其结果，建筑师参与人居环境建设决策的作用却日见削弱。

建筑师的设计创造仰仗其对学科知识的把握，只有在统领全局的学科观、专业观的指导下，才能真正发挥个人的才干、技能和天分。纵览古今大师们的成就，更感到他们对建筑之高瞻远瞩弥足珍贵。在过去，这样的全面建筑观堪称大师们私藏的瑰宝，然而在信息爆炸的今天，全面的、广义的建筑观应当成为所有建筑专业人员之必备。一旦领悟了设计的基本哲理，具体的技术、形式问题就不难努力以赴，正如中国古人所云："一法得道，变法万千"。

3.2　融合建筑、地景与城市规划

建筑学与大千世界的辩证关系，归根到底，集中于建筑的空间与形式的创造。

现代工程规模日益扩大，建设周期相对缩短，建筑师可以在较为广阔的范域内，从场地选择到规划设计，直至室内外空间的协调，寻求设计的答案。

广义建筑学，就其学科内涵来说，是通过城市设计的核心作用，从观念上和理论基础上把建筑、地景和城市规划学科的精髓整合为一体，将我们关注的焦点从建筑单体、结构最终转换到建筑环境上来。如果说，过去主要局限于一些先驱者，那么现在则已涉及整个建筑领域。

3.3　建筑学的循环体系

新陈代谢是人居环境发展的客观规律，建筑单体及其环境经历一个规划、设计、建设、维修、保护、整治、更新的过程。建设环境的寿命周期恒长持久，因而更依赖建筑师的远见卓识。将建筑循环过程的各个阶段统筹规划，将新区规划设计、旧城整治、更新与重建等纳入一个动态的、生生不息的循环体系之中，在时空因素作用下，不断提高环境质量，这也是实现可持续发展战略的关键。

3.4　植根于地方文化的多层次技术建构

充分发挥技术对人类文明进步的促进作用是新世纪的重要使命。地域差异预示着 21 世纪仍将是多种技术并存的时代。高新技术革新能迅猛地推动生产力的发展，但是成功的关键仍然有赖于技术与地方文化、地方经济的创造性结合。不同国度和地区之间的经验交流，不是解决方案的简单移植，而是激发地方想象力的一种手段。

技术功能的内涵要从科学的、工程的方面加以扩展，直至覆盖心理范畴。

3.5　建筑文化的和而不同

建筑学是地区的产物，建筑形式的意义与地方文脉相连，并成为地方文脉的诠释。但是，地区建筑学并非只是地区历史的产物，它更关系到地区的未来。建筑物相对永久的存在成为人们日常生活中的感情寄托，然而地方社区的演进过程最终限定了建筑师工作的背景，我们职业的深远意义就在于以创造性的设计联系过去和未来。地方社区对未来的选择方案日见增多，我们要运用专业知识找到真正符合当时当地情况的建筑发展方向。

我们在为地方传统所鼓舞的同时，不能忘记我们的任务是创造一个和而不同的未来建筑环境。现代建筑的地区化，乡土建筑的现代化，殊途同归，推动世界和地区的进步与丰富多彩。

3.6　建筑作为艺术形式的最终表现

当今，城市建设规模浩大、速度空前，城市以往的表面完整性遭到破坏，建筑环境的整体艺术成为新的追求，宜用城市的观念看建筑，重视建筑群的整体和城市全局的协调以及建筑与自然的关系，在动态的建设发展中追求相对的整体的协调美和"秩序的真谛"。

综观各种文化发展史，建筑最终都成为美术与手工艺的表现。如今，工业发展为艺术创新提供了前所未有的技术可能性，我们应为建筑、工艺和美术在更高层次上的结合而努力。

3.7 全社会的建筑学

建筑师与业主以及社会的关系至为关键。这不仅是出于美学层次上的考虑，更是实际的需要，因为在许多地区，居民参与是实现"住者有其屋"的基本途径。在许多传统社会的建设中，建筑师扮演了不同行业总协调人的角色，然而，如今不少建筑师每每拘泥于狭隘的技术－美学形式，越来越脱离真正的决策。建筑师必须将社会整体作为最高的业主，承担其义不容辞的社会责任。

3.8 全方位的教育

自然，建筑教育也应采取一个广义的、整合的取向。它鼓励形成开放的、科技和人文相结合的知识体系，能随时从更加广泛的人居环境科学中吸取新思想，而且能创造性地组织实际操作，变美好的蓝图为现实的人居环境。

建筑教育是终身教育，这绝不仅限于专业人员，还包括对业主、政府官员、乃至全社会的教育。

3.9 广义建筑学的方法论

早在半个世纪前，我们的前辈就已指出："建筑师作为协调者，其工作是统筹各种与建筑物相关的形式、技术、社会和经济问题……新的建筑学将驾驭远比当今单体建筑物更加综合的范围；我们将逐步地把单个的技术进步结合到更为宽广、更为深远的有机的整体设计概念中去。"今天这些话依然在耳边回响，堪称广义建筑学的精辟定义。

广义建筑学不是要建筑师成为万事俱通的专家，而是倡导广义的、综合的观念和整体的思维，在广阔天地里寻找新的专业结合点，解决问题，发展理论。

四 基本结论：一致百虑 殊途同归

客观世界千头万绪，千变万化，我们不可能在具体的技术问题上强求一律。我们只有审时度势，因风土，宜人情，才能找到自己的答案。

中国古人云"天下一致而百虑，同归而殊途"。建设一个美好的、可持续发展的人居环境是人类共同的理想和目标，现在经济发展了，技术进步了，但是人们对安居的基本需求依然未变。问题在于，人们愈来愈意识到，在许多地区，大部分人并未从发展的进程中真正受益，不同的地区和国家必须探求适合自身条件的"殊途"。

对世界建筑师来说，在东方古都北京提出建筑学发展的整合意义深远。千百年来，整体思维一直是东方传统哲学的精华。今天，它已成为人类共同的思想财富，成为地球村的福音，是我们处理盘根错节的现实问题的指针。

进入下一个世纪只是连续的社会、政治进程中的短暂的一刻，但是从过去得来的经验教训将有助于我们在资源制约下，建设一个更加美好、更加公平的人居环境。对于这个历史使命，我们信心百倍而又十分审慎地寄予期望。

国际古迹遗址理事会
《木结构遗产保护准则》（1999）

（国际古迹遗址理事会第十二届全体大会于
1999 年 10 月在墨西哥通过）

该文件旨在尊重遗产价值的基础上，明确木结构遗产保护和保存中基本和普遍适用的原则与实践。这里的木结构遗产指的是有较高文化价值或构成某古迹遗址一部分的整体或部分各类木制建筑物或建造物。

为保护此类遗产，特制定如下准则：

·充分认识到各历史时期的木结构遗存作为世界文化遗产组成部分的重要性；

·充分考虑到木结构遗存的多样性；

·充分考虑建造木材种类和质量的多样性；

·认识因环境和气候变化而导致的建筑材料破损和腐朽给整体或部分木制建造物带来的脆弱性，及造成损毁的多方面因素，如湿度变化、光照、昆虫、霉菌、年久失修、火灾和其他灾害等；

·认识到由于木质结构本身的脆弱性、不适当的使用以及传统建造技术、设计工艺知识的丧失而导致的木结构历史遗存的日益严重的消亡；

·充分考虑到保存和保护这些遗产资源所需的各种行动和措施；

·参考《威尼斯宪章》、《巴拉宪章》和联合国教科文组织及国际古迹遗址理事会（ICOMOS）所通过的其他相关文件，探索将这些普遍准则应用于木结构历史遗存保存和保护中的途径。

并提出以下建议：

检查、记录、归档

1. 在采取任何介入措施之前，必须依据《威尼斯宪章》第 16 条和 ICOMOS《历史纪念物、建筑群和记录准则》详尽认真的记录遗产的现状、各组成构件和修复处理时使用的所有材料。所有相关记录资料，包括从古迹中移除的多余构件、材料的采样，有关传统建造技术工艺的信息，都应认真收集、整理、安全存放并适当开放，以供研究查阅。记录资料应同时包括保护修复工作中采用特定材料和方法的具体原因。

2. 在进行任何处理之前，必须对木结构遗存的现状和导致结构衰败腐朽的原因进行全面准确的诊断。这一判断需建立在对文献资料的参阅、实地实物检查分析的基础上，如有必要，还应包括对实体现状的测绘和无破坏的试验措施。这一过程中不排除对古迹进行必要的微小处理和紧急防护措施。

监测和维护

3. 制定一套连贯系统的监测和维护策略是保护木结构历史遗存及其文化价值的关键步骤。

具体干预措施

4. 遗产保护的首要目标是保护和延续文化遗产的历史真实性和完整性。因而任何一项干预措施都应建立在正确的研究评估基础上。问题的解决应根据相应的条件和需求，尊重历史古迹的美学和历史价值及其完整性。

5. 任何要采取的干预措施都应尽量；

·采用传统做法；

·如技术允许，是可逆转的；或

·在干预是必需的情况下，至少对未来的保护工作不造成不利影响或阻碍；并且

·不阻碍之后的保护工作者了解干预证据的可能。

6. 在对木结构历史遗存的保护上，尽可能少的干预是最理想的做法。在某些特定的情况下，尽可能少的干预可以指为了保护和修复木结构遗存而进行的必要的整体或部分拆卸和重新组装。

7. 就具体干预措施来说，历史古迹应被看做一个整体；所有组成部分，包括结构构件、镶嵌板材、挡风板、屋顶、地板、门窗等都应给予同等的重视。原则上应该尽可能多的保留古迹现有残存。保护范围应该同时包括外表面，如涂层、油漆、墙纸等。如果必须更新或取代原有的外表面元素，那么对原始材料、技术和质地的复制要尽可能的准确无误。

8. 修复的目标是保护历史结构及其基本承重功能，并根据《威尼斯宪章》第9~13条，在现有历史遗存证据允许的情况下，加强历史完整性，完善原有状态和设计，以此揭示其更完整的文化价值。移除的文物古迹的部件应当记录归档，有代表

性的取样应永久保存作为记录档案的内容。

修缮和替代

9. 在修缮一个木结构古迹的过程中，仅仅在出于满足替代腐朽或破损构件的需要，或满足修复要求的恰当情况下，方才可以根据相应的历史和审美价值来替换原有木材。

新的构件或其组成部分应采取与原置换构建相同或（在合适的情况下）更好的木材。条件允许的情况下，也应包含类似的自然特征。选取的置换木材的湿度和其他物理特征应与现存古迹结构相兼容协调。

工艺和建造技术，包括涂层工具或机器的使用在可能的情况下都应与原建造手段相符。钉子和其他辅助材料也应酌情原样复制。

在置换部分构件时，应在与结构要求相符的条件下酌情使用传统木工连接方式将新材料与原有结构拼接。

10. 可以接受新构件或新构件的组成部分与原有古迹存在差异。对置换构件及其部分变形或自然衰败的情况加以复制是不可取的。在不损害或降低木制构件表面质量的前提下，可以采用适当传统或经反复检验的现代工艺方法调节匹配新旧颜色。

11. 添加的新构件或组成部分应谨慎的做标记，采取在木材上刻记、烙印或其他方式使其日后容易识别。

古森林保护区

12. 应大力鼓励建立和维护可为历史木结构遗产保护和维修提供合适木材的森林保护区。

负责保护和维护历史木结构古迹遗址的机构应建立或鼓励建立用于保护工作的木材库。

当代材料的技术

13. 在使用当代材料（如环氧树脂）和现代技术（如结构加固钢架）时应极其谨慎，并仅仅在材料和建造技术的持久性和结构表现已经得到足够验证后才能进行。现代设备如供暖、火警和其他预防系统等的使用应建立在对古迹遗址历史和美学价值充分认识和理解的前提下。

14. 化学防护剂的使用应受到严格的控制和监督，并仅仅在可以确保惠益、公共和环境安全不会因此受损和存在长期显著良效的情况下进行。

教育培训

15. 通过各种教育项目使与历史木结构遗产文化价值相关的价值得以再生是可持续的遗产保护、发展政策的重要前提。应大力鼓励建立和发展历史木结构遗产保存、维护和管理的培训项目。此类培训应建立在一个与生产和使用可持续性需要相结合的综合全面的策略基础上，并包含地方、国家、地区和国际等各层次的培训项目。活动项目应涉及所有相关专业和行业，尤其是建筑师、保护工作者、工程师、工匠和遗产地管理人员。

2000—2004 年

中国文化遗产保护与城市
发展国际会议《北京共识》（2000）

（中国文化遗产保护与城市发展国际会议于
2000 年 7 月 5 日至 7 日在北京通过）

考虑到历史文化遗产在现代化城市建设中的重要意义；

考虑到保护世界文化遗产有助于各国人民相互了解，并有利于促进世界和平事业；

考虑到当前文化遗产的保护正受到来自城市建设方面的冲击；

同时，也考虑到文化遗产的保护和现代化城市建设的根本利益趋向一致，为制定城市发展规划的基本目标，来自世界各地的与会代表就以下问题达成共识：

保存在城市中的文化遗产不仅是历史上不同传统和精神成就的载体和见证，同时也体现了全世界各民族的基本特征，构成了各个城市面貌和特点的基本要素。它凝聚了数千年人类辛勤的劳动和无穷的智慧，沉淀了人类文明世代相传的宝贵精神资源和物质财富，并作为一种精神动力支撑着城市居民构筑 21 世纪美好家园的信心和理念。

长期以来世界各国为保护城市中的历史文化遗产所付出的努力，不仅有效地延续了城市的历史文化，同时极大地促进了当地旅游业乃至经济的发展。在人类即将进入 21 世纪的今天，我们更加认识到保护城市中的历史文化遗产的重要性，同时，随着广大民众文明程度的不断提高和对精神文化生活的迫切要求，城市化进程中的文化遗产保护必将拥有十分美好的前景。

在经济快速发展的 21 世纪，许多历史城市中的文化遗产遭受到冲击，甚至面临着遭受破坏的危险。城市人口的增加，城市向大型化、现代化、经济化的发展，正日益侵蚀着历史文化遗产赖以生存的环境，许多具有历史意义的传统文化街区的历史真实性正在消失。

要妥善保护城市中的历史文化遗产，迎接来自各个方面的挑战，必须采取相应的保护措施。首先，需要制定一个完备的保护法规体系，无论国际组织，还是各个国家乃至地方，建立一个更加完善、更加丰富、更加具体的法规体系是历史文化遗产保护的基本前提。其次，需要一个与城市建设相吻合的、切合实际的历史文化遗产保护规划，并且严格按照规划进行各项城市建设。第三，需要城市的市长以及政府有关机构具有重视城市文化遗产保护的长远目光和胆识，需要广大公民，特别是城市中的居民能够充分认识到所负有的保护城市历史文化遗产的责任感和使命感，使保护历史文化遗产成为每一位公民的责任和义务。长期以来新闻媒体在保护历史文化中发挥着积极的作用，我们期待着更多的社会力量参与到历史文化的保护工作中来，以形成更为强大的社会舆论。

愿通过我们的共同努力，使历史文化遗产更多地保留在日益发展的现代化城市中，并得以永世流传。

国际古迹遗址理事会中国国家委员会
《中国文物古迹保护准则》（2000）

（国际古迹遗址理事会中国国家委员会于 2000 年 10 月在承德通过）

序　言

中国是世界上地域辽阔，历史悠久，文化传统不曾中断的多民族统一国家。遗存至今的大量文物古迹，形象地记载着中华民族形成发展的进程，它们不但是认识历史的证据，也是增强民族凝聚力，促进民族文化可持续发展的基础。

和平与发展已成为当代社会的主题。通过对彼此文物古迹的认识，可以促进各个国家、地区间的文化交流，有利于保持世界和平，共同发展。中国优秀的文物古迹，不但是中国各族人民的，也是全人类共同的财富；不但属于今天，更属于未来。因此，将它们真实、完整地留传下去，是我们现在的职责。

中国近代的文物保护观念和方法开始于 20 世纪 30 年代。中华人民共和国成立以后，在有效保护了一大批濒于毁坏的古迹的同时，形成了符合中国国情的保护理论和指导原则，并由国家颁布了《中华人民共和国文物保护法》和相关的法规。在此基础上，参照以 1964 年《国际古迹保护与修复宪章》（《威尼斯宪章》）为代表的国际原则，特制定本《准则》。它是在中国文物保护法规体系的框架下，对文物古迹保护工作进行指导的行业规则和评价工作成果的主要标准，也是对保护法规相关条款的专业性阐释，同时可以作为处理有关文物古迹事务时的专业依据。

第一章　总　则

第一条　本准则适用的对象通称为文物古迹。它是指人类在历史上创造或人类活动遗留的具有价值的不可移动的实物遗存，包括地面与地下的古文化遗址、古墓葬、古建筑、石窟寺、石刻、近现代史迹及纪念建筑、由国家公布应予保护的历史文化街区（村镇），以及其中原有的附属文物。

第二条　本准则的宗旨是对文物古迹实行有效的保护。保护是指为保存文物古迹实物遗存及其历史环境进行的全部活动。保护的目的是真实、全面地保存并延续其历史信息及全部价值。保护的任务是通过技术的和管理的措施，修缮自然力和人为造成的损伤，制止新的破坏。所有保护措施都必须遵守不改变文物原状的原则。

第三条 文物古迹的价值包括历史价值、艺术价值和科学价值。

第四条 文物古迹应当得到合理的利用。利用必须坚持以社会效益为准则，不应当为了当前利用的需要而损害文物古迹的价值。

第五条 保护必须按程序进行。所有程序都应符合相关的法律规定和专业规则，并且广泛征求社会有关方面的意见。其中，对文物古迹价值的评估应当置于首要的位置。

第六条 研究应当贯穿在保护工作全过程，所有保护程序都要以研究的成果为依据。

第七条 保存真实的记录，包括历史的和当代的一切形式的文献。保护的每一个程序都应当编制详细的档案。

第八条 建立健全独立稳定的工作机制。要依法加强基层文物保管机构的管理职能。从业人员应当经过专业培训，通过考核取得资格。重要的保护程序实行专家委员会评审制度，委员会成员应具有本专业的高等资质和丰富的实践经验。

第二章　保护程序

第九条 文物古迹的保护工作总体上分为六步，依次是文物调查、评估、确定各级保护单位、制订保护规划、实施保护规划、定期检查规划。原则上所有文物古迹保护工作都应当按照此程序进行。

第十条 文物调查包括普查、复查和重点调查。一切历史遗迹和有关的文献，以及周边环境都应当列为调查对象。

第十一条 评估的主要内容是文物古迹的价值，保存的状态和管理的条件，包括对历史记载的分析和对现状的勘察。对新发现的古遗址评估需要进行小规模试掘的，应依法报请批准后才能进行。

第十二条 确定文物保护单位及其级别，必须以评估结论为依据，依法由各级政府公布。已确定的文物保护单位应进行"四有"工作，即有保护范围，有标志说明，有记录档案，有专门机构或专人负责管理。保护范围以外，还应划出建设控制地带，以保护文物古迹相关的自然和人文环境。

第十三条 制订保护规划必须根据评估的结论，首先要确定主要的保护目标和恰当的保护措施。一般规划应包括保护措施、利用功能、展陈方案和管理手段四方面内容，特殊的对象可制订分区、分类等专项规划。各类保护规划特别是历史文街区（村镇）的规划都要与当地的总体规划密切结合，并应当依法审批，纳入当地的城乡建设规划。

第十四条　实施保护规划必须进行专项设计。列入规划的保护工程的专项设计，必须符合各类工程的规范，依法审批后才可实施。列入规划的展陈和教育计划，也应当进行专项设计。

第十五条　定期检查规划的目的是总结规划实施的效果和经验，如发现缺陷或新的情况，可对规划作适当调整。

第十六条　保护规划和重要的保护工程设计，应当由相关专业的专家委员会提出评审意见。

第十七条　日常管理贯穿于保护全过程。管理者的主要职责是及时消除隐患，保护文物古迹不受损伤，同时不断提高展陈质量，收集文献档案；并在保护规划获得批准以后，确保按照规划实施保护。

第三章　保护原则

第十八条　必须原址保护。只有在发生不可抗拒的自然灾害或因国家重大建设工程的需要，使迁移保护成为唯一有效的手段时，才可以原状迁移，易地保护。易地保护要依法报批，在获得批准后方可实施。

第十九条　尽可能减少干预。凡是近期没有重大危险的部分，除日常保养以外不应进行更多的干预。必须干预时，附加的手段只用在最必要部分，并减少到最低限度。采用的保护措施，应以延续现状，缓解损伤为主要目标。

第二十条　定期实施日常保养。日常保养是最基本和最重要的保护手段。要制定日常保养制度，定期监测，并及时排除不安全因素和轻微的损伤。

第二十一条　保护现存实物原状与历史信息。修复应当以现存的有价值的实物为主要依据，并必须保存重要事件和重要人物遗留的痕迹。一切技术措施应当不妨碍再次对原物进行保护处理；经过处理的部分要和原物或前一次处理的部分既相协调，又可识别。所有修复的部分都应有详细的记录档案和永久的年代标志。

第二十二条　按照保护要求使用保护技术。独特的传统工艺技术必须保留。所有的新材料和新工艺都必须经过前期试验和研究，证明是最有效的，对文物古迹是无害的，才可以使用。

第二十三条　正确把握审美标准。文物古迹的审美价值主要表现为它的历史真实性，不允许为了追求完整、华丽而改变文物原状。

第二十四条　必须保护文物环境。与文物古迹价值关联的自然和人文景观构成文物古迹的环境，应当与文物古迹统一进行保护。必须要清除影响安全和破坏景观的环境因素，加强监督管理，提出保护措施。

第二十五条 已不存在的建筑不应重建。文物保护单位中已不存在的少量建筑，经特殊批准，可以在原址重建的，应具备确实依据，经过充分论证，依法按程序报批，在获得批准后方可实施。重建的建筑应有醒目的标志说明。

第二十六条 考古发掘应注意保护实物遗存。有计划的考古发掘，应当尽可能提出发掘中和发掘后可行的保护方案同时报批，获准后同时实施；抢救性的发掘，也应对可能发现的文物提出处置方案。

第二十七条 预防灾害侵袭。要充分估计各类灾害对文物古迹和游人可能造成的危害，制订应付突发灾害的周密抢救方案。对于公开开放的建筑和参观场所，应控制参观人数，保证疏散通畅，优先配置防灾设施。在文物古迹中，要严格禁止可能造成重大安全事故的活动。

第四章　保护工程

第二十八条 保护工程是对文物古迹进行修缮和相关环境进行整治的技术措施。对文物古迹的修缮包括日常保养、防护加固、现状修整、重点修复四类工程。每一项工程都应当有明确的针对性和预期的效果。所有技术措施都应当记入档案保存。

第二十九条 日常保养是及时化解外力侵害可能造成损伤的预防性措施，适用于任何保护对象。必须制订相应的保养制度，主要工作是对有隐患的部分实行连续监测，记录存档，并按照有关的规范实施保养工程。

第三十条 防护加固是为防止文物古迹损伤而采取的加固措施。所有的措施都不得对原有实物造成损伤，并尽可能保持原有的环境特征。新增加的构筑物应朴素实用，尽量淡化外观。保护性建筑兼作陈列馆、博物馆的，应首先满足保护功能的要求。

第三十一条 现状修整是在不扰动现有结构，不增添新构件，基本保持现状的前提下进行的一般性工程措施。主要工程有：归整歪闪、坍塌、错乱的构件，修补少量残损的部分，清除无价值的近代添加物等。修整中清除和补配的部分应保留详细的记录。

第三十二条 重点修复是保护工程中对原物干预最多的重大工程措施，主要工程有：恢复结构的稳定状态，增加必要的加固结构，修补损坏的构件，添配缺失的部分等。要慎重使用全部解体修复的方法，经过解体后修复的结构，应当全面减除隐患，保证较长时期不再修缮。修复工程应当尽量多保存各个时期有价值的痕迹，恢复的部分应以现存实物为依据。附属的文物在有可能遭受损伤的情况下才允许拆卸，并在修复后按原状归安。经核准易地保护的工程也属此类。

第三十三条 原址重建是保护工程中极特殊的个别措施。核准在原址重建时，首先应保护现存遗址不受损伤。重建应有直接的证据，不允许违背原形式和原格局的主观设计。

第三十四条 环境治理是防止外力损伤，展示文物原状，保障合理利用的综合措施。治理的主要工作有：清除可能引起灾害和有损景观的建筑杂物，制止可能影响文物古迹安全的生产及社会活动，防止环境污染造成文物的损伤，营造为公众服务及保障安全的设施和绿化。服务性建筑应远离文物主体，展陈、游览设施应统一设计安置。绿化应尽可能恢复历史状态，避免出现现代园林手法，并防止因绿化而损害文物。

第三十五条 经过发掘的古文化遗址和古墓葬，一般情况下，在取得研究所需资料后应回填保护，并防止盗掘。特殊情况核准露明保护的，应严格保护现状，除日常保养外尽量少加干预。无条件原址保存的构件，才允许易地保护。

第五章 附 则

第三十六条 曾经发生过重大历史事件的纪念地，可参照本准则的有关条款保护其地点和环境原状。

第三十七条 风景名胜区及历史文化名城中的人文历史景观、水下文化遗产，可根据本《准则》的相关条款，制订各自的保护准则。

第三十八条 本《准则》由国际古迹遗址理事会中国委员会制订、通过，中国国家文物局批准向社会公布。国际古迹遗址理事会中国委员会负责对本《准则》及其附件进行解释。在需要进行修订时也要履行相同程序。

联合国教科文组织
《保护水下文化遗产公约》(2001)

（联合国教科文组织第三十一届会议于
2001 年 11 月 2 日在巴黎通过）

大会：

认识到水下文化遗产的重要性，它是人类文化遗产的组成部分，也是各国人民和各民族的历史及其在共同遗产方面的关系史上极为重要的一个内容；

认识到保护和保存水下文化遗产的重要性，所有国家都应负起这一责任；

注意到公众对水下文化遗产日益关心和重视；

深信研究、宣传和教育对保护和保存水下文化遗产极为重要；

深信公众只要以负责的和非闯入的方式进入仍在水下的水下文化遗产，就有权从中接受教育和得到娱乐，也深信公众接受的教育有助于他们认识、欣赏和保护这份遗产；

意识到水下文化遗产受到未经批准的开发活动的威胁，有必要采取更有力的措施阻止这些活动；

意识到合法开发水下文化遗产的活动也可能无意中对其造成不良后果，因而有必要对此作出相应的对策，对水下文化遗产日益频繁的商业开发，尤其是对某些以买卖、占有或交换水下文化遗产为目的的活动深感忧虑；

意识到先进的技术为发现和进入水下文化遗产提供了便利；

认为国家、国际组织、科研机构、专业组织、考古学家、潜水员、其他有关方面和广大公众之间的合作对保护水下文化遗产是极为重要的；

考虑到水下文化遗产的勘测、挖掘和保护都必须掌握，并能应用特殊的科学方法，必须利用恰当的技术和设备，还必须具备高度的专业知识，所有这些说明必须有统一的标准；

认识到必须根据国际法和国际惯例，包括 1970 年 11 月 14 日的《教科文组织关于采取措施禁止并防止文化财产非法进出口和所有权非法转让公约》，1972 年 11

月 16 日的《教科文组织保护世界文化和自然遗产公约》和 1982 年 12 月 10 日的《联合国海洋法公约》，编纂有关保护和保存水下文化遗产的法典和逐步制定这方面的规章制度；

决心提高国际、地区和各国为就地保护水下文化遗产，或因科研及保护的需要，小心打捞水下文化遗产而采取的措施的有效性，

在其第二十九届大会已决定为此拟定一份国际公约的基础上，于 2001 年 11 月 2 日通过本公约。

第一条 定义

在本公约中：

1.（a）"水下文化遗产"系指至少 100 年来，周期性地或连续地，部分或全部位于水下的具有文化、历史或考古价值的所有人类生存的遗迹，比如：

（i）遗址、建筑、房屋、工艺品和人的遗骸，及其有考古价值的环境和自然环境；

（ii）船只、飞行器、其他运输工具或上述三类的任何部分，所载货物或其他物品，及其有考古价值的环境和自然环境；

（iii）具有史前意义的物品。

（b）海底铺设的管道和电缆不应视为水下文化遗产。

（c）海底铺设的管道和电缆以外的，且仍在使用的装置，不应视为水下文化遗产。

2.（a）"缔约国"系指同意接受本公约之约束和本公约对其具有约束力的国家。

（b）本公约经必要的改动后也适用于本公约第二十六条第 2 段（b）中所指的那些根据该条规定的条件成为本公约的缔约方的地区，从这个意义上说，"缔约国"也指这些地区。

3．"教科文组织"系指联合国教育、科学及文化组织。

4．"总干事"即教科文组织总干事。

5．"区域"系指国家管辖范围以外的海床和洋底及其底土。

6．"开发水下文化遗产的活动"系指以水下文化遗产为其主要对象，并可能直接或间接对其造成损伤或破坏的活动。

7．"无意中影响水下文化遗产的活动"系指尽管不以水下文化遗产为主要对象或对象之一，但可能对其造成损伤或破坏的活动。

8．"国家的船只和飞行器"系指属于某国或由其使用，且在沉没时仅限于政府使用而非商用的，并经确定属实又符合水下文化遗产的定义的军舰和其他船只或飞

行器。

9. "规章"系指本公约第三十三条所指的《有关开发水下文化遗产之活动的规章》。

第二条　目标和总则

1. 本公约的目的是确保和加强对水下文化遗产的保护。

2. 缔约国应开展合作，保护水下文化遗产。

3. 缔约国应根据本公约的各项规定为全人类之利益保护水下文化遗产。

4. 缔约国应根据本公约和国际法，按具体情况单独或联合采取一切必要的措施来保护水下文化遗产，并应根据各自的能力，运用各自能用的最佳的可行手段。

5. 在允许或进行任何开发水下文化遗产的活动之前，就地保护应作为首选。

6. 打捞出来的水下文化遗产必须妥善存放和保管，以便长期保存。

7. 不得对水下文化遗产进行商业开发。

8. 本公约须与各国的惯例和包括《联合国海洋法公约》在内的国际法相一致，任何条款均不应被理解为对有关主权豁免的国际法和国家惯例的规定的修正，也不改变任何国家对本国的船只和飞行器拥有的权利。

9. 缔约国应确保对海域中发现的所有人的遗骸给予恰当的尊重。

10. 只要不妨碍对水下文化遗产的保护和管理，应当鼓励人们以负责的和非闯入方式进入仍在水下的水下文化遗产，以对其进行考察或建立档案资料，从而使公众认识到应当了解、欣赏和保护水下文化遗产。

11. 根据本公约采取的任何行动或开展的任何活动均不构成对国家主权或国家管辖权提出要求、支持或反对的理由。

第三条　本公约与《联合国海洋法公约》之间的关系

本公约中的任何条款均不得妨碍国际法，包括《联合国海洋法公约》，所赋予各国的权利、管辖权和义务。本公约应结合国际法，包括《联合国海洋法公约》，加以解释和执行，不得与之相悖。

第四条　与打捞法和打捞物法的关系

打捞法和打捞物法不适用于开发本公约所指的水下文化遗产的活动，除非它：

（a）得到主管当局的批准，同时

（b）完全符合本公约的规定，同时又

（c）确保任何打捞出来的水下文化遗产都能得到最大限度的保护。

第五条　无意中影响水下文化遗产的活动

每个缔约国应采用它能用的最佳的可行手段防止或减轻其管辖范围内无意中影响水下文化遗产的活动可能造成的任何不良后果。

第六条 双边、地区或其他多边协定

1. 鼓励缔约国为保护水下文化遗产，签订双边、地区或其他多边协定，或对现有的协定加以补充。所有这些协定应完全符合本公约的规定，不得削弱本公约的普遍性。各国在这些协定中可提出能比本公约提出的规章更好地保护水下文化遗产的规章。

2. 这些双边、地区或其他多边协定的缔约方可邀请与有关的水下文化遗产确有联系，尤其是文化、历史或考古方面的联系的国家加入这些协定。

3. 本公约不得改变缔约国在本公约通过之前缔结的其他双边、地区或多边协定，尤其是与本公约的宗旨相一致的协定中规定的有关保护沉船的权利和义务。

第七条 内水、群岛水域和领海中的水下文化遗产

1. 缔约国在行使其主权时，拥有管理和批准开发其内水、群岛水域和领海中的水下文化遗产的活动的专属权利。

2. 在不违背其他有关保护水下文化遗产的国际协定和国际法准则的情况下，缔约国应要求开发内水、群岛水域和领海中的水下文化遗产的活动遵守《规章》中的各项规定。

3. 缔约国在其群岛水域和领海内行使其主权时，根据国与国之间的通行做法，为了在保护国家船只和飞行器的最佳办法方面进行合作，要向是本公约缔约国的船旗国，并根据情况，向与该水下文化遗产确有联系，尤其是文化、历史或考古方面的联系的其他国家通知发现可认出国籍的船只和飞行器的情况。

第八条 毗连区的水下文化遗产

在不违背第九、十两条的情况下，并在此两条之外，根据《联合国海洋法公约》第 303 条第 2 段的规定，缔约国可管理和批准在毗连区内开发水下文化遗产的活动。此时，缔约国应要求遵守《规章》的各项规定。

第九条 专属经济区和大陆架范围内的报告和通知

1. 所有缔约国都有责任按本公约保护其专属经济区内和大陆架上的水下文化遗产。因此：

（a）当一缔约国的国民，或悬挂其国旗的船只发现或者有意开发该国专属经济区内或大陆架上的水下文化遗产时，该缔约国应要求该国国民或船主报告其发现或活动；

（b）在另一缔约国的专属经济区内或大陆架上：

（i）缔约国应要求该国国民或船主向其，并向另一缔约国报告这些发现或活动；或

（ii）一缔约国应要求该国国民或船主向其报告这些发现或活动，并迅速有效

地转告所有其他缔约国。

2. 在交存其批准、接受、赞同或加入文书时，一缔约国应说明本条第 1 段（b）中提到的报告的传达方式。

3. 缔约国应向总干事通报根据本条第 1 段向其报告的所有发现和活动。

4. 总干事应及时向所有缔约国通报根据本条第 3 段向其汇报的信息。

5. 任何缔约国都可以向在专属经济区内或大陆架上拥有水下文化遗产的缔约国表示愿意在有效保护这些水下文化遗产方面提供咨询。提出这种意愿的基础是这一缔约国必须与有关的水下文化遗产确有联系，尤其是文化、历史或考古方面的联系。

第十条　专属经济区内和大陆架上的水下文化遗产的保护

1. 在本条款许可范围之外，不得授权开发专属经济区内或大陆架上的水下文化遗产。

2. 缔约国有权依据包括《联合国海洋法公约》在内的国际法，为保护其主权权利和管辖权不受干涉而禁止或授权开发本国专属经济区内或大陆架上的文化遗产。

3. 当一缔约国在其专属经济区内或大陆架上发现水下文化遗产，或有意在其专属经济区或大陆架上开发水下文化遗产时，该缔约国应：

（a）与所有根据第九条第 5 段提出意愿的缔约国共同商讨如何最有效地保护这些水下文化遗产；

（b）作为"协调国"对这类商讨进行协调，除非该缔约国明确表示不愿做"协调国"；在这种情况下，其他根据第九条第 5 段表达参与商讨意愿的缔约国应另行指定一个"协调国"。

4. 在不妨碍缔约国遵照国际法采取各种可行措施来保护水下文化遗产，以防止水下文化遗产受到包括抢劫在内的紧急危险的情况下，如有必要，协调国可在协商之前遵照本《公约》采取一切可行的措施，和或授权采取这些措施，以防止人类活动或包括抢劫在内的其他原因对水下文化遗产构成的紧急危险。在采取这些措施时，可请其他缔约国给予协助。

5. 协调国：

（a）应实施包括协调国在内的协商国一致同意的保护措施，除非包括协调国在内的协商国同意由另一个缔约国来实施这些措施；

（b）应为实施一致同意的符合《规章》的保护措施进行必要的授权，除非包括协调国在内的协商国同意由另一个缔约国来作出这些授权；

（c）可对水下文化遗产进行必要的初步研究，并为此进行必要的授权，并应及时向教科文组织总干事报告研究结果，总干事也应及时将这些信息通报其他缔约国。

6. 协调国在根据本条款协调缔约国之间的协商，对水下文化遗产采取保护措施，进行初步研究和或进行授权时，应代表所有缔约国的整体利益，而不应只代表本国的利益。协调国在采取上述行动时不能就此认为自己享有包括《联合国海洋法公约》在内的国际法没有赋予它的优先权和管辖权。

7. 除本条款第2段和第4段所指的情况外，未经船旗国的同意和协调国的协作，不得对国家船只和飞行器采取任何行动。

第十一条 "区域"内的报告和通知

1. 根据本公约和《联合国海洋法公约》第149条之规定，缔约国有责任保护"区域"内的水下文化遗产。据此，当一缔约国的国民或悬挂其国旗的船只在"区域"内发现水下文化遗产，或有意开发"区域"内的水下文化遗产时，该缔约国应要求其国民或船长向该缔约国报告他们的发现或活动。

2. 缔约国应向教科文组织总干事和国际海底管理局秘书长通知向他们报告的这些发现和活动。

3. 教科文组织总干事应及时将缔约国提供的这些信息通报给所有的缔约国。

4. 任何缔约国均可向教科文组织总干事表示愿意参与商讨如何有效地保护该水下文化遗产。提出这种意愿的基础是这一缔约国必须与有关的水下文化遗产确有联系，特别应考虑该遗产的文化、历史和考古起源国的优先权利。

第十二条 "区域"内的水下文化遗产的保护

1. 在本条款许可范围之外，不得授权开发"区域"内的水下文化遗产。

2. 总干事应邀请根据第十一条第4段提出意愿的缔约国商讨如何最有效地保护有关的水下文化遗产，并指定其中一个缔约国为"协调国"，协调商讨工作。教科文组织总干事还应邀请国际海底管理局参加此类协商。

3. 任何缔约国可依照本公约采取一切切实可行的措施，以防止人类活动或包括抢劫在内的其他原因对水下文化遗产造成的直接危害。必要时，可在与其他缔约国进行协商之前采取措施。

4. 协调国应：

（a）实施由包括协调国在内的协商国一致同意的保护措施，除非包括协调国在内的协商国同意由另一个缔约国来实施这些措施；和

（b）根据本公约之规定，为实施一致同意的措施进行必要的授权，除非包括协调国在内的协商国同意由另一缔约国进行这些授权。

5. 协调国可对水下文化遗产进行必要的初步研究，并为此进行必要的授权，并

应及时向教科文组织总干事报告研究结果，总干事也应及时将这些信息通报其他缔约国。

6. 协调国在根据本条款协调缔约国之间的协商，对水下文化遗产采取保护措施，进行初步研究和或进行授权时，应以全人类的利益为重，代表所有的缔约国。应特别考虑有关水下文化遗产的文化、历史和考古起源国的优先权利。

7. 任何缔约国未经船旗国的许可，不得对"区域"内的国家船只或飞行器采取任何行动。

第十三条　主权豁免

享有主权豁免的军舰和其他政府船只或军用飞行器，在执行非商业性的和非针对水下文化遗产的正常任务时，没有根据本公约第九、十、十一和十二条之规定，报告发现水下文化遗产的义务。但是缔约国应采取适当措施，在不妨碍上述船只和飞行器执行任务或损害其执行任务的能力的情况下，确保上述船只和飞行器在合理和可行的范围内，遵守本公约的第九、十、十一和十二条。

第十四条　限制进入领土，买卖和拥有

缔约国应采取措施，阻止非法出口和或以违反本公约的方式非法打捞的水下文化遗产进入其领土，和在其领土上买卖或拥有这种水下文化遗产。

第十五条　禁止使用缔约国管辖的区域

缔约国应采取措施禁止使用其领土，包括完全处于其管辖权和控制之下的海港及人工岛，设施和结构，进行违反本公约开发水下文化遗产的活动。

第十六条　有关国民和船只的措施

缔约国应采取一切可行的措施，以确保其国民和悬挂其国旗的船只不进行任何不符合本公约的水下文化遗产的开发活动。

第十七条　制裁

1. 缔约国应对违反贯彻本公约的措施的行为进行制裁。

2. 对违反行为所作的制裁的力度应足以惩戒任何地方的违法行为，确保遵守本公约，并剥夺违反者从非法行为中获取的利益。

3. 缔约国应相互合作以确保根据本条款所采取的制裁措施得到实施。

第十八条　水下文化遗产之扣押与处置

1. 缔约国应采取措施在其领土上扣押以违反本公约的方式打捞的水下文化遗产。

2. 缔约国应对根据本公约扣押的水下文化遗产进行登记和加以保护，并采取一切合理的措施使其保持原有状况。

3. 缔约国应向教科文组织总干事报告其依据本公约扣押的水下文化遗产，并通报任何与该水下文化遗产确有联系，尤其是文化、历史或考古方面的联系的缔约国。

4. 扣押了水下文化遗产的缔约国应确保对该文化遗产的处理方式符合公众的利益，要考虑对该遗产的保护和研究，散落文物之复原，向公众开放，展览和进行教育等问题，以及与该文化遗产确有联系，尤其是文化、历史或考古方面的联系的缔约国的利益。

第十九条　合作与信息共享

1. 缔约国应依据本公约在水下文化遗产的保护和管理方面相互合作，互相帮助，有可能的话，也应在对这种遗产的调查、挖掘、记录、保存、研究和展出等方面开展协作。

2. 在不违反本公约宗旨的前提下，各缔约国要与其他缔约国分享有关水下文化遗产的信息，包括水下文化遗产的发现、所处位置、违反本公约或国际法或违反与这种遗产有关的其他国际法、有关的科学方法和技术以及有关法律挖掘或打捞的文化遗产。

3. 缔约国之间，或教科文组织与缔约国之间分享的有关水下文化遗产的发现或其位置的信息，只要泄露后可能危害水下文化遗产或危及水下文化遗产的保护工作，就应在不违反缔约国国内法律的前提下，作为只有缔约国主管当局了解的机密。

4. 缔约国应采取一切可行的措施，并在可行的情况下，包括利用有关的国际数据库，公布有关违反本公约或国际法挖掘或打捞的水下文化遗产的信息。

第二十条　提高公众意识

缔约国应采取一切可行的措施，提高公众对水下文化遗产的价值与意义的认识以及依照本公约保护水下文化遗产之重要性的认识。

第二十一条　水下考古培训

缔约国应开展合作，提供水下考古、水下文化遗产保存技术方面的培训，并按商定的条件进行与水下文化遗产有关的技术的转让。

第二十二条　主管机构

1. 为确保本公约的有效实施，缔约国应设立主管机构，已设立的要予以加强，负责水下文化遗产目录的编制、保存和更新工作，对水下文化遗产进行有效的保护、保存、展出和管理，并开展有关的科研和教育活动。

2. 缔约国应将其主管水下文化遗产的机构的名称和地址告知总干事。

第二十三条　缔约国会议

1. 总干事应在本公约生效一年之后召开一次缔约国会议，其后至少每两年召开一次。如大多数缔约国要求，总干事应召开缔约国特别会议。

2. 缔约国会议应确定其职能和责任。

3. 缔约国会议应有自己的《议事规则》。

4. 缔约国会议可以设立一个由缔约国提名的专家组成的科学与技术咨询委员会，该委员会的组成应充分考虑公平的地理分配原则和男女成员的适当比例。

5. 科学与技术咨询委员会应在实施《规章》中涉及的科学和技术问题方面，向缔约国会议提供必要的协助。

第二十四条　公约秘书处

1. 总干事应负责为本公约设立秘书处。

2. 秘书处的职能包括：

（a）根据第二十三条第 1 段的规定组织缔约国会议；

（b）协助缔约国落实缔约国会议的决定。

第二十五条　和平解决争端

1. 两个或两个以上缔约国在解释或实施本公约时出现的任何争端，都应以诚恳的协商或它们所选择的其他和平方式加以解决。

2. 如此类协商未能在合理的时间内解决争端，可经当事缔约国同意后，交由教科文组织调解。

3. 如未进行调解或调解无效，《联合国海洋法公约》第十五部分有关解决争端的条款，经必要修改后，可适用于本公约缔约国之间在解释或实施本公约中出现的任何争端，无论这些缔约国是否也是《联合国海洋法公约》的缔约国。

4. 本公约及《联合国海洋法公约》的缔约国依据《联合国海洋法公约》第 287 条所选择的任何程序，都适用于解决本条款中所说的争端，除非该缔约国在批准、接受、赞同或加入本公约之时或其后的任何时候，依据第 287 条选择了其他程序来解决因本公约引起的争端。

5. 没有加入《联合国海洋法公约》的本公约缔约国，在批准、接受、赞同或加入本公约之时或其后的任何时候，可以通过书面声明的方式，由自由选择《联合国海洋法公约》第 287 条第 1 段所规定的一种或多种方式，来解决本条款中所说的争端。第 287 条适用于这类声明，也适用于上述缔约国为当事一方，但是不在有效声明范围内的任何争端。依据《联合国海洋法公约》附件 V 和附件 VII，为了进行调解和仲裁，上述缔约国有权指定调解人和仲裁人，列入附件 V 第 2 条和附件 VII 第 2 条提到的名单，以解决因本公约引起的争端。

第二十六条　批准、接受、赞同或加入

1. 教科文组织会员国可以批准、接受或赞同本公约。

2. 可以加入本公约的国家或地区包括：

（a）不是教科文组织会员国，但是联合国成员国或联合国系统内某一专门机构或国际原子能机构的会员国的国家，《国际法院规约》的缔约国，以及应教科文组织大会的邀请加入本公约的任何国家；

（b）没有完全独立，但根据联合国大会第 1514（XV）号决议被联合国承认为充分享有内部自治，并且有权处理本公约范围内的事宜，包括有权就这些事宜签署协议的地区。

3. 批准、接受、赞同或加入本公约的文书应交存于总干事处。

第二十七条　生效

在收到本公约第二十六条言及之第二十份文书三个月之后，本公约生效，但仅限于递交了文书的二十个国家或地区。其他任何国家或地区在递交其文书三个月后，本公约生效。

第二十八条　内陆水域声明

任何国家或地区，在批准、接受、赞同或加入本公约之时或其后的任何时候，都可以声明本公约之《规章》适用于其不具海洋性质的内陆水域。

第二十九条　地理范围的限定

任何国家或地区，在批准、接受、赞同或加入本公约之时，可向文书保管者声明，本公约不适用于其领土、内水、群岛水域或领海的某些特定部分，并在声明中阐述其理由。该国应尽其所能尽快地创造条件，使本公约适用于其声明中所指的特定区域，一旦条件成熟，应尽快全部或部分地撤回其声明。

第三十条　保留

除第 29 条所指的情况外，对本公约不得持任何保留意见。

第三十一条　修正

1. 缔约国可书面通知教科文组织总干事，对本公约提出修正建议。总干事应将此通知转发给所有缔约国。如在通知发出之日起六个月内，有一半以上的缔约国答复赞成这一要求，总干事应将此建议提交下一次缔约国会议讨论，决定是否通过。

2. 对本公约的修正须经出席并参加表决的缔约国三分之二多数票通过。

3. 对本公约的修正一俟通过，可交由缔约国批准、接受、赞同或加入。

4. 对于批准、接受、赞同或加入修正案的缔约国来说，本公约修正案在三分之二的缔约国递交本条第 3 段所提及的文书之日三个月之后生效。此后，对任何批准、接受、赞同或加入修正案的国家或地区来说，在其递交批准、接受、赞同或加入文书之日三个月之后，本公约修正案即生效。

5. 依照本条第 4 段修正案生效后，本公约的缔约国或地区，在该国或地区未表示异议的情况下，应：

（a）被视为本公约业经修正之文本的缔约方，

（b）但在与不受修正案约束的任何缔约国的关系中，仍被视为未经修正之公约的缔约方。

第三十二条　退出

1. 缔约国可书面通知教科文组织总干事退出本公约。

2. 退出自接到通知之日起十二个月后生效，除非通知指定一个较后的日期。

3. 退出本公约决不意味着该缔约国可以不履行按照本公约以外的国际法应承担的与本公约的规定相同的一切义务。

第三十三条　规章

作为本公约之附件的《规章》是本公约的一个组成部分，除非另有明确说明，否则凡提及本公约时，均包括该《规章》。

第三十四条　备案

根据联合国宪章第 102 条，本公约应按总干事的要求在联合国秘书处备案。

第三十五条　有效文本

本公约用阿拉伯文、中文、英文、法文、俄文和西班牙文制定，这六种文本具有同等效力。

附件

有关开发水下文化遗产之活动的规章

I. 一般原则

第一条　就地保护应作为保护水下文化遗产的首选方案。因此，批准开发水下文化遗产的活动必须看它是否符合保护该遗产之要求，在符合这种要求的情况下，可以批准进行一些有助于保护、认识或改善水下文化遗产的活动。

第二条　以交易或投机为目的而对水下文化遗产进行的商业性开发或造成的无法挽救的失散与保护和妥善管理这一遗产的精神是根本不相容的。水下文化遗产不得作为商品进行交易、买卖和以物换物。

本条不得解释为禁止下述活动：

（a）开展性质和目的完全符合本《公约》之规定，并经主管当局批准的专业考古工作或必要的辅助工作；

（b）保管在开展与本《公约》精神相符的研究项目时打捞的水下文化遗产，条件是这种保管不会损害打捞物的科学或文化价值，无损于其完整性或不会造成其无可挽回的失散，而且要符合第33和第34条的规定并经主管当局的批准。

第三条　开发水下文化遗产的活动对这一遗产造成的损坏必须以为完成项目而不得不造成的损坏为限。

第四条　开发水下文化遗产的活动应当优先考虑使用非破坏性的技术和勘测方法，而不是去打捞有关物品。如果为了科学研究或最终保护有关水下文化遗产而需要进行挖掘或打捞，那么所使用的技术和方法应尽可能不造成破坏，并有助于保存遗物。

第五条　开发水下文化遗产的活动应当避免不必要地侵扰人的遗骸或历史悠久的遗址。

第六条　开展开发水下文化遗产的活动应当严格按规定做好文化、历史和考古方面的资料工作。

第七条　应当鼓励向公众开放仍在水下的水下文化遗产，但不利于保护和管理的情况除外。

第八条　应鼓励在开展开发水下文化遗产的活动方面进行国际合作，以促进有效地交流或使用考古学家及其他有关的专业人员。

II. 项目说明

第九条　在开展开发水下文化遗产的活动之前，应当拟定一份项目说明，并提交主管当局批准和请同行进行必要的评议。

第十条　项目说明应当包括：

（a）对先前或初步研究的结果进行评估；

（b）项目说明和目标；

（c）准备采用的方法和技术；

（d）预计的资金；

（e）完成项目的时间表；

（f）项目小组的成员，每位成员的资历、责任和经验；

（g）实地考查工作后的分析工作和其他活动的计划；

（h）与主管当局密切合作拟定的文物和遗址保护计划；

（i）整个项目执行期间的遗址管理和保护政策；

（j）文献资料计划；

（k）安全措施；

（l）环境政策；

（m）与博物馆和其他机构，特别是与科研机构的合作安排；

（n）报告的编写；

（o）档案，包括打捞上来的水下文化遗产的存放计划；及

（p）出版计划。

第十一条　应当根据主管当局批准的项目说明开展开发水下文化遗产的活动。

第十二条　在出现未曾预料的发现或情况发生变化的情况下，项目说明应经主管当局批准予以复议和修订。

第十三条　在出现紧急情况或意外发现时，即使没有项目说明，也可允许开展开发水下文化遗产的活动，包括短期的保护措施或活动，特别是稳定遗址方面的工作，以保护水下文化遗产。

III. 初步工作

第十四条　第 10（a）条所说的初步工作包括一项评估工作，即评估水下文化遗产和周边自然环境的重要性和建议执行的项目会在多大程度上使其受损，以及收集符合项目目标的数据的可能性。

第十五条　这项评估工作也应包括对现有的历史和考古资料，对有关遗址在考古和环境方面的特点，以及这些活动对有关水下文化遗产的长期稳定可能造成的侵扰的后果进行研究。

IV. 项目的目标和使用的方法及技术

第十六条　所使用的方法应符合项目的目标，采用的技术应尽量不造成破坏。

V. 资金

第十七条　除水下文化遗产的紧急保护外，在开始进行任何开发活动之前，必须有足以完成项目说明中所有阶段所需的基本资金，包括对打捞的文物进行保护，登记造册和保管以及编写和散发报告所需的基本资金。

第十八条　项目说明应表明有足够的能力，如获得一笔保证金，来资助该项目，直至全部完成。

第十九条　项目说明应包括一项应急计划，确保在预计资金中断的情况下仍能保护水下文化遗产和编写有关的文献资料。

VI. 项目的期限—时间表

第二十条　在开展开发水下文化遗产的活动之前，应拟定一份详细的时间表，以确保完成项目说明中规定的各个阶段的活动，包括对打捞上来的水下文化遗产进行保护，登记和保管，以及编写和散发报告等工作。

第二十一条　项目说明应包括一项应急计划，确保在项目中断或终止执行的情

况下仍能保护水下文化遗产和编写有关的文献资料。

VII. 专业水平和资历

第二十二条 开发水下文化遗产的活动只能在有一名具有项目所需的科学能力的合格的水下考古专家并经常在现场指导和监督的情况下才能开展。

第二十三条 项目小组的所有成员都应能胜任工作并具备完成各自的任务所需的专业技能。

VIII. 文化保护与遗址管理

第二十四条 文物保护计划应提出在开展开发水下文化遗产的活动期间、在运输途中和在长时期内如何处理有关文物。保护工作应按现行的专业准则进行。

第二十五条 遗址管理计划应对水下文化遗产在现场开发期间及之后的就地保护和管理工作作出规定。这一计划应包括公众宣传，以及采取稳定遗址、对其进行监测和防止其受到侵扰的合理手段。

IX. 文献资料

第二十六条 文献资料计划应根据现行的考古文献工作的专业标准，详细记录开发水下文化遗产活动的全部情况，包括一份进度报告。

第二十七条 文献资料至少应包括一份遗址的详细介绍，包括在开发活动中被挪动的或打捞的水下文化遗产的来历、现场纪事、示意图、图样、截面图及照片或以其他手段保存的资料。

X. 安全

第二十八条 应制订一套安全措施，充分确保项目小组成员和第三方的安全与健康，并符合现行法律和职业方面的一切规定。

XI. 环境

第二十九条 应制订一项环境政策，确保不过多地打乱海底和海洋生物的现状。

XII. 报告

第三十条 应根据项目说明中规定的工作时间表提交中期报告和最后报告，并应存放在有关的公共档案中。

第三十一条 报告应包括：

（a）目标的实现情况；

（b）方法和技术使用情况；

（c）已获得的结果；

（d）活动各阶段的主要图表与照片等文献资料；

（e）有关保护和保存遗址及所打捞的水下文化遗产的建议；

（f）有关今后活动的建议。

XIII. 项目档案的保存

第三十二条　在开展任何开发活动之前，应当商定保存项目档案的措施，并应写入项目说明。

第三十三条　项目档案，包括所有被打捞的水下文化遗产和所有相关的文献资料必须尽量集中在一起，并保持其完好无损，以便于专业人员和公众使用和对这些档案的保存。这项工作应当尽快完成，至迟在项目结束之后的十年内完成，因为这符合保存有关水下文化遗产的精神。

第三十四条　项目档案应根据国际专业标准加以管理，并由主管当局认可。

XIV. 宣传

第三十五条　项目应适时提供公众教育和项目结果的普遍代表性。

第三十六条　项目的最后综合报告应：

（a）在考虑到项目的复杂性和有关资料的保密性或敏感性的同时，尽早公布于众；

（b）存放在有关的国家档案中。

正本两份，由联合国教科文组织大会第三十一届会议主席和联合国教科文组织总干事签署，并将存放于联合国教科文组织的档案中。经核准的副本将分送第二十六条所提及的所有国家和地区以及联合国。

上述文本为在巴黎召开的，于 2001 年 11 月 3 日闭幕的联合国教科文组织第三十一届大会正式通过的公约的正式文本。

为此，我们签上名字，以资证明。

大会主席总干事。

联合国教科文组织
《世界文化多样性宣言》（2001）

（联合国教科文组织第三十一届会议于
2001 年 11 月 2 日在巴黎通过）

大会：

重视充分实现《世界人权宣言》和 1966 年关于公民权利和政治权利及关于经济、社会与文化权利的两项国际公约等其他普遍认同的法律文件中宣布的人权与基本自由；

忆及教科文组织《组织法》序言确认"……文化之广泛传播以及为争取正义、自由与和平对人类进行之教育为维护人类尊严不可缺少的举措，亦为一切国家关切互助之精神，必须履行之神圣义务"；

还忆及《组织法》第一条特别规定教科文组织的宗旨之一是，建议"订立必要之国际协定，以便于运用文字与图像促进思想之自由交流"；

参照教科文组织颁布的国际文件中涉及文化多样性和行使文化权利的各项条款；

重申应把文化视为某个社会或某个社会群体特有的精神与物质，智力与情感方面的不同特点之总和；

除了文学和艺术外，文化还包括生活方式、共处的方式、价值观体系，传统和信仰；

注意到文化是当代就特性、社会凝聚力和以知识为基础的经济发展问题展开的辩论的焦点；

确认在相互信任和理解氛围下，尊重文化多样性、宽容、对话及合作是国际和平与安全的最佳保障之一；

希望在承认文化多样性、认识到人类是一个统一的整体和发展文化间交流的基础上开展更广泛的团结互助；

认为尽管受到新的信息和传播技术的迅速发展积极推动的全球化进程对文化多

样性是一种挑战，但也为各种文化和文明之间进行新的对话创造了条件；

认识到教科文组织在联合国系统中担负着保护和促进丰富多彩的文化多样性的特殊职责；

宣布下述原则并通过本宣言：

特性、多样性和多元化

第一条　文化多样性——人类的共同遗产

文化在不同的时代和不同的地方具有各种不同的表现形式。这种多样性的具体表现是构成人类的各群体和各社会的特性所具有的独特性和多样化。文化多样性是交流、革新和创作的源泉，对人类来讲就像生物多样性对维持生物平衡那样必不可少。从这个意义上讲，文化多样性是人类的共同遗产，应当从当代人和子孙后代的利益考虑予以承认和肯定。

第二条　从文化多样性到文化多元化

在日益走向多样化的当今社会中，必须确保属于多元的、不同的和发展的文化特性的个人和群体的和睦关系和共处。主张所有公民的融入和参与的政策是增强社会凝聚力、民间社会活力及维护和平的可靠保障。因此，这种文化多元化是与文化多样性这一客观现实相应的一套政策。文化多元化与民主制度密不可分，它有利于文化交流和能够充实公众生活的创作能力的发挥。

第三条　文化多样性——发展的因素

文化多样性增加了每个人的选择机会；它是发展的源泉之一，它不仅是促进经济增长的因素，而且还是享有令人满意的智力、情感、道德精神生活的手段。

文化多样性与人权

第四条　人权——文化多样性的保障

捍卫文化多样性是伦理方面的迫切需要，与尊重人的尊严是密不可分的。它要求人们必须尊重人权和基本自由，特别是尊重少数人群体和土著人民的各种权利。任何人不得以文化多样性为由，损害受国际法保护的人权或限制其范围。

第五条　文化权利——文化多样性的有利条件

文化权利是人权的一个组成部分，它们是一致的、不可分割的和相互依存的。富有创造力的多样性的发展，要求充分地实现《世界人权宣言》第二十七条和《经济、社会、文化权利国际公约》第十三条和第十五条所规定的文化权利。因此，每个人都应当能够用其选择的语言，特别是用自己的母语来表达自己的思想，进行创作和传播自己的作品；每个人都有权接受充分尊重其文化特性的优质教育和培训；每个人都应当能够参加其选择的文化生活和从事自己所特有的文化活动，但必须在尊重人权和基本自由的范围内。

第六条　促进面向所有人的文化多样性

在保障思想通过文字和图像的自由交流的同时，务必使所有的文化都能表现自己和宣传自己。言论自由，传媒的多元化，语言多元化，平等享有各种艺术表现形式，科学和技术知识——包括数码知识——以及所有文化都有利用表达和传播手段的机会等，均是文化多样性的可靠保证。

文化多样性与创作

第七条　文化遗产——创作的源泉

每项创作都来源于有关的文化传统，但也在同其他文化传统的交流中得到充分的发展。因此，各种形式的文化遗产都应当作为人类的经历和期望的见证得到保护、开发利用和代代相传，以支持各种创作和建立各种文化之间的真正对话。

第八条　文化物品和文化服务——不同一般的商品

面对目前为创作和革新开辟了广阔前景的经济和技术的发展变化，应当特别注意创作意愿的多样性，公正地考虑作者和艺术家的权利，以及文化物品和文化服务的特殊性，因为它们体现的是特性、价值观和观念，不应被视为一般的商品或消费品。

第九条　文化政策——推动创作的积极因素

文化政策应当在确保思想和作品的自由交流的情况下，利用那些有能力在地方和世界一级发挥其作用的文化产业，创造有利于生产和传播文化物品和文化服务的条件。每个国家都应在遵守其国际义务的前提下，制订本国的文化政策，并采取其认为最为合适的行动方法，即不管是在行动上给予支持还是制订必要的规章制度，来实施这一政策。

文化多样性与国际团结

第十条　增强世界范围的创作和传播能力

面对目前世界上文化物品的流通和交换所存在的失衡现象，必须加强国际合作和国际团结，使所有国家，尤其是发展中国家和转型期国家能够开办一些有活力、在本国和国际上都具有竞争力的文化产业。

第十一条　建立政府、私营部门和民间社会之间的合作伙伴关系

单靠市场的作用是做不到保护和促进文化多样性这一可持续发展之保证的。为此，必须重申政府在私营部门和民间社会的合作下推行有关政策所具有的首要作用。

第十二条 教科文组织的作用

教科文组织根据其职责和职能，应当：

（a）促进各政府间机构在制订发展方面的战略时考虑本宣言中陈述的原则；

（b）充任各国、各政府和非政府国际组织、民间社会及私营部门之间为共同确定文化多样性的概念、目标和政策所需要的联系和协商机构；

（c）继续在其与本宣言有关的各主管领域中开展制定准则的行动、提高认识和培养能力的行动；

（d）为实施其要点附于本宣言之后的行动计划提供便利。

联合国教科文组织
《关于世界遗产的布达佩斯宣言》（2002）

（联合国教科文组织于 2002 年 6 月 28 日通过）

值此 2002——联合国文化遗产年之际，世界遗产委员会恭贺 1972 年 UNESCO（联合国教科文组织）大会通过的《保护世界文化与自然遗产公约》30 周年；回顾过去 30 年的历程，在保护具有突出普遍价值的文化与自然遗产的国际合作方面，《世界遗产公约》是一份独特的文件；

现通过《关于世界遗产的布达佩斯宣言》，全文如下：

我们——世界遗产委员会的所有成员，认识到 1972 年 UNESCO "世界遗产公约" 所具有的普遍意义，因而认为有必要将公约应用于多样的遗产保护中，成为促进社会全体在对话和相互理解基础上实现可持续发展的手段。

凡列入《世界遗产名录》的资产，将确保作为人类财产合法地传承后世。

鉴于人类的共同遗产正面临越来越多的挑战，我们将：

鼓励那些尚未加入公约的国家，尽早签署 "世界遗产公约" 以及其他遗产保护的相关国际文件；

激励 "世界遗产公约" 缔约国，鉴别和申报那些代表文化与自然遗产多样性的各类遗产，以列入《世界遗产名录》；

努力寻求在保护、可持续性和发展之间适当而合适的平衡，通过适当的工作使世界遗产资源得到保护，为社会、经济的发展和提升社区生活质量做贡献；

在遗产保护过程中应通力合作，必须认识到对任何遗产的损害，同时都是对人类精神和世界遗产整体的损害；

通过交流、教育、研究、培训和公众舆论等策略宣传推广世界遗产；

在鉴别、保护和管理世界遗产资产方面，努力推动包括本地社区参与在内等各层面的保护活动；

我们，世界遗产委员会将与支持世界遗产保护的所有组织通力合作，并谋求广泛的协作。为此，我们邀请所有有志于此的团体，为实现以下目标而努力：

提升《世界遗产名录》的可信度，使之成为具有突出普遍价值的文化与自然资产、考虑了代表性和地域平衡的见证；

确保世界遗产资产保护的有效性；

积极提升建设性措施的实务效率，包括向《世界遗产名录》申报遗产的准备工作，以及理解、执行《世界遗产公约》及相关文件方面提供必要援助；

通过交流传媒提升公众了解、参与和支持保护世界遗产的程度。

在 2007 年召开的第 31 届大会上，我们将对实现上述目标和承诺的情况进行评估。

布达佩斯，2002 年 6 月 28 日

（原载张松、刘岚译：《城市规划通讯》，2005 年第 9 期）

联合国教科文组织
《保护非物质文化遗产公约》（2003）

（联合国教科文组织第三十二届会议于
2003 年 10 月 17 日在巴黎通过）

联合国教育、科学及文化组织（以下简称教科文组织）大会于 2003 年 9 月 29 日至 10 月 17 日在巴黎举行的第三十二届会议。

参照现有的国际人权文书，尤其是 1948 年的《世界人权宣言》以及 1966 年的《经济、社会、文化权利国际盟约》和《公民及政治权利国际盟约》这两个盟约；

考虑到 1989 年的《保护民间创作建议书》、2001 年的《教科文组织世界文化多样性宣言》和 2002 年第三次文化部长圆桌会议通过的《伊斯坦布尔宣言》强调非物质文化遗产的重要性，它是文化多样性的熔炉，又是可持续发展的保证；

考虑到非物质文化遗产与物质文化遗产和自然遗产之间的内在相互依存关系，承认全球化和社会变革进程除了为各群体之间开展新的对话创造条件，也与不容忍现象一样使非物质文化遗产面临损坏、消失和破坏的严重威胁，而这主要是因为缺乏保护这种遗产的资金；

意识到保护人类非物质文化遗产是普遍的意愿和共同关心的事项，承认各群体，尤其是土著群体，各团体，有时是个人在非物质文化遗产的创作、保护、保养和创新方面发挥着重要作用，从而为丰富文化多样性和人类的创造性作出贡献；

注意到教科文组织在制定保护文化遗产的准则性文件，尤其是 1972 年的《保护世界文化和自然遗产公约》方面所做的具有深远意义的工作；

还注意到迄今尚无有约束力的保护非物质文化遗产的多边文件；

考虑到国际上现有的关于文化遗产和自然遗产的协定、建议书和决议需要有非物质文化遗产方面的新规定有效地予以充实和补充；

考虑到必须提高人们，尤其是年青一代对非物质文化遗产及其保护的重要意义的认识；

考虑到国际社会应当本着互助合作的精神与本公约缔约国一起为保护此类遗产

作出贡献；

忆及教科文组织有关非物质文化遗产的各项计划，尤其是"宣布人类口述遗产和非物质遗产代表作"计划；

认为非物质文化遗产是密切人与人之间的关系以及他们之间进行交流和了解的要素，它的作用是不可估量，

于 2003 年 10 月 17 日通过本公约。

I. 总　则

第一条　本公约的宗旨

本公约的宗旨如下：

（a）保护非物质文化遗产；

（b）尊重有关群体、团体和个人的非物质文化遗产；

（c）在地方、国家和国际一级提高对非物质文化遗产及其相互鉴赏的重要性的意识；

（d）开展国际合作及提供国际援助。

第二条　定义

在本公约中，

1. "非物质文化遗产"指被各群体、团体、有时为个人视为其文化遗产的各种实践、表演、表现形式、知识和技能及其有关的工具、实物、工艺品和文化场所。各个群体和团体随着其所处环境、与自然界的相互关系和历史条件的变化不断使这种代代相传的非物质文化遗产得到创新，同时使他们自己具有一种认同感和历史感，从而促进了文化多样性和人类的创造力。在本公约中，只考虑符合现有的国际人权文件，各群体、团体和个人之间相互尊重的需要和顺应可持续发展的非物质文化遗产。

2. 按上述第 1 段的定义，"非物质文化遗产"包括以下方面：

（a）口头传说和表述，包括作为非物质文化遗产媒介的语言；

（b）表演艺术；

（c）社会风俗、礼仪、节庆；

（d）有关自然界和宇宙的知识和实践；

（e）传统的手工艺技能。

3. "保护"指采取措施，确保非物质文化遗产的生命力，包括这种遗产各个方面的确认、立档、研究、保存、保护、宣传、弘扬、承传（主要通过正规和非正规教育）和振兴。

4. "缔约国"指受本公约约束且本公约在它们之间也通用的国家。

5. 根据本条款所述之条件，本公约经必要修改对成为其缔约方之第 33 条所指的领土也适用。从这个意义上说，"缔约国"亦指这些领土。

第三条 与其他国际文书的关系

本公约的任何条款均不得解释为：

（a）有损被宣布为 1972 年《保护世界文化和自然遗产公约》的世界遗产、直接涉及非物质文化遗产内容的财产的地位或降低其受保护的程度；或

（b）影响缔约国从其作为缔约方的任何有关知识产权或使用生物和生态资源的国际文书所获得的权利和所负有的义务。

II. 公约的有关机关

第四条 缔约国大会

1. 兹建立缔约国大会，下称"大会"。大会为本公约的最高权力机关。

2. 大会每两年举行一次常会。如若它作出此类决定或政府间保护非物质文化遗产委员会或至少三分之一的缔约国提出要求，可举行特别会议。

3. 大会应通过自己的议事规则。

第五条 政府间保护非物质文化遗产委员会

1. 兹在教科文组织内设立政府间保护非物质文化遗产委员会，下称"委员会"。在本公约依照第三十四条的规定生效之后，委员会由参加大会之缔约国选出的 18 个缔约国的代表组成。

2. 在本公约缔约国的数目达到 50 个之后，委员会委员国的数目将增至 24 个。

第六条 委员会委员国的选举和任期

1. 委员会委员国的选举应符合公平的地理分配和轮换原则。

2. 委员会委员国由本公约缔约国大会选出，任期四年。

3. 但第一次选举当选的半数委员会委员国的任期为两年。这些国家在第一次选举后抽签指定。

4. 大会每两年对半数委员会委员国进行换届。

5. 大会还应选出填补空缺席位所需的委员会委员国。

6. 委员会委员国不得连选连任两届。

7. 委员会委员国应选派在非物质文化遗产各领域有造诣的人士为其代表。

第七条 委员会的职能

在不妨碍本公约赋予委员会的其他职权的情况下，其职能如下：

（a）宣传公约的目标，鼓励并监督其实施情况；

（b）就好的做法和保护非物质文化遗产的措施提出建议；

（c）按照第二十五条的规定，拟订利用基金资金的计划并提交大会批准；

（d）按照第二十五条的规定，努力寻求增加其资金的方式方法，并为此采取必要的措施；

（e）拟订实施公约的业务指南并提交大会批准；

（f）根据第二十九条的规定，审议缔约国的报告并将报告综述提交大会；

（g）根据委员会制定的、大会批准的客观遴选标准，审议缔约国提出的申请并就以下事项作出决定：

（i）列入第十六、第十七和第十八条述及的名录和提名；

（ii）按照第二十二条的规定提供国际援助。

第八条　委员会的工作方法

1. 委员会对大会负责。它向大会报告自己的所有活动和决定。

2. 委员会以其委员的三分之二多数通过自己的议事规则。

3. 委员会可临时设立它认为对执行其任务所需的咨询机构。

4. 委员会可邀请在非物质文化遗产各领域确有专长的任何公营或私营机构以及任何自然人参加会议，就任何具体的问题向其请教。

第九条　咨询组织的认证

1. 委员会应就由在非物质文化遗产领域确有专长的非政府组织做认证向大会提出建议。这类组织的职能是向委员会提供咨询意见。

2. 委员会还应向大会就此认证的标准和方式提出建议。

第十条　秘书处

1. 委员会由教科文组织秘书处协助。

2. 秘书处起草大会和委员会文件及其会议的议程草案和确保其决定的执行。

III. 在国家一级保护非物质文化遗产

第十一条　缔约国的作用

各缔约国应该：

（a）采取必要措施确保其领土上的非物质文化遗产受到保护；

（b）在第二条第3段提及的保护措施内，由各群体、团体和有关非政府组织参与，确认和确定其领土上的各种非物质文化遗产。

第十二条　清单

1. 为了使其领土上的非物质文化遗产得到确认以便加以保护，各缔约国应根据自己的国情拟定一份或数份关于这类遗产的清单，并应定期加以更新。

2. 各缔约国在按第二十九条的规定定期向委员会提交报告时，应提供有关这些清单的情况。

第十三条 其他保护措施

为了确保其领土上的非物质文化遗产得到保护、弘扬和展示，各缔约国应努力做到：

（a）制定一项总的政策，使非物质文化遗产在社会中发挥应有的作用，并将这种遗产的保护纳入规划工作；

（b）指定或建立一个或数个主管保护其领土上的非物质文化遗产的机构；

（c）鼓励开展有效保护非物质文化遗产，特别是濒危非物质文化遗产的科学、技术和艺术研究以及方法研究；

（d）采取适当的法律、技术、行政和财政措施，以便：

（i）促进建立或加强培训管理非物质文化遗产的机构以及通过为这种遗产提供活动和表现的场所和空间，促进这种遗产的承传；

（ii）确保对非物质文化遗产的享用，同时对享用这种遗产的特殊方面的习俗做法予以尊重；

（iii）建立非物质文化遗产文献机构并创造条件促进对它的利用。

第十四条 教育、宣传和能力培养

各缔约国应竭力采取种种必要的手段，以便：

（a）使非物质文化遗产在社会中得到确认、尊重和弘扬，主要通过：

（i）向公众，尤其是向青年进行宣传和传播信息的教育计划；

（ii）有关群体和团体的具体的教育和培训计划；

（iii）保护非物质文化遗产，尤其是管理和科研方面的能力培养活动；

（iv）非正规的知识传播手段。

（b）不断向公众宣传对这种遗产造成的威胁以及根据本公约所开展的活动；

（c）促进保护表现非物质文化遗产所需的自然场所和纪念地点的教育。

第十五条 群体、团体和个人的参与

缔约国在开展保护非物质文化遗产活动时，应努力确保创造、保养和承传这种遗产的群体、团体，有时是个人的最大限度的参与，并吸收他们积极地参与有关的管理。

IV. 在国际一级保护非物质文化遗产

第十六条 人类非物质文化遗产代表作名录

1. 为了扩大非物质文化遗产的影响，提高对其重要意义的认识和从尊重文化多

样性的角度促进对话，委员会应根据有关缔约国的提名编辑、更新和公布人类非物质文化遗产代表作名录。

2. 委员会拟订有关编辑、更新和公布此代表作名录的标准并提交大会批准。

第十七条　急需保护的非物质文化遗产名录

1. 为了采取适当的保护措施，委员会编辑、更新和公布急需保护的非物质文化遗产名录，并根据有关缔约国的要求将此类遗产列入该名录。

2. 委员会拟订有关编辑、更新和公布此名录的标准并提交大会批准。

3. 委员会在极其紧急的情况（其具体标准由大会根据委员会的建议加以批准）下，可与有关缔约国协商将有关的遗产列入第 1 段所提之名录。

第十八条　保护非物质文化遗产的计划、项目和活动

1. 在缔约国提名的基础上，委员会根据其制定的、大会批准的标准，兼顾发展中国家的特殊需要，定期遴选并宣传其认为最能体现本公约原则和目标的国家、分地区或地区保护非物质文化遗产的计划、项目和活动。

2. 为此，委员会接受、审议和批准缔约国提交的关于要求国际援助拟订此类提名的申请。

3. 委员会按照它确定的方式，配合这些计划、项目和活动的实施，随时推广有关经验。

V. 国际合作与援助

第十九条　合作

1. 在本公约中，国际合作主要是交流信息和经验，采取共同的行动，以及建立援助缔约国保护非物质文化遗产工作的机制。

2. 在不违背国家法律规定及其习惯法和习俗的情况下，缔约国承认保护非物质文化遗产符合人类的整体利益，保证为此目的在双边、分地区、地区和国际各级开展合作。

第二十条　国际援助的目的

可为如下目的提供国际援助：

（a）保护列入《急需保护的非物质文化遗产名录》的遗产；

（b）按照第十一和第十二条的精神编制清单；

（c）支持在国家、分地区和地区开展的保护非物质文化遗产的计划、项目和活动；

（d）委员会认为必要的其他一切目的。

第二十一条　国际援助的形式

第七条的业务指南和第二十四条所指的协定对委员会向缔约国提供援助作了规定，可采取的形式如下：

（a）对保护这种遗产的各个方面进行研究；

（b）提供专家和专业人员；

（c）培训各类所需人员；

（d）制订准则性措施或其他措施；

（e）基础设施的建立和营运；

（f）提供设备和技能；

（g）其他财政和技术援助形式，包括在必要时提供低息贷款和捐助。

第二十二条　国际援助的条件

1. 委员会确定审议国际援助申请的程序和具体规定申请的内容，包括打算采取的措施、必须开展的工作及预计的费用。

2. 如遇紧急情况，委员会应对有关援助申请优先审议。

3. 委员会在作出决定之前，应进行其认为必要的研究和咨询。

第二十三条　国际援助的申请

1. 各缔约国可向委员会递交国际援助的申请，保护在其领土上的非物质文化遗产。

2. 此类申请亦可由两个或数个缔约国共同提出。

3. 申请应包含第二十二条第 1 段规定的所有资料和所有必要的文件。

第二十四条　受援缔约国的任务

1. 根据本公约的规定，国际援助应依据受援缔约国与委员会之间签署的协定来提供。

2. 受援缔约国通常应在自己力所能及的范围内分担国际所援助的保护措施的费用。

3. 受援缔约国应向委员会报告关于使用所提供的保护非物质文化遗产援助的情况。

VI. 非物质文化遗产基金

第二十五条　基金的性质和资金来源

1. 兹建立一项"保护非物质文化遗产基金"，下称"基金"。

2. 根据教科文组织《财务条例》的规定，此项基金为信托基金。

3. 基金的资金来源包括：

（a）缔约国的纳款；

（b）教科文组织大会为此所拨的资金；

（c）以下各方可能提供的捐款、赠款或遗赠：

（i）其他国家；

（ii）联合国系统各组织和各署（特别是联合国开发计划署）以及其他国际组织；

（iii）公营或私营机构或个人；

（d）基金的资金所得的利息；

（e）为本基金募集的资金和开展活动之所得；

（f）委员会制定的基金条例所许可的所有其他资金。

4. 委员会对资金的使用视大会的方针来决定。

5. 委员会可接受用于某些项目的一般或特定目的的捐款及其他形式的援助，只要这些项目已获委员会的批准。

6. 对基金的捐款不得附带任何与本公约所追求之目标不相符的政治、经济或其他条件。

第二十六条 缔约国对基金的纳款

1. 在不妨碍任何自愿补充捐款的情况下，本公约缔约国至少每两年向基金纳一次款，其金额由大会根据适用于所有国家的统一的纳款额百分比加以确定。缔约国大会关于此问题的决定由出席会议并参加表决，但未作本条第 2 段中所述声明的缔约国的多数通过。在任何情况下，此纳款都不得超过缔约国对教科文组织正常预算纳款的百分之一。

2. 但是，本公约第三十二条或第三十三条中所指的任何国家均可在交存批准书、接受书、赞同书或加入书时声明不受本条第 1 段规定的约束。

3. 已作本条第 2 段所述声明的本公约缔约国应努力通知联合国教育、科学及文化组织总干事收回所作声明。但是，收回声明之举不得影响该国在紧接着的下一届大会开幕之日前应缴的纳款。

4. 为使委员会能够有效地规划其工作，已作本条第 2 段所述声明的本公约缔约国至少应每两年定期纳一次款，纳款额应尽可能接近它们按本条第 1 段规定应交的数额。

5. 凡拖欠当年和前一日历年的义务纳款或自愿捐款的本公约缔约国不能当选为委员会委员，但此项规定不适用于第一次选举。已当选为委员会委员的缔约国的任期应在本公约第六条规定的选举之时终止。

第二十七条 基金的自愿补充捐款

除了第二十六条所规定的纳款，希望提供自愿捐款的缔约国应及时通知委员会以使其能对相应的活动作出规划。

第二十八条　国际筹资运动

缔约国应尽力支持在教科文组织领导下为该基金发起的国际筹资运动。

VII. 报　告

第二十九条　缔约国的报告

缔约国应按照委员会确定的方式和周期向其报告它们为实施本公约而通过的法律、规章条例或采取的其他措施的情况。

第三十条　委员会的报告

1. 委员会应在其开展的活动和第二十九条提及的缔约国报告的基础上，向每届大会提交报告。

2. 该报告应提交教科文组织大会。

VIII. 过渡条款

第三十一条　与宣布人类口述和非物质遗产代表作的关系

1. 委员会应把在本公约生效前宣布为"人类口述和非物质遗产代表作"的遗产纳入人类非物质文化遗产代表作名录。

2. 把这些遗产纳入人类非物质文化遗产代表作名录绝不是预设按第十六条第2段将确定的今后列入遗产的标准。

3. 在本公约生效后，将不再宣布其他任何人类口述和非物质遗产代表作。

IX. 最后条款

第三十二条　批准、接受或赞同

1. 本公约须由教科文组织会员国根据各自的宪法程序予以批准、接受或赞同。

2. 批准书、接受书或赞同书应交存教科文组织总干事。

第三十三条　加入

1. 所有非教科文组织会员国的国家，经本组织大会邀请，均可加入本公约。

2. 没有完全独立，但根据联合国大会第1514（XV）号决议被联合国承认为充分享有内部自治，并且有权处理本公约范围内的事宜，包括有权就这些事宜签署协议的地区也可加入本公约。

3. 加入书应交存教科文组织总干事。

第三十四条　生效

本公约在第三十份批准书、接受书、赞同书或加入书交存之日起的三个月后生效，但只涉及在该日或该日之前交存批准书、接受书、赞同书或加入书的国家。对其他缔约国来说，本公约则在这些国家的批准书、接受书、赞同书或加入书交存之日起的三个月之后生效。

第三十五条 联邦制或非统一立宪制

对实行联邦制或非统一立宪制的缔约国实行下述规定：

（a）在联邦或中央立法机构的法律管辖下实施本公约各项条款的国家的联邦或中央政府的义务与非联邦国家的缔约国的义务相同；

（b）在构成联邦，但无须按照联邦立宪制采取立法手段的各个国家、地区、省或州的法律管辖下实施本公约的各项条款时，联邦政府应将这些条款连同其关于通过这些条款的建议一并通知各个国家、地区、省或州的主管当局。

第三十六条 退出

1. 各缔约国均可宣布退出本公约。

2. 退约应以书面退约书的形式通知教科文组织总干事。

3. 退约在接到退约书十二个月之后生效。在退约生效日之前不得影响退约国承担的财政义务。

第三十七条 保管人的职责

教科文组织总干事作为本公约的保管人，应将第三十二条和第三十三条规定交存的所有批准书、接受书、赞同书或加入书和第三十六条规定的退约书的情况通告本组织各会员国、第三十三条提到的非本组织会员国的国家和联合国。

第三十八条 修订

1. 任何缔约国均可书面通知总干事，对本公约提出修订建议。总干事应将此通知转发给所有缔约国。如在通知发出之日起六个月之内，至少有一半的缔约国回复赞成此要求，总干事应将此建议提交下一届大会讨论，决定是否通过。

2. 对本公约的修订须经出席并参加表决的缔约国三分之二多数票通过。

3. 对本公约的修订一旦通过，应提交缔约国批准、接受、赞同或加入。

4. 对于那些已批准、接受、赞同或加入修订的缔约国来说，本公约的修订在三分之二的缔约国交存本条第 3 段所提及的文书之日起三个月之后生效。此后，对任何批准、接受、赞同或加入修订的缔约国来说，在其交存批准书、接受书、赞同书或加入书之日起三个月之后，本公约的修订即生效。

5. 第 3 和第 4 段所确定的程序对有关委员会委员国数目的第五条的修订不适用。此类修订一经通过即生效。

6. 在修订依照本条第 4 段的规定生效之后成为本公约缔约国的国家如无表示异议，应：

（a）被视为修订的本公约的缔约方；

（b）但在与不受这些修订约束的任何缔约国的关系中，仍被视为未经修订之公约的缔约方。

第三十九条　有效文本

本公约用英文、阿拉伯文、中文、西班牙文、法文和俄文拟定，六种文本具有同等效力。

第四十条　备案

根据《联合国宪章》第 102 条的规定，本公约应按教科文组织总干事的要求交联合国秘书处备案。

联合国教科文组织《关于蓄意破坏文化遗产问题的宣言》（2003）

（联合国教科文组织第三十二届会议于
2003 年 10 月 17 日在巴黎通过）

联合国教科文组织大会于 2003 年在巴黎举行的第三十二届会议：

忆及震动了整个国际社会的摧毁巴米扬大佛的悲剧性事件；

对蓄意破坏文化遗产行为呈上升趋势表示严重关注；

参照教科文组织《组织法》第 I（2）（c）条有关教科文组织具有通过"保证对图书、艺术作品及历史和科学文物等世界遗产之保存与维护，并建议有关国家订立必要之国际公约"，维护、增进及传播知识之职责的规定；

忆及教科文组织所有保护文化遗产的公约、建议书、宣言和宪章所确定的原则；

铭记文化遗产是社会、群体和个人的文化特性和社会凝聚力的重要组成部分，因此蓄意破坏文化遗产会对人的尊严和人权造成不利影响；

重申 1954 年《关于在武装冲突情况下保护文化财产的海牙公约》序言中提出的一条基本原则，即"鉴于各国人民均对世界文化作出了贡献，对文化财产（不管它属于哪国人民）的损害将构成对整个人类文化遗产的破坏"；

忆及 1899 年和 1907 年的《海牙公约》确定的关于在武装冲突情况下保护文化遗产的原则，特别是 1907 年《第四项海牙公约》第二十七和第五十六条以及后来的其他协定所确定的原则；

牢记还得到相关的判例法确认的有关在和平时期及在武装冲突情况下保护文化遗产的习惯国际法条款发生了变化；

还忆及与蓄意破坏文化遗产行为有关的《国际刑事法院罗马规约》第八（2）（b）（ix）条和第八（2）（e）（iv）条的规定，以及《前南斯拉夫问题国际刑事法庭规约》第三（d）条的规定（在适用时）；

重申本《宣言》和其他有关文化遗产的国际文书没有充分谈及的问题仍将继续遵循国际法的原则、人道的原则和受公共良心的支配；

通过并庄严宣布本宣言：

I. 承认文化遗产的重要性

国际社会承认保护文化遗产的重要性，并重申要与任何形式的蓄意破坏文化遗产的行为作斗争，使文化遗产能够代代相传的决心。

II. 适用范围

1. 本宣言针对文化遗产，包括与自然景观相关的文化遗产的蓄意破坏问题。

2. 本宣言中的"蓄意破坏"系指故意违反国际法或无理违反人道的原则和公共良心的要求，整个或部分地毁坏文化遗产，使其完整性受到破坏的行为。故意无理违反人道的原则和公共良心的要求的做法，系指国际法的基本原则目前尚未作出规定的破坏行为。

III. 反对蓄意破坏文化遗产行为的措施

1. 各国应采取一切适当措施，预防、避免、制止和打击蓄意破坏无论是何地的文化遗产的行为。

2. 各国应根据自己的经济能力，为保护文化遗产采取适当的法律、行政、教育和技术措施，并定期修订这些措施，使它们与不断变化的各国和国际文化遗产保护标准相一致。

3. 各国应采取一切适当手段，特别是通过实施教育、提高认识和宣传方面的计划，确保文化遗产受到社会的尊重。

4. 各国应：

（a）加入（如它们尚未加入的话）1954 年《关于在武装冲突情况下保护文化财产的海牙公约》及其 1954 年和 1999 年的两项《议定书》，以及 1949 年的四项《日内瓦公约》的第一和第二项《附加议定书》；

（b）促进制订并通过完善的法律文件，提高保护文化遗产的标准；

（c）促进协调实施现有的和今后将制定的有关保护文化遗产的各种文书。

IV. 在和平时期开展活动时保护文化遗产

在和平时期开展活动时，各国应当采取一切适当的措施，使自己的行为符合保护文化遗产的要求，尤其是符合 1972 年《保护世界文化和自然遗产公约》、1956 年《关于国际考古发掘原则的建议书》、1968 年《关于保护受公共或私人工程危害的文化财产的建议书》、1972 年《关于在国家一级保护文化和自然遗产的建议书》

和 1976 年《关于历史地区的保护及其当代作用的建议》所确定的原则和宗旨。

V. 在武装冲突，包括占领的情况下保护文化遗产

在卷入国际或非国际性武装冲突，包括占领的情况下，有关各国应采取一切适当的措施，使自己的行为符合保护文化遗产的要求，符合习惯国际法以及有关在敌对时期保护这类遗产的各项国际协定和教科文组织建议书的原则和宗旨。

VI. 有关国家的责任

蓄意破坏对人类具有重要意义的文化遗产，或故意不采取适当措施禁止、防止、制止和惩罚一切蓄意破坏行为的国家，不论该遗产是否列入教科文组织或其他国际组织的保护名录，均应在国际法规定的范围内对该破坏行为承担责任。

VII. 个人的刑事责任

各国应根据国际法采取一切适当的措施，确立有关的司法管辖权，并对那些犯有或下令犯有蓄意破坏对人类具有特别重要意义之文化遗产行为的个人予以有效的刑事制裁，不论该文化遗产是否列入教科文组织或其他国际组织的保护名录。

VIII. 保护文化遗产的合作

1. 各国应相互合作并与教科文组织开展合作，保护文化遗产免遭蓄意破坏。这种合作的基本要求是：

（i）提供和交流有可能出现的蓄意破坏文化遗产问题的有关情况的信息；

（ii）在文化遗产的确受到或即将遭到破坏的情况下进行磋商；

（iii）应有关国家的要求，在促进开展预防和打击蓄意破坏文化遗产行为的教育计划、提高认识和能力方面考虑向它们提供援助；

（iv）应有关国家的要求，在打击蓄意破坏文化遗产的行为时，向它们提供有关的司法和行政援助。

2. 为了进行更加全面的保护，鼓励各国根据国际法采取各种适当的措施与其他有关国家进行合作，以便确立有关的司法管辖权，并对那些犯有或下令犯有上述行为（VII. 个人的刑事责任）并在该国领土被发现的个人（不论其国籍如何以及该行为在何处发生）予以有效的刑事制裁。

IX. 人权和国际人道主义法实施本宣言

各国承认必须遵守有关将严重违反人权和国际人道主义法行为定为犯罪行为的

国际规章，特别是在蓄意破坏文化遗产行为与这些违反行为有关联的情况下更应如此。

X. 公众宣传

各国应采取各种适当的措施，特别是通过组织公众宣传运动，确保在公众和目标群体中最广泛地宣传本宣言。

国际古迹遗址理事会《建筑遗产分析、保护和结构修复原则》（2003）

（国际古迹遗址理事会第十四届全体大会于2003年在维多利亚瀑布市通过）

文件目的

建筑遗产结构，因为其十分具有自然性和历史性（材料和组合），用限于现代合理的代码和建筑标准去诊断和修复就体现出了许多挑战。对于建议确保与文化背景相适应的合理分析方法和修复方法的就显得需要且有必要。

这些建议对涉及保护和修复问题的一切是有用的，但是无论如何不能取代从文化和科学讯息中获得的专业知识。

本文件中提出的建议分为两部分：原则，提出了保护的基本概念；指南，讨论了设计者应遵循的规则和方法。只有原则部分为通过 ICOMOS 认可的文件。

指南部分为独立的英语文本。

原 则

1 总标准

1.1 建筑遗产的保护、加固和修复需要采用多学科综合方法。

1.2 建筑遗产的价值和真实性不能建立在固定标准的基础上，因为尊重文化多样性要求物质遗产需在其所属的文化背景中被考虑。

1.3 建筑遗产的价值不仅体现在其表面，而且还体现在其所有构成作为所处时代特有建筑技术的独特产物的完整性。特别是仅为维持外观而去除内部构件并不符合保护标准。

1.4 当使用或功能上的任何改变被提出，将必须仔细考虑所有保护工作需求和安全状况。

1.5 建筑遗产构件的修复并不以其自身为结果，而是达到目的的手段，其目的是修复作为整体的整个建筑。

1.6 具有复杂历史的遗产结构特性要求在每一精确步骤中组织研究和提议，这类似于医学中采用的方法。既往病史、诊断、治疗和控制均要寻找重要数据和信息、损害和朽坏的原因、治疗措施的选择以及干涉效果的控制。在建筑遗产以合理方式使用可利用资金可以达到发挥成本效率和最小影响的目的，重复此步骤的研究通常是有必要的。

1.7 如果没有确定建筑遗产可能出现的利害，则不应采取任何措施，除非为了避免构架即将崩塌而采取必要的紧急安全措施（例如地震灾害之后）；但是紧急措施应尽可能避免以不可逆方式更改结构。

2 研究和诊断

2.1 通常考虑问题的类型和范围时，一个包含多学科的团队，应该从研究的第一步——遗址的初步检测和调查活动的准备——开始就一起工作。

2.2 数据和信息应初步大概处理，从而建立与构件真正问题相称的全面行动计划。

2.3 在保护工作中要求充分理解结构和材料特点。关于原始和更早状态中的结构、建设中采用的技术、变更及其影响、已经出现的现象以及现状的信息是必要的。

2.4 考古现场由于获取知识不够完备，发掘过程中构件又必须稳定，各种有可能出现具体问题必须罗列。"重新发现"的建筑的结构反应可能与"暴露"的建筑的状况大不相同。紧急的现场——结构——解决方案要求构件在发掘出土时就对其进行稳定，不应妥协于发现完整建筑的观念形式和用途。

2.5 诊断是基于历史的、定性的和定量的方法；定性方法主要基于结构损坏和材料糟朽的直接观察，以及历史和考古研究；定量方法主要基于材料和结构检测、监控和结构分析。

2.6 在决定结构干预前，首先必须确定损坏和糟朽的原因，然后评估结构的安全程度。

2.7 安全评估是诊断中的最后一个步骤，如果决定需要采取处理措施，应协调定性与定量分析：直接观察、历史研究、结构分析和（如果需要的话）实验和测试。

2.8 如果并非不可能，新建筑设计中同等安全水平的应用需要超出一般的措施。在这种情况下，特定分析和适当的考虑可调整不同方法至其安全。

2.9 所获信息的所有方面，包括安全评估在内的诊断，以及干预的决定都应在"说明性报告"中加以阐述。

3　治疗措施和控制手段

3.1　治疗应治本而不是治标。

3.2　最好的治疗是预防性维护。

3.3　安全评估和结构重要性理解应是保护和加固措施的基础。

3.4　如果没有证明其绝对必要性则不应采取措施。

3.5　每次干预应与安全目标相称，这样可保持最少干预，从而最小伤害遗产价值，保证其安全和耐久性。

3.6　干预设计应建立对干预后造成损坏和糟朽的各种行为和结构分析中所考虑的行为有清楚认识的基础上；因为设计将会取决于它们。

3.7　根据所记住的安全性和耐久性要求，"传统"和"创新"技术间的选择应在一个个案例的基础上进行估量得出，并优先考虑那些对遗产价值有最小侵入性和最大谐调性的选择。

3.8　有时评估真正安全级别的难度和干预的可能好处可建议为"观察性方法"，即从最小级干预开始可进行增加的方法，可采取一系列增补或调整措施。

3.9　如果可能，任何被采取的措施应是"可逆的"，当获得新的认识时，可将其取消或代之以更合适的措施。如果并非完全可逆，现有的干预不应限制进一步的干预。

3.10　用于修复工作的材料（特别是新材料）的特性及其与现有材料的兼容性应得以完全确定。这必须包括长期影响，从而避免不合需要的副作用。

3.11　在原始或更早状态中的结构及其环境的可区别性质不应被破坏。

3.12　每次干预应尽可能远地考虑观念、技术以及将来可认识到的结构及其他证据的原始和早期状态的历史价值。

3.13　干预应该是重视建筑、结构、安装和功能性的不同方面的全面完整计划的结果。

3.14　只要可能，应避免任何历史材料或有特色的建筑特征的去除或改变。

3.15　只要可能，损毁的构件应被修复，而不是被取代。

3.16　当不完整和改变已经成为结构历史的一部分时，应将其维持下来，由此它们则不会危及安全要求。

3.17　当其他保护方式不可行，有危害时，则在材料和结构本质上要求一种措施时才能进行分解和重新组装。

3.18　干预中采用的临时保护系统应显示其没有对遗产价值造成任何伤害的目的和功能。

3.19　当工作在进行中时，尽量使任何干预建议都附带有将要开展的控制计划。

　　3.20　不应允许采取执行中无法控制的措施。

　　3.21　应展开干预中和干预后的检查和监测，从而确保有好的效果。

　　3.22　所有检查和监测活动应有文件记录，使其成为结构历史的一部分保存下来。

国际古迹遗址理事会《壁画保护、修复和保存原则》（2003）

（国际古迹遗址理事会第十四届全体大会于2003年在维多利亚瀑布市通过）

导言与定义

从最开始的岩画等形式发展到今天的壁画，壁画已成为贯穿历史的人类创造的文化表现形式。它们的变质、无意或有意破坏成为世界文化遗产中重要部分的损失。《威尼斯宪章》（1964）为文化遗产的保护修复提供了总原则。介绍综合保护理念的《阿姆斯特丹宣言》（1975）和处理文化多样性问题的《奈良真实性文件》（1994）都扩充了这些原则。考虑到这些和其他相关贡献，例如《国际博物馆协会保存维护委员会道德原则》（1984）、《帕维亚文件》（1997）和《欧洲保护师与修复师组织联合会专业指南》（1997）等，本文件的目的是为了提供壁画保护、保存和保护修复的详细原则。因此，本文件反映了基本的和普遍适用的原则和实践，并未考虑某个地区或国家的特殊问题，可在必要时针对地区或国家补充提供进一步建议。

壁画的丰富性建立在文化表现和美学成就多样性，以及从古至今所使用的材料和技术的多样性基础上。以下条例是关于在无机支撑体上创作的壁画，例如石膏、砖、黏土和石头；不包括有机支撑体上创作的壁画，例如木头、纸张和帆布。很多历史建筑的合成材料是在本文件之外需要特殊考虑的。具有历史、美学和技术价值的建筑表面及其最后完工的表层必须作为历史古迹中相当重要的部分加以考虑。

壁画是古迹遗址的一个主要部分，应进行原址保存。影响壁画的很多问题都与建筑或构件的恶劣环境、不恰当使用、缺乏维护、频繁修补和更改有关。另外，频繁修复、不必要的暴露，以及不适当的方法和材料的使用都会造成不可挽回的伤害。不合规格和不适当的实践工作和专业资质已经导致了令人遗憾的结果。因此，有必要制定一份关于正确保护修复壁画原则的文件。

第一条　保护方针

保护文化和宗教壁画的一个必要途径是列出包括壁画在内的古迹遗址的详细清单，即便它们已模糊不清。文化遗产保护法规必须禁止壁画及其环境的破坏、退化或更改。立法不应仅为壁画保护作准备，而且还为研究、专业处理和监测提供可用资源，并为社会对其有形和无形价值的肯定作准备。

如果需要干预，应在具备全面知识和相关机构同意的条件下进行干预行动。任何违反此类规定的行为应受到法律制裁。法律规定也应考虑到新发现及其未确定正式保护方案的保存。影响壁画的地区、城市或建筑发展项目，例如道路和水坝建设、建筑物改建等，如果没有初始影响评估研究和为其安全提供补救措施，则不应开展。

在不违背真实性的条件下，必须在不同机构的合作中做出特别努力，以适应并尊重宗教壁画的祭礼功能。

第二条　调查

所有保护项目应从实质性的学术调查开始。调查的目的是为了尽可能多地找出结构构造及其历史、美学和技术叠加层。这应该包含壁画的所有物质和非物质价值，包括历史变更、添加物和修复。这就是所谓的多学科交叉方法。

调查方法应尽可能是非破坏的。应特别考虑可能隐藏在石灰水、漆层和石膏等等之下的壁画。任何保护计划的先决条件都是对宏观和微观范围内的腐朽机理、材料分析和环境诊断进行的科学调查。

第三条　文档

同意《威尼斯宪章》，壁画的保护修复必须附有以分析评论报告形式做出的精确计划文件，同时配有素描、摹本、照片和地图等插图。壁画的环境、关于制作过程的技术特点及其历史都必须记录下来。此外，保护修复的每一阶段，所采用的材料和方法也应备有文件。该报告应存放于公共机构的档案室，并使其对感兴趣的公众有用。此类文档的副本也应在原址存放，或由对古迹负责的机构所持有。同时建议出版工作结果。根据这样的调查、诊断和处理，该文档应考虑到区域定义单元。手写和绘图文档的传统方法可由数字方法进行补充。但是，如果不考虑技术，记录的永久性和文档在将来的有效性都是极其重要的。

第四条　预防性保护、维护和遗址管理

预防性保护的目的是为了创造使朽坏最小化的有利条件，并避免不必要的补救措施，从而延长壁画的寿命。环境的适当监测和控制都是预防性保护的主要部分。不适当的气候条件和湿度可导致变质和生物破坏。监测可探查出壁画或支撑结构朽坏的初始过程，从而阻止进一步损害。变形和结构性破坏甚至可能导致的支撑结构崩塌可在早期得以识别。建筑或构件的定期维护是壁画安全的最好保证。

有壁画的古迹遗址的不恰当或不可控制的公共事业会导致损害。这种情况下有必要限制游客，并在某些时候暂时关闭向公众开放的渠道。但是，如果能让游客体验和欣赏作为文化遗产一部分的壁画则更好。因此，将遗址管理规划中的开放和使用、保存，以及古迹遗址的有形和无形价值结合起来很重要。

由于各种社会、意识形态和经济原因，很多壁画经常处于被隔离的环境中，成为故意破坏和偷窃行为的牺牲品。在这种情况下，相关机构应采取特别的预防措施。

第五条　保护——修复处理

壁画是建筑或构件的一个主要部分。因此，其保护应和建筑实体及其环境结构结合起来考虑。

任何对古迹的干预必须考虑壁画的特性及其保存期。所有干预，例如加固、清洗和拼合，应在必须的情况下，在最小的范围内进行，从而避免降低材料和画面的真实性。只要可能，应对能证明壁画历史的地层学样品在原址上加以保存保护。自然老化是时间流逝的迹象，对此应加以重视。如果对其进行移动有伤害性的话，不可逆的化学和物理变化应被保存下来。之前进行的修复、添加物和覆盖绘画层都是壁画历史的一部分。应将其视为历史表现的证据并进行评价。在壁画保护修复中使用的方法和材料应考虑到将来处理的可能性。新材料和方法的使用必须基于全面的科学数据和实验室及遗址现场测试的积极结果。但是，必须记住用于壁画的新材料和方法的长期有效性是未知的，也可能是有害的。因此，如果壁画成分和周围结构相一致，应该鼓励使用传统材料。

当说到原始创造和历史时，修复的目的是为了进一步理解壁画的形式和内容。美学式重新拼合可减小危害的可见性，应开始就在非原始材料上进行。润饰和修补应以能区别于原始状态的方式进行。所有添加物应易于去除。必须避免重绘。壁画的未覆盖部分要求考虑到历史状态和可能丢失的东西的评估。该操作应仅在环境、尺寸和价值初步调查后才能执行，并考虑如果没有造成损害则什么时候可能进行。最近未覆盖的画面不应暴露在不利的环境中。在一些情况下，有图饰的壁画或彩色建筑表面的修补是保护修复项目的一部分。这使得真正的碎片保护成为必需，并使其全部或部分覆盖保护层成为必要。一个备有充分文件并可执行的专业性修补使用传统材料和技术可证明表面和内部的历史面貌。

保护修复项目的正确方向应在所有阶段都得以维持，并得到相关机构的认可。这要求项目的独立监督受保于对结果没有商业兴趣的有能力的机构或组织。与管理决定相应的工作必须为指定性的，并且必须由具备相应知识和技能的专业人员来执行。

第六条　紧急措施

在紧急情况下，即时紧急处理对保护壁画来说是必要的。使用的材料和技术必须允许进行稍后的处理。适当的保护措施必须尽快在相关机构的许可下进行。

拆分和转移是危险的、激烈的和不可逆的操作，会极大地影响壁画的物理成分、材料结构和美学特点。因此，这些操作只有在所有原址处理选择都不可行的极端情况下才能进行。如果将发生此类情况，包括拆分和转移在内的决定应始终由专业人员团队来作出，而不是开展保护工作的个人来作出。如果可能的话，被拆分的壁画应放置在其原始位置。

应采取特别措施来保护和维护被拆分的壁画，预防偷窃和散落。

隐藏图饰的覆盖层的应用应在预防暴露在不安全环境里造成伤害和损坏的打算中进行，应在材料与壁画相容，允许将来不覆盖的情况下执行。

第七条　研究和公众信息

壁画保护修复领域研究项目的确定是持续保护政策的本质要求。建立在研究基础上，有可能对恶化过程有更多了解的调查应得以鼓励。可扩大我们知识面的原始绘画技术，以及过去修复工作的材料和方法研究在适当保护项目的执行中是必要的。该研究也涉及艺术和科学的相关学科。对重要结构进行研究或取样都应最小化。

知识的传播是研究的重要特征，应在专业级和普通级上进行。公众信息可充分增强壁画保护需要的意识，即便保护修复工作可造成暂时的不便。

第八条　专业资质和培训

壁画保护修复在遗产保护领域是一个专门学科。因为这项工作要求有特殊的知识、技能、经验和职责，此类文化财产的保护修复师应受过专业化教育和培训，应由国际博物馆协会保存维护委员会的道德原则（1984）和 E. C. C. O.（欧洲保护师和修复师联合会）和 ENCoRE（欧洲保护修复教育网联合推荐）。

第九条　更新的传统

在世界上的很多地区，画家和工匠的真实绘画工作是由采用传统材料和技术的反复的历史装饰和肖像绘画活动延续着的。这些满足宗教文化要求并符合奈良原则的传统应被延续下来。但是，保护这些特殊知识如此重要，工匠或画家开展的壁画保护修复处理并没有应用。

第十条　国际合作

共同关注遗产一个可接受的全国性和国际性观念。因此，有必要鼓励知识交流和传播各种信息。在多学科合作的精神指导下，壁画保护修复师需要和其他国家的同伴以及全世界的相关机构和专家保持联络。

本文件于 2002 年 10 月 28 日至 11 月 1 日在哥本哈根草拟而成，于 2003 年 5 月 8 日至 9 日在萨洛尼卡编校和完稿。

国际工业遗产保护联合会
《关于工业遗产的下塔吉尔宪章》（2003）

（国际工业遗产保护联合会于 2003 年 7 月 10 日至 17 日在下塔吉尔通过）

国际工业遗产保护联合会（TICCIH）是保护工业遗产的世界组织，也是国际古迹遗址理事会（ICOMOS）在工业遗产保护方面的专门顾问机构。该宪章由 TIC-CIH 起草，将提交 ICOMOS 认可，并由联合国教科文组织（UNESCO）最终批准。

导　言

人类的早期历史是依据生产方式根本变革方面的考古学证据来界定的，保护和研究这些变革证据的重要性已得到普遍认同。

从中世纪到 18 世纪末，欧洲的能源利用和商业贸易的革新，带来了具有与新石器时代向青铜时代历史转变同样深远意义的变化，制造业的社会、技术、经济环境都得到了非常迅速而深刻的发展，足以称为一次革命。这次工业革命是一个历史现象的开端，它影响了有史以来最广泛的人口，以及地球上所有其他的生命形式，并一直延续至今。

这些具有深远意义的变革的物质见证，是全人类的财富，研究和保护它们的重要性必须得到认识。

因而，2003 年聚集在俄罗斯召开的 TICCIH 大会上的代表们宣告：那些为工业活动而建造的建筑物和构筑物、其生产的过程与使用的生产工具，以及所在的城镇和景观，连同其他的有形的或无形的表现，都具有基本的重大价值。我们必须研究它们，让它们的历史为人所知，它们的内涵和重要性为众人知晓，为现在和未来的利用和利益，那些最为重要和最典型的实例应当依照《威尼斯宪章》的精神，进行鉴定、得以保护和修缮。

1. 工业遗产的定义

工业遗产是指工业文明的遗存，它们具有历史的、科技的、社会的、建筑的或科学的价值。这些遗存包括建筑、机械、车间、工厂、选矿和冶炼的矿场和矿区、货栈仓库，能源生产、输送和利用的场所，运输及基础设施，以及与工业相关的社会活动场所，如住宅、宗教和教育设施等。

工业考古学是对所有工业遗存证据进行多学科研究的方法，这些遗存证据包括物质的和非物质的，如为工业生产服务的或由工业生产创造的文件档案、人工制品、地层和工程结构、人居环境以及自然景观和城镇景观等。工业考古学采用了最适当的调查研究方法以增进对工业历史和现实的认识。

具有重要影响的历史时期始于18世纪下半叶的工业革命，直到当代，当然也要研究更早的前工业和原始工业起源。此外，也要注重对归属于科技史的产品和生产技术研究。

2. 工业遗产的价值

（1）工业遗产是工业活动的见证，这些活动一直对后世产生着深远的影响。保护工业遗产的动机在于这些历史证据的普遍价值，而不仅仅是那些独特遗址的唯一性。

（2）工业遗产作为普通人们生活记录的一部分，并提供了重要的可识别性感受，因而具有社会价值。工业遗产在生产、工程、建筑方面具有技术和科学的价值，也可能因其建筑设计和规划方面的品质而具有重要的美学价值。

（3）这些价值是工业遗址本身、建筑物、构件、机器和装置所固有的，它存在于工业景观中，存在于成文档案中，也存在于一些无形记录，如人的记忆与习俗中。

（4）特殊生产过程的残存、遗址的类型或景观，由此产生的稀缺性增加了其特别的价值，应当被慎重地评价。早期和最先出现的例子更具有特殊的价值。

3. 鉴定、记录和研究的重要性

（1）每一国家或地区都需要鉴定、记录并保护那些需要为后代保存的工业遗存。

（2）对工业地区和工业类型进行调查研究以确定工业遗产的范围。利用这些信息，对所有已鉴定的遗址进行登记造册，其分类应易于查询，公众也能够免费获取这些信息。而利用计算机和因特网是一个颇有价值的方向性目标。

（3）记录是研究工业遗产的基础工作，在任何变动实施之前都应当对工业遗址的实体形态和场址条件做完整的记录，并存入公共档案。在一条生产线或一座工厂停止运转前，可以对很多信息进行记录。记录的内容包括文字描述、图纸、照片以及录像，以及相关的文献资料等。人们的记忆是独特的、不可替代的资源，也应当尽可能地记录下来。

（4）考古学方法是进行历史性工业遗址调查、研究的基本技术手段，并将达到与其他历史和文化时期研究相同的高水准。

（5）为了制定保护工业遗产的政策，需要相关的历史研究计划。由于许多工业活动具有关联性，国际合作研究有助于鉴定具有世界意义的工业遗址及其类型。

（6）对工业建筑的评估标准应当被详细说明并予以公布，采用为广大公众所接受的、统一的标准。在适当研究的基础上，这些标准将用于鉴定那些最重要的遗存下来的景观、聚落、场址、原型、建筑、结构、机器和工艺过程。

（7）已认定的重要遗址和结构应当用强有力的法律手段保护起来，以确保其重要意义得到保护。联合国教科文组织的《世界遗产名录》，应给予给人类文化带来重大影响的工业文明以应有的重视。

（8）应明确界定重要工业遗址的价值，对将来的维修改造应制定导则。任何对保护其价值所必要的法律的、行政的和财政的手段应得以施行。

（9）应确定濒危的工业遗址，这样就可以通过适当的手段减少危险，并推动合适的维修和再利用的计划。

（10）从协调行动和资源共享方面考虑，国际合作是保护工业遗产特别合适的途径。在建立国际名录和数据库时需要制定适当的标准。

4. 法定保护

（1）工业遗产应当被视作普遍意义上文化遗产的整体组成部分。然而，对工业遗产的法定保护应当考虑其特殊性，要能够保护好机器设备、地下基础、固定构筑物、建筑综合体和复合体以及工业景观。对废弃的工业区，在考虑其生态价值的同时也要重视其潜在的历史研究价值。

（2）工业遗产保护计划应同经济发展政策以及地区和国土规划整合起来。

（3）那些最重要的遗址应当被充分地保存，并且不允许有任何干涉危及建筑等实物的历史完整性和真实性。对于保存工业建筑而言，适当改造和再利用也许是一种合适且有效的方式，应当通过适当的法规控制、技术建议、税收激励和转让来鼓励。

（4）因迅速的结构转型而面临威胁的工业社区应当得到中央和地方政府的支持。因这一变化而使工业遗产面临潜在威胁，应能预知并通过事先的规划避免采取紧急行动。

（5）为防止重要工业遗址因关闭而导致其重要构件的移动和破坏，应当建立快速反应的机制。有相应能力的专业权威人士应当被赋予法定的权利，必要时应介入受到威胁的工业遗址保护工作中。

（6）政府应当有专家咨询团体，他们对工业遗产保存与保护的相关问题能提供独立的建议，所有重要的案例都必须征询他们的意见。

（7）在保存和保护地区的工业遗产方面，应尽可能地保证来自当地社区的参与和磋商。

（8）由志愿者组成的协会和社团，在遗址鉴定、促进公众参与、传播信息和研究等方面对工业遗产保护具有重要作用，如同剧场不能缺少演员一样。

5. 维护和保护

（1）工业遗产保护有赖于对功能完整性的保存，因此对一个工业遗址的改动应尽可能地着眼于维护。如果机器或构件被移走，或者组成遗址整体的辅助构件遭到破坏，那么工业遗产的价值和真实性会被严重削弱。

（2）工业遗址的保护需要全面的知识，包括当时的建造目的和效用，各种曾有的生产工序等。随着时间的变化可能都已改变，但所有过去的使用情况都应被检测和评估。

（3）原址保护应当始终是优先考虑的方式。只有当经济和社会有迫切需要时，工业遗址才考虑拆除或者搬迁。

（4）为了实现对工业遗址的保护，赋予其新的使用功能通常是可以接受的，除非这一遗址具有特殊重要的历史意义。新的功能应当尊重原先的材料和保持生产流程和生产活动的原有形式，并且尽可能地同原先主要的使用功能保持协调。建议保留部分能够表明原有功能的地方。

（5）继续改造再利用工业建筑可以避免能源浪费并有助于可持续发展。工业遗产对于衰败地区的经济复兴具有重要作用，在长期稳定的就业岗位面临急剧减少的情况时，继续再利用能够维持社区居民心理上的稳定性。

（6）改造应具有可逆性，并且其影响应保持在最小限度内。任何不可避免的改动应当存档，被移走的重要元件应当被记录在案并完好保存。许多生产工艺保持着古老的特色，这是遗址完整性和重要性的重要组成内容。

（7）重建或者修复到先前的状态是一种特殊的改变。只有有助于保持遗址的整体性或者能够防止对遗址主体的破坏，这种改变才是适当的。

（8）许多陈旧或废弃的生产线里体现着人类的技能，这些技能是极为重要的资源，且不可再生，无可替代。它们应当被谨慎地记录下来并传给年青一代。

（9）提倡对文献记录、公司档案、建筑设计资料以及生产样品的保护。

6. 教育与培训

（1）应从方法、理论和历史等方面对工业遗产保护开展专业培训，这类课程应在专科院校和综合性大学设置。

（2）工业历史及其遗产专门的教育素材，应由中小学生们去搜集，并成为他们的教学内容之一。

7. 陈述与解释

（1）公众对工业遗产的兴趣与热情以及对其价值的鉴赏水平，是实施保护的有力保障。政府当局应积极通过出版、展览、广播电视、国际互联网及其他媒体向公众解释工业遗产的意义和价值，提供工业遗址持续的可达性，促进工业遗址地区的旅游发展。

（2）建立专门的工业和技术博物馆和保护工业遗址，都是保护和阐释工业遗产的重要途径。

（3）地区和国际的工业遗产保护途径，能够突显工业技术转型的持续性和引发大规模的保护运动。

签署者：Eusebi Casanelles（TICCIH 主席）

Eugene Logunov（2003 年 TICCIH 第 12 届莫斯科大会主席）

（原载张松：《城市文化遗产保护国际宪章与国内法规选编》，同济大学出版社，2007 年版）

2005 年至今

联合国教科文组织《实施〈保护世界文化与自然遗产公约〉的操作指南》

（联合国教科文组织于 2005 年修订通过）

目　录

缩略语

I. 引言

　　I. A　《操作指南》

　　I. B　《世界遗产公约》

　　I. C　《世界遗产公约》缔约国

　　I. D　《世界遗产公约》缔约国大会

　　I. E　世界遗产委员会

　　I. F　世界遗产委员会秘书处（世界遗产中心）

　　I. G　世界遗产委员会专家咨询机构

　　　　　国际文物保护与修复研究中心

　　　　　国际古迹遗址理事会

　　　　　世界自然保护联盟

　　I. H　其他组织

　　I. I　世界遗产保护的合作机构与个人

　　I. J　其他公约、倡议和活动

II.《世界遗产名录》

　　II. A　世界遗产的定义

　　　　　文化和自然遗产

　　　　　文化和自然混合遗产

　　　　　文化景观

　　　　　可移动遗产

　　　　　突出的普遍价值

II. B　具有代表性、平衡性和可信性的《世界遗产名录》

　　　　构建具有代表性、平衡性、可信性的《世界遗产名录》的全球战略

　　　　其他措施

II. C　《世界遗产预备清单》

　　　　程序和格式

　　　　《预备清单》作为规划与评估工具

　　　　缔约国《预备清单》准备过程中的协助工作和能力建设

II. D　突出的普遍价值的评估标准

II. E　完整性和/或真实性

　　　　真实性

　　　　完整性

II. F　保护与管理

　　　　立法、规范和契约三方面的保护措施

　　　　有效保护范围的界定

　　　　缓冲区

　　　　管理体制

　　　　可持续性利用

III. 列入《世界遗产名录》的程序

III. A　申报准备

III. B　申报文件的格式和内容

　　　　1. 遗产确认

　　　　2. 遗产描述

　　　　3. 申报理由

　　　　4. 保护现状和影响因素

　　　　5. 保护和管理

　　　　6. 监控

　　　　7. 记录

　　　　8. 负责机构的联系信息

　　　　9. 缔约国代表签名

III. C　各类遗产申报的要求

　　　　跨境遗产

　　　　系列遗产

III. D　申报登记

Ⅲ. E　专家咨询机构评估

Ⅲ. F　撤销申报

Ⅲ. G　世界遗产委员会的决定

　　　　列入名录

　　　　决定不予列入

　　　　发还待议

　　　　推迟决定

Ⅲ. H　紧急受理的申报

Ⅲ. I　对世界遗产的范围、原列入标准或名称的修改

　　　　遗产范围的轻微变动

　　　　遗产范围的重大变动

　　　　对原列入《世界遗产名录》依据标准的修改

　　　　世界遗产名称的改动

Ⅲ. J　时间表——概览

Ⅳ. 对世界遗产保护状况的监测程序

Ⅳ. A　反应性监测

　　　　反应性监测的定义

　　　　反应性监测的目标

　　　　来自缔约国和/或其它渠道的信息

　　　　世界遗产委员会的决定

Ⅳ. B　《濒危世界遗产名录》

　　　　列入《濒危世界遗产名录》的指导方针

　　　　列入《濒危世界遗产名录》的标准

　　　　列入《濒危世界遗产名录》的程序

　　　　对于《濒危世界遗产名录》上遗产保护状况的定期检查

Ⅳ. C　被《世界遗产名录》彻底除名的程序

Ⅴ. 《世界遗产公约》实施情况的《定期报告》

Ⅴ. A　目标

Ⅴ. B. 程序和格式

Ⅴ. C　评估和后续工作

Ⅵ. 鼓励对《世界遗产公约》的支持

Ⅵ. A　目标

Ⅵ. B　能力建设与研究

全球培训战略

各国培训策略与区域性合作

研究

国际援助

Ⅵ. C　公共意识提升与教育

提升认识

教育

国际援助

Ⅶ. 世界遗产基金与国际援助

Ⅶ. A　世界遗产基金

Ⅶ. B　调动其他技术及财政资源，展开多方合作，支持《世界遗产公约》

Ⅶ. C　国际援助

Ⅶ. D　国际援助的原则和优先权

Ⅶ. E　总结表格

Ⅶ. F　程序和格式

Ⅶ. G　国际援助的评估与核准

Ⅶ. H　合同安排

Ⅶ. I　国际援助的总体评估和后续实施

Ⅷ　世界遗产标志

Ⅷ. A　背景情况介绍

Ⅷ. B　适用性

Ⅷ. C　缔约国的责任

Ⅷ. D　世界遗产标志的正确使用

为列入世界遗产名录的遗产地制作悬挂世界遗产标牌

Ⅷ. E　世界遗产标志的使用原则

Ⅷ. F　使用世界遗产标志的授权程序

国家权威机构的初步认可

要求对内容进行质量控制的协议

内容审核格式

Ⅷ. G　缔约国政府进行质量控制的权力

Ⅸ. 信息来源

Ⅸ. A　秘书处存档的信息

Ⅸ. B　世界遗产委员会成员国和其他缔约国的详细信息

IX. C 向公众公开的信息和出版物

附　录

1. 文本同意接收和正式批准的模板
2. 《预备清单》提交格式
3. 针对各类遗产列入《世界遗产名录》的指南
4. 《保护世界文化和自然遗产公约》相关的真实性
5. 申报《世界遗产名录》的格式
6. 专家咨询机构评估申报的程序
7. 《保护世界文化和自然遗产公约》实施情况的《定期报告》的格式
8. 国际援助申请表
9. 专家咨询机构评估国际援助申请的标准

世界遗产相关的参考书目
索　引

缩略语

DoCoMoMo　国际现代主义建筑古迹遗址保护与记录委员会

ICCROM　国际文化遗产保护与修复研究中心

ICOMOS　国际古迹遗址理事会

IFLA　国际景观设计师联合会

IUCN　世界自然保护联盟（前国际自然及自然资源保护联盟　）

IUGS　国际地质科学联合会

MAB　教科文组织人与生物圈项目

NGO　非政府组织

TICCIH　国际工业遗产保护委员会

UNEP　联合国环境项目（环境规划署）

UNEP－WCMC　世界保护监控中心（联合国环境规划署）

UNESCO　联合国教育、科学与文化组织

I.　引　言

I. A　《操作指南》

1.　《实施保护世界文化与自然遗产公约的操作指南》（以
　　下简称《操作指南》）的宗旨在于协助《保护世界文
　　化和自然遗产公约》（以下简称《世界遗产公约》或
　　《公约》）的实施，并为开展下列工作设定相应的程序：
　　a）将遗产列入《世界遗产名录》和《濒危世界遗产
　　名录》
　　b）世界遗产的保护和管理
　　c）世界遗产基金项下提供的国际援助以及
　　d）调动国内和国际力量为《公约》提供支持。

2.　《操作指南》将会定期修改，以反映世界遗产委员会的
　　决策

《操作指南》的发展
历程可参见以下网
址：http：//whc.
unesco. org/en/gui-
delineshistorical

3.　《操作指南》主要使用者：
　　a）《世界遗产公约》的缔约国；
　　b）保护具有突出的普遍价值的文化和自然遗产政府间
　　委员会，以下简称"世界遗产委员会"或"委员会"；
　　c）世界遗产委员会秘书处，即联合国教育、科学及文
　　化组织世界遗产中心，以下简称"秘书处"；
　　d）世界遗产委员会的专家咨询机构；
　　e）参与世界遗产保护的遗产地管理人员、利益相关人
　　和合作伙伴。

I. B　《世界遗产公约》

4.　无论对各国，还是对全人类而言，文化和自然遗产都
　　是无可估价和无法替代的财产。这些最珍贵的财富，
　　一旦遭受任何破坏或消失，都是对世界各族人民遗产
　　的一次浩劫。这些遗产的一部分，具有独一无二的特
　　性，可以认为具有"突出的普遍价值"，因而需加以特
　　殊的保护，以消除日益威胁这些遗产的危险。

5. 为了尽可能保证对世界遗产正确的确认、保护、管理和展示，联合国教育、科学及文化组织成员国于 1972 年通过了《世界遗产公约》。《公约》提出了建立世界遗产委员会和世界遗产基金，二者自 1976 年开始运行。

6. 自从 1972 年通过《公约》以来，国际社会全面接受了"可持续发展"这一概念。而保护、正确管理自然和文化遗产即是对可持续发展的一个巨大贡献。

7. 《公约》旨在正确地确认、保护、管理、展示具有突出的普遍价值的文化和自然遗产，并将其代代相传。

8. 遗产列入《世界遗产名录》的标准和条件已被确立，以评估遗产是否具有突出的普遍价值，并指导缔约国对世界遗产的保护和管理。

9. 当《世界遗产名录》上的某项遗产受到了严重的特殊的威胁，委员会应该考虑将该遗产列入《濒危世界遗产名录》。当促成某遗产地被列《世界遗产名录》的突出地普遍价值遭到破坏，委员会应该考虑将该遗产从《世界遗产名录》上删除。

I. C 《世界遗产公约》缔约国

10. 鼓励各个国家加入《公约》，成为缔约国。附件 1 收录了同意、接受和正式加入公约的文书范本。签署后的文本原件应递交联合国教育、科学及文化组织总干事。

11. 《公约》缔约国名单可参见以下网址：http：//whc. unesco. org/en/statesparties

12. 鼓励《公约》各缔约国确保各利益相关方，包括遗产地管理者、地方和地区政府、当地社区、非政府组织（NGO）、其他相关团体和合作伙伴，参与世界遗产的确认、申报和保护。

13. 《公约》各缔约国应向秘书处提供作为实施《公约》的国家协调中心的政府负责机构的名称和地址，以便秘书处把各种官方信函和文件送达该机构。这些机构的地址列表可参见以下网址：http：//whc. unesco. org/en/statespartiesfocalpoints

鼓励《公约》各缔约国在全国范围内公开以上信息并保证信息的更新。

14. 鼓励各缔约国召集本国文化和自然遗产专家，定期讨论《公约》的实施。各缔约国可以适当邀请专家咨询机构的代表和其他专家参加讨论。

15. 在充分尊重文化和自然遗产所在国主权的同时，《公约》各缔约国也应该认识到，合作开展遗产保护工作符合国际社会的共同利益。《世界遗产公约》各缔约国有责任做到以下几点： 《世界遗产公约》第6（1）条。

a）缔约国应该保证在本国境内文化和自然遗产的确认、申报、保护、管理、展示和传承。并就以上事宜为提出要求的其他成员国提供帮助； 《世界遗产公约》第4条和第6（2）条。

b）实施系列整体政策，旨在使遗产在当地社会生活中发挥作用； 《世界遗产公约》第5条。

c）将遗产保护纳入全面规划方案；

d）建立负责遗产保护、管理和展示的服务性机构；

e）开展和加强科学技术研究，并找到消除威胁本国遗产危险因素的实际方法；

f）采取适当的法律、科学、技术、行政和财政手段来保护遗产；

g）促进建立或发展有关保护、管理和展示文化和自然遗产的国家或地区培训中心，并鼓励这些领域的科学研究；

h）本公约各缔约国不得故意采取任何可能直接或间接损害本国或其他缔约国领土内遗产的措施； 《世界遗产公约》第6（3）条。

	i）本公约各缔约国应向世界遗产委员会递交一份本国领土内适于列入《世界遗产名录》的遗产清单（也就是所指的《预备清单》）；	《世界遗产公约》第11（1）条。
	j）本公约缔约国定期向世界遗产基金捐款，捐款额由公约缔约国大会决定；	《世界遗产公约》第16（1）条。
	k）本公约缔约国应考虑和鼓励设立国家、公共、私人基金会或协会，以促进保护世界遗产的资金捐助；	《世界遗产公约》第17条。
	l）协助为世界遗产基金的开展的国际性募款运动；	《世界遗产公约》第18条。
	m）通过教育和宣传活动，努力增强本国人民对公约第1和2条中所确定的文化和自然遗产的赞赏和尊重，并使公众加深了解遗产面临的威胁；	《世界遗产公约》第27条。
	n）向世界遗产委员会递交报告，详述《世界遗产公约》的实施情况和遗产保护状况；并且	《世界遗产公约》第29条。1997年第十一届缔约国大会通过《决议》。
16.	鼓励各公约缔约国参加世界遗产委员会及其附属机构的各届会议。	《世界遗产委员会议事规则》第8.1条。

I. D 《世界遗产公约》缔约国大会

17.	本公约缔约国大会在联合国教科文组织大会期间召开。缔约国大会根据《议事规则》组织会议，相关内容可登录以下网址查询：http://whc.unesco.org/en/garules	《世界遗产公约》第8(1)条，《世界遗产委员会议事规则》第49条。
18.	大会确定适用于所有缔约国的统一缴款比例，并选举世界遗产委员会委员。缔约国大会和联合国教科文组织大会都将收到世界遗产委员会关于各项活动的报告。	《世界遗产公约》第8（1）条、第16（1）条和第29条；《世界遗产委员会议事规则》第49条。

I. E 世界遗产委员会

19. 世界遗产委员会由二十一个成员国组成，每年（6月/7月）至少开一次会议。委员会设有主席团，通常在委员会常会期间频繁会晤协商。委员会及其主席团的构成可登录以下网址查询：http：//whc. unesco. org/en/committeemembers

通过世界遗产中心，即世界遗产委员会秘书处，可以和委员会取得联系。

20. 世界遗产委员会根据《议事规则》召开会议，可登录以下网址查询：http：//whc. unesco. org/committeerules

21. 世界遗产委员会成员任期六年。然而，为了保证世界遗产委员会均衡的代表性和轮值制，大会向缔约国提出自愿考虑将任期从六年缩短至四年，并不鼓励连任。

《世界遗产公约》第9（1）条
《世界遗产公约》第8（2）条和《世界遗产公约》缔约国第七届（1989年）、第十二届（1999年）及第十三届（2001年）大会决议。

22. 根据委员会在缔约国大会之前会晤中所作的决定，为尚无遗产列入《世界遗产名录》的缔约国保留一定数量的席位。

《缔约国大会议事规则》第14.1条

23. 委员会的决定基于客观和科学的考虑，其通过的决议都应得到彻底、负责的贯彻实行。委员会认识到此类决定的形成取决于以下几个方面：

a）认真准备的文献纪录；

b）彻底并且连贯统一的程序；

c）有资质的专家评估；以及

d）如有必要，使用专家仲裁。

24. 委员会的主要职能是与缔约国合作开展下述工作：

a）根据缔约国递交的"预备清单"和申报文件，确认将按照《公约》规定实施保护的具有突出的普遍价值的文化遗产和自然遗产，并把这些遗产列入《世界遗产名录》；

《世界遗产公约》第11（2）款。

b）通过反应性监测（参见第Ⅳ章）和定期报告（参见第Ⅴ章）核查已经列入《世界遗产名录》遗产的保护状况；

《世界遗产公约》第 11（7）条和第 29 条。

c）决定《世界遗产名录》中哪些遗产应该列入《濒危世界遗产名录》或从中删除；

《世界遗产公约》第 11(4)条和第 11(5)条。

d）决定是否将某项遗产从《世界遗产名录》中删除（参见第Ⅳ章）；

e）制定对提交国际援助申请的审议程序，并在作出决定之前，进行必要的调查和磋商（参见第Ⅶ章）；

《世界遗产公约》第 21（1）条和第 21（3）条。

f）决定如何发挥世界遗产基金资源的最大优势，帮助各缔约国保护其具有突出的普遍价值的遗产；

《世界遗产公约》第 13（6）条。

g）采取措施设法增加世界遗产基金；

h）每两年向缔约国大会和联合国教科文组织大会递交一份工作报告；

《世界遗产公约》第 29(3)条和《世界遗产委员会议事规则》第 49 条。

i）定期审查和评估《公约》实施情况；

j）修改并通过《操作指南》。

25.　为了促进《公约》的实施，委员会制定了战略目标，并定期审查和修改这些目标，保证有效针对、涵盖对世界遗产的新威胁。

1992 年委员会通过的第一份《战略方向》已收入 WHC – 92/CONF.002/12 号文件,见附件 Ⅱ。

26.　目前的战略目标（简称为"4C"）是：

1. 增强《世界遗产名录》的可信度；

2. 保证世界遗产的有效保护；

3. 推进各缔约国有效的能力建设；

4. 通过宣传增强大众对世界遗产保护的认识、参与和支持。

2002 年世界遗产委员会修改了战略目标。《布达佩斯世界遗产宣言》(2002 年)可登录下面网址查询：http://whc. unesco. org/en/ budapestdeclaration

I. F   世界遗产委员会秘书处（世界遗产中心）

联合国教育、科学及文化组织世界遗产中心地址：

法国巴黎（7, place de Fontenoy 75352 Paris 07 SP France）

电话：+ 33（0）145681571

传真：+ 33（0）145685570

电子邮箱：wh – info @ unesco. org

网址：http://whc. unesco. org/

27.   由联合国教育、科学及文化组织总干事指定的秘书处协助世界遗产委员会工作。为此，1992 年创建了世界遗产中心，担负秘书处的职能，联合国教科文组织总干事指派世界遗产中心主任为委员会的秘书。秘书处协助和协调缔约国和专家咨询机构的工作。秘书处还与联合国教科文组织的其他部门和外地办事处密切合作。

《世界遗产公约》第 14 条。

《世界遗产委员会议事规则》第 43 条。

2003 年 10 月 21 日《通函 16 号》，可登录以下网址查询：http://whc. unesco. org/circs/circ03 – 16e. pdf

28.   秘书处主要任务包括：

     a）组织缔约国大会和世界遗产委员会的会议；

《世界遗产公约》第 14. 2 条

     b）执行世界遗产委员会的各项决定和缔约国大会通过的决议，并向委员会和大会汇报执行情况；

《世界遗产公约》第 14. 2 条。《布达佩斯世界遗产宣言》（2002 年）

c）接收、登记世界遗产申报文件，检查其完整性、存档并呈递到相关的专家咨询机构；

d）协调各项研究和活动，作为加强《世界遗产名录》代表性、平衡性和可信性全球战略的一部分；

e）组织定期报告和协调反应性监测；

f）协调国际援助；

g）调动预算外资金保护和管理世界遗产；

h）协助各缔约国实施委员会的各方案和项目；以及

i）通过向缔约国、专家咨询机构和公众发布信息，促进世界遗产的保护，增强对《公约》的认识。

29. 开展这些活动要服从于委员会的各项决定和战略目标以及缔约国大会的各项决议，并与专家咨询机构密切合作。

I. G　世界遗产委员会专家咨询机构

30. 世界遗产委员会的专家咨询机构包括：ICCROM（国际文物保护与修复研究中心），ICOMOS（国际古迹遗址理事会）以及 IUCN（世界自然保护联盟） 《世界遗产公约》第 8.3 条。

31. 专家咨询机构的角色：

a）以本领域的专业知识指导《世界遗产公约》的实施； 《世界遗产公约》第 13.7 条。

b）协助秘书处准备委员会需要的文献资料，安排会议议程并协助实施委员会的决定；

c）协助实施和发展建立具有代表性、平衡性和可信性的《世界遗产名录》的全球战略，实施发展全球培训战略，定期报告制度以及加强世界遗产基金的有效使用；

d）监督世界遗产的保护状况并审查要求国际援助的申请； 《世界遗产公约》第 14.2 条。

e）国际古迹遗址理事会和国际自然保护联盟负责评估申请列入《世界遗产名录》的遗产，并向委员会呈递评估报告；并

f) 以顾问的身份，列席世界遗产委员会及其主席团会议。

国际文物保护和修复研究中心

32. ICCROM，即国际文物保护与修复研究中心，是一个政府间组织，总部设在意大利的罗马。1956 年由联合国教科文组织创建。根据规定，该中心的职能是开展调查研究，编撰文献资料，提供技术援助、培训和实施提升公众意识的项目，以加强对可移动和不可移动文化遗产的保护。

33. 国际文物保护与修复研究中心和《公约》相关的特殊职责包括：文化遗产培训领域的首要合作伙伴，监测世界遗产保护状况，审查由缔约国提交的国际援助申请，以及为能力建设活动出力献策和提供支持。

国际古迹遗址理事会

34. ICOMOS，即国际古迹遗址理事会，是一个非政府组织，总部在法国巴黎，创建于 1956 年。理事会的作用在于推广建筑和考古遗产保护理论、方法和科学技术的应用。理事会的工作以 1964 年《国际古迹遗址保护和修复宪章》（又称《威尼斯宪章》）的原则为基准。

35. 国际古迹遗址理事会和《公约》相关的特殊职责包括：评估申报世界遗产的项目，监督世界遗产保护状况，审查由缔约国提交的国际援助申请，以及为能力建设活动出力献策和提供支持。

《世界遗产公约》第8.3条。

国际文物保护和修复研究中心地址：
意大利罗马（Via di S. Michele, 13 I – 00153 Rome, Italy）
电话：+ 39 06 585531
传真：+ 39 06 5855 3349
电子邮箱：iccrom@ iccrom. org
网 址：http：// www. iccrom. org/

国际古迹遗址理事会
法国巴黎（49 – 51, rue de la Fédération 75015 Paris, France）
电话：+ 33（0）1 45 67 67 70
传真：+ 33（0）1 45 66 06 22
电子邮箱：secretar-iat@ icomos. org
网 址：http：// www. icomos. org/

世界自然保护联盟

36. IUCN，即世界自然保护联盟（前身是国际自然和自然资源保护联盟），创建于 1948 年，为各国政府、非政府组织和科学工作者在世界范围的合作提供了机会。其使命在于影响、鼓励和协助世界各团体保护自然生态环境的完整性和多样性，并确保任何对自然资源的使用都是公正并符合生态可持续发展的。世界自然保护联盟总部设在瑞士格兰德。

IUCN——世界保护自然联盟
地址：瑞士格兰德（rue Mauverney 28 CH – 1196 Gland, Switzerland）
电话：＋41 22 999 0001
传真：＋41 22 999 0010
电子邮箱：mail @ hq. iucn. org
网 址：http：// www. iucn. org

37. 世界保护自然联盟和《公约》相关的特殊职责包括：评估申报世界遗产的项目，监督世界遗产保护状况，审查由缔约国提交的国际援助申请，以及为能力建设活动出力献策和提供支持。

I. H 其他组织

38. 委员会可能号召其他具有一定能力和专业技术的国际组织和非政府组织协助其方案和项目的实施。

I. I 保护世界遗产的合作伙伴

39. 在申报、管理和监督工作中采取多方合作形式，有力地促进了世界遗产的保护和《公约》的实施。

40. 保护和管理世界遗产的合作伙伴可以是：个人和其他利益相关方，尤其是对世界遗产的保护和管理感兴趣并参与其中的当地社区、政府组织、非政府组织和私人组织以及财产所有人。

I. J 其他公约、倡议和方案

41. 世界遗产委员会认识到，密切协调好与联合国教科文组织其他方案及其相关公约的工作是受益匪浅的。相关国际保护文件、公约和方案，参见第 44 段。

42. 在秘书处的支持下，世界遗产委员会将保证《世界遗产公约》和其他公约、方案以及和保护文化和自然遗产有关的国际组织之间适当的协调，信息共享。

43. 委员会可能邀请相关公约下政府间组织的代表作为观察员参加委员会的会议。如受到其他政府间组织的邀请，委员会可能派遣代表作为观察员列席会议。

44. 有关文化和自然遗产保护的部分全球性公约和方案

联合国教育、科学及文化组织公约和方案

《关于在武装冲突的情况下保护文化财产的公约》
（1954 年）

草案一（1954 年）

草案二（1999 年）

http：//www. unesco. org/culture/laws/hague/html_ eng/page1. shtml

《关于采取措施制止和防止文化财产非法进出口和所有权非法转让的公约》（1970 年）

http：//www. unesco. org/culture/laws/1970/html _ eng/page1. shtml

《保护世界文化和自然遗产公约》（1972 年）

http：//www. unesco. org/whc/world_ he. htm

《保护水下文化遗产公约》（2001 年）

http：//www. unesco. org/culture/laws/underwater/html _ eng/convention. shtml

《保护非物质文化遗产公约》（2003 年）

http：//unesdoc. unesco. org/images/0013/001325/132540e. pdf

"人类和生物圈"方案（MAB）

http：//www. unesco. org/mab/

其他公约

《国际重要湿地尤其是作为水禽栖息地的湿地公约（拉姆萨尔公约）》（1971 年）

http：//www. ramsar. org/key_ conv_ e. htm

《野生动植物濒危物种国际贸易公约》（CITES）（1973年）

http：//www. cites. org/eng/disc/text. shtml

《野生动物移栖物种保护公约》（CMS）（1979 年）

http：//www. unep – wcmc. org/cms/cms_ conv. htm

《联合国海洋法公约》（UNCLOS）（1982 年）

http：//www. un. org/Depts/los/convention_ agreements/texts/unclos/closindx. htm

《生物多样性公约》（1992 年）

http：//www. biodiv. org/convention/articles. asp

《私法协关于被盗或非法出口文物的公约》

（罗马，1995）

http：//www. unidroit. org/english/conventions/cultural-property/c – cult. htm

《联合国气候变化框架公约》（纽约，1992 年）

http：//unfccc. int/essential _ background/convention/background/items/1350. php

II. 《世界遗产名录》

II. A 世界遗产的定义

文化和自然遗产

45. 文化和自然遗产的定义见《世界遗产公约》第 1 条和第 2 条。

    第 1 条

    在本公约中，以下各项为"文化遗产"：

    – 文物古迹：从历史、艺术或科学角度看具有突出的普遍价值的建筑、碑雕和壁画、考古元素或结构、铭文、洞窟以及特殊联合体；

    – 建筑群：从历史、艺术或科学角度看在建筑式样、整体和谐或与所处景观结合方面具有突出的普遍价值的独立的或相互连接的建筑群；

    – 遗址：从历史、审美、人种学或人类学角度看具有突出的普遍价值的人类工程或自然与人联合的工程以及考古发掘所在地。

第2条

在本公约中，以下各项为"自然遗产"：

－从审美或科学角度看具有突出的普遍价值的由物质和生物结构或这类结构群组成的自然面貌；

－从科学或保护角度看具有突出的普遍价值的地质和自然地理结构以及明确划为受威胁的动物和植物生境区；

－从科学、保存或自然美角度看具有突出的普遍价值的天然名胜或明确划分的自然区域。

<u>文化和自然混合遗产</u>

46. 只有同时部分满足或完全满足《公约》第1条和第2条关于文化和自然遗产定义的财产才能认为是"文化和自然混合遗产"。

<u>文化景观</u>

47. 《公约》第1条就指出文化景观属于文化财产，代表着　　附件3"自然与人联合的工程"。它们反映了因物质条件的限制和/或自然环境带来的机遇，在一系列社会、经济和文化因素的内外作用下，人类社会和定居地的历史沿革。

<u>可移动遗产</u>

48. 对于可能发生迁移的不可移动遗产的申报将不于考虑。

<u>突出的普遍价值</u>

49. 突出的普遍价值指文化和/或自然价值之罕见超越了国家界限，对全人类的现在和未来均具有普遍的重大意义。因此，该项遗产的永久性保护对整个国际社会都具有至高的重要性。世界遗产委员会将这一条规定为遗产列入《世界遗产名录》的标准。

50. 邀请各缔约国申报其认为具有"突出的普遍价值"的文化和/或自然遗产，以列入《世界遗产名录》。

51. 遗产列入《世界遗产名录》时，世界遗产委员会会通过一个《突出的普遍价值声明》（见第 154 段），该声明将是以后遗产有效保护与管理的重要参考。

52. 该《公约》不是旨在保护所有具有重大意义或价值的遗产，而只是保护那些从国际观点看具有最突出价值的遗产。不应该认为某项具有国家和/或区域重要性的遗产会自动列入《世界遗产名录》。

53. 员会的申报应该表明该缔约国在其力所能及的范围内将全力以赴保存该项遗产。这种承诺应该体现在建议和采纳合适的政策、法律、科学、技术、管理和财政措施，保护该项遗产以及遗产的突出的普遍价值。

II. B　具有代表性、平衡性和可信性的《世界遗产名录》

54. 委员会根据第 26 届会议确定的四个战略目标，致力于构建一个具有代表性、平衡性和可信性的《世界遗产名录》。（布达佩斯，2002）

《布达佩斯世界遗产宣言》所在网址：http://whc. unesco. org/en/budapest-declaration

构建具有代表性、平衡性、可信性的《世界遗产名录》的全球战略

55. 构建具有代表性、平衡性、可信性的《世界遗产名录》的全球战略旨在明确并填补《世界遗产名录》的主要空白。该战略鼓励更多的国家加入《保护世界文化与自然遗产公约》并按照 62 段中定义编撰《预备清单》、准备《世界遗产名录》申报文件（详情请登录：http: //whc. unesco. org/en/globalstrategy）

关于"全球战略"的专家会议报告及构建具有代表性的世界遗产名录的主题研究报告(1994 年 6 月 20－22 日)在世界遗产委员会第 18 届大会通过。(福克,1994)
《全球战略》起初是为保护文化遗产提出的。应世界遗产委员会的要求,《全球战略》随后有所扩展,包括自然遗产和文化自然混合遗产。

56. 鼓励各缔约国和专家咨询机构同秘书处及其他合作方合作，参与实施《全球战略》。为此，组织召开了"全球战略"区域及主题会议，并开展对比研究及主题研究。会议和研究成果将协助缔约国编撰《预备清单》和申报材料。可访问网址：http://whc.unesco.org/en/globalstrategy，查阅提交给世界遗产委员会的专家会议报告和研究报告。

57. 要尽一切努力，保持《世界遗产名录》内文化和自然遗产的平衡。

58. 没有正式限制《世界遗产名录》中遗产总数。

<u>其他措施</u>

59. 要构建具有代表性、平衡性、可信性的《世界遗产名录》，缔约国须考虑其遗产是否已在遗产名录上得到充分的代表，如果是，就要采取以下措施，放慢新申报的提交速度： 缔约国第 12 届会议通过的决议（1999 年）。

a）依据自身情况，自主增大申报间隔，和/或；

b）只申报名录内代表不足的类别遗产，和/或；

c）每次申报都同名录内代表不足的缔约国的申报联系起来，或；

d）自主决定暂停提交新的申报。

60. 如果遗产具有突出的普遍价值，且在《世界遗产名录》上代表不足，这样的缔约国需要： 缔约国第 12 届会议通过的决议（1999 年）。

a）优先考虑准备《预备清单》和申报材料；

b）在所属区域内，寻求并巩固技术交流合作关系；

c）鼓励双边和多边合作以增强缔约国负责遗产保护、保卫和管理机构的专业技能。

d）尽可能参加世界遗产委员会的各届会议。

61. 委员会决定，在第 30 届大会（2006 年）上暂时试用以下机制：

a）最多审查缔约国的两项完整申报，其中至少有一项与自然遗产有关；和

b）确定委员会每年审查的申报数目不超过 45 个，其中包括往届会议推迟审议的项目、再审项目、扩展项目（遗产限制的细微变动除外）、跨界项目和系列项目，

c）优先顺序如下所示：

1）名录内尚没有遗产列入的缔约国提交的遗产申报；

2）不限国别，但申报是名录内没有或为数不多的自然或文化遗产类别；

3）其他申报；

4）采用该优先顺序机制时，如果某领域内委员会所确定的申报名额已满，则秘书处收到完整申报材料的日期将被作为第二决定因素来考虑。

该决定将会在委员会第 31 届会议（2007 年）上重新审议。

第 24COM Ⅵ. 2. 3. 3 号 决 定、第 28COM13. 1 号决定和 第 7EXT. COM 4B. 1 号决定

II. C 《预备清单》

程序和格式

62. 《预备清单》是缔约国认为其境内具备世界遗产资格的遗产的详细目录，其中应包括其认为具有突出的普遍价值的文化和/或自然遗产的名称和今后几年内要申报的遗产的名称。

《保护世界文化与自然遗产公约》第 1、2 及 11（1）条规定。

63. 如果缔约国提交的申报遗产未曾列入该国的《预备清单》，委员会将不予考虑。

第 24COM Ⅵ. 2. 3. 2 号决定

64. 鼓励缔约国在准备其《预备清单》时邀请各利益相关方包括遗产地管理人员、地方和地区政府、当地社区、非政府组织以及其他相关机构参与全过程。

65. 缔约国呈报《预备清单》至秘书处的时间最好提前申报遗产一年。委员会鼓励缔约国至少每十年重新审查或递交其《预备清单》。

66. 缔约国需要递交英文或法语的《预备清单》，且采用附件 2 所示的标准格式，其中包括遗产名称、地理位置、简短描述以及其具有突出的普遍价值的陈述。

67. 缔约国应将已签名的完整《预备清单》原件递交至：联合国教科文组织世界遗产中心法国巴黎（7，place de Fontenoy，Paris 07 SP，France） 电话：+33（0）1 4568 1136 电邮：wh – tentativelists@ unesco. org	
68. 如果所有信息均已提供，秘书处会将《预备清单》登记并转呈给相关专家咨询机构。每年都要向委员会递交所有《预备清单》的概要。秘书处与相关缔约国协商，更新其记录，将《预备清单》上已纳入《世界遗产名录》和已拒绝申报除名。	第 7EXT. COM　4A 号决定
69. 登录 http：//whc. unesco. org/en/tentativelists，查阅缔约国《预备清单》： <u>《预备清单》作为计划与评估工具</u>	第 27COM 8A 号决定
70. 《预备清单》提供未来遗产名录申报信息，是缔约国、世界遗产委员会、秘书处及咨询机构的重要规划工具。	
71. 鼓励缔约国参考国际古迹遗址理事会（ICOMOS）和世界保护自然联盟（IUCN）应委员会要求准备的《世界遗产名录》和《预备清单》的分析报告，确定《世界遗产名录》内的空白。这些分析使缔约国能够比较主题、区域、地理文化群和生物地理区等方面以确定未来的世界遗产。	第 24COM 号决定第 VI. 2. 3. 2(ii) 段 文书 WHC – 04/28. COM/13. B1 和 2 请登录：http：//whc. unesco. org/archive/2004/whc04 – 28com – 13b1e. pdf 和 http：//whc. unesco. org/archive/2004/whc04 – 28com – 13b2e. pdf
72. 另外，鼓励缔约国参考由专家咨询机构完成的具体主题研究报告（见 147 段）。这些研究包括《预备清单》评估、《预备清单》协调会议报告、以及专家咨询机构和其他具资质的团体和个人的相关技术研究。完成的研究报告列表详见：http：//whc. unesco. org/en/globalstrategy	主题研究报告异于缔约国申报遗产列入《世界遗产名录》时编撰的比较分析（见第 132 段）。

73.   鼓励缔约国在区域和主题层面协调《预备清单》。在这个过程中，缔约国在专家咨询机构的协助下，共同评估各自的《预备清单》，发现差距并确认共通主题。通过协调，《预备清单》可以得到改进，缔约国可能会申报新遗产，并与其他缔约国合作准备申报材料。

       缔约国准备《预备清单》过程中的协助和能力建设

74.   要实施《全球战略》，就有必要共同致力于协助缔约国进行能力建设和培训，获取和/或增强在编写、更新和协调《预备清单》及准备申报材料的能力。

75.   在准备、更新和协调《预备清单》方面，缔约国可以请求国际援助（见第七章）。

76.   专家咨询机构和秘书处可在考察评估期间，举办地区培训班，对列入名录中遗产很少的国家在准备预备清单和申报材料的方法上提供帮助。

　　　　第 24COMVI. 2. 3. 5 号决定

II. D 突出的普遍价值的评估标准

　　　　这些标准起初分为两组，标准（i）至（vi）适用于文化遗产，标准（i）至（iv）适用于自然遗产。世界遗产委员会第6届特别会议决定将这十个标准合起来（第 6EXT. COM 5. 1 号决定）

77.   如果遗产符合下列一项或多项标准，委员会将会认为该遗产具有突出的普遍价值（见49－53 段）。所申报遗产因而必须：
       （i）代表人类创造精神的杰作；
       （ii）体现了在一段时期内或世界某一文化区域内重要的价值观交流，对建筑、技术、古迹艺术、城镇规划或景观设计的发展产生过重大影响；

（iii）能为现存的或已消逝的文明或文化传统提供独特的或至少是特殊的见证；

（iv）是一种建筑、建筑群、技术整体或景观的杰出范例，展现历史上一个（或几个）重要发展阶段；

（v）是传统人类聚居、土地使用或海洋开发的杰出范例，代表一种（或几种）文化或者人类与环境的相互作用，特别是由于不可扭转的变化的影响而脆弱易损；

（vi）与具有突出的普遍意义的事件、文化传统、观点、信仰、艺术作品或文学作品有直接或实质的联系。（委员会认为本标准最好与其他标准一起使用）；

（vii）绝妙的自然现象或具有罕见自然美的地区；

（viii）是地球演化史中重要阶段的突出例证，包括生命记载和地貌演变中的地质发展过程或显著的地质或地貌特征；

（ix）突出代表了陆地、淡水、海岸和海洋生态系统及动植物群落演变、发展的生态和生理过程；

（x）是生物多样性原地保护的最重要的自然栖息地，包括从科学或保护角度具有突出的普遍价值的濒危物种栖息地。

78. 被认为具有突出的普遍价值，遗产必须同时符合完整性和/或真实性的条件并有足够的保护和管理机制确保其得到保护。

II. E 完整性和/或真实性

<u>真实性</u>

79. 依据标准（i）至（vi）申报的遗产须具备真实性。附件4中包括了关于真实性的《奈良文件》，为评估遗产的真实性提供了操作基础，概要如下：

80. 理解遗产价值的能力取决于关于该价值信息来源的真实度或可信度。对涉及文化遗产原始及后来特征的信息来源的认识和理解，是分析评价真实性各方面的必要基础。

81. 对于文化遗产价值和相关信息来源可信性的评价标准
     可能因文化而异，甚至同一种文化内也存在差异。出
     于对所有文化的尊重，必须将文化遗产放在它所处的
     文化背景中考虑和评价。

82. 依据文化遗产类别及其文化背景，如果遗产的文化价
     值（申报标准所认可的）之下列特征是真实可信的，
     则被认为具有真实性：
     ·外形和设计；
     ·材料和实体；
     ·用途和功能；
     ·传统，技术和管理体制；
     ·位置和背景环境；
     ·语言和其他形式的非物质遗产；
     ·精神和感觉；以及
     ·其他内外因素。

83. 精神和感觉这样的特征在真实性评估中虽不易操作，
     却是评价一个地方特征和气质的重要指标，例如，在
     保持传统和文化连续性的社区中。

84. 所有这些信息的采用允许文化遗产在艺术、历史、社
     会和科学各层面的价值得以被充分考虑。"信息来源"
     指所有物质的、书面的、口头和图形的信息，以使理
     解文化遗产的性质、特征、意义和历史成为可能。

85. 在准备遗产申报考虑真实性条件时，缔约国首先要明
     确所有适用的真实性的重要特征。真实性声明应该评
     估真实性在每个特征上的体现程度。

86. 在真实性问题上，考古遗址或历史建筑及地区的重建
     只有在极个别情况下才予以考虑。只有依据完整且详
     细的记载，不存在任何想象而进行的重建，才会被接
     纳。
     完整性

87. 所有申报《世界遗产名录》的遗产必须具有完整性。

第 20COM IX. 13 号决定

88. 完整性用来衡量自然和/或文化遗产及其特征的整体性和无缺憾状态。因而，审查遗产完整性就要评估遗产满足以下特征的程度：

a) 包括所有表现其突出的普遍价值的必要因素；

b) 形体上足够大，确保能完整地代表体现遗产价值的特色和过程；

c) 受到发展的负面影响和/或被忽视。

上述条件需要在完整性陈述中进行论述。

89. 依据标准（i）至（vi）申报的遗产，其物理构造和/或重要特征都必须保存完好，侵蚀退化也得到控制。能表现遗产全部价值绝大部分必要因素也要包括在内。文化景观、历史名镇或其他活遗产中体现其显著特征的种种关系和能动机制也应予保存。

将完整性条件应用于依据标准（i）至（vi）的申报的遗产例证尚在开发。

90. 所有依据标准（vii）至（x）申报的遗产，其生物物理过程和地貌特征应该相对完整。当然，由于任何区域都不可能是完全天然，且所有自然区域都在变动之中，某种程度上还会有人类的活动。包括传统社会和当地社区在内的人类活动常常发生在自然区域内。这些活动常因具有生态可持续性而被视为同自然区域突出的普遍价值相一致。

91. 另外，对于依据标准（vii）至（x）申报的遗产来说，每个标准又有一个相应的完整性条件。

92. 依据标准（vii）申报的遗产应具备突出的普遍价值，且包括保持遗产美景的必要地区。例如，某个遗产的景观价值在于它的瀑布，那么只有将临近的积水潭和下游地区同保持遗产美学价值密切相连、统一考虑，才能满足完整性条件。

93. 依据标准（viii）申报的遗产必须包括其自然关系中所有或大部分重要的相互联系、相互依存的因素。例如，"冰川期"遗址要满足完整性条件，则需包括雪地、冰河本身和凿面样本、沉积物和拓殖（例如，条痕、冰碛层及植物演替的先锋阶段等）。如果是火山，则岩浆层必须完整，且能代表所有或大部分的火山岩种类和喷发类型。

94. 依据标准（ix）申报的遗产必须具有足够大小，且包含能够展示长期保护其内部生态系统和生物多样性的重要过程的必要因素。例如，热带雨林地区要满足完整性条件，需要在海平面上有一定的垂直变化、多样的地形和土壤种类，群落系统和自然形成的群落；同样，珊瑚礁必须包括，诸如海草、红树林和其他为珊瑚礁提供营养沉积物的临近生态系统。

95. 依据标准（x）申报的遗产必须是生物多样性保护的至关重要的价值。只有最具生物多样性和/或代表性的申报遗产才有可能满足该标准。遗产必须包括某生物区或生态系统内最具多样性的动植物特征的栖息地。例如：要满足完整性条件，热带草原需要具有完整的、共同进化的草食动物群和植物群；一个海岛生态系统则需要包括地方生态栖息地；包含多种物种的遗产必须足够大，能够包括确保这些物种生存的最重要的栖息地；如果某个地区有迁徙物种，则季节性的养育巢穴和迁徙路线，不管位于何处，都必须妥善保护。

II. F　保护和管理

96. 世界遗产的保护与管理须确保其在列入名录时所具有的突出的普遍价值以及完整性和/或真实性在之后得到保持或提升。

97. 列入世界遗产名录的所有遗产必须有长期、充分的从立法、规范、机制和/或传统等各方面的保护及管理以确保遗产得到保护。该保护必须包括充分描述的边界范畴。同样地，缔约国应该在国家、区域、城市和/或传统的各层面，适当保护申报遗产。申报文件上也需要附加明确解释保护措施的说明。

立法、规范和契约性的保护措施

98. 国家和地方级的立法、规范措施应确保遗产的存在，且保护其突出的普遍价值以及完整性和/或真实性不因社会发展变迁受到负面影响。缔约国还需要保证这些措施得到切实有效的实施。

有效保护的界限

99. 界限描述是对申报遗产进行有效保护的关键条件。界限必需明确划定以确保遗产的突出的普遍价值及其完整性和/或真实性得到充分体现。

100. 依据标准（i）至（vi）申报的遗产，划定界限需要包括所有能够直接体现遗产的突出、普遍价值的区域和有形的特征，以及在将来的研究中有可能对遗产价值进一步加深理解的区域。

101. 依据标准（vii）至（x）的申报，划定界限要反映其成为世界遗产基本条件的栖息地、物种、过程或现象的空间要求。界限须包括与具有突出的普遍价值紧邻的足够大的区域以保护其遗产价值不因人类活动的直接侵蚀和该区域外资源开发而受到损害。

102. 所申报遗产的界限可能会与一个或多个已存在或建议保护区相同，例如国家公园或自然保护区，生物圈保护区或历史文物保护区。虽然保护区可能包含几个管理带，可能只有部分地带能达到世界遗产的标准。

缓冲区

103. 只要有必要，就应设立足够大的缓冲区以保护遗产。

104. 为了有效保护申报遗产，缓冲区是指遗产周围区域，其使用和开发被补充法和/或公共规定限制，以此为遗产增加保护层。缓冲区应包括申报遗产所在区域、重要景观，以及其他在功能上对遗产及其保护至关重要的区域或特征。通过合适的机制来决定缓冲区的构成区域。申报时，需要提供有关缓冲区大小、特点、授权用途的详细信息以及一张精确标示界限和缓冲区的地图。

105. 申报材料中还需明确描述缓冲区在保护申报遗产中的作用。

106. 如果没有建立缓冲区的提议，则申报材料需要对此予以解释。

107. 虽然缓冲区并非所申报的遗产的正式组成部分，但是《世界遗产名录》内遗产的缓冲区的任何变动都需经世界遗产委员会批准。

管理体制

108. 每一个申报遗产都应有合适的管理规划或其他有文可依的管理体制，其中需要详细说明应如何采用多方参与的方式，保护遗产突出的普遍的价值。

109. 管理体制旨在确保现在和将来对申报遗产进行有效的保护。

110. 有效的管理体制的内容取决于申报遗产的类别、特点和需求以及其文化和自然环境。由于文化背景、可用资源及其他因素的影响，管理体制也会有所差别。管理体制可能包含传统做法、现存的城市或区域规划手段和其他正式和非正式的规划控制机制。

111. 考虑到上述多样性问题，有效管理体制需包括以下因素：

　　a）各利益方对遗产价值共同的透彻理解；

　　b）规划、实施、监管、评估和反馈的循环机制；

　　c）合作者与各利益相关方的共同参与；

　　d）必要资源的配置；

　　e）能力建设；以及

　　f）对管理体制运作的可信、公开透明的描述。

112. 有效管理包括长期和日常对申报遗产的保护、管理和展示。

113. 另外，为了实施《公约》，世界遗产委员会还建立了反应性监控程序（见第Ⅳ章）和《定期报告》机制（见第Ⅴ章）。

114. 如果是系列遗产，能确保各个组成部分协调管理的管理体制或机制非常必要，应该在申报材料中阐明（见137 - 139 段）。

115. 在某些情况下，管理规划或其他管理体制在该遗产向世界遗产委员会提出申报时还没有到位。相关缔约国则需要说明管理规划或体制何时能到位以及如何调动必要资源准备和实施新的管理规划或体制。缔约国还需要提供其他文件（例如，操作计划），在管理规划出台之前指导遗产的管理。

116. 如果遗产的内在本质由于人类活动而受到威胁，但仍旧满足第78至95段规定的真实性或完整性的标准和条件，概述纠正措施的行动计划需要和申报材料一起提交。如果缔约国并未在拟定的时间内采取纠正措施，委员会将会依据相关程序将该遗产从名单上删除。（见 IV. C 节）

117. 缔约国要对境内的世界遗产实施有效的管理。缔约国要同其他参与各方密切合作管理遗产，其中包括遗产地管理人员、管理权力机关和其他合作者及遗产管理的相关利益方。

118. 委员会推荐缔约国将风险防范机制包括在其世界遗产管理规划和培训策略中。

　　　　　　　　　　　　　　　　　　　第 28COM10B. 4 号决定

可持续使用

119. 世界遗产会有各种各样已存和拟开发的具有生态、文化可持续性的使用价值。缔约国和合作者必须确保这些可持续性利用不会有损遗产的突出的普遍价值，以及其完整性和/或真实性。另外，任何用途应该具有生态及文化可持续性。对于有些遗产来说，人类不宜使用。

III. 列入《世界遗产名录》的程序

III. A 准备申报文件

120. 申报文件是委员会考虑是否将某项遗产列入《世界遗产名录》的基础。所有相关信息都应该包括在申报材料中，且信息应与其出处相互参照。

121. 附件 3 为缔约国就具体类别遗产编撰申报文件提供指南。

122. 缔约国在着手准备遗产申报前，应先熟悉第 168 段中描述的申报周期。

123. 申报过程中当地群众的参与很必要，能鼓励他们与缔约国共同承担保护遗产的责任。委员会鼓励多方参与编撰申报文件，其中包括遗产管理人员、地方和地区政府、当地社区、非政府组织和其他相关团体。

124. 缔约国在编撰申报文件时，如第 VII. E 章节中所描述的那样，可以申请"预备协助"。

125. 鼓励缔约国同秘书处联系，在整个申报过程中获得帮助。

126. 秘书处还可以提供：

a）在确定合适的地图和照片以及从哪些部门取得这些资料方面的帮助；

b）成功申报参考案例以及管理方法和立法条款；

c）为申报不同类别的遗产的指导，例如文化景观、历史城镇、运河和遗址线路（见附件 3）

d）为申报系列遗产和跨界遗产的指导（见第 134 至 139 段）。

127. 缔约国可以在每年的九月三十日前（第 168 段）提交申报草案以听取秘书处的意见、接受审查。申报草案的提交是自愿的。

128. 任何时候都可以提交申报，但只有在二月一日或之前递交到秘书处且完整的申报（见第 132 段）才会在次年被世界遗产委员会审核，决定是否列入名录。委员会只审查缔约国《预备清单》内列有的遗产（见 66 段）。

III. B 申报文件的格式和内容

129. 《世界遗产名录》申报应依据附件 5 所示格式提交材料。

130. 格式包括如下部分：

1. 遗产确认

2. 遗产描述

3. 申报理由

4. 保护情况和影响因素

5. 保护和管理

6. 监控

7. 记录

8. 负责当局的联系信息

9. 缔约国代表签名

131. 《世界遗产名录》申报是重内容轻表象的。

132. "完整"申报需要满足下列要求：

1. 遗产确认

应清晰地定义申报遗产边界，清楚区分申报遗产和任何缓冲区（若存在）（见 103 – 107 段）。地图应足够详细，能精确标出所申报的陆地和/或水域。若可能的话，应提供缔约国最新的官方地形图，并注解遗产边界。没有清晰的边界定义，申报被认为是"不完整的"。

2. 遗产描述

遗产描述应包括遗产确认及其历史发展概述。应确认、描述所有的成图组成部分，如果是系列申报，应清晰描述每一组成部分。

在遗产的历史和发展中应描述遗产是如何形成现在的状态以及所经历的重大变化。这些信息应包含所需的重要事实以证实遗产达到突出的普遍价值的标准，满足完整性和/或真实性条件。

3. 申报理由

本部分应指出遗产申报依据的标准（见 77 段），且须明确说明依据此标准的原因。基于该标准，缔约国提交的遗产《突出的普遍价值声明》（见 49 – 53 段及 155 段）应明确说明该遗产为什么该遗产值得列入《世界

缔约国申报遗产时递交的比较分析不应和委员会专家咨询机构的主题研究相混淆（见下面的第 148 段）

遗产名录》。应提供该遗产与类似遗产的对比分析，不论该类似遗产是否在《世界遗产名录》上，是国内还是国外遗产。对比分析应说明申报遗产在国内及国际上的重要性。完整性和/或真实性声明也应一并附上，且须显示该遗产如何满足 78 - 95 段所述的条件。

4. 遗产保护情况和影响因素

本部分应包括目前遗产保护情况的准确信息（包括遗产的物理条件和现有的保护措施）。同时，也应包括影响遗产的因素描述（包括威胁）。本部分提供的基本信息将成为将来监控申报遗产保护情况需要参考的底线数据。

5. 保护和管理

保护：第五部分包括与遗产保护最相关的立法、规章、契约、规划、机制和/或传统各层面措施，提供保护措施实际操作方法的详尽分析。立法、规章、契约、规划和机制文本或者文本摘要应以英文或法文附上。

管理：适宜的管理方案或管理体制很必要，应包括在申报文件中，并期望确保该管理方案或管理体制的有效执行。

管理方案或者管理体制文献的副本应附在申报文件后。如果管理方案为非英语或非法语，应附上英语或法语的条款详述。

应提供管理方案或者管理体系的详尽分析或者说明。

申报文件若不包括上述文本则被认为是不完整的，除非在管理方案完成之前，依据 115 段所述提交指导遗产管理的其他文书。

6：监测

在申报材料中，缔约国应包括衡量、评估遗产保护情况的关键指标、影响遗产的因素、现有遗产保护措施、审查周期及负责当局的名称。

7. 文献纪录

应提供充实申报所需的文献记录。除了上述文件之外，

第 7EXT. COM 4A 号决定

还应包括照片，35mm 幻灯片，图像库及官方形式照片。申报文本应以打印形式和电子文档提交（（软盘或光盘）。

8. 负责当局的联系信息

应提供负责当局的详细联系信息。

9. 缔约国代表签名

申报材料结尾应有缔约国授权的官方代表签名。

10. 所需打印副本数量

· 文化遗产申报文件（不包括文化景观）：2 个副本

· 自然遗产申报：3 个副本

· 混合遗产和文化景观申报：4 个副本

11. 文件和电子版

申报材料应是 A4 纸（或信纸），同时有电子版（软盘或光盘）。且至少一个副本应是活页形式，以方便复印。

12. 寄送

缔约国应提交英语或法语申报材料至：

法国巴黎

联合国教科文组织　世界遗产中心

（7，place　de　Fontenoy

75352　Paris　07　SP

France）

电话：+33（0）1　4568　1136

传真：+33（0）1　4568　5570

E - mail：wh - nominations@ unesco. org

133. 秘书处会保留和申报一起提交的所有相关资料（地图、规划、照片资料等）

III. C　各类遗产申报的要求

跨境遗产

134. 被申报的遗产可能

　　a）位于一个缔约国境内，或者

　　b）位于几个接壤的缔约国境内（跨境遗产）

第 7EXT. COM
4A 号决定

135. 跨境遗产的申报应由几个缔约国在任何可能的地方遵照大会公约第 11. 3 条共同准备和递交。大会强烈建议各相关缔约国建立联合管理委员会或类似组织负责该遗产的总体管理。

136. 位于一个缔约国境内的现有世界遗产的扩展部分可以申请成为跨境遗产。

系列遗产

137. 系列遗产应包括几个相关组成部分，并属于
   a）同一历史文化群体；
   b）具有某一地域特征的同一类型的遗产；
   c）同一地质、地形构造，同一生物地理亚区，或同类生态系统；
   同时，系列遗产作为一个整体（而不是其中个别部分）必须具有突出的普遍价值

138. 被申报的系列遗产可能
   a）位于一个缔约国境内（本国系列遗产）
   b）位于不同缔约国境内，不必相连，同时须经过所有相关缔约国同意递交申报（跨国系列遗产）

第 7EXT. COM 4A 号决定

139. 如被申报的第一项遗产本身具有突出的普遍价值，系列遗产（无论是由一国或是多国提起的）可历经数轮申报周期，递交申报文件 并接受评估。计划在数轮周期中分阶段进行系列申报的缔约国可向委员会说明此意向，以确保计划更加完善。

III. D 申报的登记

140. 收到各缔约国递交的申报文件后，秘书处将回执确认收讫，核查材料是否完整，然后进行登记。秘书处将向相关专家咨询机构转交完整的申报文件，由专家咨询机构进行评估。经专家咨询机构提请，秘书处将向缔约国索要补充信息。登记的时间表和申报的受理程序在第 168 段中有详细说明。

141. 秘书处在每届委员会会议时拟定并递交一份所有接收到的申报名单,包括接收的日期,申报文件"完整"与否的陈述,以及按照第 132 段的要求将申报文件补充完整的日期。

第 26COM14 和 28COM14B. 57 号决定

142. 申报周期从递交之日起到世界遗产委员会做出决定之日结束,通常历时一年半,每年二月递交申报至翌年六月委员会做出决定。

III. E. 专家咨询机构评估申报

143. 专家咨询机构将评估各缔约国申报的遗产是否具有突出的普遍价值,是否符合完整性或真实性,以及是否能达到保护和管理的要求。国际古迹遗址理事会和世界自然保护联盟的评估程序和格式在附件 6 中有详细说明。

144. 对文化遗产申报的评估将由国际古迹遗址理事会完成

145. 对自然遗产申报的评估将由世界自然保护联盟完成

146. 作为"人文景观"类申报的文化遗产,将由国际古迹遗址理事会与世界自然保护联盟磋商之后进行评估。对于混合遗产的评估将由国际古迹遗址理事会与世界自然保护联盟共同完成。

147. 如经世界遗产委员会要求或者在必要情况下,国际古迹遗址理事会与世界自然保护联盟将开展主题研究,将被申报的世界遗产置于地区、全球或主题背景中进行评估。这些研究必须建立在各缔约国递交的预备清单审议,关于预备清单协调性的会议报告以及由专家咨询机构或具备相关资质的组织或个人进行的其他技术研究的基础之上。已完成的相关研究列表见附件 3 第三节和专家咨询机构的网站。这些研究不得与缔约国在申报世界遗产时准备的"比较分析"相混淆(见第 132 段)。

国际古迹遗址理事会: http://www. icomos. org/studies/
世界保护自然联盟: http://www. iucn. org/themes/wcpa/pubs/Worldheritage. htm

148. 以下为国际古迹遗址理事会和世界自然保护联盟的评估与陈述所遵循的原则。评估与陈述必须

第 28COM14B. 57.3 号决定

a）遵守《世界遗产公约》和相关的操作指南，以及委员会在决议中规定的其他政策；

b）做出客观、严谨和科学的评估；

c）依照一致的专业标准；

d）评估和陈述均必须遵守标准格式，必须与秘书处一致，同时必须注明进行实地考察的评估员的名字；

e）清晰分明地指出申报遗产是否具有突出的普遍价值，是否符合完整性和/或真实性的标准，是否拥有管理规划/系统和立法保护；

f）根据所有相关标准，对每处遗产进行系统地评估，包括其保护状况，并与缔约国境内或境外其他同类遗产的保护状况进行比较；

g）应注明所援引的委员会决定和关于被审议的申报的要求；

h）不考虑或载列缔约国于申报审议当年 3 月 31 日后递交的任何信息。同时应通知缔约国，因收到的信息已逾期，所以不被纳入考虑之列。必须严格遵守申报截止日期；

i）同时提供支持他们论点的参考书目（文献）。　第 28COM14B.57. 3 号决定

149.　专家咨询机构在审查其评估意见后，应在每年的 1 月 31 日以前向各缔约国进行最终征询或索要信息。　第 7EXT. COM4 B. 1 号决定

150.　相关缔约国应邀在委员会大会开幕至少两个工作日前致信大会主席，附寄致专家咨询机构的复印件，详细说明他们在专家咨询机构对其申报的评估意见中发现的事实性错误。此信将被翻译成工作语言，分发给委员会成员，也可在评估陈述之后由主席宣读。　第 7EXT. COM4 B. 1 号决定

151.　国际古迹遗址理事会和世界自然保护联盟的建议分三类：

a）建议无保留列入名录的遗产

b）建议不予列入名录的遗产

c）建议发还待议或推迟列入的遗产

III. F 撤销申报

152. 缔约国可以在讨论该申报的委员会会议之前任何时候撤销所递交的申报，但必须以书面形式向秘书处说明此意图。如某缔约国希望撤回申报，它可以重新递交一份遗产的申报，此时的申报根据第168段所列程序和时间表将会被作为一项新申报。

III. G 世界遗产委员会的决定

153. 世界遗产委员会决定一项遗产是否应被列入《世界遗产名录》、待议或是推迟列入。

<u>列入名录</u>

154. 决定将遗产列入《世界遗产名录》时，在专家咨询机构的指导下，委员会将通过该遗产的《突出的普遍价值声明》。

155. 《突出的普遍价值声明》应包括委员会关于该遗产具有突出的普遍价值的决定摘要，明确遗产列入名录所遵循的标准，包括对于完整性或真实性状况及实施保护和管理的要求评估。此声明将作为未来该遗产保护和管理的基础。

156. 列入名录时，委员会也可就该世界遗产的保护和管理提出其他的建议。

157. 委员会将在其报告和出版物中公布《突出的普遍价值声明》（包括某具体遗产列入《世界遗产名录》的标准）。

<u>决定不予列入</u>

158. 如委员会决定某项遗产不予列入名录，除非在例外情况下，该申报不可重新向委员会提交。这些例外情况包括新发现，有关该遗产新的科学信息或者之前申报时未提出的不同标准。在上述情况下，允许提交新的申报。

<u>发还待议的申报</u>

159. 委员会决定发还缔约国以补充相关信息的申报，可以在委员会下届会议上重新递交并接受审议。补充信息须在委员会拟定审议当年 2 月 1 日前呈交秘书处。秘书处将直接转交相关专家咨询机构进行评估。发还的申报如在原委员会决定下达三年内不曾提交委员会，再次递交审议时将被视为一项新申报。申报时依据第 168 段所列程序及时间表进行。

推迟的申报

160. 为了进行更深入的评估和研究，或便于缔约国对申报进行重大修改，委员会可能会做出推迟申报的决定。如该缔约国决定重新递交被推迟的申报，应于 2 月 1 日之前向秘书处提交。届时相关专家咨询机构将根据第 168 段所列程序和时间表对这些申报重新进行周期为一年半的评估。

III. H　紧急受理的申报

161. 如某项遗产在相关专家咨询机构看来毫无疑问符合列入《世界遗产名录》的标准，且因为自然或人为因素受到损害或面临重大危险，其申报材料的提交和申报的受理不适用通常的时间表和关于材料完整性的定义。这类申报将被紧急受理，可能会被同时列入《世界遗产名录》和《濒危世界遗产名录》（见第 177 – 191 段）。

162. 紧急受理申报的程序如下：

a）缔约国呈交申报并要求紧急受理。该缔约国此前已将该项遗产纳入《预备清单》，或者很快将其纳入《预备清单》。

b）该项申报应

i）描述及定义所申报的遗产；

ii）根据标准论证其具有突出的普遍价值；

iii）论证它的完整性和真实性；

iv）描述其保护和管理体制；

v) 描述情况的紧迫性, 包括损害或危险的性质和程度, 说明委员会即刻采取行动与否关乎该遗产的存续。

c) 由秘书处直接将该申报转交相关专家咨询机构, 要求对其具有的突出普遍价值以及对紧急情况、损害和/或危险的性质进行评估。如相关专家咨询机构认为恰当, 须进行实地勘查。

d) 如相关专家咨询机构判定该遗产毫无疑问地符合列入名录的标准, 并满足上述条件, 该项申报的审议将被列入委员会下一届会议议程。

e) 审议该申报时, 委员会将同时考虑:

i) 列入濒危世界遗产名录;

ii) 提供国际援助, 完成申报工作;

iii) 列入名录后尽快由秘书处和相关专家咨询机构组织后续工作代表团。

III. I 修改世界遗产的范围、原列入标准或名称

<u>范围的轻微变动</u>

163. 轻微变动是指对遗产的范围及对其突出普遍价值影响不大的改动。

164. 如某缔约国要求对已列入世界遗产名录的遗产范围进行轻微修改, 该国可于 2 月 1 日以前通过秘书处向委员会递交申请。在征询相关专家咨询机构的意见之后, 委员会或者批准该申请, 或者认定范围修改过大, 足以构成扩展项目, 在后一种情况下适用新申报程序。

<u>范围的重大变动</u>

165. 如某缔约国提出对已列入世界遗产名录的遗产范围进行重大修改, 该缔约国应将其视为新申报并提交申请。再次申报应于 2 月 1 日以前递交, 并根据第 168 段所列程序和时间表接受周期为一年半的评估。该规定同时适用于对遗产范围的扩展和缩减。

<u>《世界遗产名录》所依据标准的变动</u>

166. 当某缔约国提出按照补充标准或不同于初次列入的标准，将遗产列入名录，该国应将其视为新申报并提交申请。再次申报应于2月1日以前递交，并根据第168段所列程序和时间表接受周期为一年半的评估。所推荐遗产将只依照新的标准接受评估，即使最后对补充标准不予认定，该项遗产仍将保留在《世界遗产名录》上。

<u>世界遗产项目名称的更改</u>

167. 缔约国可申请委员会批准对已列入世界遗产名录的遗产名称进行更改。更名申请应至少在委员会会议前三个月递交秘书处。

III. J 时间表——总表

168. 时间表	程序
9月30日（第一年之前）	秘书处收到各缔约国自愿提交的申报材料草稿的自定期限
11月15日（第一年之前）	秘书处就申报材料草稿完整与否答复申报的缔约国，如不完整，注明要求补充的信息。
第一年2月1日	秘书处收到完整的申报材料以便转交相关专家咨询机构评估的最后期限
	申报材料必须在格林威治时间17点以前到达，如当天为周末则必须在前一个星期五的17点（格林威治时间）以前到达
	在此日期后收到的申报材料将进入下一轮周期审议
第一年2月1日 –3月1日	登记、评估完整性及转交相关专家咨询机构
	秘书处对各项申报进行登记，向申报的缔约国下发回执并将申报内容编目。秘书处将通知申报的缔约国申报材料是否完整
	不完整的申报材料（见第132段）不予转交相关专家咨询机构进行评估。如材料不完整，相关缔约国将被通知于翌年2月1日最后期限以前补齐所缺信息以便参与下一轮周期的审议
	完整的申报材料由秘书处转交相关专家咨询机构进行评估

第一年3月1日	秘书处告知各缔约国申报材料接收情况的最后期限，说明材料是否完整以及是否于2月1日以前收讫
第一年3月 —翌年5月	专家咨询机构的评估
翌年1月31日	如有必要，相关专家咨询机构会要求缔约国在评估期间，最迟在翌年1月31日之前递交补充信息
翌年3月31日	缔约国经秘书处向相关专家咨询机构转呈其要求的补充信息的最后期限。 向秘书处呈交的补充信息应依照第132段中具体列出的数量准备复印件和电子版。为了避免新旧文本的混淆，如所递交的补充信息中包含对申报材料主要内容的修改，缔约国应将修改部分作为原申报文件的修正版提交。修改的部分应清楚地标出。新文本除印刷版外还应附上电子版（光盘或软盘）
世界遗产委员会年会前六周 翌年	相关专家咨询机构向秘书处递送评估意见和建议，由秘书处转发给世界遗产委员会及各缔约国。
世界遗产委员会年会开幕前至少 两个工作日 翌年	缔约国更正事实性错误 相关缔约国可在委员会大会开幕前至少两个工作日致信大会主席，附寄致专家咨询机构的复印件，详细说明他们在专家咨询机构对于其申报的评估意见中发现的事实性错误
世界遗产委员会年会 （6月/7月）翌年	委员会审议申报并做出决定
一俟世界遗产委员会年会结束	通知各缔约国 凡经委员会审议的申报，秘书处将通知该缔约国有关委员会的决定事宜 在世界遗产委员会决定将某处遗产列入世界遗产名录之后，由秘书处书面通知该缔约国及遗产管理方，并提供列入名录区域的地图及突出的普遍价值声明（注明列入标准）

一俟世界遗产委员会年会结束	每年委员会会议结束之后，秘书处随即公布最新的《世界遗产名录》 公布的名录将注明申报项目列入世界遗产名录的缔约国名称，标题为："根据公约递交遗产申报的缔约国"
世界遗产委员会年会闭幕后一个月	秘书处会将世界遗产委员会全部决定的公布报告转发各缔约国。

IV. 对世界遗产保护状况的监测程序

IV. A 反应性监测

反应性监测的定义

169. 反应性监测是指由秘书处、联合国教科文组织其他部门和专家咨询机构向委员会递交的有关具体濒危世界遗产保护状况的报告。为此，每当出现异常情况或开展可能影响遗产保护状况的活动时，缔约国都须于 2 月 1 日之前经秘书处向委员会递交具体报告和影响调查。反应性监测也涉及已列入濒危世界遗产名录及待列入的遗产如第 177 - 191 段所述。同时如第 192 - 198 段所述，从《世界遗产名录》中彻底删除某些遗产之前须进行反应性监测。

反应性监测的目标

170. 通过反应性监测程序时，委员会特别关注的是如何采取一切可能的措施，避免从世界遗产名录中删除任何遗产。因此，只要情况允许，委员会愿意向缔约国提供这方面的技术合作。

《公约》第 4 条
"本公约缔约国均承认，保证第 1 条和第 2 条中提及的、本国领土内的文化和自然遗产的确定、保护、保存、展出和遗传后代，主要是有关国家的责任…"

171. 委员会建议缔约国与委员会指定的专家咨询机构合作，这些专家咨询机构受命代表委员会对列入世界遗产名录的遗产的保护工作进展进行监督和汇报。

来自缔约国和/或其它渠道的信息

172. 如《公约》缔约国将在受公约保护地区开展或批准开
展大规模修复或建设工程，且可能影响到遗产突出的
普遍价值，世界遗产委员会促请缔约国通过秘书处向
委员会告知该意图。缔约国必须尽快（例如，在起草
具体工程的基本文件之前）且在任何难以逆转的决定
做出之前发布通告，以便委员会及时帮助寻找合适的
解决办法，保证遗产的突出普遍价值得以维护。

173. 世界遗产委员会要求检查世界遗产保护情况的工作报
告必须包括：　　　　　　　　　　　　　　　　　　第 27COM7B.106.2
号决定

a）说明自从世界遗产委员会收到上一份报告以来，遗
产所面临的威胁或保护工作取得的重大进步。

b）世界遗产委员会此前关于遗产保护状况的决定的后
续工作

c）有关遗产赖以列入世界遗产名录的突出普遍价值、
完整性和/或真实性受到威胁、破坏或减损的信息

174. 一旦秘书处从相关缔约国以外的渠道获悉，已列入名
录的遗产严重受损或在拟定期限内未采取必要的弥补
措施，秘书处将与有关缔约国接洽、证实消息来源和
内容的真实性并要求该国对此做出解释。

世界遗产委员会的决定

175. 秘书处将要求相关专家咨询机构评价获取的信息

176. 获取的信息与相关缔约国和专家咨询机构的评价一起
以遗产保护状况报告的形式呈交委员会审阅。委员会
可采取以下一项或多项措施：

a）委员会可能认定该遗产未遭受严重损害，无须采取
进一步行动；

b）当委员会认定该遗产确实遭受严重损害，但损害不
至于不可修复，那么只要有关缔约国采取必要措施在
合理时间期限之内对其进行修复，该遗产仍可在世界
遗产名录上保留。同时委员会也可能决定启动世界遗
产基金对遗产修复工作提供技术合作，并建议尚未提

出类似要求的缔约国提出技术援助申请;

c) 当满足第 177 – 182 段中所列要求与标准时,委员会可决定依照第 183 – 189 段所列程序将该遗产列入濒危遗产名录;

d) 如证据表明,该遗产所受损害已使其不可挽回地失去了赖以列入世界遗产名录的诸项特征,委员会可能会做出将该遗产从世界遗产名录中删除的决定。在采取任何措施之前,秘书处都将通知相关缔约国。该缔约国做出的任何评价都将上呈委员会;

e) 当获取的信息不足以支持委员会采取上述 a), b), c), d) 项中的任何一种措施时,委员会可能会决定授权秘书处采取必要手段,在与相关缔约国磋商的情况下,确定遗产当前状态、所面临的危险及充分修复该遗产的可行性,并向委员会报告行动结果;类似措施包括派遣人员实地调查或咨询专家。当需要采取紧急措施时,委员会可批准通过世界遗产基金的紧急援助筹措所需资金。

IV. B 《濒危世界遗产名录》

列入《濒危世界遗产名录》的指导方针

177. 依照《公约》第 11 条第 4 段,当一项遗产满足以下要求时,委员会可将其列入《濒危世界遗产名录》。

a) 该遗产已列入《世界遗产名录》;

b) 该遗产面临严重的、特殊的危险;

c) 该遗产的保护需要实施较大规模的工程;

d) 已申请依据公约为该遗产提供援助。委员会认为,在某些情况下对遗产表示关注并传递这一信息可能是其能够提供的最有效的援助(包括将遗产列入《濒危世界遗产名录》所传递的信息);此类援助申请可能由委员会成员或秘书处提出。

列入《濒危世界遗产名录》的标准

178. 当委员会查明一项世界遗产（如公约第 1 和第 2 条所定义）符合以下两种情况中至少一项标准时，该遗产可被列入《濒危世界遗产名录》

179. 如属于文化遗产：

a）已确知的危险 – 该遗产面临着具体的且确知即将来临的危险，例如

i）材料的严重受损；

ii）结构和/或装饰元素严重受损；

iii）建筑和城镇规划的统一性严重受损；

iv）城市或乡村空间，或自然环境严重受损；

v）历史真实性严重受损；

vi）文化意义严重受损。

b）潜在的危险 – 该遗产面临可能会对其固有特性造成严重损害的威胁。此类威胁包括：

i）该遗产法律地位的改变而引起保护力度的减弱；

ii）缺乏保护政策；

iii）地区规划项目的威胁；

iv）城镇规划的威胁；

v）武装冲突的爆发或威胁

vi）地质、气候或其他环境因素导致的渐进的变化

180. 如属于自然遗产：

a）已确知的危险 – 该遗产面临着具体的且确知即将来临的危险，例如

i）作为确立该项遗产法定保护地位依据的濒危物种或其他具有突出普遍价值的物种数量由于自然因素（例如疾病）或人为因素（例如偷猎）锐减。

ii）遗产的自然美和科学价值由于人类的定居、淹没遗产重要区域的水库的兴建、工农业的发展（包括杀虫剂和农药的使用，大型公共工程，采矿，污染，采伐等）而遭受重大损害；

iii）人类活动对保护范围或上游区域的侵蚀，威胁遗产的完整性。

　　b）潜在的危险－该遗产面临可能会对其固有特性造成严重损害的威胁。此类威胁包括：

　　　i）该地区的法律保护地位发生变化

　　　ii）在遗产范围内实施的，或虽在其范围外但足以波及和威胁到该遗产的移民或开发项目；

　　　iii）武装冲突的爆发或威胁；

　　　iv）管理规划或管理系统不完善或未完全贯彻。

181.　另外，威胁遗产完整性的因素必须是人力可以补救的因素。对于文化遗产，自然因素和人为因素都可能成为威胁，而对于自然遗产来说，威胁其完整性的大多是人为因素，只有小部分是由自然因素造成的（例如传染病）。某些情况下，对遗产完整性造成威胁的因素可通过行政或法律手段予以纠正，如取消某大型公共工程项目，加强遗产保护的法律地位。

182.　在审议是否将一项文化或自然遗产列入《濒危世界遗产名录》时，委员会可能要考虑到下列补充因素

　　a）政府往往是在权衡各种因素后才做出影响世界遗产的决定。因此世界遗产委员会如能在遗产遭到威胁之前给予建议，该建议往往具有决定性。

　　b）尤其是对于已确知的危险，对遗产所受的物质和文化损害的判断应基于其影响力度之上，并应具体问题具体分析。

　　c）对于潜在的危险必须首先考虑：

　　　i）结合遗产所处的社会和经济环境的常规进程对其所受威胁进行评估；

　　　ii）有些威胁对于文化和自然遗产的影响是难以估量的，例如武装冲突的威胁；

　　　iii）有些威胁在本质上不会立刻发生，而只能预见，例如人口的增长。

　　d）最后，委员会在作评估时应将所有未知或无法预料的但可能危及文化或自然遗产的因素纳入考虑范围。

列入《濒危世界遗产名录》的程序

183. 在考虑将一项遗产列入《濒危世界遗产名录》时，委员会应尽可能与相关缔约国磋商，制订或采纳一套补救方案。

184. 为制订前段所述补救方案，委员会应要求秘书处尽可能与相关缔约国合作，弄清遗产的现状，查明其面临的危险并探讨补救措施的可行性。此外委员会还可能决定派遣来自相关专家咨询机构或其他组织具备相应资历的观察员前往实地勘查，鉴定威胁的本质及程度，并就补救措施提出建议。

185. 获取的信息及相关缔约国和专家咨询机构或其他组织的评论将经秘书处送交委员会审阅。

186. 委员会将审议现有信息，并就是否将该遗产列入《濒危世界遗产名录》做出决定。出席和表决的委员会成员须以三分之二多数通过此类决定。之后委员会将确定补救方案，并建议相关缔约国立即执行。

187. 依照《公约》第11条第4段，委员会应将决定通告相关缔约国，并随即就该项决定发表公告。

188. 由秘书处印发最新的《濒危世界遗产名录》。同时也可在以下网站上获取最新的《濒危世界遗产名录》：http：//whc. unesco. org/en/danger

189. 委员会将从世界遗产基金中特别划拨一笔相当数量的资金，对列入《濒危世界遗产名录》的遗产提供可能的援助。

对于《濒危世界遗产名录》上遗产保护状况的定期检查

190. 委员会每年将对《濒危世界遗产名录》上遗产的保护状况进行例行检查。检查的内容包括委员会可能认为必要的监测程序和专家特派团。

191. 在定期检查的基础上，委员会将与有关缔约国磋商，决定是否：

a）该遗产需要额外的保护措施；

b）当该遗产不再面临威胁时，将其从濒危世界遗产名录中删除；

c）当该遗产由于严重受损而丧失赖以列入世界遗产名录的特征时，考虑依照第 192 – 198 段所列步骤将其同时从世界遗产名录和濒危世界遗产名录中删除。

Ⅳ. C 《世界遗产名录》彻底除名的程序

192. 在以下情况下，委员会采取以下步骤，把某项遗产从《世界遗产名录》中除名：

a）遗产发生蜕变程度严重，已丧失了其作为世界遗产的决定性特征；

b）遗产在当初申报的时候便因为人为因素导致其内在特质受到威胁，而缔约国在规定时间内又没有采取必要的补救措施（见第 116 段）。

193. 《世界遗产名录》内遗产严重受损，或者缔约国没有在限定的时间内采取必要的补救措施，此遗产所在缔约国应该将真实情况通知秘书处。

194. 如果秘书处从缔约国之外的第三方得到了这种信息，秘书处会与相关缔约国磋商，尽量核实信息来源与内容的可靠性，并要求他们对此发表评论。

195. 秘书处将要求相关专家咨询机构把他们对所收到信息的意见提交委员会。

196. 委员会将审查所有可用信息，做出处理决定。根据《保护世界文化与自然遗产公约》第 13（8）条的规定，委员会三分之二以上的委员到场并投票同意，该决定方能通过。在未就此事宜与缔约国协商之前，委员会不应做出把遗产除名的决定。

197. 应通知缔约国委员会的决定，同时尽快将决定对外公布。

198. 如果委员会的决定变更了目前的《世界遗产名录》，那么，变更内容会体现在下一期的《世界文化遗产名录》中。

Ⅴ. 关于《世界遗产公约》实施的《定期报告》

V. A.　目标

199.　要求缔约国经由世界遗产委员会将其为实施《世界遗产公约》通过的法律和行政条款以及采取的其他行动的报告提交教科文组织大会，其中包括其领土内世界遗产的保护状况。

《世界遗产公约》第29条，缔约国第11届大会（1997年），以及联合国教科文组织第29届大会决议

200.　缔约国可以向专家咨询机构和秘书处征求意见，专家咨询机构和秘书处（在相关缔约国同意的前提下）也可以将咨询工作进一步授权给其他专业咨询机构。

201.　《定期报告》主要有以下四个目的：

　　a）评估缔约国《世界遗产公约》的执行情况；

　　b）评估《世界遗产名录》内遗产的突出的普遍价值是否得到持续的保护；

　　c）提供世界遗产的更新信息，记录遗产所处环境的变化以及遗产的保护状况；

　　d）就《世界遗产公约》实施及世界遗产保护事宜，为缔约国提供区域间合作以及信息分享、经验交流的一种机制。

202.　《定期报告》不仅对更有效的长期保护遗产作用重大，而且提高了执行《世界遗产公约》的可信性。

V. B.　程序和格式

203.　世界遗产委员会：

第22COMVI.7号决定

　　a）采用附录7中的格式和注解；

　　b）邀请成员国政府每六年提交一次《定期报告》；

　　c）决定按下表逐个区域地审查缔约国的定期报告：

地区	对遗产的检查	委员会年度检查
阿拉伯国家	1992 年	2000 年 12 月
非洲	1993 年	2001 年 12 月/2002 年 7 月
亚太地区	1994 年	2003 年 6 月－7 月
拉丁美洲和加勒比地区	1995 年	2004 年 6 月－7 月

地区	对遗产的检查	委员会年度检查
欧洲和北美洲	1996 年/1997 年	2005 年/2006 年 6 月 – 7 月

d) 要求秘书处与专家咨询机构合作，发挥缔约国、主管部门及当地专家的作用，根据上文 c) 段下的时间表制定定期报告的区域性策略。

204. 上面提到的区域性策略应该体现当地的特征，并且能够促进缔约国间的合作与协调。这一点对于那些跨界遗产尤为重要。秘书处会就这些区域性策略的制定和执行事宜与缔约国磋商。

205. 为期六年的定期报告周期结束后，会按上表标明的顺序对各区域再次进行评估。首个六年周期后，新周期开始前，会留出一段时间，对定期报告机制进行评估和修正。

206. 缔约国的定期报告主要包括以下两部分：

a）第一部分包括缔约国通过的为执行《保护世界文化与自然遗产公约》的法律和行政条款及采取的其他行动，以及在这一领域获得的相关经验的细节。特别是与《保护世界文化与自然遗产公约》中具体条款所规定的义务相关。

b）第二部分　阐述了在缔约国领土内特定世界遗产的保护状况。本部分应完整说明每个世界遗产的情况。

附录 7 中提供了格式注解。

本格式在委员会的第 22 届大会上通过（1998 年，京都）。2006 年首轮定期报告结束后，可能修订现有格式。为此，目前尚未对该格式做出任何修改。

207. 为了便于信息管理，缔约所提交的报告必须一式两份，一份英文，一份法文，并同时提交电子版本和纸印版本至：

联合国教科文组织世界遗产中心

法国巴黎

（7, place de Fontenoy75352 Paris 07 SP France）

电话：+33 (0) 1 45 68 15 71

传真：+33 (0) 1 45 68 55 70

Email：wh – info@ unesco. org

V. C 评估和后续工作

208. 秘书处将国家报告整理，并写入"世界遗产区域性报告"。可登录以下网址，获得"世界遗产区域性报告"的电子版：http://whc.unesco.org/en/publications 及文本（世界遗产系列文件）。

209. 世界遗产委员会认真审查《定期报告》所述议题，并且就出现的问题向相关区域的缔约国提出建议。

210. 委员会要求秘书处、专家咨询机构与相关缔约国磋商，根据其《战略目标》制定长期"区域性计划"，并且将该计划上交以供考虑。计划应该能够准确的反映该区域世界遗产保护的需求，方便国际援助。委员会还表示支持《战略目标》与国际援助之间的直接联系。

VI. 鼓励对《世界遗产公约》的支持

VI. A 目标

《世界遗产公约》第 27 条

211. 目标如下：

a）加强能力建设与研究；

b）提高公众意识，使其逐渐理解并重视保护文化与自然遗产的重要性；

c）增强世界遗产在当地社会生活中的作用；

d）增强地方及全国公众对遗产保护和展示活动的参与。　　　　　　　　　　《世界遗产公约》第 5（a）条

VI. B 能力建设与研究

212. 委员会根据"战略目标"，致力于缔约国内的能力建设。　　　　　　　　　《布达佩斯世界遗产宣言》（2002 年）

全球培训策略

213. 委员会认识到为保护、管理和展示世界遗产，高技能和多学科的方法是必不可少的，为此，委员会通过了"世界文化和自然遗产的全球培训策略"。"全球培训策略"的首要目标是确保各领域参与者获得必要的技能，

以便更好的实施《公约》。为了避免重复同时为了有效
实施策略，委员会将确保与以下两个文件之间的联系：
构建具有代表性、平衡性、可信性的《世界遗产名录》
的《全球战略》和《定期报告》。委员会将每年评审
相关培训议题、评估培训需求、审阅年度报告并为进
一步的培训提供建议。

"世界文化和自然遗产的全球培训策略"于世界遗产委员会第25届会议通过（芬兰赫尔辛基，2001年）（见文书WHC－01/CONF. 208/24 附件X）

国家培训策略和区域性合作

214. 鼓励缔约国确保其各级专业人员和专家均训练有素。
为此，鼓励缔约国制定全国培训策略，并把区域合作
培训作为战略的一部分。

研究

215. 委员会在有效实施《公约》所需的研究领域展开并协
调国际合作。既然知识和理解对于世界遗产的确认、
管理和监测起着至关重要的作用，那么还鼓励缔约国
提供研究所需资源。

国际援助

216. 缔约国可向世界遗产基金申请培训和研究资金援助
（见第Ⅶ章）。

Ⅵ. C　公众意识提升与教育

公众意识提升

217. 鼓励缔约国提高公众对世界遗产保护必要性的认识。
尤其应确保世界遗产地位在当地得到明确标识和足够
的宣传。

218. 秘书处向缔约国提供援助，开展活动，以提高公众对
《公约》的认识，并使公众对世界遗产所面临的威胁有
更深了解。秘书处会就如何筹划及开展"国际援助"
资助的现场推广与教育项目向缔约国提出建议。也会
征求专家咨询机构和国家有关部门关于此事项的建议。

教育

219. 世界遗产委员会鼓励并支持编撰教育材料，开展教育
活动，执行教育方案。

国际援助

220. 鼓励缔约国开展世界遗产相关教育活动，尽可能争取　《世界遗产公约》
中小学校、大学、博物馆以及其他地方或国家的教育　第27.2条
机构的参与。

221. 秘书处与联合国教科文组织教育部及其他伙伴合作，　可访问：http：//
开发并出版世界遗产教育培训教材："世界遗产掌握在　whc. unesco. org/ed-
年轻人手中"。此教材供全世界的中学生使用。也可作　ucation/index. htm
适当改动为其他受教育水平的人群使用。　　　　　　查阅"世界遗产掌
　　　　　　　　　　　　　　　　　　　　　　　　握在年轻人手中"

222. 缔约国可向世界遗产基金申请国际援助，以提升遗产
保护意识，开展教育活动与方案（见第Ⅶ章）。

Ⅶ.　世界遗产基金和国际援助

Ⅶ. A　世界遗产基金

223. 世界遗产基金是信托基金，是《公约》依据"联合国　《世界遗产公约》
教科文组织财务条例"的规定建立的。此基金由《公　第15条
约》缔约国义务缴纳或自愿捐献及基金规章授权的其
他来源组成。

224. 基金财务条例写进文书 WHC/7 内，可登录以下网址查
阅：http：//whc. unesco. org/en/financialregulations

Ⅶ. B.　调动其他技术及财政资源，展开合作，支持《世界遗产公约》

225. 应尽可能发挥世界遗产基金的作用，开发更多资金来
源，支持国际援助。

226. 根据《公约》第 V 部分的规定，在符合活动或项目开
展的情况下，委员会决定，应该接受世界遗产基金收
到的用于以下活动或项目的任何捐款：国际援助活动
和其他联合国教科文组织《世界遗产名录》遗产保护
项目。

227. 要求缔约国除了向世界遗产基金义务捐款之外，还要 《世界遗产公约》
对《公约》提供自愿支持。自愿支持包括向世界遗产 第15（3）条
基金提供额外捐款，或者直接对遗产地提供财政或技
术援助。

228. 鼓励缔约国参与联合国教科文组织发起的国际集资活
动，旨在保护世界遗产。

229. 如果缔约国或者其他组织个人捐款支持这些活动或是
支持其他联合国教科文组织的世界遗产保护项目，委
员会鼓励他们通过世界遗产基金捐款。

230. 鼓励缔约国创立国家、公共和私人基金或机构，用来 《世界遗产公约》
筹资支持世界遗产保护。 第17条

231. 秘书处支持调动财政或技术资源，保护世界遗产。为
此，秘书处在遵守世界遗产委员会和联合国教科文组
织相关指南和规定的前提下，与公共或私人组织发展
合作伙伴关系。

232. 秘书处在为世界遗产基金展开外部筹资时，应该参考 "联合国教科文组织
"联合国教科文组织与私人、预算外筹资来源合作的相 与私人、预算外集资
关指示"以及"调动私人资金的指导方针和选择潜在 来源合作的相关指
合作伙伴的标准"。这些文件可以登录以下网站查阅： 示"（第149EX/ Dec.
http：//whc. unesco. org/en/privatefunds 7.5号决定的附录）
和"调动私人资金的
指导方针和选择潜在
合作伙伴的标准"
（第 156EX/Dec. 9.4.
号决定的附录）

VII. C 国际援助

233. 《公约》向各缔约国提供国际援助，保护其领土内的列 见《世界遗产公
入名录的世界文化和自然遗产以及符合名录要求的潜 约》第 13 条
在世界遗产。当缔约国在本国不能筹集足够资金时， （1&2）和第 19 – 26
国际援助可以作为缔约国保护、管理世界遗产及《预 条
备清单》内遗产的补充援助。

234. 国际援助主要来源于世界遗产基金，世界遗产基金是依据《世界遗产公约》建立的。委员会两年一次就援助发放做出决定。　《世界遗产公约》第Ⅳ部分

235. 世界遗产委员会应缔约国的请求，协商分配各种国际援助。国际援助有以下几种，按照优先程度排列如下：

 a）紧急援助

 b）筹备性援助

 c）培训与研究援助

 d）技术合作

 e）教育、信息和公众意识提升援助。

Ⅶ. D　国际援助的原则和优先权

236. 国际援助将优先给予那些《濒危世界遗产名录》内的遗产。委员会规定了具体的预算分配线，确保世界遗产基金相当大一部分用来救援《濒危世界遗产名录》内的遗产。　《世界遗产公约》第 13（1）条

237. 如果缔约国拖欠世界遗产基金的义务或是自愿捐款，那么该国没有资格享受国际援助，但这一条不适用于紧急援助。　第 13COMXII. 34 号决定

238. 委员会也会根据"地区计划"的优先顺序分配国际援助，以支持其"战略目标"。这些"地区计划"是作为《定期报告》的后续活动采纳的，委员会根据报告中提出的各缔约国的具体需要，定期审核这些计划（见第Ⅴ章）。　第 26COM17. 2 号、26COM20 号和 26COM25. 3 号决定

239. 委员会在分配国际援助时，除了按照上面 236－238 段所说的优先性顺序外，还会考虑以下因素：

a）引起推动及倍增效应（"种子基金"），具有吸引其他资金或技术援助的可能性；

b）申请国际援助的国家是否为联合国经济社会发展政策委员会所定义的最不发达国家或低收入国家；

c）对世界遗产采取保护措施的紧急性；

d）受益缔约国是否有法律、行政措施或者（在可能情况下）财政决心来开展保护活动；

e）活动对于实现委员会制定的"战略目标"的进一步　第26段
推动；

f）活动满足反应性监测过程和/或《定期报告》地区　第20COMXII号决
分析所指出的需求的程度　　　　　　　　　　　　定

g）该活动对科学研究以及开发高效节能保护技术的示
范价值；

h）该活动的成本和预期效果；

i）专业培训和公众教育价值。

240.　为保持对文化与自然遗产的援助资源分配的平衡，委
员会将定期检查和作出相应决策。

Ⅶ.E　总表

241.

国际援助种类	目的	最高预算额	提交申请的截止日期	核准机构
紧急援助	这些援助可用于《濒危世界遗产名录》及《世界遗产名录》内遭受明显及潜在威胁的遗产，其由于突然、不可预料的现象，或遭受严重损坏或遭受迫切威胁。这些不可预料的现象包括土地沉陷、大火、爆炸、洪水和诸如战争等人为灾难。此类援助不用于那些由渐进的腐蚀、污染和侵蚀造成的损害和蜕化。这些救助只用来救助那些与保护世界遗产直接相关的紧急情况（见第28COM10B2.c号）。如果有可能的话，这些救助会用来援助同一缔约国的多处遗产（见第6EXT.COM15.2号决定）。最高预算额适用单个世界遗产。 要求援助用于： (i)采取紧急措施保护遗产； (ii)遗产保存、保护的紧急方案。	最多75,000美元 多于75,000美元	任何时间 2月1日	委员会主席 委员会

国际援助种类	目的	最高预算额	提交申请的截止日期	核准机构
筹备性援助	要求援助用于： （i）准备或更新适合列入《世界遗产名录》的国家《预备清单》中的遗产； （ii）在同一地理文化区域内组织会议，综合调整各国家《预备清单》； （iii）准备申报列入《世界遗产名录》的遗产申报文件（其中可能包括准备与其他类似遗产的对比分析）（见附录5的3c）； （iv）准备世界遗产保护所需培训与研究援助及技术合作的申请。 筹备性援助优先满足《世界遗产名录》内没有遗产或遗产很少的缔约国的申请。	最多30,000美元	任何时间	委员会主席
培训和研究援助	要求援助用于： （i）在世界遗产的识别、监测、保护、管理以及展示各领域培训各层工作人员和专家，以团体培训为主； （ii）对世界遗产有利的科学研究； （iii）针对世界遗产保护、管理与展示科学技术问题的研究； 注释：向联合国教科文组织提出的对个人培训课程给予资金支持的请求，应首先填写可从秘书处领取的"访问学者申请"表格.	最多30,000美元 最多30,000美元	任何时间 2月1日	委员会主席 委员会
技术合作	要求援助用于： （i）为列在《濒危世界遗产名录》和《世界遗产名录》上的遗产的保护、管理和展示提供专家、技师和熟练技工；	最高30,000美元	任何时间	委员会主席

国际援助种类	目的	最高预算额	提交申请的截止日期	核准机构
技术合作	(ii) 为列在《濒危世界遗产名录》和《世界遗产名录》上的遗产的保护、管理和展示提供缔约国所需的设备； (iii) 为列在《濒危世界遗产名录》和《世界遗产名录》上的遗产的保护管理和展示提供所需的低利率或零利率贷款，并允许较长还款周期。	多于 30,000 美元	2 月 1 日	委员会
教育、信息和公众意识提升上的援助	要求援助用于： (i) 用于地区性和国际性的方案、活动和会议，旨在： — 帮助在特定区域内的国家增加对《世界遗产公约》的兴趣和了解； — 提高对有关公约实施的各方面问题的认识，在执行《世界遗产公约》过程中提高对不同议题的认识，推动公众对《公约》应用更积极的参与。 — 成为经验交流的渠道； — 刺激和推动在教育、信息、宣传推广活动中的合作，特别要鼓励和支持年轻人参于的世界遗产保护活动。 (ii) 国家层面上：： — 组织特别会议，让《公约》更广为人知，特别是在青年一代中；或根据《世界遗产公约》第 17 条，创立国家世界遗产协会； —积极讨论、准备教育和宣传材料（例如通过宣传手册、出版物、展览、电影、多媒体工具等），宣传推广尤其在年轻人中《公约》 和《世界遗产名录》而不是宣传某特定遗产。	最多 5000 美元 在 5,000 美元和 10,000 美元之间	任何时间 任何时间	世界遗产中心主任 委员会主席

Ⅶ. F　程序和格式

242. 鼓励所有申请国际援助的缔约国在申请的构想、计划和拟定期间，与秘书处和专家咨询机构进行磋商。为了协助缔约国申请国际援助，委员会可应要求为其提供国际援助的成功申请案例。

243. 国际援助的申请表格可参阅附录 8，第Ⅶ. E 章的总表概述了提交的种类、金额以及截止期限和核准批准机构。

244. 用英语或者法语提出申请，联合国教科文组织国家委员会、联合国教科文组织缔约国常驻代表团和/或相关政府部门在申请上签字并负责提交至。

    联合国教科文组织世界遗产中心

    法国巴黎（7, place de Fontenoy

    75352 Paris 07 SP France）

    电话：+33（0）1 4568 1276

    传真：+33（0）1 4568 5570

    E-mail：wh-intassistance@unesco.org

245. 缔约国可通过电子邮件申请国际援助，但是必须同时提交一份签字的正式书面申请。

246. 必须提供申请表中所要求填写的一切信息。在适当或必要的时候，可以随申请表附上相关信息、报告等。

Ⅶ. G 国际援助的评估和批准

247. 如果缔约国的国际援助申请信息完整，秘书处在专家咨询机构的帮助下会通过以下方式及时处理每份申请。

248. 所有文化遗产国际援助的申请都由国际古迹遗址理事会和国际文物保护和修复研究中心评估。 第 13COMXII. 34 号决定

249. 所有混合遗产国际援助的申请都由国际古迹遗址理事会、国际文物保护和修复研究中心和世界自然保护联盟评估。

250. 所有自然遗产国际援助的申请都由世界自然保护联盟评估。

251. 专家咨询机构采用的评估标准在附录 9 中列明。

252. 所有提交主席批准的申请都可以随时提交至秘书处，在适当的评估后主席会予以批准。

253. 主席不能批准来自本国的申请。委员会将审查这些申请。

254. 所有提交委员会审批的申请要在二月一日或之前交到秘书处。秘书处会将这些申请在下届会议时提交给委员会。

VII. H　合同安排

255. 联合国教科文组织与相关缔约国政府或其代表要达成协议：在使用批准的国际援助时，必须要遵守联合国教科文组织规章，并与之前批准的申请中所描述的工作计划和明细保持一致。

VII. I　国际援助的评估和后续跟踪

256. 在整个申请程序结束后 12 个月之内，将开始对国际援助申请实施展开监测和评估。秘书处和专家咨询机构会对评估结果进行比较，委员会将对这些结果定期进行检查。

257. 委员会对国际援助的实施、评估和后续工作进行审查分析，以便评估国际援助的实效性并调整国际援助的优先顺序。

VIII.　世界遗产标志

VIII. A　前言

258. 在世界遗产委员会第二届大会上（华盛顿，1978 年），采用了由米歇尔·奥利夫设计的世界遗产标志。这个标志表现了文化与自然遗产之间的相互依存关系：代表大自然的圆形与人类创造的方形紧密相连。标志是圆形的，代表世界的形状，同时也是保护的象征。标志象征《公约》，体现缔约国共同坚守《公约》，同时也表明了列入《世界遗产名录》中的遗产。它与公众对《公约》的了解相互关联，是对《公约》可信度和威望的认可。总之，它是《公约》所代表的世界性价值的集中体现。

259. 委员会决定，由该艺术家设计的该标志可采用任何颜色或尺寸，主要取决于具体用途、技术许可和艺术考虑。但是标志上必须印有"world heritage（英语"世界遗产"）. Patrimoine Mondial"（法语"世界遗产"）的字样。各国在使用该标志时，可用自己本国的语言来代替"Patrimoine Mondial"（西班牙语"世界遗产"）字样。

260. 为了保证标志尽可能地引人注目，同时避免误用，委员会在第22届大会（京都，1998年）上通过了《世界遗产标志使用指南和原则》（Guidelines and Principles for the Use of the World Heritage Emblem），内容在后续段落有所说明。

261. 尽管《公约》并未提到标志，但是自1978年标志正式通过以来，委员会一直推广采用标志用以标示受《公约》保护并列入《世界遗产名录》的遗产。

262. 世界遗产委员会负责决定世界遗产标志的使用，同时负责制定如何使用标志的政策规定。

263. 按照委员会在其第26届大会（布达佩斯，2002年）上的要求，世界遗产标志、"世界遗产"名字本身，以及它所有的派生词都已根据《保护工业产权巴黎公约》第6条进行了注册而受到保护。

第26COM15号决定

264. 标志还有筹集基金的潜力，可以用于提高相关产品的市场价值。在使用标志的过程中，要注意在以下两者之间保持平衡，即在正确使用标志推进《公约》目标的实现，在世界范围内最大限度地普及《公约》知识；和预防不正确、不适当以及未经授权、出于商业或其他目的滥用标志之间保持平衡。

265. 《世界遗产标志使用指南和原则》，以及质量控制的模式不应成为推广活动开展合作的障碍。负责审定标志使用的权威机构（见下文），在做出决定时需要有所权衡和参照。

VIII. B 适用性

266. 本文所述的《指南和原则》涵盖了以下各方使用标志的所有可能情况：

a. 世界遗产中心

b. 联合国教科文组织出版处和其他联合国教科文机构

c. 各个缔约国负责实施《公约》的机构或国家委员会。

d. 世界遗产地

e. 其他签约合作方，尤其是那些主要进行商业运营的机构。

VIII. C 缔约国的责任

267. 缔约国政府应该采取一切可能的措施，防止未经委员会明确认可的任何组织以任何目的使用标志。鼓励缔约国充分利用国家立法，包括《商标法》。

VIII. D 世界遗产标志的正确使用

268. 列入《世界遗产名录》的遗产应标有标志和联合国教科文组织标识，但要以不给遗产本身造成视觉上的负面影响为前提。

制作标牌，庆祝遗产列入《世界遗产名录》

269. 一旦遗产列入《世界遗产名录》，该缔约国将尽一切可能附上标牌加以纪念。这些标牌用以告知该国公众和外国参观者该遗产具有特殊的价值并已得到国际社会的认可。换句话说，该遗产不仅对所在国也对整个世界具有非同寻常的意义。除此之外，该标牌还有另外一个作用，就是向公众介绍《世界遗产公约》，或至少宣传世界遗产的概念和《世界遗产名录》。

270. 委员会就标牌的生产采用以下指导方针：

a）标牌应该挂放在容易被游客看到的地方，同时不损害遗产景观；

b）在标牌上应该显示世界遗产标志；

c）标牌上的内容应该能够体现遗产突出的普遍价值；
考虑到这一点，内容中应该对遗产的突出特点加以描
述。如需要，缔约国政府可以使用各种世界遗产出版
物或世界遗产展览对相关遗产的说明。这些内容可直
接从秘书处获取。

d）标牌上的内容应该参照《保护世界文化和自然遗产
公约》，尤其是《世界遗产名录》及国际社会对列入
《名录》的遗产的承认（不必具体指出是在委员会哪届
会议上提出的)。标牌上的内容使用多种语言或许是必
要的，因为通常会有大量外国游客参观。

271. 委员会提供了以下内容作为范例：

"（遗产名称）已经列入《保护世界文化和自然遗产公
约》中的《世界遗产名录》。遗产列入《名录》说明
该项文化或自然遗产具有突出的普遍价值，对它的保
护符合全人类的利益。"

272. 在这段话的后面，可以加上对该遗产的简要介绍。

273. 此外，政府当局应鼓励在诸如信笺抬头、宣传手册以
及员工制服等物品上广泛使用世界遗产标志。

274. 授权负责推广《保护世界文化和自然遗产公约》和世
界遗产相关产品的第三方应突出显示世界遗产标志，
并避免在特定产品上使用不同的标志或标识。

VIII. E 世界遗产标志的使用原则

275. 有关机构在决定使用标志的过程中，应遵循以下原则：

a）标志应用于所有与《公约》工作密切相关的项目
（包括在技术和法律许可的最大范围内，应用于那些已
得到批准或已通过的项目上)，以推广《公约》。

b）在决定是否授权使用标志时，应首先考虑相关产品
的质量和内容，而非投入市场的产品数量或预期的资
金回报。审核的主要标准应是所申请产品与世界遗产
的原则与价值相关的教育、科学、文化和艺术价值。
对于没有教育意义的或是教育意义很小的产品，如茶
杯、T恤、别针，和其他旅游纪念品等等，不应过于随

便地统统予以批准。当然如委员会大会或者揭幕仪式等特殊场合可以特殊考虑。

c）所有涉及授权标志使用的决定必须避免摸棱两可，并与《保护世界文化和自然遗产公约》明确表示和隐含的目标和价值相符。

d）除非依照这些原则得到授权，任何商业机构都不得直接在其产品上使用标志来表示对世界遗产的支持。虽然委员会承认，任何个人、组织或公司都可以自由出版或生产它们认为对世界遗产有利的产品，但委员会是唯一有权授予世界遗产标志使用权的官方机构，且它的授权必须遵守上述指南和原则。

e）只有当标志的使用与世界遗产直接相关时，其它签约合作方才能得到使用标志的授权。可以在所在国主管当局批准后得到使用授权。

f）如果使用申请不涉及具体的世界遗产，或者不是该用途的中心环节，例如一般性的学术研讨会和/或有关科学问题或保护技术的讨论会，标志的使用只要根据上述指南和原则取得明确的批准。在使用标志的申请中，要明确说明预计能够促进《公约》的工作的标志使用的方式。

g）通常标志的使用权不能授予旅行社、航空公司，或任何其它盈利目的为主导的商业机构，除非在某些特殊情况下，世界遗产整体或特定的世界遗产地能明显从中获益。这类使用申请需要与指南和原则保持一致，同时得到所在国权威机构的批准。

秘书处不会因为标志使用的资金收入补偿，而接受旅行社或其他类似盈利机构的任何广告、旅游或其它促销计划。

h）如果在标志的使用过程中可产生商业效益，秘书处应该确保世界遗产基金从中分得部分收益，并与相关方签订合同或其它协议，以确定项目的性质和资金收益部分回馈基金会的安排。对于所有将标志用于商业目的的情况，秘书处和其它审议者在批准使用标志申请的过程中所消耗的一切高于常规的人力或物力成本都应该由提出申请方支付。

国家权威机构也要确保该国的遗产或者世界遗产基金能够分得一定的收益，确定申请项目的性质及资金的分配。

i) 如果赞助商需要制造秘书处认为有必要进行广泛销售的产品，那么合作伙伴（或多个合作伙伴）的选择至少应与"有关联合国教科文组织与私人、额外预算资金来源进行合作的方针"、"调动私人资金和选择潜在合作伙伴的指南"以及其他委员会规定的集资规定保持一致。对于生产这些商品的必要性，必须做出书面声明，并且得到委员会的批准。

> "联合国教科文组织与私人预算外集资相关的指示"（附在第 149EX/Dec. 7. 5 号决定中）以及"调动私人资金的指导方针和选择潜在合作伙伴的标准"（附在第 156EX/Dec. 9. 4 号决定中）

VIII. F 使用世界遗产标志的授权程序

国家权威机构的初步认定

276. 当某国家或国际项目只涉及本国的世界遗产，国家权威机构可授权该实体使用世界遗产标志。国家权威机构的决定应遵守相关指南和原则。

277. 缔约国需要向秘书处提供负责管理标志使用的权威机构的名称和地址。

> 1999 年 4 月 14 日通函 http：//whc. unesco. org/circs/circ99 – 4e. pdf

要求对内容进行质量控制的协议

278. 标志使用的任何其它授权申请都需遵循以下步骤：

a) 申请应该向世界遗产中心主任说明标志使用的目的、时间及使用地域。

b) 世界遗产中心主任有权根据指南和原则批准使用标志。 遇到指南和原则尚未涉及或未完全涵盖的情况，主任将申请提交委员会主席，如果遇到很难处理的情况，主席会将该申请提交委员会做最后决定。有关授权使用标志的年度报告都将提交世界遗产委员会。

c）如授权在不确定的时期内在广泛行销的主要产品上使用标志，生产商必须承诺与相关国协商，就有关其境内遗产的图片和文字取得其同意，同时生产商还应提供获取同意的证明，这一过程中秘书处将不承担任何费用。报批的文书须以委员会任意一种正式语言，或相关国家的语言书写。缔约国用于批准第三方使用标志的草拟范本格式如下：

内容批准表：

作为负责批准该国［国家名称］有关其境内世界遗产的图文产品的官方机构，［国家主管机构的名称］在此向［生产商名称］确认，提交的世界遗产［遗产名称］图文使用申请已［通过审批］［如做出以下变更便可通过审批］［未通过审批］。

（删除不适用的条目，并按需要提供更正后文字副本或签名的变更清单）。

注释：

建议在文本的每一页上都注明国家主管人员姓名的首位字母。

自收到申请之日起一个月内，国家主管机构应该做出答复，批准文本内容。如果生产商未接到答复，可视为该内容已得到默许，除非该国家主管机构书面提出延长批准时限。

为方便双方，提交给国家主管机构的申请文本使用的语言可为委员会两种官方语言中的一种，或是遗产所在国的官方语言（或官方语言之一）。

d）在审阅并且认为可批准申请后，秘书处可以与合作伙伴签订协议。

e）如果世界遗产中心主任没有批准标志的使用，秘书处会以书面形式通知申请方。

VIII. G　缔约国政府行使的质量控制权

279.　标志使用的授权与国家主管机构对相关产品实施的质量控制密切相关。

　　　a)《公约》缔约国是唯一有权批准以与其境内世界遗产相关的遗产标志出现的行销产品内容(图文)的机构。

　　　b)合法保护标志的缔约国必须审查标志的使用情况。

　　　c)其他缔约国也可决定审查使用提议,或者将提议转交秘书处。缔约国政府负责指定相应的权威机构,并通知秘书处他们是否希望审查使用提议,或明确指出不适当的用途。秘书处持有相关各国家主管机构的名单。

IX.　信息来源

IX. A　秘书处存档的信息

280.　秘书处将所有与世界遗产委员会和《保护世界文化和自然遗产公约》缔约国大会相关的资料存入数据库。该数据库可以登录以下网址查阅: http: // whc. unesco. org/en/statutorydoc

281.　秘书处将确保《预备清单》和世界遗产申报文件副本(包括地图和缔约国提交的相关信息副本)已以印刷文本形式归档保存,在可能的情况下同时保存电子版本。秘书处也安排对已列入《世界遗产名录》的遗产的相关信息进行存档,其中包括专家咨询机构提交的评估意见和其他文件、缔约国提交的信函和报告(包括反应性监测和定期报告),以及秘书处和世界遗产委员会发出的信函和材料。

282.　存档材料的形式应适宜长期保存。将提供保存纸制和电子文件的相关设备。在缔约国提出要求的情况下,应为其制作和提供材料副本。

283.　委员会列入《世界遗产名录》的遗产的申报材料将对公共开放以供查阅,并敦促缔约国将申报材料的副本发布在自己的网站上,并通知秘书处。准备申报材料的缔约国可以将这些信息作为很好的指导,用来确认和完善本国境内遗产的申报材料。

284. 专家咨询机构对每项申报的评估意见及委员会针对每项申报所做的决定都可以登录以下网站查阅：http：//whc. unesco. org/en/advisorybodies

IX. B 世界遗产委员会成员国和其他缔约国详细信息

285. 秘书处保存了两个电子邮件清单：一个是委员会成员联系方式（wh – committee@ unesco. org），另一份是缔约国联系方式（wh – states@ unesco. org）。缔约国必须提供所有正确邮箱地址帮助建立清单。电子邮件清单补充但不会取代传统的邮寄通知方式，秘书处可通过电邮及时声明有关文件的出台、会议计划的变更，以及其他与委员会成员和其它缔约国相关事宜。

286. 发给缔约国的通函可以在以下网址获得：http：//whc. unesco. org/en/circularletters。

另一个网站与公共网址链接，但访问权限受到限制。该网站由秘书处负责维护，包含针对委员会委员、缔约国和专家咨询机构的具体详细信息。

287. 秘书处同时还维护另外一个包含委员会各项决定和缔约国大会决议的数据库。这个数据库可登录以下网址查询： http：//whc. unesco. org/en/decisions。

第 28COM9 号决议

IX. C. 对大众公开的信息和出版物

288. 在可能的情况下，秘书处也提供注明对公众公开并不涉及版权的有关世界遗产和其它相关问题的信息。

289. 与世界遗产有关的信息能够在秘书处网站（http：//whc. unesco. org）、专家咨询机构网站和图书馆中获得。网上可以获得的数据库清单以及相关网站链接也可以在参考书目上找到。

290. 秘书处编写了大量有关世界遗产的出版物，包括《世界遗产名录》、《濒危世界遗产名录》、《世界遗产简要介绍》、《世界遗产论文》系列、通讯、宣传册和信息工具包。此外，其他专门为专家和大众准备的信息也逐步积累。世界遗产出版物清单可以在参考书目中找

到，或者也可以登录以下网址查询：http：//
whc. unesco. org/en/publications。

这些信息资料直接向公众发行，或者通过各国家或
缔约国/世界遗产合作伙伴建立的国际网络间接向社
会发布。

世界遗产与当代建筑国际会议《维也纳保护具有历史意义的城市景观备忘录》（2005）

（世界遗产与当代建筑国际会议于 2005 年 5 月 12～14 日在维也纳通过）

序　言

第一条　《维也纳备忘录》是主题为"世界遗产与当代建筑"国际会议的成果，该会议是应世界遗产委员会第 27 届会议（巴黎，2003 年 6 月 30 日至 7 月 5 日，第 27COM 7B. 108 号决定）的要求于 2005 年 5 月 12 日至 14 日在奥地利维也纳召开的。来自 55 个国家的 600 多名专家和专业人员到会，会议由教科文组织赞助。

第二条　谨记教科文组织《保护世界文化和自然遗产公约》（《世界遗产公约》，1972 年）的范围；忆及公约第四条和第五条，致力于全球协作以及必要就列入教科文组织《世界遗产名录》城市活跃的经济动态和近期的结构变化进行全球讨论；

第三条　进一步忆及各处遗产是基于"突出的普遍价值"标准列入《世界遗产名录》的，保护这种突出的普遍价值应是保护政策与管理策略的核心；

第四条　特别考虑到 1964 年《国际古迹遗址保护和修复宪章》（《威尼斯宪章》）、1968 年教科文组织《关于保护受到公共或私人工程危害的文化财产的建议》、1976 年教科文组织《关于历史地区的保护及其当代作用的建议》、1982 年国际古迹遗址理事会——国际景观设计师联合会《历史园林国际宪章》（《佛罗伦萨宪章》）、1987 年国际古迹遗址理事会《保护历史城镇和城区宪章》（《华盛顿宪章》）、1994 年《奈良真实性文件》，以及 1996 年 6 月在伊斯坦布尔（土耳其）召开的第二次联合国人类住区会议和成员国在会上批准的《21 世纪议程》；

第五条　希望在上述文件和有关古迹遗址可持续性保护讨论的整体框架内，将《维也纳备忘录》视为一种综合性途径的重要声明，该方法基于现存历史形态、建筑存量（stock）及文脉，综合考虑当代建筑、城市可持续发展和景观完整性之间的关系。

定 义

第六条　《维也纳备忘录》谈及已列入或者申报列入教科文组织《世界遗产名录》的历史城市，以及在市区范围内有世界遗产古迹遗址的较大城市。

第七条　根据 1976 年教科文组织《关于历史地区的保护及其当代作用的建议》，历史性城市景观指自然和生态环境内任何建筑群、结构和开放空间的整体组合，其中包括考古遗址和古生物遗址，在经过一段时期之后，这些景观构成了人类城市居住环境的一部分，从考古、建筑、史前学、历史、科学、美学、社会文化或生态角度看，景观与城市环境的结合及其价值均得到认可。这些景观是现代社会的雏形，对我们理解当今人类的生活方式具有重要价值。

第八条　历史性城市景观植根于当代和历史上在这个地点上出现的各种社会表现形式和发展过程。这些景观的定性因素包括：土地使用和模式、空间组织、视觉关系、地形和土壤、植被以及技术性基础设施的各个部件，其中包括小型物件和建筑细节（路缘、铺路、排水沟、照明设备等）。

第九条　特定背景下的当代建筑指出现在建筑历史环境中的所有重大的、有计划、有目的的干预，其中包括开放空间、新建筑、历史建筑及遗址的扩建或延展以及改建。

第十条　近十年来，文化遗产的含义有所扩展，其解释更为广泛，引导人们认识到人与土地的共生共息以及人在社会中的作用。这就要求在所辖范围内采取新的方式方法来保护城市，发展城市。这种发展变化在国际宪章和建议书中还没有得到充分体现。

第十一条　《维也纳备忘录》关于当代发展对具有遗产意义的城市整体景观的影响，其中的历史性城市景观的含义超出了各部宪章和保护法律中惯常使用的"历史中心"、"整体"或"环境"等传统术语的范围，涵盖的区域背景和景观背景更为广泛。

第十二条　经过一段时间逐步有序的土地开发过程，通过城市化进程、融合环境和地貌条件、体现出相关社会的经济和社会——文化价值观，历史性城市景观获得了其独特的普遍意义。因此，历史性城市景观的保护和保存既包括保护区内的单独古迹，也包括建筑群及其与历史地貌和地形之间在实体、功能、视觉、材料和联想等方面的重要关联和整体效果。

原则与目的

第十三条　功能用途、社会结构、政治环境和经济发展的持续变化反映在对于传统历史性城市景观的结构干预上，这些变化可以看做是城市传统的一部分，这就要求决策者着眼于城市整体，采取前瞻性行动，并与其他参与者及利益相关者展开对话。

第十四条 历史性城市景观内的当代建筑所面临的核心挑战是与发展态势协调互动，这一方面是为了推动社会经济的变革和发展，同时也是为了尊重传统城市风貌和城市景观。生机勃勃的历史城市，特别是世界遗产城市，要求城市规划与管理政策将文物保护作为核心内容。在这一过程中，绝不能损害历史城市的真实性和完整性，这种真实性和完整性是由多种因素决定的。

第十五条 历史性城市景观的未来要求决策者、城市规划者、城市开发者、建筑师、文物保护工作者、业主、投资者和相关公民之间互相理解，共同努力保护城市遗产，同时在考虑现代化和城市发展问题时应注重文化和历史因素，加强城市特征和社会凝聚力。

第十六条 考虑到人类与周边环境之间的联系和地域归属感，一定要保证城市生活的环境质量，以促进城市经济繁荣，提高城市的社会和文化活力。

第十七条 实际干预和功能干预主要关注的是在不损害历史城市结构与形式的特点和意义所体现出的现有价值的情况下，改善生活、工作和娱乐条件，调整用途，以便提高生活质量和生产率。这意味着不仅要提高技术标准，还要基于适当的目录和价值评估，以及增建高质量的文化表现形式，实现历史环境的复兴与当代发展。

保护管理的指导方针

第十八条 决定对于历史性城市景观做出干预或在其中兴建当代建筑，一定要仔细斟酌，采用注重文化和历史因素的策略，与利益相关者进行协商，并借助专家的知识。这样可以在尊重历史结构与建筑主体的真实性和完整性的同时，在具体问题上采取正确行动，探究新旧建筑之间的空间环境。

第十九条 深入了解某地的历史、文化和建筑，而不仅仅了解建筑物本身，是制定保护框架的关键所在。应为建筑委员会提供城市规划理论以及类型学与形态学分析工具。

第二十条 规划过程中的一个关键因素是及时发现机会，确定风险，保证发展和设计过程的均衡合理。所有的结构性干预都立足于能够说明历史性城市景观的价值与意义的综合调查分析。调查有序干预的长远影响和可持续性是规划工作不可分割的组成部分，旨在保护历史结构、建筑主体及周边环境。

第二十一条 考虑到基本定义（根据本《备忘录》第七条），城市规划、当代

建筑和历史性城市景观的保护应避免所有形式的伪历史设计，因为这种设计形式既
背叛历史，也否定当代。不应该以一种历史观替代其他观点，历史必须是可以解读
的，而通过高质量的干预措施使文化得以延续是我们的最终目标。

城市发展的指导方针

第二十二条　道德标准、优质的设计与施工以及注重文化历史背景，都是规划
过程的前提条件。历史区域内的优质建筑应该适当考虑既有规模，特别是要考虑建
筑体积和高度。新的开发工程一定要尽量减少对重要建筑和考古遗存等重要历史要
素的直接影响。

第二十三条　可以通过城市规划和艺术设计来扩展历史城市内部及其周边的空
间结构，这些空间结构是复兴历史城市的关键因素：城市规划和艺术设计可以彰显
城市的独特历史、社会和经济脉络，并传诸后世。

第二十四条　世界遗产的保护还包括公共空间的设计：应特别关注功能、规
模、材料、照明、街道设施、广告和植物等多项内容，不一而足。遗产区域内部的
城市规划基础设施必须包括各种相关措施，以尊重历史结构、建筑主体及周边环
境，减轻道路交通和车辆停放造成的负面影响。

第二十五条　城镇景观、屋顶景观、主要视觉轴线、建筑地块和建筑类型都是
构成历史性城市景观特征中不可分割的组成部分。在更新问题上，历史性屋顶景观
和原初的建筑地块是规划和设计的立足点。

第二十六条　作为总的原则，比例与设计必须适应历史形态和历史建筑的特殊
类型，清除值得保护的历史建筑核心区（"形式主义"）不是合理的结构性干预措
施。一定要谨慎从事，以确保世界遗产城市的当代建筑开发是对历史性城市景观价
值的提升，并且把当代建筑开发限制在一定限度之内，以避免城市的历史性格受到
损害。

方法和工具

第二十七条　《实施世界遗产公约的操作指南》规定，世界遗产历史性城市景
观内部的动态变化与发展的管理工作包括如下内容：利用科学的目录编写法，准确
了解辖区以及具备遗产价值的各种要素，通晓"管理计划"制定的相关法律、法
规、方法以及工具。

第二十八条　历史性城市景观"管理计划"的制定与执行要求跨学科专家和专
业人员的参与，并需要及时启动全面的公众咨询。

第二十九条　历史性城市景观品质管理的目的是永久保护以及改善空间、功

能、与设计相关的价值。就此而言，应特别强调当代建筑与历史性城市景观的互相融合，应在提出当代干预议案的同时一并提交《文化或视觉影响评估报告》。

第三十条　城市开发的经济利益应服从遗产保护的长远目标。

第三十一条　历史建筑、开放空间和当代建筑可以彰显城市特色，从而极大地提升城市的价值。当代建筑可以吸引居民、旅游者和资金，因而是有力的城市竞争工具。历史遗产和当代建筑共同构成当地社区的资产，应为教育、休闲和旅游服务，确保这些遗产的市场价值。

建　议

以下建议提交给世界遗产委员会和教科文组织：

1. 对于已经列入《世界遗产名录》的历史性区域，在审查遗产完整性所面临的任何潜在影响或既定影响时，应考虑本《备忘录》所表述的历史性城市景观概念和建议。应制订计划，阐述历史性景观的具体保护措施，以巩固上述原则。

2. 在审议历史城区时将列入《世界遗产名录》的新遗产和遗址时，建议将历史性城市景观概念纳入申报和评估过程。

3. 请教科文组织研究制定历史性城市景观方面新的推荐书的可能性，以补充和更新现有的推荐书，其中要特别关注当代建筑与周围环境的协调问题，今后应将这个问题提交教科文组织大会审议。

（原载张松：《城市文化遗产保护国际宪章与国内法规选编》，同济大学出版社，2007年版）

联合国教科文组织《保护具有历史意义的城市景观宣言》(2005)

（联合国教科文组织第十五届《保护世界文化和自然遗产公约》

缔约国大会于 2005 年 10 月 10 日至 11 日在巴黎通过）

《世界遗产公约》缔约国大会：

注意到当代建筑对世界遗产本身及其周边环境的影响不容乐观，越来越受到决策者、城市规划者、城市开发商、建筑师、保护主义者、财产所有者、投资者以及有关市民的关注；

获悉应世界遗产委员会第二十七届会议（联合国教科文组织，2003 年）的要求（第 27 COM7B. 108 号决定），2005 年 5 月 12 日至 14 日在奥地利维也纳召开了关于"世界遗产与当代建筑—管理具有历史意义的城市景观"的国际会议；

考虑到在维也纳国际会议上讨论了一整套保护具有历史意义的城市景观的重要准则和方针，即《维也纳备忘录》，并且这些准则和方针在世界遗产委员会第二十九届会议（德班，2005 年）上受到了欢迎（第 29 COM 5D 号决定）；

忆及保护历史景区的准则和方针已被列入多项国际宪章和文件，例如 1964 年的《国际古迹遗址保护与修复宪章》（威尼斯宪章）、1968 年的《联合国教科文组织关于保护受到公共或私人工程危害的文化财产的建议》、1976 年的《联合国教科文组织关于历史地区的保护及其当代作用的建议》、1982 年国际古迹遗址理事会—国际景观设计师联合会的《历史园林国际宪章》（佛罗伦萨宪章）、1987 年国际古迹遗址理事会的《保护历史和城区宪章》（华盛顿宪章）、1994 年的《奈良真实性文件》，以及第二次联合国人类住区会议文件和会员国于 1996 年 6 月在（土耳其）伊斯坦布尔批准的《21 世纪议程》；

还考虑到教科文组织《保护世界文化和自然遗产公约》（《世界遗产公约》，1972 年）的范围，尤其是争取国际合作的第 4 和第 5 条，以及将列入《世界遗产名录》的城市的经济、社会和人类发展纳入全面规划方案的必要性；

还忆及列入《世界遗产名录》的财产具有"突出的普遍价值"，保护这种价值应是任何保护政策和管理战略的核心内容，根据 1976 年《联合国教科文组织关于历史地区的保护及其当代作用的建议》，具有历史意义的城市景观指的是自然和生态环境中的任何建筑群、结构和空地的集合体，包括考古和古生物遗址，它们是在相关的一个时期内人类在城市环境中的居住地，其聚合力和价值从考古、建筑、史前、历史、科学、美学、社会文化或生态角度得到承认。这种景观塑造了现代社会，并对于我们了解今天的生活方式具有极大价值。

通过《维也纳保护具有历史意义的城市景观备忘录》所述的如下原则：

1. 功能用途、社会结构、政治环境以及经济发展均不断变化，这种变化体现在对历史城市景观的结构性干预中，应该承认它们是城市传统的一部分，需要决策者高瞻远瞩，胸怀整个城市，而且需要与其他有关方面和利益相关方进行对话。

2. 历史城市景观中当代建筑的关键难题是，一方面要顺应发展潮流，促进社会经济改革和增长，另一方面又要尊重前人留下的城市景观及其大地景观布局。充满活力的古城，尤其是世界遗产城市，需要一种以保护为主要出发点的城市规划和管理政策。在这个过程中，决不能危害古城的本来面貌和完整性，而后者又是由各种因素决定的。

3. 物质和功能性干预的主要目的是通过改善生活、工作、娱乐条件并且在不损害从古城的结构及形式特点和意义中产生的现存价值的前提下改变其用途，从而提高生活质量和生产效率。这意味着不仅要提高技术标准，还要在编制正式目录并对其价值进行评估的基础上对历史环境进行修复并开展当代开发，还要增加高质量的文化表现形式。

考虑到保存历史城市景观所面临的各种挑战，大会：

a. 鼓励决策者、城市规划者、城市开发商、建筑师、保护主义者、财产所有者、投资者和相关市民通力合作，保护城市遗产，同时以对文化和历史谨慎的方式考虑社会现代化和社会发展，增强城市特色和社会凝聚力；

b. 进一步鼓励通过改善生活、工作、娱乐条件并且在不损害从历史城市的结构及形式特点和意义中产生的现存价值的前提下改变其用途，从而提高历史城市的生活质量；

c. 强调将当代建筑恰当地融入历史城市景观中的必要性，并强调在计划进行当代干预时开展文化或观赏影响研究的重要性；

d. 请《世界遗产公约》缔约国将《维也纳备忘录》中确定的原则纳入各自的

遗产保护政策；

　　e. 鼓励《世界遗产公约》缔约国在它们提名时和拟定已经提名列入《世界遗产名录》的地产管理规划时，综合考虑历史城市景观的概念。

《国际文物保护与修复研究中心章程》(2005)

（国际文物保护与修复研究中心第24届会议于
2005年11月11日修订通过）

第一条 目标和职责

"国际文物保护与修复研究中心"（以下简称"ICCROM"）应通过发起、发展、促进和推动此类保护和修复状况从而为世界范围内的文物保护和修复事业作出贡献。ICCROM尤其应履行以下职责：

a. 收集、研究和传播与保护和修复文化财产的科学、技术和各民族的资料；

b. 在这一领域协调、鼓励和开展研究，尤其是通过团体或委托专家方式的调配、国际会议、出版物和专业人员的交流来开展上述工作；

c. 在有关文化财产保护和修复的普遍或专门问题上提出建议或忠告；

d. 在提供文物保护与修复培训和提高保护与修复工作水准方面提供帮助；

e. 鼓励更好地理解文物保护与修复的新想法。

第二条 会员

1. ICCROM是一个由会员国组成的国际组织；

2. 联合国教育、科学与文化组织（以下简称"UNESCO"）的成员国向UNESCO总干事递交申请后将可能成为ICCROM的会员国。任何已为ICCROM会员国并随后不再是UNESCO成员国的国家将被保留其ICCROM的会员资格。

3. 非UNESCO成员国，或根据第十条退出的前ICCROM会员国，可以向IC-CROM总干事提交会员申请。经理事会对申请书考虑后，此类国家可被全体大会准许成为ICCROM会员。会员资格的批准应经出席全体大会并参加投票的会员国以三分之二多数通过。根据本段UNESCO总干事应被告知ICCROM会员国被准批的决议。

4. 根据本条第二段，会员资格应在UNESCO总干事收到正式入会声明的30天后生效。根据本条第三段，会员资格应在全体大会通过该会员国申请当天生效。

5. 每个会员国应根据全体大会确定的比率向ICCROM交纳会费。

第三条 机构

ICCROM 应由全体大会、理事会和秘书处组成。

第四条　全体大会

1. 成员与参与者

a. 全体大会应由 ICCROM 会员国代表组成，每位代表应代表每个会员国。

b. 这些代表应从文物保护和修复领域内最有资格的技术专家中挑选，并尽可能来自那些该领域内的专业机构。

c. UNESCO、艺术品修复学院和第五条一款（j）中涉及的理事会非投票理事应有权以观察员身份参加全体大会的会议。他们可有提案权，但不应有表决权。

2. 职责

全体大会的职能应是：

a. 决定 ICCROM 的总政策；

b. 根据理事会的提案，考虑并通过 ICCROM 下两年的行动计划和预算；

c. 依照第二条三款吸纳新会员国；

d. 选举理事会理事；

e. 根据理事会的建议，依照第六条（d）任命总干事；

f. 考虑并通过理事会和 ICCROM 秘书处相关活动的报告；

g. 确定会员国的会费；

h. 采纳 ICCROM 的财务条例；

i. 根据第九条决定制裁的适用。

3. 程序

全体大会应：

a. 每两年召开一次常规会议；

b. 若全体大会本身需要，或应三分之一以上会员国的要求，或根据理事会的需要，则召开特别会议；

c. 除了全体大会或理事会另有决定外，通常情况下全体大会在意大利罗马召开；

d. 采纳自身程序规则；

e. 在每次会议开始时选举大会主席和其他官员；

f. 为方便执行其职责，可根据需要建立相应的委员会。

4. 表决

根据第九条，每个会员国在全体大会中应行使一次表决权。除非本章程或程序规则另有规定，否则应由出席大会并参加投票的会员国以多数形成决定。

第五条　理事会

1. 组成

a. 理事会应包括全体大会选举的理事、一名 UNESCO 总干事代表、一名意大利政府代表、一名艺术品修复学院代表和下面（i）小段中涉及的不参加投票的理事；

b. 选举出的理事应有 12 名，会员国增至 30 个以后，每增 5 个会员国则增加一名理事。选举出的理事总数不应超过 25 名；

c. 考虑到世界范围内主要文化区域公平代表性的要求，考虑到与 ICCROM 工作相关的不同专门化领域的覆盖面，大会选举出的理事应从文物保护和修复领域内最有资格的技术专家中挑选。全体大会也应考虑到这些专家有能力履行理事会的管理和执行职能；

d. 全体大会选举出的理事会理事任期 4 年。但是根据全体大会第一次常规会议，全体大会选举出的理事中一半任期 4 年，一半任期 2 年。如果选举出的理事数量为奇数，则奇数加一的半数理事任期 4 年；

e. 理事会理事的工作应从其当选的全体大会会议闭幕开始，至期满当年召开的会议闭幕时结束；

f. 除了任期不能超过两期以外，理事会理事应能连选；

g. 如果理事会理事死亡、永久丧失能力或辞职，其空缺应由全体大会上次选举中未被选上的最高票数候选人填补以完成剩余的任期。若该候选人不适合就任，则该席位应由上述选举中次高票数候选人填补，以此类推，直至轮完所有候选人。若该席位无法由上次选举中的候选人填补，则该席位应保留空缺至下次全体大会会议选举。

h. 理事会理事根据个人能力由全体大会选举出来。他们应该从 ICCROM 的角度而不是代表所在的国家履行其职责。

i. 不参加投票的理事会理事应为一名国际博物馆协会代表和一名国际古迹遗址理事会代表。

j. 不参加投票的理事会理事可参加理事会的讨论。

2. 职责

理事会的职责应是：

a. 在全体大会的领导下监督全体大会通过的行动计划和预算的执行；

b. 依照全体大会的决定和指示并考虑到两次常规会议间出现的各种情况，代表全体大会采取必要措施，并与总干事密切配合，以确保总干事批准的各项行动计划的有效性和合理实行；

c. 与总干事密切配合，阐明政策，并酌情呈请全体大会批准；

d. 根据需要复审和调整总干事起草的行动计划和预算草案，并服从全体大会决议进行通过；

e. 依照第二条三款考虑批准申请者成为 ICCROM 会员；

f. 向全体大会提出任命总干事及其任期和委用条件的建议，同时根据第 6 条（d）延长总干事的任期；

g. 根据第六条（e）所述情况任命总干事；

h. 批准总干事提出的秘书处组织结构；

i. 批准人事条例；

j. 就财务条例的采纳向全体大会提出建议；

k. 任命外聘审计员；

l. 监督 ICCROM 的财务工作；

m. 根据全体大会的需要在其常规会议上对其活动准备一份报告；

n. 履行全体大会可能委派的其他类似职责。

3. 程序

理事会应该：

a. 会议：

i. 在全体大会常规会议结束后立即召开；

ii. 在全体大会的下次常规会议开始之前立即召开；

iii. （i）和（ii）所述会议间隔期间召开一次；

b. 除非全体大会和理事会另有决定，否则会议在意大利罗马召开；

c. 采纳其自身的程序规则；

d. 在全体大会常规会议后第一次会议开始时，选举负责办公事务的主席和其他官员，任职至全体大会下次常规会议闭幕时止；

e. 如有需要，可建立相应的委员会以实现其职责。

4. 表决

每位选举出的理事会理事、UNESCO 总干事代表、意大利政府代表和艺术品修复学院代表应行使一次表决权。除非本章程或理事会程序规则另有规定，否则应由出席大会和参加投票的会员国以多数形成决定。

第六条 秘书处

a. ICCROM 秘书处应由主任和所需职员组成；

b. 主任和职员的职责应相应的国际化。在履行职责时，主任及其职员均不应寻求或接受 ICCROM 以外的任何政府或机构的指示。他们应该摈弃任何可能损害其身为国际官员的立场的行为。每个会员国必须尊重主任及职员的职责的国际性质，并不能影响他们履行其职责；

c. 应根据理事会核准的人事条例任命职员，全体职员应对主任负责；

d. 主任应由理事会提名，而且除了下面（e）小段中规定的以外，应由全体大会任命。全体大会应根据理事会的建议确定任命并批准任期和主任的供职条件。全体大会对主任的任命可由理事会延长至至多两次，每次任期视情况延长两年。但是，理事会延长的任期总和决不能超过 6 年。主任可由全体大会再次任命。

e. 如果两次全体大会常规会议间隔期间主任职位有空缺，则由理事会任命新的主任就职至下次全体大会常规会议闭幕时止。理事会也应决定主任的任期和供职条件，并将此包含进理事会主席和新主任签订的合同里。

f. 主任应就全体大会和理事会的行动提出建议，应在服从理事会的前提下准备行动计划和预算的草案。根据全体大会和理事会的决定，主任应对获批的行动计划的有效性和合理执行负责。他/她应与会员国联系交流，为 ICCROM 的各项行动准备定期报告。

第七条　财务程序

a. ICCROM 的预算应两年进行一次。下两年的预算草案应随同行动计划，在全体大会召开前至少 60 天与会员国进行沟通，以便草案在会上得以进一步考虑。

b. 除非全体大会另有决定，否则 ICCROM 的财务期应为全体大会常规会议后的两年。

c. 会员国在财务期内的会费应一分为二按年交纳。一份在第一年开始时交纳，另一份在第二年开始时交纳。

d. 主任可依据财务条例中的相关说明接受直接来自政府、公共或私人机构、协会和个人的自愿捐款、赠品、遗产和补助金。

e. 预算应在理事会的监督下依照财务条例由秘书处执行。

第八条　法律地位

在各会员国领土上，ICCROM 均应享有为实现其宗旨和履行其职责所必需的法律资格。

第九条　制裁

当会员国未向 ICCROM 交纳会费，应取消其在全体大会中的表决权和向理事会提名理事候选人的权利。连续 4 年未交纳会费的会员国应无资格再获得 ICCROM 的服务。连续 6 年未交纳会费的会员国其会员资格应被全体大会暂停。但是，如果不交纳会费是由于会员国控制能力之外的特殊情况造成的，则全体大会可允许该会员国行使包括获得 ICCROM 服务在内的上述权利，或决定不暂停其会员资格。

第十条　会员的退出

任何会员国可在全体大会批准其加入期满两年后的任何时间里通过向 ICCROM 总干事提出声明的方式退出 ICCROM。该退出声明在提出后第二年的 12 月 31 日生效。在退出声明生效之日，其不应影响 ICCROM 的财政职责。ICCROM 总干事应告知 UNESCO 总干事会员国退出声明生效的日期。

第十一条　章程的修订

a. 本章程的修订可由会员国或理事会提出。其应在全体大会上经出席全体大会并参加投票的会员国以三分之二多数通过，倘若所述的三分之二多数超过 ICCROM 会员国的一半的话。

b. ICCROM 总干事应在将修正案列入日程的全体大会会议召开前至少 180 天与所有会员国和 UNESCO 总干事进行沟通。

c. 如果在交流修正议案后，某会员国或理事会希望在上述修正议案中再增加修正，则修正议案可在将原始修正议案列入日程的全体大会会议召开前至少 90 天与所有会员国和 UNESCO 总干事进行沟通。

第十二条　生效

本章程应在 ICCROM 全体大会第 23 次会议闭幕后立即生效。

第十三条　解散

ICCROM 可根据全体大会的决议被解散。全体大会只能在向所有会员国发送关于解散议案书面声明 6 个月后进行讨论。任何解散 ICCROM 的决定应经出席全体大会并参加投票的会员国以三分之二多数通过，倘若所述的三分之二多数超过 ICCROM 会员国的一半的话。

第十四条　有效文本

本章程的英文和法文文本均有同等效力。

联合国教科文组织《会安草案——亚洲最佳保护范例》（2005）

（联合国教科文组织于 2005 年 12 月 30 日在会安通过）

一 序 言

草案出台背景

2001 年 2 月 26 日至 3 月 2 日，在越南政府和意大利政府的资助下，来自南亚、东亚和东南亚的考古建筑、市镇规划及遗产地管理等领域的保护专家齐聚越南会安，参加了由联合国教科文组织（UNESCO）发起的研讨会。此次研讨会旨在探讨建立和颁布最佳保护范例的区域性标准，以确保亚洲遗产地的内在价值得到应有的保护，并在保护、修复、重建及后续维护和使用的过程中对遗产地的正式性加以保护，使其得到如实的阐明。

2003 年 11 月 18 日至 20 日，"联合国教科文组织 2001 年《保护水下文化遗产公约》亚太区域研讨会"在香港特别行政区举行。该研讨会旨在促进成员对《公约》的认可，并汇聚水下文化遗产保护权威专家相互交流经验和知识。在与会专家所探讨的众多重要议题中，保护水下遗产的真实性尤其备受关注。考虑到这些议题与亚洲遗产保护的相关性，UNESCO 决定，将水下文化遗产也纳入本《草案》。

遗产在可持续发展中的重要作用

在亚洲，天然和人造遗产不仅与其自然地理和文化环境有着不解的联系和渊源，同时也使更多非物质性文化传统的表现背景。因此，与会专家尤其强调了自然遗产地、非物质性遗产和文化景观的保护规范间的相互关联性。

与会专家还强调了遗产价值保护的重要性，并将其视为保护整个区域文化身份的多元化和持久性的基石。与会专家还指出了保护地方、国内和地区文化资源的重要性，将其视为社会及经济可持续及合理发展的根本。

本地区不断增长的威胁

与会专家不无忧虑地指出，亚洲遗产尚有欠保护。这一点从亚洲地区被收入世界遗产名录中文化遗产地相对较少，亚洲城镇地区遗产结构所受到的侵蚀，以及文化企业对亚洲经济体国内生产总值（GDP）的贡献也相对较小等几项中均可见一斑。

与会专家共同指出，亚洲遗产所面临的威胁正日益增加。这些威胁力量与以下各种因素有关：人口增长、环境恶化、从乡村到城镇的移民、城镇的再发展、工业化以及地区经济和传统社会文化结构的全球化。

与会专家还指出，旅游业和以旅游为目的修复与展示也给真实性带来了更为错综复杂的全新威胁，尤其是在亚洲这样一个对真实性的认识尚处于起步阶段的文化背景之下。

在谈到亚洲许多地方的遗产地保护时，与会专家指出，由于对发展和现代化进程的威胁重视不足，导致以下恶劣后果时有发生：

- ·遗产地分裂，丧失完整性；
- ·建筑环境的结构发生退化及结构性恶化，不再足以支持其最初的使用目的；
- ·仿造及非原产地技术和材料对原始组成要素的替换；
- ·不恰当的重建进程使区域内遗产地独有的特征同质化，丧失其地方感；
- ·遗产与社区使用传统相剥离。

亚洲遗产保护工作目前所面临的主要威胁包括：缺乏对遗产构成的清晰定义，法规调控的缺失，资金支持和激励的不足。与会专家总结说，这些威胁都源自于公众对遗产保护必要的认识缺乏，以及遗产资源管理责任的本地化不足。而这正是亚洲遗产长期保护所面临的最大危险。

对更好地保护和管理文化资源的有效指南的需求

与会专家警告说，本地区遗产所面临的上述及其他威胁已经危及到了亚洲文化遗产的存在和真实性，并影响了其向后世的如实传承。我们急切需要建立一套指导方针，协助政治领袖和规划着保护并管理遗产，同时建立最佳保护规范标准，直到遗产项目的保护、修复及改造性再利用。

在亚洲背景下诠释和评估"真实性"

与会专家进一步指出，在执行1972年《世界遗产公约》时，提名、评估及周期性汇报流程均要求对被提名和列入名录的遗产项目的真实性价值的保护是否成功加以评估。

鉴于上述因素，与会专家总结说，真实性保护是遗产保护工作的首要目标和必备条件，在亚洲各地所出台的保护规范专业准则中，都应当明确地就遗产地真实性的确认、记录、保护及保存等事务作出规定。

然而，与会专家也认识到，在亚洲，以产地保护应当并将一直是一种调和不同利益相关者不同价值的协商解决方案。与会专家还强调指出，这种"协商状态"是亚洲文化进程与生俱来的一种价值。

与其他真实性国际指南的相关性

与会专家还指出，目前已经存在相关的保护规范国际标准，譬如：1972 年《世界遗产公约》、联合国教科文组织（UNESCO）所出台的其他公约和建议以及《保护和修复纪念物与考古现场的国际宪章》（威尼斯宪章）及联合国教科文组织、国际古迹遗址理事会（ICOMOS）和国际文物保护修复研究中心（ICCROM）随后所颁布的执行指南。与会专家特别提出，再将《威尼斯宪章》用于指导保护工作时，需要重视其在亚洲的高度延续性和相关性，尤其是针对以持久性材料建造的历史建筑。与会专家还重申了继《威尼斯宪章》之后所拟定的补充准则《保护历史城镇与城区宪章》（华盛顿宪章）的价值与相关性。

与会专家还适时指出，《奈良真实性文件》为《威尼斯宪章》的相关条款在特定文化环境中的应用提供了示例。《奈良真实性文件》主要就如何建立与亚洲遗产保护规范有关的准则，以及如何将非物质性文化的保存和纪念物与遗产地的保护相结合做出了规定。

与会专家还指出，在这一地区还存在着部分国家及最佳保护规范宪章。这些宪章对于建立国家级保护标准有着极为重要的意义，同时也可以为本地区其他国家制定本国的国家级标准提供范例。因此，与会专家呼吁，对澳大利亚纪念性建筑与遗址国际委员会（ICOMOS）《保护具有文化重要性的处所宪章》（巴拉宪章）条款的地区相关性给予重视，尤其是其对于在保护过程中确立"地方感"保存指导方针的重要意义，并号召利用 ICOMOS 及其国家级宪章支持在亚洲其余地方制定类似的国家级宪章。

与会专家还提及了 1998 年所发表的《历史性城市保护与发展国际合作苏州宣言》。该宣言详细论述了历史性区域在立法、规划和基础建设需求方面的优先性。同样，2000 年在韩国水原市举行的"世界遗产要塞城市市长国际圆桌会议"也论及了使用某些亚洲城市的管理工具和行动计划建议。

联合国教科文组织《保护水下文化遗产公约》于 2001 年 11 月 2 日在联合国大会第 31 届全体大会上获得通过（第 31C/24 号文件）。该公约及其附件（有关水下文化遗产开发活动的规章）是草案新增水下文化遗产议题的主要参考来源。

与会专家重申了上述相关先例，再度肯定了《威尼斯宪章》的条款，并认可了《奈良真实性文件》及《巴拉宪章》中与亚洲遗产地保护有关的条款。

对区域性草案的需求

与会专家同意，需要制定一部分具有区域针对性的草案，为亚洲遗产保护工作者提供具有实用性的操作指南，从而为亚洲地区建立高标准的最佳保护规范，尤其是在遗产地的文化真实性保护领域。这些遗产地包括：已经和尚未进行发掘的考古遗址；受损及完好的纪念物和其他历史建筑；具有历史或文化、社会、经济、政治及意识形态意义的楼宇和其他建筑物；建筑群、历史性城区和城镇景观；水下文化遗产和景观以及具有历史、文化和/或社会经济意义的周围环境。

因此，与会专家拟定了一下《亚洲最佳保护规范会安草案》。并号召负责并（或）参与遗产保护工作的区域、国家和地方各级政府及非政府团体及个人，在从事任何及所有保护、保存、修复或改造亚洲遗产地的工作中，都能够运用这些准则。

草案的目标受众与实施

《会安草案》乃是针对以下目标受众而拟定的：

·亚洲遗产项目和场所的（公共及私人）保管人和管理者；

·国家级、省级和地方各级政府，以及参与遗产地及其周边地区战略及实际规划的各相关部门；

·参与文化遗产资源保护的非政府组织、社区和志愿者组织；

·私营部门商务从业者，包括规划师、建筑师、考古学家、景观建筑师及其他人士；

·遗产专业人士、理论家和技术人员教师及培训师；

·参与亚洲文化旅游开发和推广的旅游产业；

·对保护和开发本社区文化资源及资产感兴趣的普通公众。

草案旨在从理论和实践层面为有可能直接或间接影响遗产资源真实性的行为的决策者和执行者提供指导。

草案将遗产资源分为五大类：文化景观；考古遗址；水下文化遗产；历史城区与遗产群落；纪念物、建筑物和构造物。对每一个大类都进行了明确的定义，并清晰阐述了各类遗产分类方法的总体概念。草案还明确指出了保护这些资源的主要威胁，并拟定了标题为"保存真实性的手段"的指南。这些指南专注于确认和记录遗产及其真实性的元素的手段，以及可确保其保护的工具和方法。草案还特别关注了作为每一种文化资源不可或缺的组成部分之一的非物质性资源的保护。最后一部分则强调了遗产地的社区在保护中的重要角色。并特别论及了文化旅游对亚洲遗产所在地的风险和惠益。

二　定　义

"改造"是指对某一场所进行调整，以使其适合现有或提议用途。（《巴拉宪

章》第 1.9 条）

"重要性评估"是指出台一个简明的重要性陈述，对某一项目的遗产价值加以总结。这一评估是影响项目未来并确保其价值保留的政策和管理结构的基础。（NSW 遗产办公室）

"相容用途"是指对某一场所的文化重要性给予充分尊重的用途。这类用途对此场所的文化重要性没有或者只有极小的影响。

"保护"是指"保护某一场所以保存其文化重要性的一切过程。"（《巴拉宪章》第 1.4 条）保护包括旨在维护一项文化资源，以保持其历史价值并延长其自然寿命的措施。遗产保护包括多个学科，以针对不同类型的文化资源。保护的概念范围很广，包括可以从最小到最大限度（也就是从维护到改造）对文化资源进行连续介入的一个或多个战略。（加拿大联邦公园部）保护是指所有旨在了解一项遗产，掌握其历史和意义，确保其自然形态，并在必要时进行修复和增强的行为。（《奈良真实性文件》）

"保护计划"是指对遗产项目的保护需要、优先顺序和方法进行明确界定的文件，由管理人员用以指导其行动及进行资金分配。

"文化遗产影响评估"是指用于遗产资源的提议发展计划及其他行动的潜在影响加以评估的系统性方法。它是环境立法的一部分，由遗产专家予以执行，用于建议并设计能够削弱影响的措施。

"文化重要性"是指对过去、现在及将来的人们具有美学、历史、科学、社会和精神价值。"文化重要性包含于遗产地本身、遗产地的构造、环境、用途、关联、含义、记录、相关场所及物体之中。"（《巴拉宪章》第 1.2 条）

"文化旅游"是指以探索发现纪念物和遗产地为主要目的的旅游方式。文化旅游具有非常积极的影响，在满足自身的需求之外，同时也促进了这些纪念物和遗产地的维修与保护。由于这些活动为所有相关人士所带来的社会文化和经济惠益，这种形式的旅游事实上也反过来证明了人类社区的维修与保护要求的合理性。（1976年 ICOMOS《文化旅游宪章》）

"构造"是指遗产场所的所有自然物质，包括组成成分、固定结构、内容和实物物体。（《巴拉宪章》第 1.3 条）

"建筑群"是指相互独立或彼此连接的成组建筑，包括城镇或城镇的一部分，可以是荒弃地、居住地或新建地，因其建筑结构、同质特征、景观位置、或历史、文化、经济、社会、政治或意识形态意义而引起注意。

"信息来源"是指能够提供有关文化遗产的性质、特点、含义或历史的所有物理的、书面的、口头的或象征性的来源。

　　"非物质文化遗产"（又称"无形文化遗产"）是指"被各社区、团体甚或是个人视为其文化遗产的各种惯例、表现、表达方式、知识和技能以及与此相关的工具、实物、工艺品和文化场所。"（《保护非物质文化遗产公约》第2条）

　　"完整性"是指一项遗产资源的"健康和完整"。如果一项遗产资源被指定的价值没有受到损伤和威胁，能有效地传递给公众，并在所有影响遗产地的决策和行动中得到尊重，就可以说这一遗产地具有"完整性"。（加拿大联邦公园部）

　　"诠释"是指展示某遗产地文化价值的所有方式。（《巴拉宪章》第1.17条）

　　"维护"是指"对某遗产地的构造和环境所采取的持续保护措施。'维护'要与'维修'相区别。'维修'包括修复和重建"。（《巴拉宪章》第1.5条）

　　"管理计划"是指为监测、维护和保存某遗产地的价值和真实性所制定的明确的短期和长期工作重点及方法。

　　"意义"是指某一场所所代表、象征、唤起或表达的含义。（《巴拉宪章》第1.16条）

　　"纪念物"是指建筑物、纪念性雕塑及绘画作品、具有考古性质的元素或结构、铭文、居住洞穴以及上述所有事物的组合。

　　"古色"是指从建筑物或物体外层构造的明显变化中反映出来的时代或岁月痕迹。

　　"历史时期性修复"是指"基于历史记录、研究和分析所提供的证据，通过去除后来的添加部分并还原现已缺失或退化的某一历史时期的元素，来精确地再现某遗产地在这一历史时期的形态、构造和细节。考虑到介入的目的和程度，历史时期性修复更多的是一种展示，而不是保护行为。"（加拿大联邦公园部）

　　"场所"（在文中多译为"遗产地"）是指"地点、区域、土地、景观、建筑物、建筑群或其他物体，可包括组成成分、内容、空间和景色。"（《巴拉宪章》第1.1条）"场所"可对不同的个人或群体具有一系列不同的价值。

　　"保存"是指"维护某遗址地的现存构造状态并延缓其退化。"（《巴拉宪章》第1.6条）"保存包括加固和维护某一资源的现存形式、材质和完整性的所有保护行为。保存既包括短期的保护性措施，也包括旨在延缓退化或防止损坏的长期行动。保存旨在为遗产资源提供一个安全稳定的环境，以此延长其寿命。"（加拿大联邦公园部《保存指南》"保存的标准要求最大限度地保留遗产地的历史构造，包括随着时间而演变的历史状态、特征和细节。"（内政部长所颁布的历史性项目保护标准）

　　"重建"是指将某遗产地恢复到已知的某一历史状态。重建和修复的区别在于它在遗产地的构造中应用了新的材料。（《巴拉宪章》第1.8条）"再造已经消失的

或不可挽回地退化掉的资源。"(《阿尔普顿宪章》)

"再发展"是指"加入与环境相符的当代结构"。(《阿尔普顿宪章》)

"恢复"是指对资源加以修整,包括改造性地重新利用,以满足包括安全、项目保护和可接近性等功能要求,同时保存遗产结构的历史特征。

"修护"包括对一个原始建筑物的外观或其组成部分加以整修和/或增加,以求"更新"其外观,在遵循保护观念的同时,满足当代品位。

"复制"是指复制现存的结构以维持美学上的统一与和谐。

"修复"是指"通过去除增添物,或不利用新材料而将现有组成部分进行重新组装,将某一场所的现有构造恢复到已知的某一历史状态";(《巴拉宪章》第1.7条)"以便在现有材料范围内重现原始状态,重现文化价值并提高其原始设计的可辨认性。"(《世界文化遗产地管理指南》)

"环境"是指"某遗产地周围的区域,可包括视力所及的范围"(《巴拉宪章》第1.12条)。这包括自然和人工建造的领域、固定物体及相关活动。

"地点"(在文中多译为"遗产地")是指人类群体或个人的创作成果或人与自然相结合的创作成果,包括考古遗址、通过计划或随时间演变在人类的应用或实践中形成的文化景观、有文化价值的环境、神圣的地理区域,以及具有宗教、艺术、历史或其他文化含义的地区。

"重要性(价值)陈述"是重要性(价值)评估的产物。它简明总结了一项遗产的遗产价值并阐明了这一遗产之所以重要的原因。"重要性(价值)陈述"是所有遗产项目管理的重要组成部分,构成了所有相关政策、管理结构以及所有对该遗产项目的未来具有积极影响的遗产决策的基础。(NSW遗产手册)

"可持续性"是指合理保存和管理文化遗产,以保证其构造和价值能够保存完好地传承给后代。

"有形文化遗产"包括所有具有一定物理形态的文化价值的资源,比如历史名称、建筑物、考古遗址、文化景观或实物等。

"用途"是指一处场所的功能,以及可在这一场所开展的活动或实践行动。(《巴拉宪章》第1.10条)

三　重要性与真实性

《巴拉宪章》中对遗产地的"文化重要性"的定义是"对过去、现在及将来的人们具有美学、历史、科学、社会和精神价值","包含于遗产地本身、遗产地的构造、环境、用途、关联、含义、记录、相关场所及物体之中。"遗产保护的目的,就是通过确保一切介入行为和行动都能满足对真实性的全方位检验,以保存此文化重要性。

了解遗产资源的相对重要性对我们至关重要，可帮助我们合理判断哪些要素必须在任何情况下都得到保存，哪些要素需要在某些情况下得到保护，以及哪些要素可以在某些特殊情况下被牺牲掉。重要性程度可基于资源的代表性、稀缺性、条件性、完备性、整体性以及诠释潜质来加以评估。

对某一场所、遗址或纪念物的重要性评估应成为采取任何保护行动之前的必要准备。重要性评估是指对场所、物体和藏品的意义和价值进行研究和了解的过程。它涉及三个主要步骤：首先，分析该物体或自愿；其次，了解其历史和背景；第三，鉴别其对创造和/或照管它的社区的价值所在。

这一过程的关键就在于真实性概念。自 1972 年《联合国教科文组织世界遗产公约》颁布以来，这一概念就已经在遗产保护专业领域引起广泛关注。该公约把真实性视为遗产最重要也是最基本的条件。真实性是一个多维度的集合，与下列要素相关：位置与环境、形式、材质与设计、用途与功能以及"无形的"或本质的特性。这些特性构成了遗产的真实性，并由此派生出其重要性。保留真实性正是良好保护规范的目的所在。

真实性的各个方面

位置与环境	形式与设计	用途与功能	本质特性
场所	空间规划	用途	艺术表达
环境	设计	使用者	价值
"地方感"	材质	联系	精神
生境	工艺	因时而变的用途	感性影响
地形与景致	建筑技术	空间布局	宗教背景
周边环境	工程	使用影响	历史联系
生活要素	地层学	因地制宜的用途	声音、气味、味道
对场所的依赖程度	与其他项目或遗产地的联系	历史用途	创造性过程

四　真实性的信息来源

《奈良真实性文件》强调，为了解某场所的真实遗产价值，我们必须采用真实可靠的信息来源。文件中说："一切有关文化项目价值以及相关信息来源可信度的判断够都可能存在文化差异，即使在相同的文化背景内，也可能出现不同。因此不可能基于固定的标准来进行价值性和真实性评判。反之，出于对所有文化的尊重，必须在相关文化背景之下来对遗产项目加以考虑和评判。因此，在每一种文化内部就其遗产价值的具体性质以及相关信息来源的真实性和可靠性达成共识就变得极其重要和迫切。"

真实的来源不仅包括书面的记录，同时也包括诸如考古挖掘现场及其所提供的信息、或是展示了某一特定时期和地区的生活和技术细节的壁画、或是世代沿袭相传的手工艺传统等信息和来源。

重要性乃是根据评判所依据的信息/文件的可靠性和真实性来加以衡量。以下是一个基本的信息来源清单，可以被用于确保保护规范能够得以全方位的保存遗产资源的真实性：

历史来源	社会来源	科学来源	艺术来源	类推	语境
一手来源					
原始文件（地契，户籍调查记录等）	口传历史	传统的本地知识	特定时期的艺术品	人种学记录	空间整体性
碑铭	宗教文献和背景	考古调查	当代文学	人种学收藏	使用的持续性
宗谱，族谱	对当前使用者的社会—经济调查	地理调查	旧式材质和风格取样	试验性研究	社会—文化背景
陈年照片	人口统计数据	遥感成像	传统工艺手册和建造指南		
陈年地图	宗族、邻近地区和其他团体的记录	几何学调查和摄影测量学	古色		压力和精神创伤的历史根源
编年史	对使用、居住连续性的分析	定量及统计分析	艺术评论	诠释性研究	周围空间

历史来源	社会来源	科学来源	艺术来源	类推	语境
旅游者	对手工艺组织的研究	实验室分析	风格分析		政治背景
历史记录和评论	政治舆论分析	断代法	对同类遗址和来源的研究	使用邻近地区分析等模型	经济
日记、通讯	社会评论	材质分析		文化轶事研究	技术变革背景
		工程学和结构研究			
		数学模型			

　　根据上表所列出的真实性要素对这些以及其他相关信息来源加以检验，可以按时间顺序复制出一个多维度的遗产地面貌，提供一幅遗产地的完整画面，从形态、功能、场所和性质等各个维度提供保护遗产地连续性的全方位指导。

五　真实性与非物质文化遗产

　　参照以上表格，可以清晰地发现，并非所有的变数都会被考虑在内，也并非所有的信息来源都能反映出有形的、可衡量的现象。许多信息都是转瞬即逝的，并反映出非物质部分对于真实性、文化多样性和可持续性的重要性，正如《保护非物质文化遗产公约》（联合国教科文组织2003年）中所强调的一样。2004年10月在日本奈良举行的"保护物质和非物质文化遗产：整体方法"国际研讨会则强调了物质遗产与非物质遗产构成要素间的共存性和相关性。基于国际个案研究，该研讨会通过了一个《整体方法宣言》（关于保护物质和非物质文化遗产的整体方法的大和宣言）。

　　其中最为重要的就是认识到物质遗产与非物质遗产的保护技术有着本质的不同，这一点也与《会安草案》的主旨相关。从定义上来说，非物质文化遗产与特定的纪念物或场所无关，而是存在于传承者和社区的头脑之中，并在持续的实践中得以保存。保存非物质遗产所采取的技术和方法必须具有文化敏感性，并且要足够灵活，才能体现出上文所提及的区别。

　　以下几点正是基于这一背景，为维护亚洲非物质性遗产的真实性而设置的：

　　·真实性概念具有文化相对性。在亚洲，很多情况下都需要对严格且富有条理的西方分析方法加以调整，融入亚洲所特有的抽象且具有玄学性质的概念。

　　·遗产保护从业者一定要谨记，不能过分强调某一资源的材质或实体物质的真实性，因为在活文化的环境里，物质性组成要素的缺失并不代表一个现象没有存在过。"在很多活文化传统中，实际上发生过什么，比材质构成本身更能体现一个遗址的真实性。"（Dawson Munjeri：《完整性和真实性概念——非洲的新兴模式》）

·文化遗产的物质性文化表现源于非物质性文化表现。我们需要颠覆传统的文化遗产保护模式，寻找文化遗产的非物质性表现形式，为保护包括物质性遗产在内的文化遗产提供指导。

六　对真实性的系统威胁

我们可以通过检验判断真实性的信息来源的可信度来了解文化遗产的真实性。真实的文化遗产历经时间和社区的变迁而持续传承，尽管可能发生演变，但却保留了赋予其真实性的基本特征。真实性持续并不可避免地面临着由下列原因带来的威胁：

1. 知识的遗失

不断增长的全球化正在造成传统知识的遗失，尤其是在本地区的年青一代中间。以一种真实方式创造、维护和表现文化遗产所需的技术正面临危机。为了支持其他保护行动，必须对这些非物质性知识形式的多样性加以反映、评估和保护。

2. 城镇翻新

亚洲市镇和城市构造翻新带来的社会和经济压力正在迅速增加。这些地区内的资产价值的增加，令遗产建筑物和城镇周边地区陷入了真正的且已经明显被察觉的不利局面。尽管居住者或许想要保留传统建筑环境的构造和感觉，这些地产的所有人却面临着巨大的压力，想要最大限度地发掘其所拥有的土地，而不是土地上的历史建筑和空间的潜力。其结果往往是全面摧毁整个历史性街区，或者是以现代化高回报率的开发项目，一幢一幢逐步将其侵蚀。

3. 基础设施建设

亚洲地区工程建设的速度和规模也给文化遗产及其语境的真实性带来了威胁。大型基础设施工程可能会损坏或破坏遗产的构造、环境和缓冲区域，给遗产资源造成直接影响。严重改变景观和环境的工程还会以多种方式间接破坏遗产地：譬如，改变排污和供水系统；加剧土地侵蚀、沉积和滑坡风险；改变视觉效果以及遗产地之间及遗产地与其周围环境之间的象征性关联。

4. 文化旅游

在规范、修改和商品化文化资产，将其用于文化旅游的过程，会导致丧失真实性的严重风险。这其中的问题在于，遗产的"包装和展示"通常是由出于其自身利益考虑的旅游业，而不是负责文化遗产保护的主体在执行。其结果就是，遗产项目的物理构造及其非物质性方面均趋于流俗和妥协。

在推广旅游文化的时候，我们往往会犯这样一个错误：仅仅对文化形式加以简单的重复或复制。同一支舞蹈，而对不同的游客，夜复一夜一跳再跳。这样的重复不是传承，只会导致进程的中断，将文化形式萎缩成用于兜售的商品。

5. 背景分离与独特地方感的丧失

在围绕着历史性纪念物修建主题公园时，我们往往会将文化从背景中分离出来，将其当作花园的点缀品。在上演宴会舞蹈时，我们也以同样的方式对待非物质遗产，将这些艺术表现和仪式视为供大众消费的甜点。这种文化背景分离是一个严峻的问题，因为它破坏了文化表达的真实性。导致我们将文化资源视为旅游产品的保护政策正是造成保护相对失败的原因所在。如果我们想要成功地将文化归置于其所属位置，将其作为发展的基石，就必须要纠正这一态度。

七　所有遗产地保护的先决条件

1. 遗产地研究与保护

全世界所有地方所有类型的遗产地都面临着很多共通的与真实性确认和维护有关的议题。其中就包括与遗产地研究和保护有关的议题，例如：

- ·对遗产地承载能力加以评估的需要
- ·遗产地状况的快速评估以及非侵害性技术的使用
- ·设计和执行保护遗产的防卫性规章、
- ·以支持保护为目的的创造性理财与激励机制
- ·对变革流程的管理加以规划的需要
- ·作为保护性措施执行文化遗产影响评估

2. 遗产地与社会

所有类型的遗产项目都应当强调遗产地与社会之间的关系，其中的普遍议题包括：

- ·界定社会对遗产的渴望
- ·对社区参与保护的促进、授权和赋能
- ·保护进程的社会化
- ·保护管理的本地化
- ·在社区、政治家、规划者、承包者或建筑者以及旅游产业中，进行保护意识培养和教育
- ·强调文化旅游的效益威胁

3. 文化遗产影响评估

丰富而不可替代的亚洲文化遗产正日益面临着被迫与基础设施、城市扩张和其他发展形势展开空间和资源竞争的局面。最理想的状态或许就是在改善建筑及社会环境和消除贫困的同时，又能保存文化遗产。然而，这种理想的均衡状态往往很难达到。

文化遗产影响评估（CHIA）可以为达成这一目标起到关键性作用：通过严格的数据收集、重要性和潜在影响评估以及影响减轻设计，保护文化资产免于遭到毁灭或不可挽回的损害。最终在确保可持续发展和社会福祉的前提下，令地区遗产得到成功保护。

对真实性的考虑及保护是 CHIA 进程的基本环节。其中第一阶段的筛查至关重要；所有提议的发展项目都必须经过审查，以判断其是否对任何已知或潜在文化遗产的构造造成任何直接影响。同时还必须考虑该项目可能对遗产的大环境、视线和总体背景带来的影响，因为这些影响都可能导致完整性的丧失，从而破坏遗产项目的真实性。如果事先预见到了任何影响，则需要在项目初期开展文化遗产影响评估。

CHIA 的范围涉及制订实施影响评估的详细要求、限制和方法。评估应考虑到已知文化遗产的价值，以及在项目所在地或附近可能出现的（尽管目前尚未记录）资源的预期重要性。评估方法应专注于收集所有了解资源真实性所需的基线信息。这一方法可提供一个很好的机会，全面了解研究区域，并获得保持完整性和真实性所需数据。

如果进行 CHIA 公开招标，从业者需要提供详细的预计时间和成本报价，从中可以体现出每一个投标者的提案重点和方法，由此选择出最佳竞标方案，为了解和保持项目区文化遗产真实性提供最完善的方法。

被选中的从业者将遵循并拓展项目范围内所制订的方法。完整详细地收集有关文化遗产的基线数据有助于可靠真实地提供对了解和保护真实性至关重要的信息来源。影响评估过程还包括出台一份有关资源的重要性的声明，将资源的完整性和真实性与其整体文化重要性相联系。然后，根据这些重要性评估，对所提议项目的所有直接和间接的潜在影响加以评估。这一过程需要对遗产开发的广泛后果展开详细的分析，包括侵蚀、干扰、不恰当的介入和使用、背景分离、分割及毁坏。

在每一种情况下，均需要设计相关措施，减轻对遗产资源首要及基本环境的负面影响。这些措施应该在相对重要性与项目的整体公众惠益之间达成平衡，永远将避免影响和以真实形式全面保持最大遗产数量放在首位。在整个过程中，还应该随时开展公众咨询，将社会对其遗产的真实性和重要性的理解纳入在考虑之列。

CHIA 保护遗产真实性的能力来自于其严格而系统化的数据收集，及其对威胁的性质和程度的直接审查。CHIA 首先会对所有类型的遗产（从无形的艺术和知识基础，到纪念物和地下遗迹）加以考察，然后系统性地对所有形式的影响（从不恰当的行为到整体性的毁坏）进行确认和衡量。此外，作为影响减轻设计进程的一部分，CHIA 还会要求制造出多种保护选择的模型。然后，CHIA 会对各种解决保护和开发冲突的方案加以权衡，甄别出在面临开发的情况下能够最为切实有效的保持遗产完整性和有效性的方案。

八　亚洲问题

然而，尽管上述议题适用于所有类型的遗产地，还是存在部分专门或特别针对亚洲情况的议题。

·许多亚洲国家都管理着不同于其现代宗教的重要宗教遗产地。这一情况并不罕见，比如，在伊斯兰国家境内，可能会拥有颇具价值的印度教和佛教遗址。《奈良真实性文件》指出，文化遗产的多样性存在于时间和空间中，并要求尊重其他文化及其信仰体系的各个方面。因此，当代国家有义务以等同于其自有宗教遗产的标准和精确性来保存和保护属于其他宗教的遗产。

·同样，当代亚洲国家通常将本土和少数民族的文化合并而成其为丰富而颇具价值的自有遗产。正如《奈良真实性文件》所申明，如果面临文化价值冲突，则应该出于对文化多样性的尊重，对所有各方的文化价值的合理性给予认可。国家负有全面责任，与遗产所有人合作，对这一遗产加以保护。双方必须确保在对遗产加以诠释时，要采用对少数民族群体有参与感的方式进行，同时使外界对遗产的根源有完整和正确的认识。

·几乎在整个亚洲，对专业保护人员和遗产地管理人的教育都不足。遗产地管理人员对于保护本地区的遗产充满了热情和良好的意愿，但却缺乏足够的专业背景和培训。我们需要找着眼于制订与亚洲有关的项目，这些项目需要灵活的时间跨度，并开展本区域内的最佳实践范例交流和学习。

·不断拓展的道路网络，以及与乡村地区发展有关的其他基础设施建设，正在冲击着亚洲的考古遗址、文化景观和遗产纪念物。有必要在类似发展到来之前，针对亚太地区的实际情况，制订一套文化影响评估体系，甄别出可能对遗产带来威胁的不安全因素，以及减轻损害的有效途径。

·同样，历史性城区内未受限制的通行也给遗产资源带来了诸如污染、出入不便、侵蚀和物理损害等严峻威胁。一旦某一地区被界定为历史性城区，相关专业人员就应当开展相关交通研究，将保护与基础设施建设和城镇规划相整合。

·亚洲地区在对抗一系列潜在的自然和人为灾害上还相当脆弱，这些灾害会严重影响到各种类型的文化遗产，包括物质或非物质遗产。此外，经验显示，灾后恢复也会对遗产造成同等的威胁。许多灾后重建措施都会对文化遗产的真实性造成不可挽回的损失。在这一地区的文化资源政策中，必须纳入 1997 年《神户/东京文化遗产风险准备宣言》以及国际文物保护修复研究中心（ICCROM）的手册和培训工具中所提议及制订的风险准备方法。这些方法必须基于可持续的技术和财务机制，纳入当地技术和本土知识体系，并结合本地社区的参与。

·本地区的高速现代化和城市化进程也导致了传统建筑技术、工匠技术和原料生产的衰退，在有些情况下甚至是丧失。传统的师傅带学徒的教学体系正在这一区域逐步瓦解。我们亟需通过培训、制度支持和创新方法为这些领域提供支持，将这两个群体同时汇聚在遗产地现场，创造一种传统的教学环境与学习氛围。

·对遗产地的管理应当继续由传统的管理者来进行，他们应当得到授权和协助，以实现对真实性的保护。"对文化遗产及其管理的责任，应当首先由产生该遗产的文化社区来肩负，其次才是负责照管该遗产的主体。"［《奈良真实性文件》，8］

九　亚洲遗产地保护的特定方法

Ⅰ．文化景观

1. 定义

文化景观是指与历史事件、活动、人物相关或展示出了其他的文化或美学价值的地理区域，包括其中的文化和自然资源以及野生动物或家禽家畜。

文化景观分为三种类型，这三种类型可能彼此重合：其中最容易界定的就是由人类有意识设计和创造的有明确定义的景观，包括为出于美学目的而建造的园林景观。这些景观一般（但并非绝对）与宗教建筑和建筑群有关。

第二类文化景观是指有机演变而成的景观、遗迹或生活景观。该景观源自某一社会、经济、行政、和/或宗教动机，通过与自然环境的联系及对其所做出的反应发展成为当前的形态。这一类景观在其形态和组成特征上反应出了其演变过程。

最后一类文化景观是关联性文化景观。此类景观的价值在于与其自然因素有关的强大的宗教、艺术或文化内涵，而不是在于其实质性的文化迹象。后者可能微乎其微，或者根本不存在。

2. 框架性概念

专家认为，文化景观产生于人与自然环境之间长期持续的相互作用。因此，文化景观反映了不同文化的有机哲理和观点，必须得到了解和保护。

文化景观并非静态。保护文化景观的目的，并不是要保护其现有的状态，而更多的是要以一种负责任的、可持续的方式来识别、了解和管理形成这些文化景观的动态演变过程。

亚洲的文化景观受到了各种价值系统和各种抽象性框架理念（例如宇宙哲学、泥土占卜、风水、泛灵论等）以及各种传统、技术和经济系统的影响与感染。要有效地保护文化景观，就必须对这些系统加以识别和了解。

3. 保护工作面临的威胁

（1）亚洲文化景观面临的威胁与世界上其他地区有所不同：反映了特定的环境/气候因素、改善楼宇建筑及乡村的地方压力以及商业发展的压力等方面的综合影响。

（2）文化景观的保存必须兼顾景观真实性的需要以及亚洲地区的经济发展必要及其他潜在的实际情况。

（3）同时也要了解亚洲地区独有的极端的气候因素、环境条件和现有的管理水平、政治意愿和核心技术。

4. 保存真实性的手段

4.1 确认和记录

（1）在对文化景观的组成部分进行确认和统计时，需要将非物质的成分作为基本元素加以充分考虑。这些非物质的成分在亚洲往往是一处遗产地的真实性意义及地方感的所在。对一处遗产地进行记录时需要将历史研究和深入的实地研究相结合，以便充分地将一处文化景观的现状记录在案。最后对一处文化景观之所以重要以及怎样才能将其保存完好作一个清楚的阐述。

（2）相关的记录方法文化景观真实性保存和管理方法，在下列文件中有详细的表述：《NPS 保存概要 36；保护文化景观》；ICOMOS《佛罗伦萨历史园林宪章》；哈佛大学文化景观研究院亚太地区联合文化景观研讨会；《牛津景观宣言》；以及联合国教科文组织关于保护景观和场所的魅力及特性的建议（1962 年）。不过，我们还亟须对相关的国际标准加以调整，以更好地适应亚洲地区文化景观保护的需要。

（3）文化景观由多种因素均衡构成：有关文化景观保护的决定必须旨在确认并保存这一复杂且微妙的平衡，而不是过分强调其中的某一因素，忽视其他因素，从而破坏文化景观的真实性。一处文化景观可以包括纪念物。但无论是否包含纪念物，文化景观本身都是需要加以保护的基本因素。

（4）准确而有意义地对文化景观进行测绘是文化景观保护过程中至关重要的一步，尤其是在这一概念还没有得到很好的理解或有关其保护的法律机制尚未健全之际。无论应用哪一种测绘技术，在收集和整理数据时都需要采取跨学科的方式，其中至少要包括地球科学、生物多样性、视觉和感官感受、历史时期测绘和文化背景等各方面。

4.2 保护真实性

（1）在进行记录之后，最重要的一步就是设计一个保存或处理计划，该计划应充分考虑到赋予文化景观以重要性的遗产价值。保存计划需要确保能保存文化景观的真实性。此外，还应该设计并实施一个包含以下组成部分的项目：历史研究，包括阶段性计划；有计划地对现有状况加以盘点和记录；对遗产地的重要性和真实性加以分析和评估；制订文化景观管理计划；制订持续维护的策略；做好对处理活动加以记录的准备，并提出未来研究建议。

（2）在风险管理当中，必须认识并充分利用这一地区现有的行政和法律保护机制，尽管这些机制很多时候并不充分或并不健全。因此，结合现有的法规计划往往是保护文化景观最有效的方法之一，至少可以通过这种方法警示具有潜在破坏性的开发建议。

（3）必须以具有实用性的手段阻止对文化景观的分割。需要尝试可以将现有分割现象的影响减至最小的各种可能性，例如复制、重建、迁移等，以及建立相关的法律法规以控制景观内部未来建筑的外观、体量和风格。

（4）对文化景观的再利用必须仅限于那些不会对构成该文化景观真实性的任何因素造成影响的用途。

（5）亚洲文化景观的多样性决定了我们需要采取跨学科、跨部门的行动计划。因此，所有文化景观保护计划均须从相关社区出发并保证其参与。

（6）在保护过程中所应用的科学技术需要纳入具有亚洲特色的方法，譬如，当地社区对自然平衡的理念，以及在当地宇宙观在景观中的重现。

（7）由于考古发掘是一个破坏性的手段，因此必须在进行发掘前实施深度调研和基线研究。应当谨慎设计发掘方法，以解答有关某一景观的特定问题。过多地利用小规模探测具有破坏性，应在研究过程中尽量避免。

（8）应强调在研究、管理和保护文化景观的过程中使用非侵害性的手段，包括开发地理信息系统（GIS）、远程测试、空中摄影分析、文化影响评估，等等。

4.3 保护文化景观中非物质因素的真实性

（1）记录联系：必须认识到，亚洲文化景观的许多组成部分都是非物质性和/或非永久性的。正因如此，有必要记录和了解文化景观的物质组成部分与赋予这一文化景观以文化重要性的非物质实践和价值之间的有机联系。

（2）地方可信性：信息来源必须在地方层面具有可信性，其中包括产自当地的材料，并且以各种形式和媒介予以表达，例如神话、口头历史、乡村记录等等。

（3）定义问题：一处文化景观的空间完整性并不总是可以得到明确界定，而且还会随时间而转变。被其居住者视为有意义的文化景观应该反映出环境与文化领域之间在通过相互磨合所达成的平衡。这一事实必须在设计管理方案和法律保护措施时加以考虑。

4.4　遗产的真实性与社区的关系

（1）对遗产领域而言，尤其是在亚洲，文化景观这一概念还相对较新。正因如此，公众教育对文化景观保护具有重要的意义。

（2）将文化景观申报为世界遗产真实提高公众文化景观意识的一个方面。而最终，文化景观的理念应植根于人们对遗产地的地方感和自我认同感当中。即使是在非世界遗产区域，也要对此加以提倡。

（3）将文化景观开发为文化旅游是不可避免的。保护过程的一个重要组成部分就是使人们了解到文化景观的价值，赋予其真实性的特性，以及游人对保护文化景观的责任。现场教育应该不仅限于介绍当地的历史发展。

（4）亚洲的文化景观经常有当地人口在其中居住和劳动。其中非常重要的一点就是能够将许多保护任务交给当地社区，对他们加以适当的培训和管理，使其能够自己对其遗产加以巩固。

（5）保护文化景观的目的是保卫他们，不仅仅作为历史的见证，同时也作为一个文化发展的活态系统和可能的未来模式。在保持其真实性的前提下，经营中的文化景观应该持续保持其经济活力。

真实性面临的主要威胁	标识	行动
侵占	不恰当的构成元素和规模；不兼容的土地用途（例如，当代商业或居住群落、大型农业活动等）	影响评估、计划执行、社区行动
丧失功能		管理规划、培训、国家与国际技术支援
分割	由于维护不足使得重要特征受到侵蚀（例如：堤岸、梯状墙）	影响评估

Ⅱ. 考古遗址

1. 定义

考古遗址由一个经过文化变更的土壤基质内的所有结构遗存、人工制品和生态制品相结合而构成。一处考古遗址可能完全处在地下，也可能部分露出地表。它可能已被全部或部分进行发掘，也可能只有通过文件记载、下层土或遥感技术才能够有所了解。

2. 框架性概念

一处考古遗址可能由很多成分构成，而这些成分又可能具有相互矛盾的保护要求，在特定的土壤基质内保持着微妙的平衡。地下考古遗存的性质和范围也具有不可避免的未知性。因此，对考古遗址真实性的定义和观点也需要有多种方式。考古遗址的真实性可以从以下方面来进行测量：

·我们对遗产地的范围和规模的了解程度；

·我们通过地层学和断代对遗产地年代的了解程度；

·遗产地已被侵占，或被农业活动、自然侵蚀、部分考古发掘和/或建设所破坏的程度；以及遗产地对研究人员和公众而言的可接近程度。

3. 保存工作面临的威胁

（1）考古遗址的准确位置和范围往往不能明确辨认；因此，考古遗址很容易受到侵占和分割，对遗产地的真实性造成不可避免的损失

（2）考古遗址往往位于曾经且依然具有重要价值的地点。这就意味着这些地点长期持续的承受着（经常是不适当的）被利用的压力。这样的例子包括具有军事战略意义的"兵家必争之地"、具有宗教或崇拜价值的"圣地"以及具有发展潜能的沿海地区等。

（3）还有一种危险的倾向就是仅仅基于考古遗址地表部分来衡量遗址的内在价值和意义。由于低估了布局有建筑或纪念性结构的考古遗址的价值，使得人们不能正确认识到，一处遗产地所具有的让我们了解过去的潜能其实才是它的真实性和价值之所在。

（4）考古学可以是一门具有破坏性的科学。虽然它能够让我们了解过去，但也有能力剥夺所有的证据，令我们无法再次见证历史。设计、实施和授权进行现场作业的人士必须认识并了解考古实践所具有的这种潜在破坏力。

（5）亚洲传统的农业实践在很多方面对考古遗址具有负面影响。从一个区域发掘的土壤用于其他地区会破坏考古遗存，转移材料，造成相关背景的流失。与此类似，作为水稻田或其他种田方式组成部分的梯田、堤岸、沟渠可能对地下遗存，尤其是浅层考古遗址造成直接的影响。水稻所常见的规律的干事交替过程也会对考古遗存，尤其是靠近地表的考古遗存，造成损害。人工制品的位置会迁移，其所位于的土壤及指挥发生变化，尤其是陶瓷的组织结构会衰退。化肥和杀虫剂对考古材料的影响目前了解尚不充足；有可能会造成腐蚀以及金属或陶瓷组织结构的分解。

4. 保存真实性的手段

4.1　确认和记录

（1）地区性和地方性的调查勘测方法是管理和保存考古记录的最基础的第一步，他为人们提供了一个有关考古遗址的位置和范围的尽可能详尽的画面。调查勘测方法在很多国家已经得到高度发展，而在亚洲整体来讲利用率还不高。其中一部分原因是由于在海外常用的方法不能适应亚洲热带和亚热带地区的特殊要求。有必要在这些方法和亚洲地区的应用标准上达成一致，以便扩展亚洲考古也的基线。

（2）应大力提倡地理信息系统（GIS）的应用，因为他提供了一个收集、处理和诠释上述基线测绘数据的理想工具。

（3）尽可能地应用非侵害性的技术，例如空中摄影分析、遥感技术、土壤化学研究和摄影测量术来获取有关考古遗址的性质和范围的数据，以避免造成完整性的损失。

（4）尽可能对用亚洲语言所书写的研究、现场记录和档案进行翻译，以便于将数据呈现给更广泛的人群。同理，西方的学者和研究人员应该尽可能将其工作成果翻译成相关地方的语言。

（5）在保护考古遗址的过程中，为了维护其真实性，有必要收集所有相关的建筑材料，例如转、瓦、灰浆和石头。应在当地博物馆或其他指定地点对这些建筑材料加以适当的标记、编目和储藏。

4.2　保护真实性

（1）应支持建立有关考古遗址保护的综合立法机制。这种立法机制应给予原址保护的理念，同时具有应对变化及满足高级研究要求的灵活性。

（2）在现有的立法规划中，纳入具有特殊科研和/或遗产意义的考古遗址保护区并加以实施，是保护遗产地及其缓冲区的另一种手段。

（3）如上所述，地理信息系统是遗产保护和管理的一个重要工具。它具有能将考古纳入地区发展框架的特殊优势。可以通过地理信息将牢固潜能作为一个发展变量进行勘测。

（4）在遗产地内部，区域划分概念具有重要作用。建立一个由不同等级的保护区构成的层次系统，可以估计遗产地内各种不同结构的不同需求，例如遗产和景观保护区、环境保护区、考古研究区和纪念物管理区等。

（5）在所有考古遗址或具有考古潜能的区域附近进行任何基础设施建设规划时，均应进行考古影响评估。评估不应仅仅集中在对遗产地的直接损害，同时也要考虑到有可能改变遗产地所处土壤微观环境的各种见解影响。评估中应该使用一整套适合该地区的研究和现场技术，以确认遗产地评估开发活动所产生的影响。评估中还应包括有关削弱负面过影响的措施建议，包括在必要时采取全面的原址保护。

（6）在考古遗址基础上完整地重现过去的原貌需要采取跨学科的方法。应在传统的考古学方法基础上，尽可能的辅以广泛的专家意见。对资源的广泛了解也有助于更有效地保护考古遗址的真实性。

（7）考古遗址的看护者应在专家的帮助下制订旨在保存、维护并将遗产地展现给公众的工作计划。计划应包括实施时间表，并指定从事各项专门工作的负责人员。还应对按照工作计划展开的各项活动和过程加以详细记录。

（8）在某些情况下，有必要将考古遗址重新掩埋，以保护其不受各种因素和/或人为破坏的影响。在重新掩埋之前。应对遗产地进行全面的记录，将遗产地各部分的边界勘测清楚，并在新的地面上予以标明。

（9）应通过各种方式，尽可能支持地方文化机构及博物馆的工作人员在当地或海外接受培训，在培训中向他们灌输真实性的概念及其对当地考古遗址的切实意义。培训项目和新应该围绕在基层保护遗产地真实性方法。

（10）为满足古玩市场上的非法交易而进行的对遗产地的抢劫和非法盗掘是遗产地管理人员需要长期面对的一个问题。每一个遗产地的管理计划都要包括对安全需要的评估和建立在社区参与、教育和常规检查基础上的保护策略。

4.3　保护考古遗址中非物质因素的真实性

（1）相关联系：考古遗址的真实性与其保留文化积淀的能力有着直接的联系。这一文化积淀又具有杰出普遍价值的事件、理念、信仰或文学艺术作品组成。

（2）叙述潜力：大多数考古遗址都埋藏在地下，只有一小部分已被挖掘的记录可以看得到。遗产地管理人员应设计出保存这些遗迹的"可读性"的方法，最大限度地发挥其叙述功能，以便展现给参观者一个将过去与现在联系起来的历史发展脉络。

（3）时间深度：土壤、碎片和建筑遗存所表现出的复杂的、跨越多个时期的地层现象不应该被简化，例如为重现某一特定历史时期而进行的遗产地重建有可能会忽略该遗产地在其它时期的发展过程。

4.4　遗产的真实性与社区的关系

（1）应注重地方博物馆或文化机构在提高地方社区积极性方面的教育作用。

（2）必须扭转亚洲地区在考古遗址上建立军事基地或相关军事居住区与设施的趋势

（3）许多亚洲考古遗址依然具有持续的宗教功能，例如神殿、寺庙、朝圣和节庆活动等。应寻找符合保护框架的适当方式对考古遗址进行上述功能的利用。

（4）如果对考古遗址管理不当，就可能对公众造成危害。具有潜在危险的、脆弱的部分应加设护栏，或用其他方式将其与参观者隔离开，以保护参观者的安全，同时也保护遗产地本身的完整性。

真实性面临的主要威胁	表示	行动
对考古遗迹的破坏和侵扰	对考古遗迹造成直接侵扰的侵害性活动，例如建设、利用性发掘、传统农业活动、现代工具和化学药品的使用等。穿过具有考古价值的地区的地上及地下工程（道路、管道、下水道、河道工程）	设计规划、影响评估
保护不足	不佳限制的出入，缺乏检测机制，使得抢劫遗产地成为可能；认为的恶意破坏	立法和执法保护
退化	由气候和污染引起的腐蚀和分解	保护与维修规划

Ⅲ. 水下遗产

1. 定义

水下文化遗产包括部分或全部周期性或连续性保存在水下的所有与人类生存有关的文化、历史或考古遗存。这类资源范围很广，从古器物、木结构遗迹，到飞机、船以及其运载的货物都包含在内。水下遗产还包括原本在陆地上，而随着时间的推移莫如水下的遗址。这一切都淹没在水和泥沙的混合体中。

2. 框架性概念

专家一致认为，水下考古所涉及的物理环境意味着必须采取特殊、精确的方法，以保证遗产真实性在原地以及在发掘和保存的过程中得到保留。

3. 保存工作面临的威胁

（1）对水下遗产存在于其中的混合体的各种活动可能改变遗产保护所需的微妙平衡，从而使水下遗产受到威胁。这些行动可能源于自然（风暴）或源于人类（疏浚、河流改造）；并可能导致考古遗迹发生化学/微生物变化或受到物理干扰。

（2）不知情的休闲潜水人员可能无意之中影响到考古遗迹或改变遗产地周围的

脆弱环境。

（3）水下遗产地还面临着一项严重威胁，那就是个人或商业性海上打捞公司为寻觅可以在国际市场商贩卖的鼓动而进行的有组织的掠夺。

（4）包括疏浚、堆积和其他蒋筑工程以及提取沙土和砾石的各种岸上开发活动也可能对考古遗产地造成直接影响。

（5）邻近地区的岸上开发活动也有可能对水下文化遗产造成威胁，例如释放沉积物、倾倒疏浚废弃物是遗产地被掩埋、改变化学环境和/或引入污染物。

（6）商业化捕鱼业也威胁着水下考古以及，例如，拖网渔船会刮损海底。

4. 保存真实性的手段

4.1　确认和记录

（1）地理信息系统是记录和保护水下遗产地的宝贵工具。考古学家和管理人员可以通过它来记录和评估项目的发展，并对遗产地的状态进行监测。对可接近性和可视行优先的遗产地而言，地理信息系统对数字和视觉数据的优良视觉尤其弥足珍贵。

（2）应限制使用侵害性的调查方法，强调勘测优先于矫正。取样技术必须将对遗产的影响最小化，并遵从最低损害和过程可逆性原则规范。通过遥感技术的中大进步可以打到以上效果只是目前尚比较昂贵。

（3）目前最紧迫的是需要记录和保护，而不是移除水下文化遗产；应该以原地保护为目标，以确保遗产资源在其所存在的混合物中保持微妙平衡。

（4）水下考古人员应是唯一被授权计划和实施水下考古调查的人群。海洋地理学家、海上打捞操作人员、潜水旅游组织者、寻宝者和其他人员可在发现和管理遗产地的过程中扮演不同的角色，但不应参与其记录和发掘。

（5）潮间地带包括高水位和低水位之见的地带。这些地带不断处于暴露和淹没的替换过程中。处于这一地带的考古材料包括淹没于水下的路上遗址、废船船体、与码头船只及造船业有关的遗迹，以及船只靠岸和谐或时遗留的物件等。应运用特殊方法来定位和记录这些交替出现在陆地上和水下的考古遗迹。

（6）石油勘探公司应将协助政府查找于其项目有关的文化遗产地的招募工作看做是一项重要任务。

4.2　保护真实性

（1）应特别参考《水下文化遗产保护公约》附加议定书，以确保维护遗产在考古发掘过程之中和源于考古发掘过程的真实性。

（2）当一处重要水下遗产地被确认时，经常涉及是否应将其确切位置公布于众的问题。公布这些信息会导致掠夺和业余考古人员以及商业性潜水人员的不经意破坏。如果遗产地位置被公布，应采取措施限制其可接近性。

（3）保护从海底移取的文化材料也面临着特殊的保护问题，因为他涉及文物被保存在其中的混合体。应在最初阶段设计提供受控环境和必要处理，以确保这些文物中所包含的信息不至于流失。

（4）对海洋考古学家，包括众多业余潜水人员进行专业培训非常重要。这些人员对水下考古贡献重大。对其进行专业培训有助于以对环境负责的方式进行水下遗产的调查并最大限度地获取信息。

（5）为保存水下遗产的价值，有必要对其进行管理和维护。应建立顾问委员会及管理委员会等形式的相关机制，来控制调查之前即调查过程中遗产地的可接近性。

（6）管理应确保暴露材料的稳定性和完整性，并考虑到将有关信息公布于众的形式；维持监测系统，积极对遗产地进行监测，通过对物件和考古信息进行巩固和恢复来削弱各种威胁。对遗产地的探索性测试仍可以继续。现场工作结束后，则应做出如何以最佳方式"封锁"遗产地的全面决策。

（7）原地保护包括遮盖暴露部分，以减少退化和风暴及人为干扰所造成的类似破坏。必要时应对遗产地进行监测。

（8）对水下遗产进行适当调查和创造性的博物馆展示能带来巨大的经济效益。以优秀范例对此潜能进行展示室，社区将对保护遗产所带来的长期广泛的效益有所了解。这些效益远远超出了通过贩卖掠夺来的古董使少数人得到眼前利益。

（9）通过颁发潜水许可证可以有效控制潜水人员对水下文化资源产生的影响。这是一项受到法律支持的"用户付费"体制，可以创造保护所需的资金来源，同时控制海底遗产地不加限制的可接近性。

（10）将本来有可能成为保护工作负面影响的特许证持有者招募成正式的遗产监察人员。这一措施提供了另一被授权协助执法的人群，从而加强了保护工作。它们可提供遗产地信息反馈，并有权检举违法行为。

（11）涉及完好的公共信息系统能带来长远利益。公众对正在进行的勘测、最佳范例的恢复以及对过去数据的分析结果都持有很高的兴趣，这意味着它们每年都会回来，学习有关水下遗产的更多知识。信息传播能够激发公众的兴趣，增进其对水下遗产的了解，提高他们的热情。

（12）对一个地区水下考古潜能的调查应该成为文化遗产影响评估机制的一部分。任何在岸上、潮间地带或沿海地区计划进行的开发工程事先都应进行考古方面的影响评估。这包括案头背景研究、甄别海底异常现象的地球物理勘测、查明异常现行的潜水调查、对潜在影响的评估和有关削弱影响的建议。

（13）对水下文化遗产的保护需要用到规划和土地应用区域划分工具。对现存

的沿海保护区的扩展应包括潮间地带和岸上地带。应划分具有

（14）水下沉船一直因其船只和运载货物的来源经常涉及国际领域。应将与这些共同的水下文化遗产有关的前殖民地和殖民国家，以及历史上的贸易合作伙伴联合起来，共同开发相关项目。

（15）应支持类似航海考古协会（Nautical Archaeological Society NAS）这样的PADI项目，以便将保护遗产价值的理念灌溉给从事潜水运动的公众。

（16）在沉船遗址或其他水下考古遗址周围用浮标或堆积物界定有法律效力的"保护区"，以限制参观者数量，避免偶然破坏，防止掠夺。

4.3　保护水下遗产中非物质因素的真实性

（1）纪念性遗产：应区分水下考古遗产地和纪念性遗产地。后者被定义为年代较近的遗产地，逝者仍有直系后代在附近居住，他们会认为对遗产地的发掘时一种侵犯行为。对上述遗产应加以维护，供人参观，但不应加以发掘。

（2）无论任何年代的沉船都是一种独特形式的考古遗存：与复杂的分层遗产地不同，沉船代表一个单独的事件。他们如同过去事件的浓缩点。在真实的解读他们所蕴含的故事时应多加以注意。

（3）水下遗产只有会潜水的人才能得以接近。应努力将有关空间和背景的非物质方面的感触灌输给陆地上的公众。有必要时可利用新技术和新方法，以图像的形式重现一处遗产地的真实感觉。

4.4　遗产的真实性与社区的关系

（1）人们普遍存在着一种认识，认为海洋考古只属于学术界，公众并不能从中获得多少一处。遗产专业人员有义务将水下考古的知识和理念传播给公众。

（2）水下文化遗产的利益相关者所涉及的范围非常广泛和多样。他们的利益经常相互冲突，需要进行调解：

·非潜水公众：这部分人群尽管无法理解水下遗产，但却热衷于对其进行有意义的解读。

·当地潜水社区：他们往往不愿合作，因为他们可以通过贩卖水下遗产获利，并且/或者不愿接受官方或权威人士的干预。

·休闲定制的潜水旅游者：他们的希望在最短的时间内获得最多的经历和感受。

·商业性海上打捞公司：他们的目的与保护相违背。

·商业性特许证持有者和旅游组织者：应该让他们意识到保护水下文化遗址带来的商业效益和长远利益。

·非政府组织：

·政府部门：增强政府间合作可以提高公共服务的质量。

·考古工作人员：他们的主要目的在于记录，诠释和保护。

（3）应该考虑对发现水下遗产地的休闲潜水人员提供奖赏。奖赏应根据遗产地的保护状况而定，以避免在报告前先进行掠夺。

（4）将发现的遗产进行公共展示有助于提升社区的兴趣。展览不应只在博物馆内举行，还应在例如旅店等相关旅游场所举办，以便使得更广泛的利益相关者能够一睹水下研究的成果。

（5）水下文化遗产的展示和诠释应采取陆上和水下两种途径。带着观察点和信息点的沿海沉船路线可提升对海洋遗产的意识和关注。这种远程参观值得提倡。水下沉船路线应带有防水的信息单和遗产地指示牌，上面提供有关遗产地的信息和在遗产地的正确行为方式。

真实性面临的主要威胁	标识	行动
破坏	有可能直接影响海底及其上的遗迹和/或保存环境的开发计划和工程项目	影响评估
将材料从其考古环境中分离	休闲潜水人员和商业性海上打捞公司的掠夺，遗产出现在非法市场上	严格执法；国际压力

Ⅳ. 历史城区和遗产群落

1. 定义

历史城区或遗产群落由多个彼此相关的，或在空间上相毗邻的，或至少是近似的遗产资源组成。这些遗产资源的每一个都具有相对独立的遗产价值，并且/或者对遗产群落的整体价值有所贡献。

2. 框架性概念

专家一致认为，我们的历史城区资源正在经济发展和演变的威胁下快速地消失。必须采取措施来平衡发展和遗产保护之间的关系，将文化与可持续发展有效结合，以保护历史中心城区的真实性。在这个过程中，必须对亚洲城市传统所特有的具象和抽象特质及其真实性保护予以关注。

3. 保存工作面临的威胁

（1）亚洲城镇的历史街区面临着来自多方面的威胁。在开发高价值地产的经济压力下，历史建筑不断消失，并被新建筑取代。

（2）同时，由于资金短缺、无人问津以及物主/居住者对于作为一个有价值的整体城区中一个不起眼组成部分的遗产的价值认识不足，导致城区遗产资源的组织构造由于维护不足而逐渐衰退。

（3）城区环境还持续受到污染的冲击，包括历史建筑材料受到的化学影响、由于震动和沉降带来的损害、水位和适度的变化等。

（4）历史城区内及其附近不加限制的繁忙交通和污染性交通工具也会对遗产群落的完整性造成严重的直接危害。在保护过程中，必须优先制定交通变更路线、划定步行区域、制定执行空气净化政策、并强制执行一系列交通解决方案。

（5）赋予历史城区真实性意味的传统职业以及本地社区传统的经济－－居住格局正在消失。其中包括与传统建筑物的建造和维修有关的手工艺技能的消失。

4. 保存真实性的手段

4.1　确认和记录

（1）对城区形态加以详细记录是一项基本任务。它必须包括对城区建筑结构及应用方式的记录和分析，同时应特别注意区分使遗产具有其价值模式和当前模式。记录中也应包括详细的出入方式、基础设施、遗产区内部及附近的交通等。

（2）在记录中应将城区作为整体看待，其中包括普通的居民建筑，而不只是优先考虑纪念性建筑和保护名单上的建筑。在进行记录时，有关真实性的信息来源的类型和可信度是特别重要的考虑因素。

（3）应避免将小型的独特建筑从其大环境中剥离的倾向，而应在相关的历史、社会和经济背景下定义并界定更大范围的连续保护对象。

（4）在最基本的"核心"层次上，为遗产群落的所有组成部分编制一份详细的清单。清单应包括所有物质的和社会的遗产组成部分，以及这些组成部分的所有细节，并认识到遗产地的独特"个性"就存在于这些细节当中。编制清单时可应用多种技术，包括建筑物勘测、摄影测量术和地理信息系统。这份清单上记录的档案构成了有关遗产地真实性的信息来源，可在实施保护时作为参考之用。

4.2　保护真实性

（1）"预防性"机制可有助于保护历史城区的完整性，譬如，指定规划地带、历史街区地带、暂停或至少是限制再开发的特殊保护地带。

（2）需要建立历史城区整体管理计划，将保护与城市规划和公共及基础设施的供应相结合。在进行历史城区保护和改善的规划时，保护当地特征及城区内居民的亚洲价值系统非常重要。

（3）应尽可能的保护、改善并以协调的方式重新利用历史建筑。应注重帮助历史建筑的现有居民进行合理的持续居住利用。在很多时候，持续居住利用并不一定可行或理想。从前的住房可能需要重新加以改造，以适应现代的商业或社区用途。然而，类似改造不应以人口迁移以及多样化城区的同质化或商业化为代价。

（4）历史城区的集合体是一个有机的单位，通常由代表不同时期的建筑构成。不能将所有建筑都恢复到某个单一的历史时期；而是应该清晰展现出该城区随着岁月变迁的过程，以参观者辨认出城区的多个层次，解读相关建筑群落的历史。

（5）繁忙的商业中心地带应设在新的开发区；不应试图将此类现代功能挤入历史城区，超越其承载能力。

（6）同样重要的还有确认和积极促进当地传统的与濒危的贸易行业。构成许多亚洲城市古老街区的集市模式本身就是有价值的遗产组成部分。规划地和保护措施必须尽可能地在原地和原有建筑中促进这些传统贸易行业的持续活力。

（7）大多数亚洲城市的历史城区业已损耗；历史街区或建筑群被不悦目的现代建筑所截断，破坏了历史城区集合体的遗产价值。然而，在用历史建筑复制品或传统风格插入建筑来取代侵入的现代建筑时，也应当加以审慎的考虑。

（8）与断续的纪念物或考古遗迹不同，活态的城区集合体往往没有固定的看管机构。因此，建立一个由当地政府、企业界和社区代表以及专业的保护与规划人员组成的行政和决策制定机构是很重要的。这一机构的功能时设计将保护与城市发展相结合的长期计划，并建立可持续的财政激励与机制。

（9）如果管理得当，旅游可以为历史城区的保护和消除贫困创造资金来源。在旅游规划中应始终纳入商业与包括居民在内的其他用途，不允许与旅游相关的商店和设施在历史城区内占据主导地位。

（10）为历史城区或其周边环境所规划的任何基础设施或开发项目在实施前都应进行文化影响评估，以甄别出任何可能导致的负面或累计影响。

4.3　保护历史城区和遗产群落中非物质因素的真实性

（1）精神规划样板：使一个城区具有可辨识性、连贯性和真实性的元素包括其结构、街道、广场、街区和建筑，换言之，就是其空间结构。因此，必须将这一空间结构作为保护计划的主干来加以保存。城市构造是建造一个城市，从而也是保护一个城市的基本要素。它们包括：比例规律、密度、重复性、纹理和方向性。

（2）结构性和非结构性的公众互动空间：亚洲城市环境中的空间结构遵循着一定的等级制度：街道是典礼之路，广场是文化圣地。在这种空间结构中，边界是构成历史城区物质界线的线性元素，同时也赋予了整个城市组织结构以连贯性。城门（有时也可以是建筑物）构成了城墙的出口。因此，建筑物和整个街区的真实性都至关重要。

（3）本地社区生活：历史城区构造历经成百上千年的演变，反映了其居民的独特文化和价值体系。如果破坏了其生活方式和传统特色，仅仅只是保护建筑物，就无异于将其作为舞台上的道具，失去了赋予历史城区以独特之处的意味和价值体系。鉴于现代生活的需要和活态城市不断演变的特点，在保护中着意寻求平衡至关重要。因此，应该将持续就社区价值体系的世代传递展开探讨作为保护战略的一个组成部分。

（4）传播的连贯性/城市作为理念的市场：出于保护历史城区的非物质文化遗产的需要，应该在老师和学生以及任何观众之间进行知识传播。因此，划定和保护具有真实性的传播空间和长所非常重要的，例如，以市场所、机构、学校、演出场所及其他类似空间等。城市作为理念和技能的市场构成了真实性的一个基本元素。

（5）贸易与职业的连续性：历史城区的传统贸易行业与世代相传的职业富于了其建筑环境和空间已生命。这些经济活动和社会、家庭群体紧密相连，创造了非物质性的生活方式、工具和工作环境模式，反映在城市的形状、规划和布局之中。应对这些模式加以记录、研究并作为文化真实性的基本元素给予支持。

4.4　遗产的真实性与社区的关系

（1）公众对历史城区遗产重要性的高度认知确保历史城区得到保护的前提。在以作为这些城区的守卫者而感到骄傲，以作为这些独特建筑遗产的拥有者而感到自豪的人们手中，这些城区的真实性和完整社会获得更多的安全。

（2）在有关历史城区保护的决策中，应该纳入包括行政、政治、社区、商界和专业人员在内的广泛的利益相关者的参与，以便使对遗产价值的认可社会化。

（3）历史城区的未来经济与管理得当的旅游发展密切相关。文化旅游给这些地区带来的新的压力只有通过公共与私营的利益相关者的有效合作才能得以缓解。联合国教科文组织在亚太地区开展的丽江可持续旅游合作模式为促成这种合作提供了一个具有地区实用性的有效工具。

（4）历史城区是活态的实体。一起生活赋予这些历史城区生命力的人们应在保护过程中得到支持和福祉。保护专家应参与社区项目，并和社区工作积极认识一道，教育公众人士其遗产的价值，参与遗产保护的方法及其从遗产保护中可得到的惠益。

真实性面临的主要威胁	标识	行动
分裂	丧失历史结构和空间，并为不恰当的建筑风格所取代	影响评估、管理规划

真实性面临的主要威胁	标识	行动
规模	在历史街区内部或其周围建设规模不恰当的建筑	影响评估、执行规划法
忽视和衰退	结构分解和崩溃、装饰性元素的服饰、虫害引起的损坏、植被生长以及不加控制的水上运动	管理规划
背景分裂	不适当/不真实的活动和历史环境利用	影响评估、管理规划、社区行动

V. 纪念物、建筑物与构造物

1. 定义

这一类别包括被视为具有遗产价值并已经或即将被列入保护名单的、处于周围环境中的单体建筑遗产资源和建筑群。

2. 框架性概念

纪念物、建筑物与构造物的真实性与其结构所蕴含的时间叙述具有不可分割的联系。理解一处纪念物的历史发展过程极其多样的、复杂的结构、空间和装饰层次是保护其正式姓的基础。

专家认为，成功并真实的保护纪念物、建筑物与构造物的最好方式就是赋予其一个现代语境。无论在物质上，还是在解读与展示方面，他们都应该能够为社区所接近。

3. 保存工作面临的威胁

（1）单体纪念物和纪念物群落的保护与真实性面临着多种威胁，其中包括发展所带来的破坏和分割，由于人们缺乏兴趣和忽视造成的结构性衰退，有污染及其他环境影响造成的组织结构腐蚀等。

（2）不恰当的及误导性的保护措施会对真实性带来意想不到的威胁。因为急于美化和改善一处建筑物的外观，可能会去除其原始建筑构件并代之相对现代化的新购建。结构以外地产生一个全新的、非真实的建筑结构。

（3）一处纪念物的完整性可能会因为失去其历史环境而遭到损失和破坏。必须通过法律法规建设来控制亚洲城市发展对其纪念物造成的侵害。同样地，应对乡村纪念物的原始背景加以记录，并对其界限加以研究和保护，以防止其逐渐衰退腐蚀。

（4）对纪念物的历史性建筑进行翻新和重建，以使政权合法化，或是证明其民族和宗教主张的行为，是一种绝对不可接受的保护措施。

4. 保存真实性的手段

4.1　确认和记录

（1）在建筑物或纪念物重要性陈述中，应包括详细的历史研究、对过去所采取的介入措施的记录以及建筑物或纪念物的现状描述。这一陈述应对赋予建筑物或纪念物遗产异议并应当在后续介入行为中予以保存的不可替代的价值加以说明。

（2）有必要建立一个恰当的数据库，作为一位护真实性为目的的保护项目的基线。这一数据库应包括以下内容：

- 环境信息
- 土地/土壤信息
- 地质/地震探测信息
- 历史信息
- 有关所有权的细节
- 建筑细节
- 功能分析
- 风格分析和描述
- 结构评估（状态、破坏情况、机制）
- 材料评估（特点、衰退情况、原因）
- 考古材料
- 过去的介入历史

（3）对纪念物和建筑物采取的所有介入活动都应得到全面记录。为一个保护项目所收集的所有照片、图表、笔记、报告、分析和判断以及其他数据都应进行存档。最好是能够在权威的学术刊物上发表最终保护报告。

（4）应收集有详细记录和明确纪年的纪念物原始材料样品，例如转世、瓦当等，以便在需要用新材料进行保护时给予参考。保护中所好似用的人和新材料和混合物，包括其详细用途都应记录在案。

（5）所有现场举办的项目进展会议、检测记录和其他任何予以开展工作有关的信息都应记录存档

（6）有关作为保护计划一部分的介入行为的类型和程度的决定均应在进行充分的研究、专家讨论和权衡可能的保护措施之后作出。应采取确保遗产价值和纪念物及建筑物真实性所需的最低程度的介入。

4.2　保护真实性

（1）应特别参考《巴拉宪章》。此文献对于作为建筑物、纪念物和构造物保护工作一部分的真实性文虎尤其重要。应当将《巴拉宪章》中有关保护、维修和重建的指南作为决策的基础。

（2）建筑物和纪念物的保护应遵循旨在保存遗产资源的真实性与完整性的保护计划。类似计划应包括基本要素：

·保护项目的主要协调员应是一位建筑保护专家。

·应组建一个专家小组（包括保护专家、艺术史专家、建筑师、考古学家、材料专家、勘测专家、土壤专家、工程师、试验专家、地质技术人员等）

·清晰界定需要开展的工作，并制定有关负责人员。

·调查、分析、判断和设计需要下列因素：图表、照片、样本、实验室试验、现场试验和控制、监测、工作图表、详细说明、建筑细节、实施控制等。

·对于建筑物或纪念物的全面记录是保护工作的基础，包括详细记录过去所采取的介入措施。

（3）应明确了解可供保护专家选择的不同程度的介入措施以及在特定情况下选择适当的最小程度介入标准。

（4）修复或重建纪念物，将其恢复到过去某一特定历史时期只应在解释和恢复遗产价值所需的特殊情况下进行。这一工作应建立在认真研究，而不是推测的基础之上。

（5）迁移纪念物应在不可能进行原址保护的情况下作为最后手段加以考虑。只有在可以找到与纪念物的历史时期、形式和作用相符的新址时才能迁移。拆卸过程应在进行彻底的摄影、制图和材料记录后，由一位资质的保护建筑专家监督执行。新址必须在拆卸开始前准备妥当。

（6）在现有的物理证据、于其他建筑物的相似性和历史研究的基础上重建已经消失的建筑物只应在特殊情况下，在取得专家同意后予以考虑。其结果只能是诞生貌似传统，而实际上已经失去真实性的新建筑物。

（7）保留历史建筑物的立面或特征，并将其结合到现代的建筑结构中是一种不值得提倡的保护尝试。这种错位或环境的改变往往会使遗产地丧失其真实性。

（8）如果保护措施包括新材料的使用，应特别别加以注意。所用新材料的兼容性是维护真实性的基础。应对以下方面的兼容性加以考虑，以保证新材料不对纪念物产生负面影响：

·化学兼容性：两种材料不应发生化学反应例如，水泥与硫酸，导致膨胀现象。

·物理兼容性：（i）新旧材料不会因时期变化产生膨胀而发生差动。（ii）新材料的密度比应和现有材料存在很大差别。

　　·机械兼容性：新材料的强度和硬度应和原始材料相同或低于原始材料。

　　（9）所有新材料和结构都应如实标明，而不应作为远见加以展示。为达到目的，应在所有附加的新材料上加盖使用日期，并将建筑结构的新建部分与原始部分加以明确区分。

　　（10）应建立有关亚洲特殊建筑材料的保护最佳时间和方法的指南，包括土质建筑、当地砖石、木雕、石雕和镶嵌、镜面镶嵌、壁画等这些指南应与联合国教科文组织和国际古迹遗址理事会等通过的国际宪章相符，同时注重亚洲的特殊需要。应将支持传统的建筑技术和行业作为保护过程不可缺少的一部分。

　　（11）在亚洲大部分地区，潮湿是保护工作的一项重要课题。保护项目应设立湿度控制，包括测量水分组成内容和部分，并设计措施来减少从上方降雨和地下吸收来的水分。

　　4.3　保护纪念物、建筑物与构造物中非物质因素的真实性

　　（1）历史地重现：一处纪念物中所蕴含的过去的非物质遗产痕迹只有在我们了解特定的"语言"或"代码"都才能够解读。遗产管理人员有责任向参观者阐明这一历史内涵，以体现遗产地的真实价值

　　（2）纪念物的环境：一处纪念物仅以它的存在即可表明一处场所的含义。而周围的景观则是通过其他的联系方式产生特殊含义。在保护计划中应纳入这一相关空间，而不应忽略纪念物和重要建筑物的相关环境。

　　（3）象征性领域：与许多纪念物、建筑物和构造物有关的宗教活动和/或神圣元素是真实性的一部分。这些象征性的元素可能知道了一处纪念物的原始设计、并且被重视的纳入了它的构造之中。构造物也有可能作为历史上一系列神职活动的舞台或背景。必须通过研究对类似关联加以确认，并反映在遗产地的保护工作中。

　　（4）相关联用途：同样的，一处纪念物或建筑物的原始修建目的是我们了解其真实性的一个重要部分。我们必须明确这些原始用途及其对纪念物的计划产生的影响，并确保将这一信息反映在遗产的保护和诠释中。

　　（5）传统指示：纪念物的架构和设计中融入了有关自然和宇宙的知识与实践。因此，一个建筑物也可以作为有关传统知识和手工技能的书本来读。对纪念物的解读应包括对这些知识形式的描述，而仅仅只是集中在最终的成品上。

　　4.4　遗产的真实性与社区的关系

　　（1）应使得居住在遗产项目内及周围的当地社区拥有主人翁责任感。如果当地居民认识到赋予其纪念物意义和特殊性的品质，他们就会以这一真实性为荣并对保护工作给以支持。

（2）许多纪念物至今仍然拥有哪些赋予其真实性的宗教、社区或其他用途。而其他纪念物的这些原始用途在保护工作完成后已不再起到积极作用。应该以具有创造性的方式寻找重新利用纪念物和历史性建筑的途径，以使其拥有经济生存能力，同时兼顾保护其真实特征和环境的需要。应特别注意标明保护工作带来的社会效益，找到将当地社区与历史遗产紧密相连的用途。

（3）纪念物和历史性建筑的保护和持久维护需要一个拥有各种传统建筑和装饰技能的手工技师群体。这类特殊技艺的范围在不同地区各不相同，而多数地区都极其缺乏类似人才，很多手工技艺和专业技能都正在消失。如果要在保护工作中包含真实的工艺和设计，就必须努力支持这些工艺，并在地方和国家层次提供相关的培训和学徒机会。

真实性面临的主要威胁	标识	行动
疏忽	建筑结构出现问题或崩溃，装饰性元素被腐蚀，受到虫害的破坏，植被生长和部加控制的水上活动	管理规划
环境退化	污染、酸雨或石癌带来的化学侵蚀	专家技术评估和行动
误导性的保护	丧失原始构造，代之以"新版过去"；试图让遗产地"面目如新"。	保护规划和培训
脱离背景/扩侵	在制定缓冲区内进行非法建筑和土地征用	影响评估、规划控制和社区行动

国际古迹遗址理事会《西安宣言》（2005）

（国际古迹遗址理事会第十五届全体大会于 2005 年 10 月 21 日在西安通过）

导 言

应中国古迹遗址保护协会的邀请，我们于 2005 年 10 月 17 日至 21 日在古城西安召开国际古迹遗址理事会第 15 届大会并庆祝该组织成立四十周年，回顾她为维护和保护作为可持续和人文发展的一部分的世界文化遗产所作出的长期努力；

得益于大会期间召开的"古迹遗址及其周边环境——在不断变化的城镇和自然景观中的文化遗产保护"国际科学研讨会上所交流的众多案例和反思，以及得益于中国和各国政府、研究机构和专家关于在加速变化和发展的条件下充分保护和管理古建筑、古遗址和历史区域（诸如古城、自然景观、古迹路线和考古遗址）的经验；

注意到《国际古迹遗址保护及修复宪章》（即《威尼斯宪章》，1964 年）以及该宪章所引发产生的其他许多文件中所体现出的对古迹遗址周边环境保护的国际的和专业领域内的兴趣——这种兴趣尤其是通过国际古迹遗址理事会的国家委员会和国际委员会表现出来，并体现在《奈良真实性文件》（1994 年）和其他国际会议所通过的结论和建议中，诸如：《会安宣言——保护亚洲历史街区》（2003 年）、《恢复巴姆文化遗产宣言》（2004 年）以及《汉城宣言——亚洲历史城镇和地区的旅游业》（2005 年）；

注意到联合国教科文组织的公约和建议中关于"周边环境"的概念，包括《关于保护景观和遗址的风貌与特性的建议》（1962 年）、《关于保护受到公共或私人工程危害的文化财产的建议》（1968 年）、《关于历史地区的保护及其当代作用的建议》（1976 年）、《保护无形文化遗产公约》（2003 年），尤其是《保护世界文化和自然遗产公约》（1972 年）及其执行性原则——在这些文件中，"周边环境"被认为是体现真实性的一部分并需要通过建立缓冲区加以保护，这也为国际古迹遗址理事会、联合国教科文组织以及其他合作伙伴进行国际和跨学科合作提供了机会；

强调有必要采取适当措施应对由于生活方式、农业、发展、旅游或大规模天灾人祸所造成的城市、景观和遗产路线急剧或累积的改变；有必要承认、保护和延续遗产建筑物或遗址及其周边环境的有意义的存在，以减少上述进程对文化遗产的真实性、意义、价值、整体性和多样性所构成的威胁；

国际古迹遗址理事会第 15 届大会的代表特此通过如下有关原则和建议的宣言，并将它告知所有能够通过立法、政策制定、规划和管理等途径促进宣言目标实现的政府间组织、非政府组织、中央和地方政府、机构和专家，以便更好的保护世界古建筑、古遗址和历史区域及其周边环境。

承认周边环境对古迹遗址重要性和独特性的贡献

1. 古建筑、古遗址和历史区域的周边环境指的是紧靠古建筑、古遗址和历史区域的和延伸的、影响其重要性和独特性或是其重要性和独特性组成部分的周围环境。

除了实体和视角方面的含义之外，周边环境还包括与自然环境之间的相互关系；所有过去和现在的人类社会和精神实践、习俗、传统的认知或活动、创造并形成了周边环境空间中的其他形式的非物质文化遗产，以及当前活跃发展的文化、社会、经济氛围。

2. 不同规模的古建筑、古遗址和历史区域（包括城市、陆地和海上自然景观、遗址线路以及考古遗址），其重要性和独特性在于它们在社会、精神、历史、艺术、审美、自然、科学等层面或其他文化层面存在的价值，也在于它们与物质的、视觉的、精神的以及其他文化层面的背景环境之间所产生的重要联系。

这种联系，可以是一种有意识和有计划的创造性行为的结果、精神信念、历史事件、对古遗址利用的结果或者是随着时间和传统的影响日积月累形成的有机变化。

理解、记录、展陈不同条件下的周边环境

3. 理解、记录、展陈周边环境对定义和鉴别古建筑、古遗址和历史区域的重要性十分重要。

对周边环境进行定义，需要了解遗产资源周边环境的历史、演变和特点。对周边环境划界，是一个需要考虑各种因素的过程，包括现场体验和遗产资源本身的特点等。

4. 对周边环境的充分理解需要多方面学科的知识和利用各种不同的信息资源。

这些信息资源包括正式的记录和档案、艺术性和科学性的描述、口述历史和传统知识、当地或相关社区的角度以及对近景和远景的分析等。同时，文化传统、宗

教仪式、精神实践和理念如风水、历史、地形、自然环境价值，以及其他因素等，共同形成了周边环境中的物质和非物质的价值和内涵。周边环境的定义应当十分明确地体现周边环境的特点和价值以及其与遗产资源之间的关系。

通过规划手段和实践来保护和管理周边环境

5. 可持续地管理周边环境，需要前后一致地、持续地运用有效的法律和规划手段、政策、战略和实践，同时这些方法手段还需适应当地的文化环境。

管理背景环境的手段包括具体的立法措施、专业培训、制定全面保护和管理的计划以及采用适当的遗产影响评估系统。

6. 涉及古建筑、古遗址和历史地区的周边环境保护的法律、法规和原则，应规定在其周围设立保护区或缓冲区，以反映和保护周边环境的重要性独特性。

7. 规划手段应包括相关的规定以有效控制外界急剧或累积的变化对周边环境产生的影响。

重要的天际线和景观视线是否得到保护，新的公共或私人施工建设与古建筑、古遗址和历史区域之间是否留有充足的距离，是对周边环境是否在视觉和空间上被侵犯以及对周边环境的土地是否被不当使用进行评估的重要考量。

8. 对任何新的施工建设都应当进行遗产影响评估，评估其对古建筑、古遗址和历史区域及其周边环境重要性会产生的影响。

在古建筑、古遗址和历史区域的周边环境内的施工建设应当有助于体现和增强其重要性和独特性。

监控和管理对周边环境产生影响的变化

9. 古建筑、古遗址和历史区域的周边环境发生的变化所产生的个别的和积累的影响，以及这种变化的速度是一个渐进的过程，这一过程必须得到监控和管理。

城乡景观、生活方式、经济和自然环境累积或急剧的改变可以显著地、不可挽回地影响周边环境对古建筑、古遗址和历史区域重要性所作出的真正贡献。

10. 应当管理古建筑、古遗址和历史区域周边环境的变化，以保留其文化重要性和独特性。

管理古建筑、古遗址和历史区域的周边环境的变化并不一定需要防止或阻挠其发生变化。

11. 进行监控，应当对识别、衡量、组织和补救古迹遗址的腐蚀、重要性消失或平庸化所采取的途径和行动加以明确，并就古迹遗址的保护、管理和展陈活动提出改进措施。

应当制定定量和定性指标，评估周边环境对古建筑、古遗址和历史区域的重要性所产生的贡献。

监控指标应当包括硬性指标，如对视野、轮廓线和公共空间的侵犯，空气污染、噪声等，以及经济、社会或文化等层面的影响。

与当地跨学科领域和国际社会进行合作，增强保护和管理周边环境的意识

12. 同当地和相关社区的协力合作和沟通，是古迹遗址周边环境保护的可持续发展战略的重要组成部分。

在保护和管理周边环境方面，应当鼓励不同学科领域间的沟通，这应当成为一种公认的惯例。相关的领域包括建筑学、城市和地区规划、景观规划、人类学、考古学、历史学、人类文化学、博物馆学、档案学等。

应当鼓励与自然遗产领域的机构和专家的合作，这应当是对古建筑、古遗址和历史区域及其周边环境进行确认、保护和展陈的有机组成部分。

13. 鼓励进行专业培训、展示、社区教育和公众意识的培养，以此支持各种合作和知识的分享，促进保护目标的实现，提高保护手段、管理计划及其他相关手段的效率。

应当借鉴从个别古建筑、古遗址和历史区域保护中获得的经验、知识和手段，应当被用来改进周边环境的保护。

专家、机构、当地和相关社区人员应共同担起责任，充分认识周边环境在各方面的重要性；在做决定时，应该充分考虑周边环境有形和无形的层面。

第二届文化遗产保护与可持续发展国际会议《绍兴宣言》（2006）

（第二届文化遗产保护与可持续发展国际会议于
2006 年 5 月 31 日至 6 月 2 日在绍兴通过）

2006 年 5 月 31 日至 6 月 2 日，来自中国的 188 位专家和来自世界各地的 63 位专家参加了在中国绍兴举办的第二届文化遗产保护与可持续发展国际会议。本届会议由中国国家文物局、中国建设部、联合国教科文组织和世界银行共同主办，浙江省文物局和绍兴市人民政府共同承办。

会议旨在进一步从机制角度认识并有效利用文化遗产管理的"手段"这一最近产生的概念。会议着重探讨了以下三个相互联系的主题：

1. 成功进行遗产保护、管理和监测的战略；

2. 作为遗产保护手段之一的负责任旅游；

3. 遗产融资和收入产生。

会议代表回顾了 2000 年召开的第一届国际会议通过的《北京宣言》中对遗产保护和城市发展现状的分析：

"随着 21 世纪经济的飞速发展，许多历史城市的文化遗产正在受到影响，其中的许多遗产甚至遭受到毁灭的威胁。城市人口的膨胀以及城市日益扩张、现代化和以经济为取向的趋势每天都在蚕食着文化遗产赖以生存的环境。许多具有重要历史价值的传统文化街区的真实性正在消失。"

会议代表赞赏 2000 年以来在应对遗产所受到的威胁方面，在国家、地区和国际层面上所取得的重大进展，同时也忧虑地指出，城市的飞速发展、不受约束的旅游发展和遗产保护未能纳入整体规划体系正在持续不断地对文化遗产带来压力。

因此，此次会议的具体目标就是将过去六年所取得的成果纳入到战略和手段所组成的框架体系中，为主要的决策者提供机会，以此：

1. 了解一系列可以被用来成功实现把遗产保护纳入可持续发展规划和实践进程这一目标的专业手段；

2. 在审议过程中，会议代表明确以下优先问题是遗产保护与可持续发展成功结合的关键所在：在将文化遗产的有效保护与负责任的文化旅游发展相结合的时候，尤其是在目前经济飞速发展和基础设施建设不断扩展的背景下，加深对必须要考虑的问题的认识；

3. 寻求建立一系列长期的融资机制为遗产保护提供支持和资金。

（一） 遗产保护、管理和监测

1. 目前仅仅是在有关发展的所有主要决策制定之后才通过信息分享的方式使社区和遗产保护的利益相关者参与进来。这种做法既没有效果也造成冲突。应当让所有层次的利益相关者都在一开始就参与到发展规划的制定中来。

2. 文化遗产保护应当建立在对遗产所有文化价值以及所有可能影响这些价值的方面和问题进行有力的评估这一基础之上。要在进行毫无现实依据的遗产保护或管理决策之前采取上述这些步骤，这一点至关重要。

3. 为了使社区和利益相关者系统地和透明地参与到这一过程中，应当为长期规划和具体遗产项目的管理进行战略性环境评估和环境影响评估程序。

（二） 作为遗产保护手段之一的负责任旅游

1. 大众旅游的发展常常会带来对遗产资源的非可持续性和商业化利用，从而导致这些资源的退化和枯竭。目前对旅游业的指导和规范是不够的。因此，需要在国家层面建立一套针对文化遗产资源和文化旅游业的新的管理体系。

2. 这一新的体系将统一管理文化遗产资源和文化旅游业的发展，并有权力制定和执行诸如下列的方针政策：

a）制定有关遗产地、遗产价值和遗产周边环境保护的高标准；

b）有权力管理遗产地，从而在满足游客需求的同时保护遗产地的真实性；

c）将一部分旅游利润和景点收入再投入到遗产资源的保护中（通过门票收入、税收或其他手段）；

d）对旅游公司、导游和其他旅游服务提供者进行资格认证，以保证他们能够严格遵守可持续旅游发展的准则；

e）使当地社区最大限度地参与到遗产的规划、管理和人员雇佣中，并能够平等地享受经济利益的分配。

3. 为游客提供高质量的旅游经历是要考虑的一个主要问题。这一目标通过以下方式实现：

a）提供富有创意的展示；

b) 提供高水平的导游；

c) 指导游客欣赏和认识文化遗产地以及它们所具有的有形和无形价值与背景；

d) 当地社区的参与；

e) 提供高质量和原汁原味的文化旅游产品和服务。

（三） 遗产融资：公共和私人部门的参与

1. 负责经济发展规划的部门需要认识到，文化遗产资源具有经济和社会价值，因此应当将它们视为可持续发展进程的有机组成部分，进行保护、管理和有益的作用。

2. 需要建立一个全面的资金规划体系，包括有效的制度、创新的财务机制、对建立在调查研究和信息数据基础上的决策过程的关注以及透明和可靠的监测系统。

3. 应当建立结构化的收入分配体系，尤其是发展部门应当提供交叉补贴以支持遗产保护，同时将旅游利润再投入到遗产地的文物保护和可持续发展上面。

4. 有必要实践遗产融资发展机制：

a) 评估遗产保护的附加值和直接、间接的经济与社会利益；

b) 动员私营部门融资；

c) 协调公、私部门；

d) 采用多种融资机制——如：贷款、基金、收入或税收、专项资金筹措等，来补足或完全替代补助资金；

e) 对于遗产投资自身融资采用激励方法。

以上部分作为专家推荐的有意义的部分必须作为政策被正式采用，来综合指导遗产保护与保护展示利用、开发。而且，这些政策的必要性一定要被地方政府准确的理解和完整的实行。尤其是应该特别注意地方政府，因为在这一级上一定经常遇到文化遗产保护与利用、开发的挑战。无论遗产点遇到旅游或其它类型的开发时，那些建立在透明、多识和与利益相关者广泛对话基础上的实施政策优先考虑文化遗产保护的真实性是至关重要的。

只要我们共同努力，应对上述这些优先问题，人类的文化遗产就能够得到保护，并将继续作为基石，支持世界各国在 21 世纪的发展与繁荣。

东亚地区文物建筑保护理念与
实践国际研讨会《北京文件》（2007）

（东亚地区文物建筑保护理念与实践国际研讨会于
2007 年 5 月 28 日在北京通过）

背　景

中国国家文物局、国际文物保护与修复研究中心、国际古遗址理事会和联合国教科文组织世界遗产中心于 2007 年 5 月 24 日至 28 日在北京联合举办了"东亚地区文物建筑保护理念与实践国际研讨会"。此次会议针对世界遗产委员会第 30 届大会（维尔纽斯）就北京故宫、天坛和颐和园当前的修复工作所提出的关切与建议进行了研讨。此次会议也是针对遗产保护原则和实践所产生的争议展开的一次后续行动，而这些遗产体现出不同的文化与传统。代表联合国教科文组织世界遗产中心、国际古迹遗址理事会、国际文物保护与修复研究中心和来自下列国家共约 60 余名专业人员出席了此次研讨会：中国、澳大利亚、加拿大、科特迪瓦、芬兰、法国、德国、伊朗、以色列、意大利、日本、蒙古、菲律宾、韩国、泰国、英国和美国。会议议程包括考察并讨论目前正在进行的北京 3 处世界遗产地的修复工作。

与会代表对中国国家文物局的盛情邀请以及会议和现场考察期间所有相关单位提供的热情的接待、清晰地介绍与畅所欲言地讨论活动表示感谢。此外，在听取了审议内容和考察了北京的世界遗产地之后，与会代表通过了以下文件，其中包括对北京世界遗产地正在进行的修复工作所提出的建议，以期使这一文件不仅有助于上述遗产地的保护，而且为地区合作奠定基础，从而更好地制定针对东亚地区其他古迹遗址保护与管理的理论和实践指导原则。

保护原则

2007 年 5 月 24 日至 28 日，在北京举行的此次国际研讨会讨论了文物建筑保护和修复的理念与实践，其中特别就北京的 3 处世界遗产地案例进行了研讨。此次会议回顾了有关保护理念与原则，包括 2000 年经中国国家文物局批准，中国古迹遗址保护协会颁布的《中国文物古迹保护准则》（以下简称《中国准则》），联合国教科文组织 1972 年通过的《世界遗产公约》及其《操作指南》，联合国教科文组织通过的其他建议与宣言文件，相关国际会议通过的决定，以及国际古迹遗址理事会通过的国际宪章和文件，如《威尼斯宪章》（1964 年）、《奈良真实性文件》（1994 年）、《古迹、建筑群和遗址的记录准则》（1996 年）、《木结构古建筑保护准则》（1999 年）、《国际文化旅游宪章》（1999 年）、《壁画保存、保护与修复准则》（2003 年）、《建筑遗产分析、保护和结构修复准则》（2003 年）、《西安宣言——关于古建筑、古遗址和历史区域周边环境的保护》（2005 年）以及国际古迹遗址理事会澳大利亚国家委员会通过的《巴拉宪章》（1999 年）。此外，各国遗产保护机构自现代保护运动发起以来从各自保护实践中以及从世代相传的文物建筑保护的传统做法中总结的原则和经验，也在此次会议上受到了关注。

文化多样性与保护过程

正如《奈良真实性文件》和《联合国教科文组织文化多样性世界宣言》（1999 年）所主张的，文化遗产的根本特征是源于人类创造力的多样性。文化多样性是人类精神和思想丰富性的体现，也是人类遗产独特性的组成部分。因此，采取审慎的态度至关重要。在修复过程中必须充分认识到遗产资源的特性，并确保在保护和修复过程中保留其历史的和有形与无形的特征。

现代保护理论可以被视为涵盖决策过程的方法论，这一决策过程从认知遗产资源的重要性和价值开始，并构成采取相应保护处理的依据。认知过程必须建立在包括研究、咨询和传统等各种来源的基础上，以获得对该遗产地及其重要历史积淀层的充分理解。考虑到各个遗产地的文化和历史特性，修复工作不能不经过适当的论证和认知，就按照固定的应用方式或标准化的解决方法进行。

档案记录与信息资料

在开始任何干预工程或修复项目之前，应制定一项行动计划，明确所依据的理论方法，并详细说明如何进行实施与监督。这些计划需要得到相关遗产管理部门的批准。文物建筑及其周边环境本身应被视为信息的基本来源，并补充以档案资料和传统知识。理解这些复杂的信息来源是确定开展包括保养和维修在内的任何保护工作的前提。文物建筑及其周边环境的保护工作应被视为一个跨学科的过程，诸如建筑学、工程学、历史学、考古学、材料和结构的科学方法以及社区的利益攸关者，包括传统知识等。遗产地的认定和调查过程包括对该遗产地及其周边环境进行详细的勘查并予以登记造册，此类调查须对所有的历史遗迹和痕迹进行查核。

文化遗产管理者负责确保做好充足的档案记录，并确保这些记录的质量和更新，不断做好档案记录应是任何保护管理规划及其实施的有机组成部分。准确的档案记录程序应以分析报告和评估报告的形式呈现，配以图纸、照片和绘画等，这应当是任何修复项目的一个组成部分。修复工作的每一个阶段以及所使用的材料和方法都应记录归档。在修复项目完成后的合理时限内，应准备并出版一份报告，总结相关的研究、开展的工作及其成果。报告应存放在公共机构的档案室，得以使研究人员参考使用。报告的副本应存放在原址。

真实性

通过对《奈良真实性文件》、《中国准则》以及《实施世界遗产公约操作指南》等文件的回顾，与会代表强调了在实践中贯彻文件所述原则的必要性，尤其对《奈良真实性文件》中第9段和第13段的内容给予了特别重视。真实性可以作为理解信息来源的可靠性和真实性。文物建筑与遗址本身作为信息的来源具有根本的重要性，体现在诸如形式与设计、原料与材料、用途与功能、位置与环境，以及传统知识体系、口头传统与技艺、精神与情感等因素中。任何维修与修复的目的应是保持这些信息来源的真实性完好无损。在可行的条件下，应对延续不断的传统做法予以应有的尊重，比如在有必要对建筑物表面重新进行油饰彩画时。这些原则与东亚地区的文物古迹息息相关。

完整性

《中国准则》明确指出，保护遗产地不得改变其历史原状。这是特别针对历史建筑群，如古代宫殿建筑群的完整性条件而言的。《实施世界遗产公约操作指南》指出，完整性可定义为"衡量自然和/或文化遗产及其特征的整体性和无缺憾性"。它应考虑到体现遗产重要性和价值所需的一切因素。对一座文物建筑，他的完整性应定义为与其结构、油饰彩画、屋顶、地面等内在要素的关系。为了保持遗产地的历史完整性，有必要使体现其全部价值所需因素中的相当一部分得到良好的保存，包括建筑物的重要历史积淀层。正如《西安宣言》中所强调的："古建筑、古遗址和历史区域的周边环境指的是紧靠古建筑、古遗址和历史区域延伸的、影响其重要性和独特性或是其重要性和独特性组成部分的周边环境……理解、记录、展陈周边环境对定义和鉴别古建筑、古遗址和历史区域的重要性十分重要。"

保养和维修

保养和维修的目的是保证古遗址保持良好的状况。这一工作应当基于对该财产的真实性和完整性的明确认识和尊重。定期的防护保养至关重要。材料和结构的替换或更新应保持在合理的最小的程度，以便尽可能多地保留历史材料。所有的工程均应做好恰当的档案记录。只有在需要采用相应的措施，替换腐朽或破损的构件或构件的某些部位，或需要修复时，方可进行更换。在维修木结构时，选用替换木材应适当尊重相关价值。新的构件或新构件的某些部分应用相同的树种制作，如果无法做到这一点，则应与被替换构件保持相似的特性，这一点至关重要。从现场拆移下来的任何重要材料均应予以保存，以供研究和教学之用。

木结构油饰彩画的表面处理

建筑外表及其面层是古迹外观的重要组成部分，具有历史、审美和工艺价值。建筑表面同时构成文物建筑的保护层，对这些表面最好的保护方法就是定期保养。然而，这些表面易遭风化、磨损，经常需要维修。同时，建筑表面的丰富是建立在文化表现形式的多样性、审美成就以及从古至今所使用的材料和工艺的多样性的基础之上的。在许多情况下，工艺技术和材料会历经多个世纪保持不变。尽管如此，每个阶段也都有其特殊的文化背景和价值，这些都体现在匠师们的杰作之中。这正是木结构表面油饰彩画的情况。因此，在保护中首先要关注的是应当尽可能多地保留表层材料的真实性，涉及重新油饰彩画的决定应当建立在适当的专业咨询基础之上。对所有的油饰彩画表面应首先通过科学分析的方法进行调查研究，以揭示有关原始材料和工艺、历史上的干预、当前状态以及宏观和微观层面的腐朽机理等方面的信息。适当的传统技术和工艺应在任何可行的条件下加以应用。传统材料和相关知识也应得到不断研究，以增进对技术工艺的认识，并改善对其应用。新材料和新工艺只有在经过试验并被证实之后方可使用，而且决不能对遗址造成破坏。

重　建

《中国准则》规定，不复存在的建筑一般不应重建。只有在特许情况下，才可有选择地对个别建筑在原址上进行重建。这只有在经过具有扎实学问和严谨判断力的专家组和/或相关人士确定后，依据确凿的情况下方可进行。在确定有利于遗址的完整性、保护状况和/或稳定性的情况下，可以考虑进行局部重建。不过，如果遗址本身的现状已具备某种重要性，或档案和实物遗存不能为重建目的提供足够的信息资料，则不应考虑重建。重建不得伪造城市环境和景观，或破坏现存的历史肌理。在任何情况下，重建的决定都应当是与相关社区进行协商后的结果。对与重建相关的所有问题进行补充性讨论将有助于提供进一步的指导。

管 理

保护规划是管理遗址以及进行保护干预工作和展陈的基础。遗产地管理是国家社会经济发展的重要组成部分，必须将其纳入相关城乡规划法规和规划过程中，并需要多学科之间的合作。在制定保护规划及其之后的实施过程中，应当明确并遵循公开透明的决策程序。遗址管理体制和手段须完备，以实施管理规划。对遗址的重大干预应在充分研究基础上制定的详细行动计划的指导下进行，该计划对实施过程中所使用的方法和手段做出明确规定。遗址管理体制及其手段必须日复一日反复强调定期保护与保养、监测、风险管理和遗址展陈的必要性。

展陈和旅游管理

针对游客的展陈是保护过程中必不可少的组成部分，它涉及对遗产地游客承载能力的分析，以及在讲述故事、展出物品和展现为保护做出努力时所用的方法和媒介。游客对遗址价值有所了解，就会享受参观过程，并因此关注这些遗产地及其保护。可持续的旅游管理需要纳入遗址管理体系中。旅游信息、媒体兴趣、游客流量和影响是一切保护项目（无论其大小）需要考虑的重要因素。众多遗产地面临的巨大旅游压力需通过进一步规划和细化管理，来避免或降低目前明显的负面影响。

培 训

培训是可持续管理体系中不可或缺的组成部分。国家机构应当将制定涉及必要学科和技术的培训战略纳入其政策中。针对世界遗产地的培训应着眼于《世界遗产全球培训战略》中所体现的三个主要领域，即：《世界遗产公约》的实施、世界遗产地的管理以及为更好保护世界遗产地对保护方法和技术的改进。培训项目应利用现有技能、当地智慧和各阶层专业知识的优势，包括高校和地区合作伙伴关系，加强与诸如国际文物保护与修复研究中心、国际古迹遗址理事会、世界自然保护联盟和联合国教科文组织等国际组织的合作。要特别重视提倡传统技能以及有关建筑工艺和其他传统技能知识的传承与抢救。这可能涉及在国家或地区层面建立合作伙伴关系，以便对上述知识进行鉴别与记录，并将其纳入相关学校和培训中心的教育和培训计划中。

城市文化国际研讨会
《城市文化北京宣言》（2007）

（城市文化国际研讨会于 2007 年 6 月 11 日在北京通过）

2007 年 6 月 9 日至 11 日，来自世界 23 个国家和地区的 1000 多位市长、规划师、建筑师、文化学者、历史学家以及其他各界关注城市文化的人士，应中华人民共和国建设部、文化部和国家文物局的邀请，相聚在世界著名的文化古都北京，讨论了全球化时代的城市文化转型、历史文化保护、当代城市文化建设等议题。

与会代表认为，城市作为一种文化现象，在人类文明史上具有独特的重要地位。回顾城市发展的历史，文化始终是城市最主要的功能之一，城市不仅是一定地域的经济和政治中心，也是这一地域的文化中心。与会代表充分肯定了《雅典宪章（1933）》、《马丘比丘宪章（1977）》、《保护世界文化和自然遗产公约（1972）》和《文化多样性保护国际公约（2005）》等对于城市发展和城市文化建设的重要贡献。同时注意到，城市化、全球化在带来经济发展、文化繁荣和生活改善的同时，也给当代人带来巨大的挑战。城市发展正面临着传统消失、面貌趋同、形象低俗、环境恶化等问题，建设性破坏和破坏性建设的威胁依然存在，城市文化正处于转型过程之中。在全球城市人口第一次超过乡村人口的今天，反思城市发展的历程，重新评价城市文化与城市发展的关系，我们在自由讨论的过程中，形成如下共识，并以北京宣言的形式公布于世。

一、新世纪的城市文化应该反映生态文明的特征。城市是人类最伟大的创造，也是导致全球一系列重大变化的主要因素之一。迄今为止，那种人类中心主义的观念、掠夺自然资源的发展模式已经不再可取，减少城市发展对自然环境的压力，修复被破坏的生态系统，实现人与自然、城市与乡村之间的相互和谐，应该成为城市发展的基点。中国传统的天人合一理念，尊重自然、道法自然的思想，是珍贵的世界文化瑰宝，也是对今天的城市发展具有重要价值的基本原则。21 世纪的城市应该是生态城市。

二、城市发展要充分反映普通市民的利益追求。城市是市民的居所，也是市民的精神家园。普通市民是城市的主人，是城市规划、建设的出发点和归宿点，也是城市文化的智慧源泉和驱动力量。坚持面向普通市民，同时，回应不同人群的诉求，特别是贫困阶层、弱势群体、边缘人群的需求，应该成为基本价值观和行为准则。深入科学地研究普通市民对居住、就业、交通、环境以及情感的需要，塑造充满人文精神和人文关怀的城市空间，是当代规划师、建筑师和文化学者的历史使命。民众的利益高于一切，城市规划建设如此，城市文化亦然。市长对此负有特别重要的责任。应该保证市民参与城市发展决策过程的机会，任何好的决策都是市民自己的选择。城市发展的本质应使市民生活得更美好。

三、文化建设是城市发展的重要内涵。市民的道德倾向、价值观念、思想方式、社会心理、文化修养、科学素质、活动形式、传统习俗、情感信仰等因素是城市文化建设的综合反映。城市规划、建设必须特别重视城市文化建设，城市的形态和布局要认真吸取地域文化和传统文化的营养；城市的风貌和特色要充分反映城市文化的精神内涵，城市的建筑和设施要努力满足普通市民精神文化和物质的基本需求。建设形神兼备、浑然一体的城市，实现城市建设形式与城市文化内涵的完美结合，是城市规划建设的基本要求和目标。在信息化的今天，文化作为一种重要的城市功能，具有前所未有的重要作用，是城市发展的主要推动力量之一。加强城市文化建设，完善城市服务功能，提升城市生活品味，任重道远。

四、城市规划和建设要强化城市的个性特色。当今城市发展中普遍存在着形象趋同、缺乏个性的现象，富有特色的城市街区、建筑正被标准化的开发吞噬，优秀的地方文化、特色正在城市更新改造中消失。面对全球化、现代化对于民族文化和地方文化的冲击，要通过深入的城市设计、广泛的社会参与、有效的城市管理，让我们的城市街道、广场和建筑演绎城市内在的气质、情感及其文化底蕴，让我们的城市特色蕴含在每一个细节和活动中。特色赋予城市个性，个性提升城市竞争力。继承基础上的创新是塑造城市特色的重要途径。要拒绝雷同，彰显个性；也要反对有损于传统、有碍于生活的荒诞媚俗。成功的城市应该具备深厚的文化积淀、浓郁的文化氛围、美好的城市形象，成功的城市不仅是当代的景观，也将成为历史的荣耀、民族的骄傲。

五、城市文化建设担当着继承传统与开拓创新的重任。城市是全人类的共同记忆。文化遗产见证着城市的生命历程，承载和延续着城市文化，也赋予人们归属感与认同感。城市文化建设要依托历史，坚守、继承和传播城市优秀传统文化，减少商业化开发和不恰当利用对文化遗产和文化环境带来的负面影响。成功的城市是在保持自己文化特色的基础上进行再创新的城市。城市的生命力在于创新，要积极发展创意产业和服务业，促进城市经济升级转型和城市功能的完善，顺应现代生活的需要，促进人的全面发展。要借鉴吸收全人类的文化成果，扩大民族文化的外延，更好的弘扬本土文化。我们不仅需要商贸城市、工业城市，我们更需要文化城市。

我们有一种共同的期待，21世纪，全世界人民连心携手，共建美好、宜人的人类家园。我们有一种共同的信念：21世纪的城市应该是人与人、人与自然友好相处的和谐空间。

编 后 记

出版一部中文版的国际文化遗产保护文件选编，是 2007 年 5 月在北京召开"东亚地区文物建筑保护理念与实践国际研讨会"期间，由中国国家文物局发起并得到联合国教科文组织世界遗产中心、国际古迹遗址理事会和国际文物保护和修复研究中心积极支持的项目。出版此书，旨在推动国际合作保护文化遗产事业的发展，普及中国文化遗产保护意识，也是为了纪念《中华人民共和国文物保护法》修订实施五周年。

开展这个项目，对我们而言是一个挑战，更是一个学习的机会。在各主编单位的大力帮助下，我们对文化遗产保护领域部分重要的国际文件进行了编辑整理。我们深知，对国际文化遗产保护文件进行翻译、整理和分类编辑，是一项高深的科学研究任务，需要投入大量的时间和精力。此书的出版，只是走出了第一步。

在对有关文件进行编辑整理过程中，我们吸收了已有的中文译本成果，并得到了国际古迹遗址理事会副主席郭旃先生、中国社会科学院环境与发展研究中心研究员徐嵩龄先生和同济大学建筑与城市规划学院教授张松先生的具体指导。在此，我们对各位专家的帮助表示真诚的感谢。

国际古迹遗址理事会国际保护中心

2007 年 10 月 1 日